［増補版］

狼の民俗学

人獣交渉史の研究

菱川晶子

東京大学出版会

The Folklore of Wolves:
The History of Human-Animal Relationships
(Expanded Revised Edition)
Akiko HISHIKAWA
University of Tokyo Press, 2018
ISBN 978-4-13-050302-0

口絵1 「熊野の本地」部分（杭全神社蔵）室町時代末期（図1.2）

口絵2 「熊野御本地」部分（天理大学附属天理図書館蔵）1622年（図1.7）

口絵３　細川有孝（源有孝）筆「諸獣図」部分（永青文庫蔵）江戸時代前期（図 3.16）。
左手前に描かれている狼は、猫の気配を感じて慌てる鼠に気付いたのだろうか。有孝の遊び心が感じられる一場面である。

口絵4　内藤東甫「狼」（『張州雑志』名古屋市蓬左文庫蔵）
18世紀後半（図3.3）

口絵6　「ヤマイヌ　豺」（田中芳男選『動物訓蒙』初編哺乳類　国立国会図書館蔵）1875年（図3.7）

口絵5　「かせき」（『（盛岡領）御書上産物之内従公辺御不審物并図』盛岡市中央公民館蔵）
1730年代（図3.6）

口絵7　「狐狼地獄」(「地獄草紙」原家本　奈良国立博物館蔵)
1180年代（図3.12）

口絵8　「仏涅槃図」部分（広島　浄土寺蔵）1274年（図3.13）

口絵9　幸野楳嶺「狼」(『亥中の月』千葉市美術館蔵)1889年(図3.19)

口絵10　「やまいぬ」(田中芳男編『博物館獣譜』東京国立博物館蔵)明治時代初期(図3.22)

狼の民俗学／目次

（付記）
・本書では、「狼」と「山犬」を同一のものと見なして双方に関わる資料を扱っている。
・引用資料の一部には、今日の人権意識に照らして不適当と思われる語句があるが、あくまでも学問上必要な歴史的資料として引用したものであり、差別を容認するものではない。

序章　人と獣の交渉史

(1) 人獣交渉史研究の歩みと狼の民俗

わたしたちの生活を見渡してみると、そこには意匠化された実に多様な動物の姿を見出すことができる。古代の銅鐸に描かれた鳥獣から現代のポストペットに至るまで、人々は常に何らかの形で動物と関わりを持ち、想像力をかきたてられ、その力を生活の中に取り込んできたといえる。たとえば十二支に配された動物をみても、暦や時刻、方位にその名は組み込まれ、また人々の生誕年とも結び付いて親しまれてきたのがわかる。これらの動物は、さまざまな姿に描写や造形されながら、わたしたちの生活に彩りを添えてきたのである。

民俗学における、人と動物の関係を探る人獣交渉史研究の嚆矢は、学問の創始者でもある柳田國男その人であった。昭和一四年の著『孤猿随筆』には、記憶のないところにも歴史があり、文書が伝えようとしなかった生活にも、時代の重要な変遷はあって、尋ね知ろうと思えばこれを知る途は確かにあるという考えから出発したのが日本民俗学であった(1)、と記している。またこれは、人だけではなく獣類においても同じであるとの考えから、獣類を視野に入れた研究が進められていくことになった。つまりは、民俗学においては比較的早い段階から人と獣の交渉史、すなわち人獣交渉史の研究が始まったといえるだろう。

谷川健一が、民俗学を「人間と神、人間と人間、人間と自然の生き物、この三者の間の交渉の学」と定義するの[2]は、民俗学における人獣交渉史研究の一つの見解である。また千葉徳爾は、狩猟に関わる伝承を各地に追い求めながら、日本における狩猟とその伝承の歴史を明らかにするとともに、人と動物の交渉についても考察を重ねてきた。対象の多くは狩猟動物であったが、人々が野生動物とどのように対峙してきたのか、その一端がこれまでに解き明かされている[3]。

特定の動物を対象にした研究では、猿を取り上げた廣瀬鎮が挙げられるだろう。廣瀬は「科学としての動物民俗学」の立場に基づき、伝承文化の残留や民俗の中から、日本人の歴史時代における猿に対する動物観念を明らかにしようとした[4]。また、御《お》烏《と》喰《ぐい》神事を中心とした新谷尚紀の烏の民俗の研究[5]や、兎の民俗をめぐる天野武[6]や赤田光男による研究[7]も、動物の民俗の研究として挙げられるだろう。

その一方で、民族学（文化人類学）では人と動物との関わり方を研究対象とする「民族動物学」が提唱された[8]。周達生の説くこの「民族動物学」は、動物の民俗分類に重きを置いた文化誌的な研究であり、それまでの、一つの民族集団とそれを取り巻く周辺地域の動物相との関わりの全容を記載し、また分析の対象とする伝統的な「民族動物学」とはまた異なるものであった。そしてもう一つ、考古学の立場から人と動物の関係を探ろうとする「動物考古学」があった。西本豊弘や松井章を中心としたこの「動物考古学」は、人間の生活に関わる動物遺体を扱った、人間を主体とする学問である[9]。

このように、動物を対象にした研究とはいいながらも、アプローチの方法によってそれぞれは立場を異にしている。しかし、人が動物をどのようにみているのか、あるいはどのようにみてきたのか、という点においては共通性があるといえるだろう。本研究もまた、このような視座のもとに、狼という一つの動物と人との交渉史を明らかにしようとするものである。

狼の民俗に関する研究において、やはりその先駆者には柳田國男の名を挙げなければならないだろう。柳田には、「送り狼」をはじめとした狼の民俗について著した幾つかの論考がある。[10]その詳細については各テーマのところで触れることになるが、伝承をもとに柳田が推察した狼の生態は、その後動物学者である今西錦司の批判を受け、また民俗資料が全国的な規模で収集されるなか、その論についても再考の必要が求められてきた。

狼の民俗にはまた修験道との関わりが認められるが、これを早くに説いたのは考古学者である直良信夫であった。[11]直良は、各地に残された動物遺体として狼の頭骨を分析し、それと同時に、旧家に保存されていた頭骨の宗教性に着目した。ことに秩父地方に伝わる狼信仰を調査し、神社各社と眷属の護符およびその功徳についてまとめている。直良がこの『日本産狼の研究』を著した当時も、すでに狼の信仰やそれに関わる情報が失われていく危機感があり、本書の末尾には、動物としての狼の研究とともに、過去の日本における狼と人間との相関関係を究明する必要性が説かれている。その後、狼の信仰についてまとめたものには、野本寛一の『焼畑民俗文化論』の中の「山犬信仰の発生と展開」[12]もある。

狼の研究にはまた、平岩米吉の『狼――その生態と歴史』を忘れてはならない。生物学と歴史学の視点から狼を扱った本書は、ニホンオオカミの全容を精力的に解き明かそうとしたものである。[13]一部には伝承を扱いながらも、人との交渉についての比重はそれほど大きくはない。その主眼は一貫して「狼」そのものの研究にあったといえる。この他にも、たとえば松山義雄が伊那地方の狼伝承を論じたように、[14]各地の伝承を報告したものはあるが、狼については個々に論じられるに留まり、民俗学の立場からの体系的な研究はなされてこなかったのが現状である。

各地に伝えられてきた伝承と、その伝承を支えている背景に眼差しを注ぎながら、それらの伝承を俯瞰的に捉えることで初めてみえてくることがあると考える。相互の伝承の比較によって、それぞれの地域の特徴もまた自ずと明らかになってくるだろう。このような考えのもとに進めた本研究が、人と狼との交渉を民俗学的に追究した、体系的な研究の先例となれば幸いである。

(2) 本書の構成

本書は四章から構成され、この四章によってわが国に育まれてきた狼の民俗の世界を明らかにしたいと考える。狼を中心に据えながら、それを取り巻く他の動物たちの民俗についても多少触れることになる。

第1章「虎と狼——二つの民俗の位相」では、狼の民俗を理解するための前提として「虎」を取り上げる。狼の説話の古形を辿っていくと、多くの場合にはそこに虎の姿が現われてくるからである。異国に生息している虎である。

たとえば室町物語にみえる「熊野の本地」は、唱導のために熊野の地から各地に伝えられた絵巻や写本によってその全容を知ることができるが、その物語の中には多様な動物たちが息づき、また姿を現わしている。そしてそれらと「熊野の本地」の典拠とされる仏典「旃陀越国王経」および『神道集』巻第二の第六「熊野権現事」にみえる動物を比較すると、「熊野の本地」には動物相の多様化とともに、虎に加えてそれまでみえなかった狼の姿を見出すことができる。このような傾向は、和歌山県下に伝わる「熊野の本地」に関連する近世期の資料などでも確認でき、昔話や伝説として親しまれてきた「鍛冶屋の婆」の考察によっても明らかになってくる。

少し視点を変えて、中国や朝鮮半島からもたらされた「虎」の民俗が、どのようにわが国に受容されてきたのかを探ってみると、そこには二つの民俗の位相が浮かび上がってくる。一つは、上層階級と結び付いた虎の民俗、あるいは虎の文化であり、もう一つは一般民衆と結び付いた狼の民俗である。日本には虎と狼の二つの民俗の位相があり、異国から伝来した虎の民俗が民間に伝わると、その多くは伝播、あるいは伝承の過程で狼の民俗へと次第に変容していったものと考えられる。

このような枠組みのもとに、第2章からは狼にまつわる民俗の考察に入る。

第2章「民間説話の中の狼」では、狼報恩譚、「送り狼」、またこれらの話に見え隠れするようにして語られる塩にまつわる伝承や俗信、そして「狼の眉毛」を取り上げる。これらの民間説話を広く集めての考察は、これまでにない新たな試みといってよい。

狼報恩譚は、救いを求めてきた狼に対して人々が手を差し伸べてやると、狼が恩を返してくれたと語る説話である。各地に広く伝わる類話の考察によって、報恩方法のバリエーションや、その中からみえてくる人々の狼への眼差しを映し出すとともに、狼の行動の意味をさまざまに解釈し、話を発展させながら語り伝えてきた人々の様子を明らかにする。次にみる「送り狼」はよく知られた世間話だが、その詳しい内容については意外に知られていない。一五〇話にも及ぶ類話の考察によって、送り狼への対応策の地域性や、狼に対する人々の心意、また「送り狼」を語り伝えていたその目的について明らかにする。この「送り狼」や狼報恩譚に塩にまつわる伝承が垣間みえるように、狼から何かの恩恵を受けた時には、狼の好む塩を与える必要を説く伝承が存在する。なぜ塩なのか。なぜ狼は塩を好むと人々が考えるに至ったのか。他の動物との間には語られない塩に着目することで、人と狼の関係の特異性や深遠性について論じる。「狼の眉毛」は、狼に喰われようとした貧乏な男が、狼にその力を象徴する「眉毛」を授けてもらい、幸福な人生へと導かれる昔話である。共通するモティーフを有する中国の「鶴の眉毛」や、韓国の「虎坊主の睫毛」との比較によって、日本に伝わる「狼の眉毛」の中の狼像を明らかにする。

第3章「狼の表象史」では、人々のものに対する認識が読み取れる「名称」に焦点を当てて考察を行う。第1節の「名称から辿る狼観」である。初めに名称の時間的な推移を確認するために、考察対象を室町時代・江戸時代・明治時代以降に三区分する。その上でそれぞれの時代を代表するものとして、室町時代は辞典類と室町物語を、江戸時代については辞典類（含本草書）と『享保・元文諸国産物帳』を、さらに明治時代以降については動物図鑑と各地の民俗誌および民間説話集を取り上げる。各時代の名称を整理し考察することで、いまだ明らかにされていない「狼」と「山犬」の名称の問題や、人々の持つ「狼」と「犬」についての認識にも言及する。

次に狼表現の系譜を辿るため、狼を描いた図像資料ならびに伝承資料を取り上げ、日本人が狼の形態をどのように捉え、またどのように表象化してきたのかを考察する。考察に当たっては、生物学的な実体そのものよりも、人々が狼をどのように認識してきたのかという点に主眼を置く。具体的には、図像の性質によって宗教関係、絵画関係、本草学・博物学関係の三つに分類して論を進める。伝承の生の声に加えて、時間的な遡及が可能な図像資料を併用したことで、狼の形態認識や表象についての時間的な流れを抑えることができたと考える。狼という一つの動物に対する人々の眼差しの変遷である。

第4章「狼と民俗信仰」では、現在も狼に関わる民俗儀礼を伝える二つの地域を取り上げる。一つは岩手県上閉伊郡大槌町に伝わる「狼祭《おいの》り」である。東北地方の狼の民俗儀礼には鎮送型と祈願型の二類型があり、鎮送型は東北北部に、祈願型は東北中部以南での分布を確認している。大槌町の「狼祭り」は、この祈願型の一種に該当する。実地調査で得られた知見をもとに、儀礼の内容と成立背景を中心に論じ、東北地方における人と狼との関わりや、狼の民俗儀礼の変遷について考察する。

もう一つは群馬県吾妻郡六合村（現中之条町）に伝わる「おぼやしない」であり、これによって狼と産との関わりについて考察する。「おぼやしない」は、人間の出産祝いと同じように小豆飯や赤飯を狼の出産時に贈る産見舞いだが、その儀礼の目的は、狼の害を防ぐことにあると考えられてきた。しかし、現在も産見舞いが行われている六合村の調査の中で、儀礼にはもう一つの目的があったことが明らかになった。柳田國男が仮説として提示した山の神信仰とも関わるものであり、具体的な事例をもとに、これを論証する。

このように本書は、民間伝承を中心とした共時的な研究と、歴史的な文献や絵巻物および博物図譜などの図像資料による、通史的な研究の二つを組み合わせた点に特徴があり、日本における狼の民俗の全体像を明らかにしようとするものである。これまで民俗学ではあまり積極的に取り上げられてこなかった資料を取り込むことによって、狼の民俗とその交渉史は、より重層的にわたしたちの前に紡ぎ出されることになるだろう。

(1)『柳田國男全集』第一〇巻（筑摩書房、一九九八年）二二三・二二四頁。『孤猿随筆』は、創元社から一九三九年に刊行された。動物を扱ったものでは、他にはたとえば『野鳥雑記』（甲鳥書林、一九四〇年）などがある。
(2) 谷川健一『神・人間・動物――伝承を生きる世界』（講談社、一九八六年）一二頁。
(3) 千葉徳爾『狩猟伝承研究』（風間書房、一九六九年）・『続狩猟伝承研究』（風間書房、一九七一年）・『狩猟伝承研究後篇』（風間書房、一九七七年）・『狩猟伝承研究総括篇』（風間書房、一九八六年）・『狩猟伝承研究補遺篇』（風間書房、一九九〇年）・『狩猟伝承研究再考篇』（風間書房、一九九七年）。
(4) 廣瀬鎮『アニマルロアの提唱――ヒトとサルの民俗学』（未来社、一九八四年）・『猿と日本人――心に生きる猿たち』（第一書房、一九八九年）。
(5) 新谷尚紀『ケガレからカミへ』（木耳社、一九八七年）。
(6) 天野武『野兎の民俗誌』（岩田書院、二〇〇〇年）。
(7) 赤田光男『ウサギの日本文化史』（世界思想社、一九九七年）。
(8) 周達生『民族動物学ノート』（福武書店、一九九〇年）・『民族動物学――アジアのフィールドから』（東京大学出版会、一九九五年）。

(9)『動物考古学』第一号(動物考古学研究会、一九九三年)。
(10)柳田　前掲註(1)および柳田國男『桃太郎の誕生』(三省堂、一九三三年)。
(11)直良信夫『日本産狼の研究』(校倉書房、一九六五年)。
(12)野本寛一『焼畑民俗文化論』(雄山閣出版、一九八四年)。
(13)平岩米吉『狼――その生態と歴史』(動物文学会・池田書店、一九八一年)。
(14)松山義雄『狩りの語部――伊那の山峡より』(法政大学出版局、一九七七年)。

1 虎と狼――二つの民俗の位相

1 室町物語「熊野の本地」の動物諸相

1.1 動物の描写と語りの変遷

(1)「熊野の本地」の研究史

室町物語「熊野の本地」は、「熊野御本地」「熊野権現縁起」「ごすいでん」とも称される、中世に特にさかんに制作された社寺縁起の一つである。当時の熊野信仰の重要性やその広い流布状況から、本地物語の代表とも見なされている本作品は、これまでにさまざまな角度から多くの研究がなされてきた。以下に示すのは、本研究に直接関わりのある先行研究になる。

筑土鈴寛は、本地物語と固有信仰についての論考で、山と産育や、山と女性の古俗信仰の記憶が「熊野の本地」のもとにあると述べた嚆矢である。(1) また山中誕生譚は、山の神と産育との因縁や、猟師との交渉を説いたものであるとも指摘している。[2] 岡見正雄も、平井保昌や弁慶などの例を引きながら、山中の異常誕生が中世の口承文芸のモティーフをなしていたと説き、[3] 松本隆信は、山中で誕生した王子に虎狼が庇護を加える点に、山の神との関わりを想定している。[4] これらを受けて、物語の基盤となっている山中での貴子誕生の語りごとが、山神信仰と結び付いた形ですでに人々の間に素地として存在していたとみてよいだろう。また、「熊野の本地」が、熊野比丘尼や熊野修験などの民間宗教者によって唱導され、各地に伝播してきたことについても大方の了解が得られている。[5]

「熊野の本地」に登場する動物については、他に次の論考もある。一つは、萩原龍夫が「熊野権現縁起絵巻」の校異の過程で、三作品の動物について考察を加えたものであり、[6] もう一つは、中野真麻理が「馬」と観音信仰との関わりや、「猿」が熊野権現の使者であった点を指摘したものである。[7] また、毘沙門信仰と虎についての永藤美緒の考察もある。[8] これらをみるに、本作品の主要テーマとその背景が明らかにされてきているのに対して、登場動物についての考察はいまだ十分にはなされてはいないのがわかる。付随的に言及されるに留まっているといえる。

各地に伝播した「熊野の本地」の内容を概観すると、そこには日本人と動物の関係を知る手がかりが隠されていそうである。つまり、その体系的な分析によって人々の動物観の変遷を読み取ることができ、またそれに前後する資料を通観することで、日本における文化受容の一端が明らかになるものと考える。

このような考えに基づき、これまで十分に検討されることのなかった作品全体における動物相を考察し、続いて山中で王子を守護する動物に注目しながら、「熊野の本地」とそれに先立つ典拠資料について、またそれ以後伝承されてきた関連資料について考察を加えることにする。説話が人々に受容される過程で、そこに現われる動物がどのように変容しているのか、その様相の解明を試みたいと思う。

(2)「熊野の本地」に登場する動物

まず初めに「熊野の本地」の梗概を示そう。

天竺にあった話。ある国王が千人の妃を有したが、だれも王子を生む者がない。当初軽んじられていた一人の妃が、十一面観音の加護により王の寵を得て王子を身籠る。果して他の九百余の妃たちの妬みを受け、相人に悪王誕生の讒言をされた後、王の兵士たちによって山中へと連れ出される。そこで王子を産した妃は、神仏に王子の無事を祈念し首をはねられる。妃の首は都に持ち去られるが、不思議なことに王子は首のない妃の胸から豊かな乳を与えられ、虎や狼などの山の獣に守護されて成長する。

王子三歳の頃、山近くに住む上人がこれを発見し自院にて養う。その後七歳になると、都に伴い父の王に対面させる。ことの次第を知った王はかつての妃の首を探し求めさせ、その前で王子とともに泣きくどく。遺骸は荼毘に付すが、王子が王位を嗣がずに出家したいと主張するため、王の嘆きに同情した上人が秘法を行じて妃を見事に蘇生させる。

王と王子、そして妃と上人は、あさましい国を捨てて住みよい国に移ろうと、雲の上を飛ぶ車に乗り、秋津洲、紀の国牟婁の郡に熊野三所権現として現われることになる。九百余の妃たちも王の後を追い、その怨念は赤虫となって熊野詣での人々を悩ませている。

国王の御子を身籠った妃五衰殿が、他の妃たちの策略によって山中へ追いやられ、そこで王子を出産することになる。武士たちに妃が連れていかれる行き先は、伝本によって何種かに分かれるが、たとえばその山は「極めて高く嶮《けわ》しきなり。虎、野干のすみかにて、人さらに行き通ふなし[9]」と記されている。また、「此おそろしき、山の中にて[10]」や、「そこともしらぬ、山のをくにて[11]」ともあり、人々の足を踏み入れることもまれな深山である点に共通性がみられる。

母を失い山奥に一人残された王子は、その後、母の屍と動物たちによって三歳まで養育されることになる。そしてこの山中成育の場面において、多様な動物が王子の前に立ち現われるのである。作品に登場する動物は、表1・1に一覧としてまとめた。各伝本は松本隆信の分類案[12]に沿ってまとめてある。松本案はAからIの九類に分かれ、A類はさらにIからⅢの三種に分類される。本節で考察対象とする二四の伝本は、このうちの二類を除いた七類となる。A類は三種にわたり、さらに分類案にはない新資料も扱っている。新資料は松本案に該当しない作品もあるため、内容が近似する作品に並列して示した。なお、本表では比喩として記述された動物については、具体性を欠くものとして省略している。

表1・1を概観すると、「けたもの」や「ちくしょう」のような動物一般を指し示す名称とともに、具体的な動物名が現われているのがわかる。王子成育の場面の「とら、おうかみ」「とらおうかみ」「ころうやかん」「さる」「しし」「かせき（ぎ）」「ひつめ」である。「おおかみ」は、「おうかめ」への転訛が四作品に認められる[13]。「とら、おうかみ」と「とらおおかみ」とでは、単なる表記上の相違とも見なせるが、人々が想像した「とらおおかみ」という架空の動物の存在も想定される。「ころうやかん」は虎・狼・狐の総称であり、「野干」は「射干」とも記される狐の異称である。他の物語には、「虎」を「狐」と表記した「狐狼野干」もしばしば登場する。「かせき（ぎ）」は一般に鹿の古名といわれるが、民俗的には狼の類いを指す地域もある。「ひつめ」は有蹄類の一種と考えられる[14]。

「さる」は、表1・1が示すように主にE系統に出現している。「けたもの」や「ちくしょう」は、「こころなき」という形容が伴う場合もあり、「こころなきけた物」でさえ王子を哀れみ慈しんだと、その悲劇ぶりが強調される形になっている。

王子の成育場面を除いたその他の場面では、「鳥」や「むま」（馬）が登場する。「鳥」は国王に世継ぎがないことを知らしめ、またAⅡ・AⅢ系統では王子の援助者としての役割も担っている。「むま」は、五衰殿が山へ連れていかれる時の足になり、なかには観音の化身であると伝える伝本もある。[15] そして最後には、他の后たちがその身を変じる「大蛇」「赤虫」「あり」「ひる」なども出てくる。また、その他の場面においても「とらおうかみ」や「ころうやかん」が登場する作品があり、これらは五衰殿の懐妊を知った他の后たちの妬みに関連した形で語られている。たとえば「五すいてんは。山ちかきところにて候へ（マヽ）。は。こらうやかんの。こにてもあるらんに。大わうさまの。御子と申おかしさよと。くち〳〵にのたまふ」[16]と記される。五衰殿の建物が山の近くにあるため、お腹の子は「こらうやかん」の子ではないのかというのである。また、鬼神が天より降りきたったかのようにみせかけて大王に進言する場面においては、「この后悪王を生みましませば、山の神、虎狼《とらおふかみ》放し給ふ程に、参りて候なり」[17]とある。五衰殿が将来悪王になるであろう子をお生みになったら、山の神が虎狼をお放しになるというのである。いずれも「山」との関わりの中で虎狼が語られ、後者のように山の神が支配するものとの認識も読み取れる。

系統によって現われる動物の種類やそこでの比重は多少異なるが、諸伝本にわたって「とらおうかみ」もしくは「ころうやかん」が登場しているといえる。これらの動物は、山の獣の代表として、また深山を象徴するものとして表出していると考えられる。[18] ことに山の神ともその使者とも見なされてきた狼[19]は、山の神と密接な関わりを有するものであり、虎[20]と同様に山中にある王子を守護する必然性を持った存在と位置付けられるだろう。

作品名	形態	(推定)製作年代	出典
A I 熊野本地絵巻 (逸翁美術館蔵)	絵巻三軸	室町時代後期 (16世紀前半頃)	佐々木丞平他「熊野本地絵巻(逸翁美術館蔵)について」(研究紀要6) 1985
A I 熊野縁起 (バーク財団蔵)	絵巻三軸	江戸時代初期	奈良絵本国際研究会議監修　在外奈良絵本　1981
A I 熊野本地絵巻 (武久品子氏蔵)	絵巻三軸	江戸時代初期	萩原龍夫　巫女と仏教史　1983
A I 熊野縁起 (和歌山市立博物館蔵)	絵巻二軸	江戸時代初期	和歌山市立博物館研究紀要13　1998
A I 熊野御本地 (天理大学附属天理図書館蔵)	絵巻三軸	元和8 (1622)	横山重・松本隆信編　室町時代物語大成4　1976
熊野権現縁起絵巻物 (目名村不動院蔵)	絵巻二軸	不明	奥州南部小郡田名部目名村不動院　1990
A II くまの丶本地 (赤木文庫旧蔵)	絵入整版本 三冊	寛永期頃 (1624〜1643)	横山重・松本隆信編　室町時代物語大成4　1976
A II 熊野の本地 (桂喜秀氏蔵)	写本一冊 (残欠本)	江戸時代中期 (近世中期)	鈴木宗朔「桂本『熊野の本地』」(くちくまの71) 1987
A III 熊野御本地 (徳江元正氏蔵)	写本一冊	江戸時代中期	徳江元正「熊野御本地」(伝承文学研究会編　伝承文学資料集1) 1966
A III 熊野御本地 (成田守氏蔵)	写本一冊	不明	成田守「熊野御本地」(大東文化大学紀要30) 1992
B　熊野の本地 (杭全神社蔵)	絵巻一軸	室町時代末期	横山重・松本隆信編　室町時代物語大成4　1976
C　くまの丶本地 (大東急記念文庫蔵)	奈良絵本 二冊	不明	横山重編　室町時代物語集1　1962
C　くまの丶本地 (有馬丈二氏蔵)	絵巻三軸	元禄期前後 (1688〜1703)	横山重　室町時代小説集　1943
E　熊野の本地(の物語) (天理大学附属天理図書館蔵)	大形奈良絵本 二冊	慶長期頃 (1596〜1614)	横山重・松本隆信編　室町時代物語大成4　1976
E　熊野の本地 (蜷川第一氏蔵)	奈良絵本一冊	室町時代末期	横山重編　室町時代物語集1　1962
E　熊野の本地 (満友寺蔵)	絵巻一軸	江戸時代中期	錦仁「新資料翻刻と紹介」(秋田大学教育学部研究紀要32) 1982
熊野の本地 (九州大学文学部松濤文庫蔵)	大形奈良絵本 二冊	江戸時代中期 (近世中期)	九州大学国語学国文学研究室編　松濤文庫本熊野の本地　1996
F　熊野の御本地のさうし (東京大学国文学研究室蔵)	写本一冊	弘治2 (1556)	市古貞次校注　御伽草子(日本古典文学大系38) 1958
H　くまの丶ほんち (高安六郎氏旧蔵)	奈良絵本二冊	不明	横山重編　神道物語集　1961 (1975)
H　熊野の本地 (井田等氏蔵)	絵巻二軸	寛文〜元禄期 (1661〜1703)	横山重・松本隆信編　室町時代物語大成4　1976
熊野権現縁起絵巻 (和歌山県立博物館蔵)	絵巻三軸	寛永14 (1637)	和歌山県立博物館編　熊野権現縁起絵巻　1999
D　熊野の本地 (慶応義塾大学図書館蔵)	写本一冊 (説経正本)	室町時代末期	横山重校訂　説経正本集3　1968
熊野之御本地 (東京大学図書館蔵)	板本一冊 (説経正本)	寛永期頃 (1624〜1643)	横山重・藤原弘編　説経節正本1　1936
ごすいでん (前島春三氏蔵)	板本一冊 (説経正本)	不明	横山重・藤原弘編　説経節正本1　1936

3), □：王子の命令(タイプ4), △：武士の下命(タイプ5)

表 1.1 「熊野の本地」の動物

	舞　台	岩窟の名称	契機	動物の名称(王子成育の場面)	動物の名称(その他の場面)
1	天竺魔河陀国	とらのいわや	○	**とらおうかみ**(5)／けたもの(2)／心なきけた物／ちくるい(2)／こころなきちくるいとも／てうるい	諸鳥／むま(2)／馬／とくしや／あかむし(2)
2	中てむちくまかたこく	とらのいわや	○	**とらおうかみ**(4)／**とら大かみ**／けたもの(3)／心なきけたもの／ちくるい(2)／こゝろなきちくるいとも／てうるいちくるい	とり／むま(4)／あかむし
3	中天竺まかたこく	とらのいはや	○	**とらおうかみ**(4)／**とらおゝかみ**／けた物(2)／心なきけた物／ちくるひ／ちくるい／心なき畜類共／鳥類ちくるい	鳥／むま(3)／馬／とくしや(2)／あかむし(2)
4	ちうてんちくまかたこく	とらのいはや	○	**とらおうかみ**(4)／**とら，おほかみ**／けたもの／けたものとも／こころなきけたもの／ちくるひ／こゝろなきちくるいとも／てうるいちくるい／てうるい	鳥／むま(5)／とくしや(2)／あかむし／五百のあかむし
5	ちう天ちく，まかたこく	とらのいはや	○	**とら，おほうかみ**／**とら，おふかみ**／**とら，大かみ**／**とら大かみ**／**とらおゝかみ**／けた物(2)／けたもの／こゝろなき，けた物／ちくるい／こゝろなき，ちくるいとも／てうるい，ちくるい	とり／むま(4)／とくしや／あかむし(2)
6	摩揭陀国	…	○	**虎狼**(4)／けた物／畜類／生類畜類	馬
7	ちうてんぢく，まかたこく	とらのいわや	□	**とら，ほうかみ**(2)／**とらほうかみ**(2)／**とらおほうかみ**／**とらども**／**こらうやかん**(3)／やかんてうるい／けだもの／けだものども(2)／さんやのけだもの／てうるい／ちくるい(2)／しやうるい	**こらうやかん**(2)／とり(2)／むま(5)／御むま(2)／まきのむま／大どくしや／どくしや／あかむし(3)
8	磨訶陀国	…	…	**虎狼**(5)／**虎狼やかん**／毛者／けだものども／畜類(2)／生類／鳥類	鳥／御馬／大毒蛇／毒蛇／赤虫(3)
9	まかた国	ほく石か岩や	□	**虎狼野かん**(7)／**ころうやかん**／けた物／萬の獣／山中のけたもの／畜生	**虎狼**／**ころうやかん**／鳥(2)／馬(3)／御馬／まきの馬／赤き虫
10	まかたの国	ぼく石が岩屋	□	**虎狼**／**狐老野干**(6)／**ころうやかん**／山野の獣／山野の獣等／鳥類・ちく類／ちく生(2)	**狐老野干**／**狐老野かん**／鳥(2)／馬(2)／御馬(3)／牧の御馬／赤むし
11	まかたこく	りうせん	△	**とら，おうかめ**(10)／**しゝ，かせき**／**さる**／けたもの／ちくるい(2)／つはさ	**とら，おうかめ**／すゝめ／小てう／とり／ことり／むま(4)／とくしや(2)／あかむし(2)
12	てんちくまかたこく	ちこくさんのいはや	◎	**とらおうかみ**(7)／山のけた物／よろつのけた物	しゝ／かせき／むま／あかきむし
13	天ちくまかたこく	ほうせきかいはや	◎	**とらおうかみ**(7)／萬のけた物(3)／山のけた物	しゝかせき／ことり／こ鳥／馬(2)／御馬／郭公／あかきむし
14	てんちく	はんとうのいわや	◎ ○	**とら，おうかみ**／**さる**／**さるとも**／八せんのけた物	まきのむま(2)
15	てんちく	はんとうのいわや	◎ ○	**とらおうかめ**／**猿**／**さる**／はん千のけた物	まきのむま(2)
16	天ちくまかたこく	はんとうのいはや	◎ ○	**とら，おほかめ**／**とら，おほかみ**／**さる**／**さるとも**／一万八千のけた物	ことり／頃鳥／まきのむま／まきの馬
17	てんちくまかたこく	ほくせきのいはや	◎ ○	**とら大かみ**(2)／**おいたるさる**(2)／よろつのけた物／一万八千のけた物	小鳥／ことり／とり／むま／むまうし／まき野こま／さる とらまきの馬／けた物とも／あかむし
18	天竺摩訶陀國	ほくせきの窟	○	**虎狼**(7)／**虎，狼**／**虎**(3)／**野干**(2)／**ひつめ，かせぎ**／心なき**しゝ，かせぎ**／けだ物	**虎，狼**(2)／**虎狼**／小鳥(2)／馬／赤蟲
19	てんちくまかたこく	はとうのいはや	△	**とらおうかみ**(5)／こらうやかん(2)／しゝかせき／ことりとも／てうるい，つはさ	ことり(2)／てうるい，つはさ／むま(7)／御むま／こうろき／あかむし
20	まかたこく	はんとうのいはや	◎	**とら，おほかめ**(2)／**とらおほかめ**／**こらう，やかん**(2)／**しゝかせき**／けたもの(3)／てうるい，ちくるい／とり	小とり／小鳥とも／むま(6)／馬／こうろき／ひる
21	てんちくまかた國	はんとうのいはや	○	**虎**／**虎の王**／**とらのわう**／**こらう**／**こらうやかん**／萬のけた物とも／山中のけた物／畜類けた物	**こらうやかん**／鳥／鳥るいちくるい／てんむま／虫／とくしや(2)／あかむし(2)
22	てんちくまかたこく	しゆんこうさんのふもと	△	**とら，おほかみ**(3)／**とら，おふかみ**／**とらおほかみ**／**とら大かみ**	ことり／とり／てうるい／むま(3)／ありむし
23	中天ちくまかた國	とらのいわや	○	**こらうやかん**(3)／**ころうやかん**／**こらう共**／**やかん**(3)／**やかん共**(3)／**やかんの物**／ちくるい	**やかん**／あり
24	中てんちくまかたこく	ばんとうか岩屋	○	**こらうやかん**／**やかん**／**猿共**／悪ぞう獅子のたけき物／心なきちくるい	

○：動物が自発的に守護（タイプ 1），○◎：動物と山の神が守護（タイプ 2），◎：山の神の命令（タイプ

(3) 動物たちの描写——大亀と狼

では次に、ＡＩ系統の絵巻物を通して、描かれた動物たちの姿を具体的にみよう。山中での王子成育の場面である。製作年代順に示すと、室町時代後期の作とされる「熊野本地絵巻」（逸翁美術館蔵）[21]が初めに挙げられる（図1・1）。三軸からなる絵巻物である。画面右手中央に五衰殿の屍とそれに寄り添う王子の姿があり、ともに一体の虎皮[22]の敷物の上に描かれている。それを取り囲むようにして動物たちが配されている図は、王子の誕生を祝福しているようにもみえる。ところで、中央にいる二体の動物は何であろうか。

画面中央左の動物は、横山重が解題で指摘して以来、「大亀」と見なされてきた。[23]他系統本に記された「おおかめ」の名称を大きな亀と誤解した絵師が、大亀を描いたというのである。しかしながら、表1・1に示したように「おおかめ」の名称が記されている四伝本のうち、ＡＩ系統本と密接な関係にあるといわれている[24]「熊野の本地」（杭全神社蔵）には大亀は描かれていない。狼が描かれているのである（図1・2）。また、今改めてこの動物をみると、単なる亀ではないことに気付く。その頭には一本の角が生え、右手前に姿をみせている小さな亀とは明らかに姿態が異なっている。では、これはいったい何を描いたものなのだろうか。

ここで、「鳥獣人物戯画」乙巻（高山寺蔵）に描かれた一種の動物をみてみよう。図1・3である。小松茂美の解説[25]には「玄武」とあり、また他[26]では「犀」や「水犀」とも呼ばれている動物である。甲羅とともに一本の角を有したその姿は、先にみた「熊野本地絵巻」に描かれた動物に酷似している。「鳥獣人物戯画」乙巻は絵師の粉本と見なされており、[27]「熊野本地絵巻」を描いた絵師がこの種のものを手本にした可能性もある。山羊と考えられる中央右手の動物も、「鳥獣人物戯画」乙巻に収められている動物である。年代は下るが、江戸時代の作といわれる

図 1. 1　「熊野本地絵巻」（逸翁美術館蔵）

図 1. 2　「熊野の本地」（杭全神社蔵）

図 1. 3　「鳥獣人物戯画」乙巻（高山寺蔵）

「熊野本地絵巻」（サントリー美術館蔵）に描かれたこれと同類と思われる動物をみると、甲羅こそ有しているものの、亀とは認めがたい姿である（図1・4）。

水犀の多くは波濤とともに描かれており、代表的なものには「彦火々出見尊絵巻」や伊藤若冲の「鳥獣花木図屛風」がある。また日光東照宮をはじめ、神社仏閣の彫刻のモティーフにも多く用いられている。犀は正倉院御物にその姿を現わし、仏涅槃図にも描かれている動物である。霊獣としての犀もしくは水犀が、「熊野の本地」に描写されていると考えてもおかしくはない。そしてこの動物の同定によって、「大亀」とはまた別に「狼」[28]の姿が描かれていることにも得心がいく。

「熊野本地絵巻」（図1・1）の動物を右から時計回りにみよう。獅子・猿（左手に桃の実）・猪・鹿・鼬類二体・亀・鼠・山羊・犀（水犀）・兎・象・虎・豹・小動物二体（内一体は穴熊か）・狼とあり、全部で一六種一七体の動物が描写されている。

続いて、この逸翁美術館蔵本と直接の伝写関係にあると考えられている[29]「熊野縁起」（バーク財団蔵[30]）をみると（図1・5）、構図および動物の配置とその種類は前作品にほぼ同じであるのがわかる。すなわち獅子・猿・猪・鹿・狐類二体・亀・鼠・山羊・犀（水犀）・兎・象・虎・豹・小動物二体（内一体は穴熊か）・狼の一六種一七体となる。動物の描写方法には、逸翁美術館蔵本との間に若干の相違がみられ、こちらの方が躍動感の感じられる筆致である。本作品は江戸時代初期の製作と見なされている。

一方、これと同時期の製作と考えられている「熊野本地絵巻」（武久品子氏蔵）では、狼を除いた一五種一六体の動物が描かれている（図1・6）。獅子・猿・猪・鹿・狐類二体・亀・鼠・山羊・犀（水犀）・兎・象・虎・豹・小動物二体がそれであり、虎と豹の位置が前二作品とは逆になっている。また、全体的に樹木が少ないため、岩が

図 1.4 「熊野本地絵巻」(サントリー美術館蔵)

図 1.5 「熊野縁起」(バーク財団蔵)

図 1.6 「熊野本地絵巻」(武久品子氏蔵)

強調された背景描写である。

最後に元和八年（一六二二）の作と伝えられる「熊野御本地」（天理大学附属天理図書館蔵）をみよう（図1・7）。一見して、動物の数がこれまでに比べて多くなっているのがわかる。獅子・猿・猪・鹿・狐類二体・鶏・馬・牛・鼠・亀・山羊（斑点模様）・犀（水犀）・兎・蛇・象・龍・虎・豹・小動物・狼の二〇種二一体が描かれている。ここに新しく登場した動物は、鶏・馬・牛・蛇・龍の五種であり、小動物は逆に一体少なくなっている。虎と豹の位置は武久本と同じであり、「熊野御本地」では、数種の動物の口に植物がくわえられている点に特徴がある。[31]

このように、AI系統の四図には、実在の動物の他に異国の珍獣や霊獣の姿がみられ、その中には虎とともに狼が描かれていることがわかる。また、年代が下るに従って、描写される動物に若干ながらも多様化の傾向が認められる。これは、仏涅槃図に描かれる動物が、時代とともに次第に多様化していく様相[32]と同じ傾向を示すものと考えられる。

(4)王子を守護する動物たち——変化する動物観

「熊野の本地」に登場する動物の全体像を理解したところで、次に王子を守護する動物たちの動きに注目してみよう。すると、彼らは五衰殿の血の臭いを嗅ぎ付けて王子のもとに集まっていることに気付く。自分たちの餌食を食らわんとしていたのである。それがどのような経緯で王子を守護するに至ったのであろうか。該当箇所を具体的にみることにしよう。

資料1　「熊野御本地」（表1・1　NO．5）

(前略)おなしくは、こゝろなき、けた物も、子をはかなしむ、ならひなれは、たれも、あはれとおもひ、わうしを、しゆこしたてまつれと、ありけれは
まことに、こゝろなき、ちくるいとも、かうへを、うなたれ、なみたをなかし、よるひる、はんかはりにつかへ申、木すゑにのほりては、このみをとり、たにゝくたり、みつをむすひ、御すいてんの御しかいを、まもりたてまつる(り)、わうしを、そたてまいらせけるこそ、ふしきなれ
きさき、御とかましまさゝりしを、さんそうに[より]、うしなはせ給ふこと、しょふつ、ほさつも、あはれとおほしめし、ちくるいまても、こゝろをくたき、身をはなれす、まもりたてまつりけり(後略)(傍線は筆者、以下同様)

これをみると、動物たちは一人残された幼子を哀れに思い、自らの意思によって王子を守護するようになったと伝えているのがわかる。つまり、動物たちは自発的に王子を守護していたのである。妃が讒奏によって命を失ったことを、諸仏菩薩同様に見抜いているようである。この場面を描いたのが、先にみたAI系統の絵図の数々になる。動物たちの動きには、これとはまた異なるタイプのものもある。次にみよう。

資料2 「熊野の本地（の物語）」（表1・1 NO. 14）

(前略)おさなく、ましますほとは、さるかいたきあけ、八せんのけた物あり、山の神、よるひる、はんをを(に)りて、このわうしを、しゆこしたまふ
あきは、さるともか、たらのは、くすのはを、つらぬきてきせたてまつりて、よろつの木のみを、ひろいて、

図 1. 7　「熊野御本地」（天理大学附属天理図書館蔵）

図 1. 8　「熊野の本地（の物語）」
（天理大学附属天理図書館蔵）

図 1. 9　「熊野の本地」（国立国会図書館蔵）

まいらせなと、するほとに、つなかぬ、月日なれは、四さいにそなりたまふ（後略）

動物とともに、山の神が王子の守護に当たっているのがわかる。「さる」の名称があるように、このタイプはE系統のみにみられるものである。この場面を図像化したのが図1・8になる。猿や鹿などが描かれてはいるが、山の神の姿はみえない。

資料3 「くまの丶本地」（表1・1 NO．12）

（前略）さてそのくれほとに、とらおうかみ、よろつのけた物とも申やう、この山にふしきのわれらかゐしきをこそまうけたれ、よれやものともいさなひて、をの〳〵おほくあつまるに、わうしあやなく（マヽ）見え給ふ、そのとき山の神、しゆこしましまして申けるは、いかにおのれともうけ給はれ、わかこのくにのわうしにて、わたらせ給ふ也、それのみならす、かたしけなくもきさきの、御くしをゆいわけて、をの〳〵くやうし給ふ也、をの〳〵これほとめてたきたからをゐて、かれにまさる事は何か有へき、にんけんならはこそ、くう《きうイ》しみやつかひをも申さめ、とらおうかみをはしめとして、よろつのけた物、こん日より、日はんたうはん申て、まほりしゆこしたてまつるへし（後略）

こちらでは、王子のまわりに集まってきた動物たちを山の神が制しており、動物たちにはもはや自発的に王子を守護しようという意識はないようである。五衰殿が亡くなる前に自らの御髪を献じて祈願したのを受けて、山の神が王子の守護を動物たちに呼びかけているのも、これまでのタイプとは異なる点といえよう。

このタイプを図像化したのが図1・9になる。[33] 五衰殿の屍とそれに寄り添う王子の前には山の神が立ちはだかり、虎や狼など数種の動物が母子に近付こうとするのを制している場面である。

資料4　「くまの丶本地」（表1・1　NO. 7）

（前略）けだものども。山にし丶むら候よし、うけたまわり候。すこし、たまわらんと申。わうじのたまひ候は《（しょてんの給ふはイ）》。おもひもよらぬことなり。このし丶むらは。かたじけなくも。十ぜんのきみなりし《（君の御母也イ）》。しかるにわうじ御たんじやうあり。十一めんくわんをん、御くしにましまし。よるひる十二ときを、まもりたもふなり。むなしきしがひの。ちをく丶みてまします。

こんにちより、なんぢら。わうじ、三さいまて、まもり申へしと、ありけれは。とらども、ちからなく。りやうじやう申ける。

しやうるい、あつまりて。たいしを、かしつきたてまつりけり。こすへに、のほりては。このみをとり。たに丶、くだり、みすをむすひ。御すいでんの、御しがいを、まもりたてまつり。わうじをそたて。まいらせけるこそ、ふしぎなれ。

きさき、御とが、ましまさぬを。ざんそうに、うしなわせたもふゆゑ也。（後略）

ここで動物たちを制しているのは、王子自身である。王了が亡き母と自分を守護するように動物たちに命令しているのである。このタイプを表したものには図1・10があり、多種多様の動物と戯れる王子の姿が、異時同図法で描かれている。

図 1. 10　「熊野権現縁起絵巻」（和歌山県立博物館蔵）

このように動物たちが王子を守護する契機をみていくと、「熊野の本地」の二四伝本は以下のように五つに分けることができる。一つは、資料1にもみられた動物が自発的に王子を守護するもの（タイプ1）であり、二つ目は資料2のような動物と山の神がともに守護に当たるもの（タイプ2）になる。また資料3でみた山の神が動物を制して守護するように諭すもの（タイプ3）や、資料4の動物に自分たちを守るように王子が命令するもの（タイプ4）、具体的には触れなかったが、武士が山を下る際に王子を守護するように動物に命令するもの（タイプ5）もある。各伝本のタイプ分類については、それぞれ表に示した通りである。

これらの分類からはまた、動物の扱い方にも数種のタイプが存在することがわかる。すなわち、タイプ1のように動物そのもののなかに霊性をみているものや、タイプ2の動物と山の神が同等にあるもの、そしてタイプ3のように動物が山の神の支配下にあるもの、さらにタイプ4やタイプ5にみられた人神の支配下へ置かれるもの、である。これらの四種のタイプからは、人々による動物の位置付けの変化が読み取れ、タイプ1からタイプ4・タイプ5へのゆるやかな変遷を辿ることが可能であると考える。製作年代の古い作品の多くがタイプ1もしくはタイプ2を示し、諸伝本の中でも比較的古態を留めているといわれる[34]ＡＩ系統がタイプ1になっているのは、これを裏付ける有力な手がかりになるであろう。

(5)「熊野の本地」の動物像

本節では、室町物語「熊野の本地」の二四伝本における動物の描写、およびその位置付けについて考察した。その結果、以下のことが明らかになった。第一に、系統によって現われる動物の種類やそこでの比重は多少異なってはいたが、全諸本にわたって「とらおうかみ」もしくは「ころうやかん」が登場していた。これらの動物は山の獣の代表として、また深山を象徴するものとして表出していると考えられ、ことに虎・狼が民俗的にも山の神と密接に関わることから、山中にある王子を守護する必然性を持った存在と考えた。

第二に、AI系統の山中成育の場面に描かれた動物像を考察したところ、実在の動物とともに異国の珍獣や霊獣が描かれており、その中には狼の姿が現われていた。また、若干ながらも時代が下がるにつれて描かれる動物に多様化の傾向が認められ、仏涅槃図に描かれる動物と同傾向を示していると理解した。

第三に、諸伝本の中での動物の扱いには四つのタイプが認められ、動物そのものの中に霊性をみているものから、山の神と同等のものへ、そして山の神の支配下へ、さらには人神の支配下へという動物の位置付けの変化を読み取った。また、ここからは、自然物そのものの中に霊性をみるものから、名称を伴う神へ、さらには人物に霊威をみるものへという、神観念が洗練されていくプロセスを辿ることも可能ではないかと考えている。

1・2　転化する動物――「熊野の本地」以前・以後

(1) 姿をみせる動物たち

室町物語「熊野の本地」によって、山奥に一人残された王子を守り養育する動物たちについてみてきた。この「熊野の本地」には、実は典拠と目される二点の資料がある。仏典「旃陀越国王経」と『神道集』巻第二の第六「熊野権現事」である。

「旃陀越国王経」は、宋居士沮渠京聲訳で『大正新修大蔵経』に収載される小部の経典だが、その詳細は詳らかではない。古いところでは、南方熊楠が赤子塚の伝説との関わりでその存在を指摘し[35]、「熊野の本地」の典拠としては、早くに筑土鈴寛によって指摘されている[36]。梗概[37]を以下に示そう。

旃陀越という国王は婆羅門道に奉事し、国を治めるに諸の婆羅門を任用する。王は一人の小夫人を特に珍重し、小夫人は懐妊する。諸夫人はこれを嫉み、婆羅門に金を与えて、もし小夫人が子を生めば必ず国の患となるであろうと、王に讒言せしめる。王はこれを聞いて甚だ憂え、遂に婆羅門の言に従って小夫人を殺す。小夫人の骸を葬った所、後に塚の中で児が生れる。母の骸は半身が朽ちずに乳を出して児を養う。三年の後、塚が崩れる。児は、昼は外に出て鳥獣と戯れ、夜は塚の中に宿る。児六才の時、仏陀が沙門の姿となって現われ、この児を祇洹へ伴う。児は出家して須陀と名のり、忽に羅漢道を得る。

その後、仏は須陀を旃陀越王の許へ行かしめる。王が国に後嗣の無いことを歎くと、須陀は王に奇瑞を見せて、仏陀に帰依するように勧め、仏陀の許へ伴う。仏陀は王に戒を授けた後、須陀が王の子であることを明かし、事実を物語る。

これをみるに、先に示した「熊野の本地」と、その大要については大差がないのがわかる。王子は三歳になるまで母の亡骸に養われ、その後昼は鳥獣と戯れて日々を過ごしている。原文では「與鳥獣共戯」と記されている箇所である。王子を養育する主体は、母の方に比重が置かれている。

続いて『神道集』(38)に移る。『神道集』は、南北朝期の文和・延文年間（一三五二〜一三六〇）に成立したと考えられている、全一〇巻五〇編から成る説話集である(39)。安居院作と伝えられる。『神道集』には古本系と流布本系の二つの系統があり、完形に近い形で現存する最古のものは、古本系の赤木文庫旧蔵本となる。明応三年（一四九四）の書写である。巻第二の第六「熊野権現事」は複数の記事で構成されており、「熊野の本地」に関連するのは「五衰殿物語」の箇所になる。人物名や舞台設定は「熊野の本地」に等しく、「旃陀越国王経」から「熊野権現事」の形になるまでには、幾段階かの成長過程があったと想定されている(40)。山中で誕生した王子と動物についての描写場面を、赤木文庫旧蔵本(41)から次に引く。

資料5 「熊野権現事」

（前略）然して後其日も暮れて、誰そ別れ時にも成しかは、産の血と云、切られ給へる血と云、多積りけれは、血香付、十二の虎共喜來、既此を破湌はんと爲れとも、虎兵（共）は王子の母の乳房に食付給へるを見、哀み奉りける、夜程は湌はて守護し奉て、其夜明ぬ、次の夜に餘の虎共に湌せしとて、昨日の十二虎共は來守護し奉けり、三年と云生れ日の生れ時當て、一日一夜のみに非す、三年まて守護し奉けり、三年と云生時にも成けれは、御母の髐髑水と成て失にけり、十二の虎共其後尙哀み奉て、其の山に葱藤葛と云花の汁を吸集て來、王子を養ひ奉る程に、王子既に四歳に成り給けり（後略）

「旃陀越国王経」に「鳥獣」と記されていた動物が、『神道集』では「虎共」となっている。説話が受容され、素地としてすでにあった山の神信仰と結び付いた際、説話の舞台である天竺からの連想で虎が語られたとしても少しも不思議はない。赤木文庫旧蔵本の「五衰殿物語」全体では、十二ノ虎（共）が六、虎が三、虎兵が二、虎共が一回記されており、「虎」の記述は一二箇所に及ぶ。この他にも「虎狼」「虎狼野干」「畜生」が各一回ずつ登場している。流布本系の角川文庫蔵本をみても、これと大きな違いはない。[42]資料の性質も考慮しなければならないが、『神道集』の方が「旃陀越国王経」よりも動物名により具体性を帯びているといえる。

(2)「熊野の本地」と「とらおうかみ」

今一度、「熊野の本地」に立ち返ってみよう。諸伝本二四本に登場した動物名はすでに表1・1にまとめてあった。そこには、「けたもの」や「ちくしょう」のような動物一般を指し示す名称とともに、「とら、おうかみ」「とらおうかみ」「ころうやかん」「さる」「しし」「かせき（ぎ）」「ひつめ」といった具体的な動物の名称もみえた。[43]詳細については、先にみた通りである。系統によって、現出する動物の種類やそこでの比重は多少異なっているが、[44]諸伝本にわたって「とらおうかみ」もしくは「ころうやかん」が登場しており、これらの動物が、山中にある王子を守護する動物として欠かせない中心的な存在であると同時に、『神道集』の「虎」からの系譜を暗示するものと

図1.11 「くまのゝほんち」（天理大学附属天理図書館蔵）

考えられる。

このように、「熊野の本地」に現われる動物は、典拠資料二点に比して、より多彩になっているのがわかる。物語が成長してその世界が豊穣になるに従って、そこに現われる動物も具体化し、また多様化しているといえよう。

室町物語の多くが有する絵図にもそれはみてとれる。一例として、寛永期頃（一六二四〜一六四三）に絵入整版本として製作された「くまの、ほんち」（天理大学附属天理図書館蔵）をみよう（図1・11）。表1・1（NO．7）に示した赤木文庫旧蔵本もこれと同一である。本作品はAⅡ系統に属し、絵図には丹緑の彩色が施されている。右手中央に五衰殿の屍と、それに寄り添う王子の姿が虎皮の上に描かれ、右から時計回りに狼・猿・猪・鹿・狐類二体・霊亀・山羊・犀（水犀）・象・猫・小動物（穴熊か）・虎・獅子・兎の一四種一五体の動物の姿がある。絵の構図はAⅠ系統本に共通しているが、動物の配置には多少の変化が認められる。(45)

(3)「熊野の本地」と秀衡説話

「熊野の本地」の絵巻や写本などは、近世期にもさかんに製作されていたが、その一方で、これと時を同じくして伝承されていた類話[46]が熊野の地に存在する。『紀南郷導記』に記された説話である。『紀南郷導記』は、熊野参詣の道中にある地名や名所、旧跡や神社仏閣などの故事来歴を記した記録書であり、紀州藩主南竜公の命によって、元禄年間(一六八八~一七〇三)に藩士の児玉荘左衛門が著したとされる[47]。その中の「滝尻」の記事を引こう。

資料6　滝尻

此山(筆者註　剣ノ山)ノ麓ニ滝尻五躰王子ノ社之レ有リ。是ハ奥州ノ藤原秀衡ガ再興ノ由、其社今ハ大破シテ小社有リ。同山ノ中ニ深サ三間横二間ノ岩穴有リ。秀衡熊野参山ノ時、此ノ窟ニテ出産［私曰ク、三男和泉三郎忠衡ナリト伝フ］ノ由云ヒ伝ヘタリ。今ニ秀衡ガ窟ト呼ブナリ。二季ノ彼岸ニハ、近里ノ者彼剣山ニ詣ヅルナリ。昔剣山、熊野海道ナリト云々。

［後加フ］滝尻五躰王子［剣山権現トモ云フ由ナリ。祭礼ハ十一月五日、今此事ヲ廃スルナリ］ハ、秀衡ノ室、社後ノ岩窟ニテ臨産ノ祈願シ母子安全タリ。又王子ニ祈誓シ、此子ヲ岩穴ニ棄テ置キ、三山ニ詣デ帰路是ヲ見ルニ、狐狼守護シテ聊カモ恙ナキ故ニ七堂伽藍(中略)建立シ玉ヒ、坊舎(中略)七ヶ寺有リシト言フ。今ハ小社バカリ有リ。秀衡納物、紺紙金泥ノ法華経一部。大般若経一部。太刀長短三腰。鎧三領［其製、三歳ノ嬰児着用程ナリト云々］。弓矢(中略)等籠(こめ)置カレシト雖モ、天正十三年乙酉兵乱ノ頃、坊舎破壊シ納物モ紛失スト云フ。今ハ長サ九寸程ノ小太刀一腰有ルナリ。(後略)

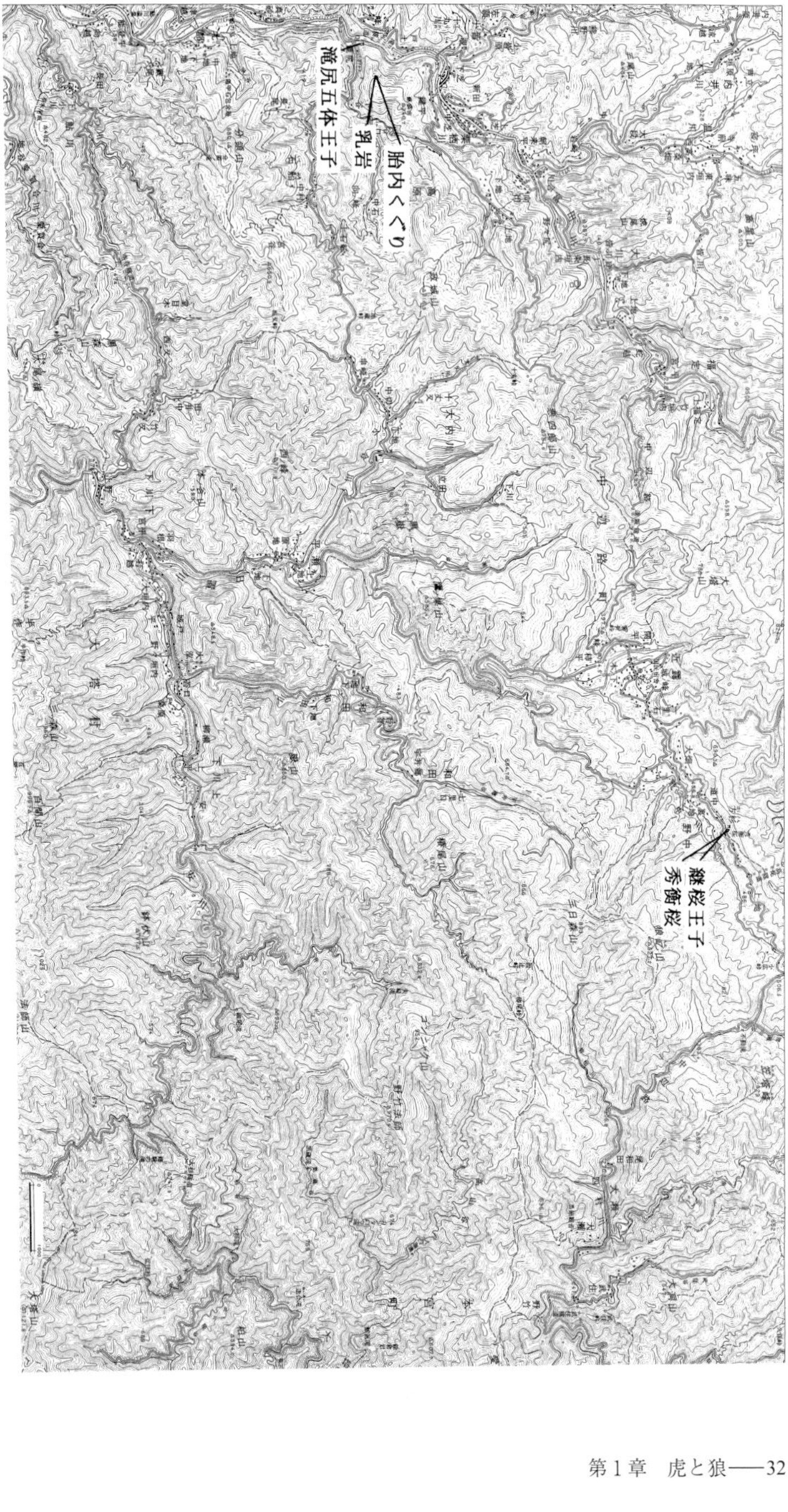

図 1.12　和歌山県西牟婁郡中辺路町（現田辺市）

藤原秀衡が身重の妻とともに熊野参詣に臨んだ際、滝尻五体王子社の後ろの岩窟で妻は無事に出産する。再び王子に祈誓し、赤子を岩窟に捨て置いた二人が三山を参詣して戻ると、子は「狐狼」に守護されて元気にしていたという内容である。赤子は、秀衡の三男和泉三郎忠衡とも伝えられている。細部こそ異なるが、ここにある山中での貴子誕生や動物守護のモティーフは、「熊野の本地」に共通しているのがわかる。「熊野の本地」の基盤となっているこれらのモティーフが、また新たな説話を生み出していたのである。

説話の舞台となる中辺路町は、和歌山県田辺市に位置する町であり、そこには熊野参詣道の一つである中辺路が通っている（図1・12）。沿岸を行く大辺路に対して、中辺路は紀伊田辺から熊野本宮までの内陸を行く。和歌山県側の紀伊路と、三重県側の伊勢路が主流参詣道とされた熊野詣でも、紀伊田辺から険しい山中に分け入るこの紀伊路の中辺路は、上皇たちが好んで利用した道であった。「熊野の本地」を各地に伝えた熊野比丘尼や修験者たちも、この中辺路を通ったであろうことは想像に難くない。

図 1. 13　滝尻王子（中辺路町滝尻）

滝尻は、富田川と石船川の合流する、古くから熊野の神域への入口と見なされてきた土地である。滝尻五体王子は、熊野九十九王子の中でも、藤代、切目、稲葉根、近露、石上、湯川、発心門、湯峯などとともに、主要な王子社の一つに数えられ、そこには熊野行幸の道中の宿所が置かれて盛大な儀式や歌会が催されていた（図1・13）。先の説話にもあった秀衡が、妻の出産の法恩のために七堂伽藍を造営したのがその始まりであるという(48)。滝尻王子社には秀衡によって奉納された小太刀が伝えられ、現在は国の重要文化財として、和歌山県立博物館に寄託されている。『紀南郷導記』にはまた、次の記事もある。

資料7　野中

椄桜ハ、昔秀衡夫婦参山ノ時、剣ノ山ノ窟ニテ出産セシ其子ヲソコニ捨テ置キ参山ス。此所ニ至リテ仮初ニ桜ヲ手折リテ、戯レニ曰ク、産所ノ子死スベクハ此桜モ枯ルベシ、神明仏陀ノ擁護有リテ若シ命アラバ桜モ枯レマジト云ヒテ、側ノ異木ニサシテ行過ギヌ。下向道ニ成リテ此所ニ詣デ来リシニ、色香盛（さかり）ノ如シ。即チ彼窟ニ行キテ見ルニ、幼子ハ狼狐ノ為ニモ侵サレズ、還ツテ服仕セラレテ肥エ太レリ。夫婦喜ビテ奥州ニ倶シテ下リキト云ヒ伝ヘタリ。（後略）

内容は滝尻のものと同じだが、こちらには桜の枝を手折って祈願する条がある。動物名も「狼狐」となっている。『紀南郷導記』の成立時期は、内部徴証から元禄年間と考えられているが、これまでに幾度か書写され書き改められてきた経緯があり、県内には異本も存在している[49]。文中に「後加フ」とあったのは、このためである。同書には、この前身ともいえる貞享四年（一六八七）書写の『従紀州和歌山同国熊野道之記』[50]と、寛政五年（一七九三）の『熊野参山独安内之記』[51]があり、『熊野参山独安内之記』の原本は、貞享二年（一六八五）にまで遡る。前書は内容が簡素である分、記録されている説話の数が少なく、秀衡の説話については「接桜」の名称が記されるに留まる。一方、『熊野参山独安内之記』の「芝村」には、「秀衡か岩屋」についての簡単な記事があり、「野中村」の項には『紀南郷導記』と同内容の説話が記されている。動物名は「狐狼」となっている。これらから推察するに、遅くとも寛政五年（一七九三）には、岩窟で誕生した貴子を動物が守護する説話が当地に伝えられていたと考えられる。

また、滝尻王子社には次の写本が伝えられている。『奥州古嘶軍談』である。同書は『熊野権現霊験記』との二冊から成り、文政一〇年（一八二七）に大和十津川村七色在住の森梅旭が書写したものを、嘉永五年（一八五二）に現在の上富田町に当たる岩田村在住の、元滝尻王子社社掌櫟田高之が写したと記録されている。(52) 関連箇所を次に引こう。

資料8　奥州古嘶軍談

一奥州秀衡の父は、和泉國の住人にて、元来藤原氏の嫡男たりしが、宝元《(保)》平治のたたかひに打まけ、奥州白川の里に名主をつとめ居られけるが、四十にあまれども代をつぐ子もなし、血脈たへると紀州熊野権現に、七日参ろうして願ひしかば（中略）。

かの妻百日をすぎさるうち、むつ《(陸奥)》を立出、熊野こそハ、おもむきけり。ながのたびじの道がとらす、日数をかさね、よふよふと、紀州眞砂庄司の宅に着て、よく日芝村の滝尻五大《(体)》王子社にわきて□□□□□前にいまだ具□□□□□みちざるうち産［　　］ふしぎや［　　］なんじ只今［　　］［　　］ここ上に、たいないくぐり［　　］の前にすて置、熊野はやく参詣すべしと、のたもふこゑも、山おろしにつれて、其のみも平産あり、みれば違わぬ男子なり。

王子のおしゑの通り、各岩屋の内にねさせ、音無村へこそはいそぎけり。十四五丁過ぎぬれば、鳥か峠のお地臧をふしおがみ、庭の桜を一枝折てたづさへ、野中の里にぞ急ぎ給ふ。（中略）ありけるかの桜を指置、王子権現に祈誓をこめ本宮をさして急ぎけり。

日本第一熊野山十二社大権現を拝礼し、ほどなくみ山をさんけいし、とぶごとくに下向して、扨てさしおきたりし桜を見れば、花いきいきとして、におひすでにさかんなり。

扨は我子も無事ならんと、近露を後に見て十丈峠をはや登り、高原村を打過て岩屋へこそはつきにける。

捨置たりし一子を見れば、狐狼ども四方をかこひ、伽するていにて立ち、皆々しりぞきけり。是こそひとへに権現様の御すくい、いかで御恩をほふぜんと抱上げれば、いかにはや二つ子のかたち、ちち母の下向を悦びのかんばせ、母もあきれて、前後を忘れてうれしなみだにくれ乍ら、何をかのんで《（飲）》やしないにけりしぞと、見上ぐるいはや《（岩屋）》の上えよりも、水おちて一子のくちに入り、其水薬食となりしかや、扨給りがたきめぐみかなと、天を拝し地をはいし、夫よりみやこのかたへと下向の為、いずみ、大和両国に十年計りくらされて、又むつ《（陸奥）》のくにへきこくし《（帰国）》、もはや、こきやう《（故郷）》のゑん《（縁）》さへうすくなり、又立時かの庄々にて、あなたこなたとへらされて、ほどなく母たをやめ御前にも、すぎうせたまふ。

かの一子御名を五郎若丸と申せしが、道に母子ものがたりを、つぶさにききつらん。又熊野ごんげんさまへとおもむき給う。（後略）

これをみると、熊野参詣をした人物は藤原基衡であり、生まれ出る子は秀衡となっている。先の『紀南郷導記』の説話とは、人物設定に若干の異同がみられるが、大筋においては同内容といえる。赤子を守護する動物も「狐狼ども」とある。内容は全体的に詳しくなっており、基衡が身重の妻を連れて陸奥の地から参詣に臨んだ理由や、赤子を滝尻王子社の上に捨て置いていった理由も明らかにされている。

同書は、熊野比丘尼や修験者が携えていた熊野絵解きの解説本と考えられていること[53]から、秀衡説話と「熊野の本地」には、伝承過程におけるつながりも見出される。また、説話の主人公が秀衡になっているのは、彼が熊野修験にとって東北地方へ勢力を拡大するための重要なアイテムだったからである[54]。そしてこの説話は、現代に至るまで熊野の地で連綿と語り継がれていた。

(4)「乳岩の伝説」と産育信仰

次に示すのは、筆者が滝尻で聞き取った「乳岩の伝説[55]」である。

奥州の藤原秀衡ですね。あの方がお子さんがなくてね、それで熊野へね一七日間お籠りになったのね、参籠されたらしいですね。そしてお帰りになってね、奥さんがね、懐妊されたのね、だからお礼参りにね、ともども二人でいらっしゃったそうですよ。

そしてここまでおいでになった時に、ここの神様が、ここ五体王子をお祀りしてますからね、天照皇大神、日子火番邇邇芸命、天忍穂耳命、彦火々出見尊、鵜芽葺不合尊と五人お祀りしてますからね、滝尻王子はね。それでお参りしましたらね、お腹の赤ちゃんは絶対に連れていってはいけないって。だからこの上の洞穴に産み落しなさいっていうお告げがありましてね。私、昔の人は偉いっと思うのは、私だったらよう置いていきませんもんね。でも神様のお言葉通りに置いていらしたそうです。七カ月だったって私は聞いているんだけど。七カ月でね、お産は軽かったそうですよ。

そうして産み落してね、二人共々熊野へお礼参りにいらっしゃったんですって。だけどあまりにも心配でしょ。心配しますよね。だからここからお出でになると、秀衡桜っていうね、野中の清水のところ、近露の野中の清水ね、あそこのところまで行った時にものすごい心配になってきてね。ついていった杖がちょうど桜の枝だったそうですよ。だからそれをね、逆さに立てたんだって私は聞いたんだけど、立ててね、そして御祈念なさったんですって。どうか岩屋に産み落していった子供が元気に育っておりますようにってね、御祈念されたそうですよ。そして心を抑えながら熊野へお参りにいらっしゃったそうですよ。
そしてお参りして帰ってきたら、それが芽吹いていたのね。杖なのに芽吹いてね花が咲いておったそうですよ。だからとってもうれしくてね、大急ぎで帰ってきたらね、子供は、岩から滴るお乳でね、そして狼に守られてね、元気に育っておったそうです。それが和泉三郎というお方だそうです。

乳岩は滝尻王子社から少し登った古道沿いにあり、乳の出の悪い人や子宝を願う人々が今も祈願に訪れている。乳岩の前には時折願い事を記した竹製の塔婆が立てられ（図1・14）、先の元滝尻王子社社掌を道案内としてここを訪れた那須晴次も、乳の形に作った布が岩穴の入口にいくつも吊るされている昭和初期の様子を、『傳說の熊野』[56]に記している。

元来「乳岩」として親しまれていたのは、現在「胎内くぐり」と表示されている岩窟の方であった[57]（図1・15）。『奥州古噺軍談』にも、生まれ出た子は「たいないくぐり」の前に捨て置くよう告知される条がある。「胎内くぐり」の名は、これをくぐると安産になることから、里の妊婦が険しい坂道を登ってくぐりにきたことに由来するという[58]。もっとも、この地が熊野の神域への入口に位置することとも無縁ではないだろう。人々が春秋二季の彼岸に剣山へ参る際には、この岩窟を通り抜けていたのである。今は樹の根や土砂に埋もれて、かろうじて通ることがで

図 1.14　乳岩

図 1.15　胎内くぐり

きる小さな穴だが、その先には山奥へ続く道が確かにある。

乳岩や乳石と呼ばれる岩石は各地にあり、那智街道の奥に当たる野根の山道や、湯峯にも存在している。湯泉が滴り落ちる乳石は、触れると効験があると信じられている[59]。「胎内くぐり」の岩からも以前は水が滴っていたといい、「乳岩」の名はこれに由来するものと考えられる。また、滝尻からおよそ一八キロ離れた野中にも、同内容の説話「乳岩と秀衡桜」が伝わっている[60]。

近世期から伝わる乳岩にまつわる伝説には、モティーフや伝承過程において、「熊野の本地」との間に共通性が認められた。また、現代に伝わる「乳岩の伝説」は、子授けや安産、そして乳の出に関わる産育信仰と結び付いており、ここに至って、赤子を守護する動物は、「狼」に特定されていることがわかった。

(5) 虎から狼へ

本節では、室町物語「熊野の本地」を中心に、語られる動物が説話の受容過程でどのように変容しているのかを考察した。南北朝時代から現代に至るまでの、実に長いスパンの中での変容である。具体的な資料としては、「熊野の本地」の典拠資料とされる内外の二作品、仏典「旃陀越国王経」と『神道集』巻第二の第六「熊野権現事」を扱った。その結果、「旃陀越国王経」では「鳥獣」と簡単に記されていた動物が、『神道集』では「虎共」となり、より具体性を帯びているのがわかった。「熊野の本地」諸伝本では、山中での王子成育の場面には、「けたもの」や「ちくしょう」のような動物一般を指し示す名称とともに、「とら、おうかみ」「とらおうかみ」「ころうやかん」「さる」「しし」「かせき（ぎ）」「ひつめ」といった具体的な動物の名称も現われていた。これにより、物語が成長してその世界が豊穣になるに従って、登場する動物は具体化し、また多様化する傾向があると理解した。また、諸伝本には必ず「とらおうかみ」もしくは「ころうやかん」が登場していることから、これらの動物が、山中にある王子を守護する中心的な存在であると考えた。

続いて「熊野の本地」に関連する近世期の資料として、和歌山県下に伝わる『紀南郷導記』と『奥州古噺軍談』を取り上げた。これらの説話と「熊野の本地」には、山中での貴子誕生と動物の守護というモティーフにおいて、また伝播者が熊野比丘尼や修験者などの民間宗教者である点に共通性があり、秀衡にまつわるこれらの説話では、岩窟に置かれた赤子を守護する動物は「狐狼」となっていた。さらに、現在も中辺路町で伝承されている「乳岩の伝説」に至っては、守護する動物は「狼」に特定され、産育信仰と結合していることがわかった。

『神道集』や「熊野の本地」が民間宗教者によって唱導されていたものであることは、これまでに幾度となく論じられてきたが、人々に語り継がれていく過程で物語の中の動物は具体化し、自国に生息しない「虎」から身近な存在である「狼」へと転化していったものと考えられる。虎から狼へのこの転化は、両者が山の神に密接に結び付いた存在であることとも無縁ではあるまい。このような傾向は、次にみる「鍛冶屋の婆」や「古屋の漏り」(61)などの外来の説話に依拠する昔話にも認められるものである。

2 虎から狼へ——「鍛冶屋の婆」の変遷

(1) 「鍛冶屋の婆」の研究史

「鍛冶屋の婆」は、「鐘尾のがいだあ婆」や「千疋狼」などの名称を伴って広くに伝えられてきた昔話である。関敬吾の『日本昔話大成』では本格昔話の「愚かな動物」に分類されており[62]、なかには高知県室戸市の例のように土地に結び付いて伝説化している話もある。本話の先行研究には以下のものがある。

柳田國男は「狼と鍛冶屋の姥」[63]の中で本話に言及し、本話は猫の話の方が古く、狼に対する観念の変化に伴って、主人公は次第に猫から狼の話に変化していったと想定している。その主な理由としては、物をいって素性を暴露する話は、近代の奇異譚の中では主として化猫の管轄に属していたということ、また狼の産見舞いや朝比奈家の狼崇拝などの例から、人々の間に存した狼に対する信仰心が時代とともに変化し、これによって化狼が登場したという二点を挙げている。続いて土橋里木も『山村夜譚』[64]で本話を取り上げ、「鍛冶屋の婆」の一部で狼が鍋を被る話に当たる「狼の鍋被り」よりも「猫と茶釜の蓋」の方がもう一つ前の形であろうと述べている。柳田同様に猫の話の方が狼よりも古いというのである。小島瓔禮も猫との関わりで本話を取り上げているが[65]、基本的には柳田の論に準拠したものといえる。

これらに対して中村禎里[66]は、「鍛冶屋の婆」と『新著聞集』収載の狼の変身説話が、ともに中国の『太平広記』巻第四三二に起源を持つ可能性を指摘している。巻第四三二は、虎の説話である。『太平広記』に載る本話と類似した巻第四四二は、すでに南方熊楠[67]によって紹介されているが、それよりも内容的に近いこの巻第四三二が指摘された意義は大きいだろう。しかし、これについてはごく簡単な記述に留まり、本話の体系的な分析にまでは至っていない。このような現状を踏まえて、本節ではこれまでに筆者が収集した類話やフィールドワークで得られた知見をもとに、「鍛冶屋の婆」の変遷を検討し、そこに現われる狼像について考察を加えたいと考える。

なお、「鍛冶屋の婆」にはさまざまな要素を併せ持つ話があるため、一つの基準を設ける必要がある。よってここでは「樹上にいる人物を動物たちが襲う」「名前によってその素性が見破られる」という二つのモティーフを伴うもの、あるいはその痕跡が認められる話を考察対象とする。

(2)「鍛冶屋の婆」の三類型

本話の変遷を考えるに当たり、まず初めに具体例をみよう。次に示すのは鳥取県に伝わる話である。

事例1　かねの尾のがあだい婆（鳥取県気高郡豊実村大桶[68]）

一人の武士が旅をして居たが、日が暮れたので、野中の大松に攀登り樹上で夜を明す事にした。夜半に狼が「人臭い〳〵」と云ひつゝ集つて來て、各自肩車を作つて武士を引づり降さうとしたが少し手が届かなかつた。すると上の狼が「金の尾のがあだい婆を呼んで來い」と云ふ。すると一匹の狼がやつて來て、するく〵と肩車に登り武士の足に摑み掛かつた。武士は一刀の下に其の手を切り捨てた。狼達は四散した。翌朝村人に「金の尾のがあだい婆」と呼ぶ老婆あるを聞き其の家を尋ねた。
家人は「老婆は昨夜半便所に行きた處、壺に落込んで大怪我をして納戸に寝てゐる」と云ふので躍込んで切捨てた處、狼の姿に返つた。
床下には其の家の老婆を始め幾多の人骨が埋れて居たと云ふ。

（『因伯民談』第一巻第四号[69]）

樹上にいる人物が肩車を組んだ狼に襲われるが、その婆の名前から狼の正体を暴くという内容になっている。事例1のように、もう少しのところで手が届かないために婆を呼ぶものが多く、最後には婆は退治され、床下から人骨が発見されたと語られる。本話に類似するものをこの他に一二一話収集し、内容を分析した結果、「鍛冶屋の婆」は三類型に大別できることがわかった。ここに挙げた事例1は類型1に該当する。類型1の類話八〇話は表1・2にまとめた。

類型2および類型3については、それぞれ事例2・事例3でその代表的な例を示す。なお、事例3は長くなるため要約を載せる。

事例2　鍛治《ママ》屋の媼（高知県幡多郡西土佐村）

とにかく、あれい（筆者註　峠）を一人の侍が越して来よったら、妊娠の女衆《おんなごし》が、産づいておった。それをその時分には山犬ちゅうもんが、来はじめて、もうどもならんいうて、杉のどこやらへ矢倉を組んで、それへ女衆を上げて、そこで番する。ところが山犬が、ずんずん、ずんずんやって来て、継ぎ犬にもなって、集まって

婆の名と様子	傷	退治	骨	出典
かじばば（大白猫）	前足		○	青森県昔話集成上　1971
とさばば（大とら猫）	左の腕	○	○	山形村昔話集むかしばなし 1975
（白髪の老婆）	死			信達民譚集　1928
老婆	片腕	弥彦山へ逃亡		季刊民話 2　1975
（白髪の老婆）	右腕	雲で弥彦山へ逃亡		置賜の伝説　1979
（カンスの蓋を被る）	蓋			鬼の子小綱　1974
（鬼）	腕	破風から逃亡		金山町の昔話　1982
名主様の五郎衛門婆・白毛婆（化猫）	目	○	○	河童火やろう　1972
せいえむどん（爺・大猫）		○		茨城の昔話　1972
孫太郎婆（老虎猫）				甲斐昔話集　1930
太郎婆（古狸・小笊）財産家の御隠居	頭	逃亡		続甲斐昔話集　1936
カジヤバパ（大猫）	手	○	○	民俗採訪 2　1959
弥三郎（大赤猫）	手	逃亡（弥彦へ）		信濃の昔話 3　1978
新道の鍛冶屋の婆さん（古山猫）	左手	○	○	昔ばなし　1934
タロダイバサ（婆）	手	姿を消す		北蒲原昔話集　1974
弥三郎婆さん（鬼婆）	手	逃亡	○	加無波良夜譚　1932
木の木の婆さ（猫又）	額		○	とんと昔があったけど 2　1958
弥三郎婆（鬼）	額	破風から逃亡		日本伝説集　1973
（弥彦のミオタロウ婆）	手	煙出しから逃亡　○	○	越後黒姫の昔話　1973
牧野の弥三郎婆さん（猫）	手	逃亡	○	続牧村昔話集　1975
牧野の弥三郎婆さん（鬼婆）	腕	逃亡		続牧村昔話集　1975
鍛冶屋のばあば（大猫）	両腕	逃亡		能登島の民話 2　1977
トネ（白髪の大老婆）銀髪の怪獣・白狼	肩	○	○	民族と歴史 7-5　1922
半左衛門のとこの婆（大白猫）	横腹	○	○	徳山村史　1973
梅本半左衛門のおばば（猫）	白煙・手（首）	○	○	美濃郷土文化調査報告書 1967
太郎婆（古猫）	額	○	○狼神社	郷土研究 3-11　1916
太郎が母（大狼）	頭	死		余呉村の民俗　1970
太郎が母（狼）				余呉村の民俗　1970
柳ヶ瀬の太郎が母（狼）	眉間		○	滋賀県湖北昔話集　1985
太郎が母（狼）				滋賀県湖北昔話集　1985

表 1. 2　「鍛冶屋の婆」（類型 1）

	伝承地	動物	人物	肩車の有無
1	青森県下北郡佐井村	狼・猫	六部	
2	岩手県九戸郡山形村（現久慈市）	獣・猫	旅侍	
3	宮城県刈田郡七ヶ宿村	狼・鬼婆	旅商人	○*
4	山形県最上川上流地域	狼	渡会弥三郎	
5	山形県東置賜郡高畠町	狼（白狼）・老婆（鬼婆）	弥三郎	
6	福島県田村郡	狼・オエン（おイヌ）	旅人	○
7	福島県大沼郡金山町	狼・山んば	弥三郎	○
8	福島県南会津郡檜枝岐村	山犬・猫	浪人侍	○
9	茨城県水戸市	獣・猫	飛脚	
10	山梨県西八代郡上九一色村（現富士河口湖町）	山犬・猫	太物商人	○
11	山梨県東郡中村（現山梨市）	狸	旅商人	○
12	長野県上水内郡小川村	狼・猫	武士	○*
13	長野県下水内郡栄村	山犬・猫	富山の薬屋	
14	長野県伊那地方	山の犬・猫	魚屋（源さ）	○
15	新潟県新発田市	オーイン（山犬・狼）・婆	爺（タロダイ）	○*
16	新潟県見附市	おういん（狼）・鬼婆	綱使い（弥三郎）	○*
17	新潟県長岡市	おおいん・猫	反物商人（虎松）	○
18	新潟県柏崎市	山犬・狼・鬼	弥三郎	
19	新潟県柏崎市	狐・婆	男	
20	新潟県東頸城郡牧村（現上越市）	狼・山犬・（猫）	漆かき（弥三郎）	○
21	新潟県東頸城郡牧村（現上越市）	山犬・鬼婆	弥三郎	○*
22	石川県鹿島郡能登島町（現七尾市）	猫	富山の薬売	○*
23	福井県三方郡	狼	旅人	○
24	岐阜県揖斐郡徳山村（現揖斐川町）	狼・猫	修行者	○*
25	岐阜県揖斐郡徳山村（現揖斐川町）	狼・猫	山伏	
26	滋賀県伊香郡片岡村（現長浜市）	狼・猫	六部	○*
27	滋賀県伊香郡余呉村（現長浜市）	狼	六部	○*
28	滋賀県伊香郡余呉村（現長浜市）	狼	旅人	○*
29	滋賀県伊香郡余呉町（現長浜市）	狼	坊さん	○*
30	滋賀県伊香郡余呉町	オオカ	侍	○*

(太郎が母・狼)	頭	逃亡	○八幡宮に太郎が母を祀る	滋賀県湖北昔話集　1985
(新治の家の婆・猫)	片手	○		近江の昔話　1973
七兵衛のとこのお婆（斑の大古狼）	手	○		丹後伊根の昔話　1972
郷の石田のとねんが婆（狼）	肩	白雲で逃亡	（薬）	丹後の民話 2　1972
狼が郷の石田のとねんが婆（狼）		逃亡	（薬）	丹後の昔話　1978
庄屋の婆		○	○	郷土誌　1936
トウネンドウのお方(銀狼)	肩	逃亡	本物のお方が帰る	わが郷土　1976
トウネンドウのお方（銀大狼）	肩	逃亡	本物のお方が帰る	舞鶴の民話 2　1989
掃部が嬶（大狼）		○		兵庫県朝来郡和田山町糸井の昔話　1974
紺屋の婆さん（鍋を被った怪物）	頭	逃亡○		旅と伝説 4-3　1931
鐘尾のがいだあ婆（狼）		○	○	温泉稿 NO. 20（日本昔話通観 16）1978
鐘尾のがいだあ婆（狼）		逃亡	○	温泉稿 NO. 21（日本昔話通観 16）1978
鐘尾のがあだあ婆（狼）	額	○		温泉稿 NO. 22（日本昔話通観 16）1978
かねおのがあだい嬶	頭		○	美方・村岡昔話集　1970
原の籐吉のばばあ（白毛の大古狼）	額	○	○祀る	なんと昔があったげな上　1964
(がいだが婆・大古狼)	眉間			むかしがたり　1975
金の尾のがあだい婆(狼)	手	○	○	因伯民談 1-4　1936
五郎太婆（大狼）←庄屋の婆		死		因伯民談 1-4　1936
	頭	○	八代（大）荒神に祀る	とんとん昔があったげな　1978
五郎太婆さん（大狼）		逃亡		郷土趣味 22　1920
小池のババ（犬のような大猫）		○	○	松江むかし話　1964
小池婆(猫また)銅壺の蓋	額	○		出雲民話民譚集　1965
小池の婆（大猫）	額	○	○	島根県口碑伝説集　1927
大橋のネコババ（大猫）←大家の婆		○	○	ふるさとのむかし話　1984
(猫また)		○	○	石見大田昔話集　1974
(可部峠の宿屋の婆)	手	○	七つぎ松	旅と伝説 4-7　1931
山田屋の婆さん（大猫）	片腕	○	○	島根県邑智郡大和村昔話集稿 2　1975
岡田やのばあさん(大古猫)	手	○	○	島根県邑智郡大和村昔話集稿 2　1975

	(現長浜市)			
31	滋賀県伊香郡余呉町 (現長浜市)	狼（おおか）	武士	
32	滋賀県高島郡高島町 (現高島市)	猫	(若狭の) 魚屋	○
33	京都府与謝郡伊根町	狼・千匹狼	商人	○＊
34	京都府竹野郡網野町 (現京丹後市)	狼	六部	○＊
35	京都府竹野郡網野町 (現京丹後市)	狼	六部	○＊
36	京都府中郡五箇村 (現京丹後市)	狼・千匹狼	侍	○
37	京都府舞鶴市	狼	薬屋	○＊
38	京都府舞鶴市	狼	富山の薬屋	○＊
39	兵庫県朝来郡和田山町 (現朝来市)	狼	六部	○＊
40	兵庫県加西市	猫・怪物	飛脚	
41	兵庫県美方郡温泉町 (現新温泉町)	狼	六部	○＊
42	兵庫県美方郡温泉町 (現新温泉町)	狼	侍	○＊
43	兵庫県美方郡温泉町 (現新温泉町)	狼	侍	○＊
44	兵庫県美方郡美方町 (現香美町)	狼	六坊	○＊
45	岡山県真庭郡美甘村 (現真庭市)	狼	山伏	「山伏と狐」 (狼) ○＊
46	鳥取県岩美郡岩美町	狼	旅人	○
47	鳥取県気高郡豊実村大桶 (現鳥取市)	狼	武士	○＊
48	鳥取県八頭郡	狼	よそもの	○＊
49	鳥取県西伯郡西伯町 (現南部町)	狼	富山の薬屋	○
50	鳥取県日野郡	狼	山伏（米子）	○＊
51	島根県松江市	オオカミ・猫	下男（飛蔵）	○＊
52	島根県松江市	オオカメ・猫	下男	○＊
53	島根県松江市	狼・猫	下男（飛蔵）	○＊
54	島根県八束郡宍道町 (現松江市)	狼	使用人	○＊
55	島根県大田市	猫	魚売り	(○)
56	島根県邑智郡大和村 (現美郷町)	猫	飛脚	○
57	島根県邑智郡大和村 (現美郷町)	猫	武者修行の男	○
58	島根県邑智郡大和村 (現美郷町)	猫	旅人	○

山の神の婆さん（猫）		逃亡○	○	島根県邑智郡石見町民話集1　1985
犬ヶ原の鍛冶屋の婆さん（大猫）		○		桜江町長谷地区昔話集1974
るいせん寺のおふくろさん（猫）		○	○	那賀郡昔話2　渡津の昔話・伝説・民話　1955
親類の兄さん（古猫）		○	○	長谷村の昔話と民話　1955
菖蒲ヶ迫のお婆さん（大あきじ猫-三毛猫）	手	○	○	石見の昔話　1979
菖蒲迫の婆さん	手	○		那賀郡昔話1　都治昔話と伝説　1954
おかたの婆さん（猫）	（手）			那賀郡昔話3　安城村の昔話と伝説　1955
岡田の婆さん（猫）		○		島根県美濃郡匹見町昔話集　1976
おかたのばあさん（大古猫）	頭	○		島根県美濃郡匹見町昔話集　1976
庄屋のばば（大白猫）	額	○	○	隠岐島の昔話と方言　1936
せきたんさんたがばば（猫）	頭	○	○	隠岐西ノ島町・海士町昔話集　1977
出葉屋の婆（大猫）	顔	○	○	山陰の民話　1996
八代婆さん（古猫）	頭	○	○八代荒神	奥備中の昔話　1973
奥山の新屋のババ(黒猫)	手	○	○	広島県の民話と伝説　1970
このはしよ（橋山）のオカタ（大猫）		○	○	芸北地方昔話集　1977
（古猫）	手			大朝町昔話集　1977
宵の昼寝の鍛冶の婆（白毛の大猫）	手	○	○	阿波祖谷山昔話集　1943
野根の鍛冶の婆（大猫）	手	○	○	讃岐佐柳志々島昔話集　1944
かぢのばばあ（大猫）（土佐のねのかぢのばばあ）	手	死		讃岐佐柳志々島昔話集　1944
鍛冶屋の婆（白髪の婆）		逃亡	○	日本昔話集成本格3　1955
（狼）皆釜を被る		○	○	日本昔話集成本格3　1955
鍛冶屋嬶(狼の大将)大釜	死	○	○	高知・西土佐村昔話集　1983

59	島根県邑智郡石見町（現邑南町）	狼・猫	侍	（○＊）
60	島根県邑智郡桜江町（現江津市）	猫	武士	○
61	島根県那賀郡渡津町（現江津市）	猫	飛脚	○＊
62	島根県江津市	狼・猫	出雲の綿屋（産を目撃）	○＊
63	島根県那賀郡三隅町（現浜田市）	猫	富山の薬屋	○＊
64	島根県那賀郡都治町（現江津市）	猫（千匹連れ）	武士	○＊
65	島根県那賀郡安城村（現浜田市）	獣・猫	旅人	○＊
66	島根県美濃郡匹見町（現益田市）	猫	岡田の息子	
67	島根県美濃郡匹見町（現益田市）	猫	猟師	○＊
68	島根県隠岐島	山猫	商人	
69	島根県隠岐郡西ノ島町	怪物・猫	侍	
70	島根県隠岐郡知夫村	猪・猫	侍（産を目撃）	
71	岡山県川上郡備中町（現高梁市）	狼・猫	旅人（交尾を目撃）	○＊
72	広島県山県郡大朝町（現北広島町）	狼・猫	侍	○＊
73	広島県山県郡大朝町（現北広島町）	猫	侍	○＊
74	広島県山県郡大朝町（現北広島町）	猫	侍	
75	徳島県三好郡西祖谷山村（現三好市）	狼・猫（千疋狼）	侍	
76	香川県仲多度郡	狐・猫	山伏	「山伏と狐」＊
77	香川県仲多度郡	（獣）・猫	大工	○
78	愛媛県伊予三島市（現四国中央市）	お犬（千匹連れ）	ある男	○＊
79	高知県某地	狼	侍	
80	高知県幡多郡西土佐村（現四万十市）	狼	侍	

＊印は1匹分足りないことを示す．

は乗り上がる、乗り上がるして来るものを、来るほどずっと、切り落しおったそうじゃが。

「もうかなわんけに、鍛冶の嬶呼んで来い」言うて、それからしばらくすると、大きなのが上がって来た。それが上がって来たところを侍が切ったところが、釜みたいなものを、鉄のお釜を切り割るような、グワンというような音がして、それからまあ、それも下へ降りて、もうそれから、こうして夜を明かした。

そいからあくる日、いかにもいかにも、鍛冶の嬶呼んで来い言うけん、そこへ行ってみないかん思て行ってみりゃ、

「どやろ、ちと怪我をして休みおる」と、

「それに会わしてくれ」言いよったら、はや正体現わして食い掛って来て、そいから侍、切り殺して。

それでその先はあの鍛冶の末孫には背すじにずっと毛が生えちょる。杉は野根の一本杉言うて、みんながお産杉とかなんとか言うて削って取っていてしもうて、わしらが子供の時分にはまだ株たはある、いいよりましたかね。


（『高知・西土佐村昔話集』[70]）

先の「かねの尾のがあだい婆」とは打って変わり、妊婦が登場している。事例2では明確に語られていないが、通りがかった侍の援助によって、妊婦は山中で無事に出産したようである。出産の場となった杉は「お産杉」と呼ばれ、産育習俗との結合もみられる。

後からやってくる狼は、仲間に「鍛冶の嬶」と呼ばれていた。「嬶」とは自分の妻、または他家の主婦を親しんで呼ぶ称であり、当地では母の意味で使われる場合もあると聞く。「鍛冶の嬶」は子供を残しており、その子孫の背には狼の血筋を示すような毛が生えていたとも伝えられている。類型2の類話二二話は表1・3にまとめた。

事例3　種の藤助（鳥取県東伯郡東伯町）

むかし、種に藤助という、とても元気な大きな男がいた。ある時、倉吉に買い物に出て、少し遅くなり晩に帰ったところが、先の方から狼が出てきてわぁーと口をあけた。藤助は肝がいいので喉に手を突っ込み立っていた骨を取ってやった。狼は喜ぶようにして帰っていった。藤助が晩御飯を食べていると、きれいな娘が入ってきて、嫁にしてくれるように頼む。藤助が、うれしいが貧乏なため食わせてやれないというと、飯は食わないで金を儲けてあげるからといわれて二人は夫婦になる。嫁は昼も夜もよく働き、飯は少しも食べなかった。ある夜、寝ていると「藤助の姉さん」と戸を叩く者がおり、嫁は前の友達に頼まれて出かけていく。松の上には六部が登っており、継ぎ狼の一番上に藤助の嫁が乗る。そして六部の足を引こうとして刀で額を傷つけられる。

嫁は家に帰り、自分が以前藤助に助けてもらった狼であることを話し、恩返しにきたが正体が知られてしまったと別れを告げる。藤助が明日の田植えに困るというと、嫁は田を鋤いて苗を投げておくようにいい残す。藤助がいわれたようにすると狼はたくさんの仲間を連れてきて、「種の藤助のこの稲は、穂にはならずにずんべらぼう」と唄いながら一晩で田植えをする。藤助は喜び稲を大切に育てるが、大きくなってもいっこうに穂が出ない。仕方がないので稲を刈って臼で挽いていると、藁がみな米になっていつもの三倍もの収穫になり、いい暮らしができたという。

（『大山北麓の昔話』[71]）

前半は、藤助に喉の骨を抜いてもらった狼が、恩返しのために娘に化けて嫁にくると語られる狼報恩譚になって

婆の名と様子	傷	退治	床下から骨	子孫	産育習俗	出典
佐喜の浜の鍛冶屋の嬶・(鍋を被る) 山犬	(頭)			○		川上昔話集 1973
(鍛冶屋の嬶) 千匹の大将 (山犬)	手か	○			○	川上昔話集 1973
佐喜の浜の鍛冶屋の嬶・(平鍋を被る) 山犬						川上昔話集 1973
佐喜の浜の鍛冶屋の嬶・(鍋?) 千匹猿の大将					○	川上昔話集 1973
親分・(平鍋を被る) 山犬	手か何か	○	○			川上昔話集 1973
(鍛冶屋の嬶) 山犬の主・大将 (鍋を担ぐ)		○			○	川上昔話集 1973
佐喜の浜の鍛冶屋の嬶・(大釜を被る) 大獣	(頭)	○				浅川・川東昔話集 1973
佐喜の浜の鍛冶屋のおばさん	(頭)		○			浅川・川東昔話集 1973
鍛冶屋の嬶 (大鍋を被る)	頭					浅川・川東昔話集 1973
佐喜が浜の鍛冶屋が嬶・(鍋を被る) 最強の山犬	頭	○				浅川・川東昔話集 1973
佐喜の浜の鍛冶屋嬶・(鍋を被る) 狼	頭	○	○			浅川・川東昔話集 1973
佐喜の浜の鍛冶屋の嬶・(大平鍋を被る) 狼	頭	逃亡	○			浅川・川東昔話集 1973
佐喜浜の鍛冶屋がかか・(古鍋を被る) 岩佐山の千匹連れの狼の主	頭	○	○			土佐昔話集　1977
老狼・狼の主 (金物)	頭					日本全国国民童話 1911
佐喜浜の鍛冶屋の嬶 (鍋を被る)		○	○		○	季刊民話 5　1976
里の婆・(釜を被った) 大狼	頭	○				日本昔話集成本格 3　1955
崎浜の鍛冶が婆々・(鍋を被る) 白毛の大狼	頭	○	○		○	土佐郷土民俗譚 1928
佐喜浜の鍛冶屋の嬶・老狼 (鍋?)	額	死			○	広報きたがわ 152 1974
佐喜浜の鍛冶の嬶 (大釜を被る)	額	○		○額に髭		土佐の昔話　1979
崎浜のかじやのかか・(平鍋を被る) 古大狼	頭	○	○	○	祀	左喜浜郷土史 1977
鍛冶屋のおばば・(鍋?) 狼		○	○			左喜浜郷土史 1977
鍛冶の嬶 (釜)		○		○	○	高知・西土佐村昔話集　1983

表 1.3　「鍛冶屋の婆」（類型 2）

	伝承地	動物	人物	場所	出産	肩車の有無
1	徳島県海部郡海南町（現海陽町）	山犬	夫婦・（妊婦）	峠	○	○
2	徳島県海部郡海南町（現海陽町）	山犬・千匹の山犬	偉い侍・妊婦	坂越え	○	○
3	徳島県海部郡海南町（現海陽町）	狼・山犬	侍・産婦	峠	○	○
4	徳島県海部郡海南町（現海陽町）	猿・千匹猿	侍・妊婦	山（峠）	○	○
5	徳島県海部郡海南町（現海陽町）	山犬	旅の侍・妊婦	峠	○	○
6	徳島県海部郡海南町（現海陽町）	山犬	侍・妊婦	坂越え	○	
7	徳島県海部郡海南町（現海陽町）	狼	侍・妊婦	山	○	
8	徳島県海部郡海南町（現海陽町）	狼	侍・妊婦	野根山	○	○
9	徳島県海部郡海南町（現海陽町）	狼・狸	侍・妊婦	峠	○	○
10	徳島県海部郡海南町（現海陽町）	山犬	侍夫婦（妊婦）	坂		○
11	徳島県海部郡海南町（現海陽町）	狼	侍・妊婦	峠	○	○
12	徳島県海部郡海南町（現海陽町）	山犬・山猫	侍・妊婦	坂		
13	高知県	狼	飛脚・妊婦	野根山	○	○
14	高知県某地	狼（千疋連）	侍・臨月の妻	山（峠）	○	○
15	高知県某地	狼	飛脚・妊婦（長宗我部元親の家臣の妻）	野根山	○	○
16	高知県安芸郡	狼	侍・女	山（峠）		○
17	高知県安芸郡	狼	飛脚・妊婦	（峠）	○	
18	高知県安芸郡北川村	狼	飛脚・妊婦	峠	○	○
19	高知県安芸郡北川村	山犬	侍・妊婦	野根山	○	
20	高知県室戸市	狼（千匹連れ）	飛脚・妊婦	野根山	○	○
21	高知県土佐市	狼	飛脚・妊婦	野根山	○	
22	高知県幡多郡西土佐村（現四万十市）	山犬	侍・妊婦	（峠）	○	○

いる。ところが、仲間に呼ばれて出かけていく条からは本話に類似した内容になる。額に受けた傷がもとで嫁は藤助の前から姿を消すことになるが、その後の田植時には不思議な唄を唄いながら仲間とともに田植をし、一見不作のようにみえた藤助の田は大豊作になったという内容である。類型3の類話一九話は、表1・4にまとめた。

以上みてきた各類型のモティーフを示すと、[72]それぞれ以下のようになる。

類型1

①狼に追われた旅人が樹上へ逃れると、たくさんの狼が肩車をして迫ってくるが、あと少しのところで届かない。
②狼たちに呼ばれてやってきた婆の名を持つ狼が、肩車の先頭になって襲ってきたため旅人はその狼を傷つける。
③翌朝旅人は婆の家を尋ね、昨夜怪我をしたという婆の刀傷を確かめて切り殺す。
○日に照らされた婆は狼の姿となり、床下から実の婆の骨がみつかる。

類型2

○山道で侍と道連れになった妊婦が産気付く。
○狼を恐れた侍は、妊婦を杉の木の上に上げて守る。
①夜になって集まってきた狼は肩車をして樹上の二人に迫ってくるが、あと少しのところで届かない。
②狼たちに呼ばれてやってきた鍛冶屋の嬶という鍋を被った狼が、肩車の先頭になって二人を襲ってきたため、侍はその狼を傷つける。
③翌朝侍が鍛冶屋を尋ね、昨夜怪我をしたという嬶の刀傷を確かめて切り殺す。

○日に照らされて嬶は狼の姿となり、床下から実の嬶の骨がみつかる。
○鍛冶屋の子孫の背には毛が生えている。
○お産をした杉の木はお産杉と呼ばれ安産の守りとされる。

類型3

○種に住む藤助は、喉に骨をかけて苦しむ狼を救ってやる。
○夜、娘がやってきて夫婦になり、妻はよく働く。
①樹上にいる法印をたくさんの狼が肩車をして襲うが、あと少しのところで届かない。
②狼たちに呼ばれた藤助の妻が、肩車の先頭になって法印を襲ってきたため法印はその狼を傷つける。
③翌朝法印は藤助を尋ねて妻が狼であることを告げ、妻は正体を知られたので去ろうとする。
○藤助が田植えに困ると、妻は田ごしらえをしておくようにいう。
○夜、不思議な唄を歌いながら、仲間とともに狼が田植えをする。
○藤助の田の稲はよく育つが穂が出ないために年貢を免れ、千歯こきでこくとみな米になる。

これら類型1から類型3までの共通のモティーフを抽出すると、次のようになる。

①狼に追われた旅人が樹上に逃れると、たくさんの狼が肩車をして迫ってくるが、あと少しのところで届かない。
②狼たちに呼ばれてやってきた婆（嬶）の名を持つ狼が、肩車の先頭になって旅人を襲ってきたため旅人はその

肩車の有無	嬶の名と様子	傷	退治	田植え唄	豊作	出典
	弥彦の弥三郎婆	手	去る	(○)	○	越後黒姫の昔話　1973
○＊	(細坂姫) 白色の狼		去る (目玉)			福井むかしばなし　1973
○＊		侍を取る		○	○	鳥取県東伯郡三朝町の昔話 1984
○＊	藤助狼	額	去る	○	○	筆者聞書き　2007.9
○＊	種の藤助の嫁	頭	去る	○	○	稲田稿 NO.4 (日本昔話通観17) 1978
○＊	藤助さんの家の姉さん	額	去る	○	○	大山北麓の昔話　1970
○＊	種の藤助の嬶あ	額口	去る	○	○	大山北麓の昔話　1970
○＊	藤助の女房 (かん子の蓋)	頭	去る	○	○	大山北麓の昔話　1970
○＊	藤助さんの家の姉さん		去る	○	○	大山北麓の昔話　1970
○＊	藤助の嫁		去る	○		大山北麓の昔話　1970
○＊	藤助の女房		去る			大山北麓の昔話　1970
○＊	種の藤助の嬶あ	死		○	○	大山北麓の昔話　1970
○＊	太郎べのかか (茶釜の蓋)	頭	去る	○	○	鳥取の民話　1976
○＊	藤助のかか (カンスを被る)	(頭)	(去る)	○	○	大山北麓の民俗　1987
○＊	種の藤助の嬶 (白い着物の者)	肩口 (茶釜の蓋)	去る	○	○	伯耆の昔話　1976
○＊	種が藤助の女房 (茶釜の蓋)		(去る)	○	○	かみさいのむかしばなし 1972
○	左喜の浜の鍛冶屋の嬶 (大鍋を被る)	頭	死	○	○	浅川・川東昔話集　1973
	野根の鍛冶屋の嬶 (大釜)			○	○ (金)	宇和地帯の民俗　1961
	鍛冶屋の嬶	耳		○	○	高知・西土佐村昔話集　1983

表 1.4　「鍛冶屋の婆」(類型 3)

	伝承地	動物	人物	婚姻の理由	狼の接近	展開
1	新潟県柏崎市	狼	アニ(嫁・子)			狼の群
2	福井県福井市	狼	アラヤ (旧家・大豪農家) の息子	意気投合	嫁→子供	(旅僧)
3	鳥取県東伯郡三朝町	狼	たねのとうざ	恩返し	嫁	(旅の侍)
4	鳥取県東伯郡北栄町	狼	種の藤助		嫁	「山伏と狐」(狼と法印)
5	鳥取県倉吉市	狼	種の藤助		嫁	(法印)
6	鳥取県東伯郡東伯町(現琴浦町)	狼	種の藤助 (元気な大男)	恩返し	嫁	(六部)
7	鳥取県東伯郡東伯町(現琴浦町)	狐	種の藤助			狐火 (法印)
8	鳥取県東伯郡東伯町(現琴浦町)	狼・千匹狼	藤助	恩返し	嫁→男子(太郎)	(法印)
9	鳥取県東伯郡東伯町(現琴浦町)	狐・狼	藤助・信心深い母(貧乏)	大上神社 (召使いの狼)	嫁	「山伏と狐」(狐と法印)
10	鳥取県東伯郡東伯町(現琴浦町)	狼	種の藤助	大国主命 (使い姫の狼)	嫁→子供(ぼう)	「山伏と狐」(狼の親子と法印)
11	鳥取県東伯郡東伯町(現琴浦町)	狼(白い神)	藤助 (狩の名人)	恩返し	妻の死→見知らぬ女	(気の荒い神官)
12	鳥取県東伯郡東伯町(現琴浦町)	狸	藤助		嫁	「山伏と狐」(狸と法印)
13	鳥取県東伯郡東伯町(現琴浦町)	狼・千匹狼	藤助	恩返し	嫁→男子(太郎)	(法印)
14	鳥取県東伯郡赤碕町(現琴浦町)	狼・千匹狼	藤助	恩返し	嫁	
15	鳥取県西伯郡中山町(現大山町)	狼	小作の藤助 (正直者・小作人)			「山伏と狐」(狼と法印)
16	岡山県苫田郡上斉原村(現鏡野町)	狼・千匹狼	藤助			(侍)
17	徳島県海部郡海南町(現海陽町)	山犬	侍・妊婦		→子	出産
18	愛媛県南宇和郡城辺町(現愛南町)	猫・山犬	侍・妊婦		嫁	出産
19	高知県幡多郡西土佐村(現四万十市)	狼	侍・妊婦		→子	

*印は1匹分足りないことを示す.

狼を傷つける。
③翌朝旅人は婆（嬶）の家を尋ね、昨夜怪我をしたという刀傷を確かめて婆（嬶）を切り殺す（あるいは離別する）。

ここに現われた三類型の共通モティーフは、本話が語られていく過程で話の核となっていた部分と考えられる。山中で肩車を組んだ狼に襲われる恐怖と、その名から正体を暴く点に話の醍醐味があるのだろう。三類型の中では類型1がもっともこれに近い。各類型の特徴を分布状況と併せて詳しくみよう。

類型1は、青森県下北郡から高知県幡多郡に至るまでの広範囲にその分布が認められる。島根県や広島県には動物の頭領を猫とする話が集中しており、本類型では婆になる動物が猫になっているケースが多分に認められる。婆が傷を受ける箇所は、狼の場合には頭や額などの「頭部」であり、猫の場合には「手」となるものが多い。「手」は、さらに新潟県の事例にみられる弥三郎伝説の「鬼」にも結び付いている。このように、類型1の狼は山中で人間を襲う恐ろしい存在であり、退治されるものとして語られているのがわかる。

これに対して類型2は、共通モティーフに「出産」の要素が加わったものであり、「鍛冶屋」との結び付きが強くなっている。高知県および徳島県に集中した分布がみられるが、これは前述のように高知県室戸市の佐喜浜を舞台にした伝説として語られているためであろう。鍛冶屋の子孫として伝わる家は、場所こそ異なるが今も現存している。

本類型は、登場人物に妊婦が加わっている点に特徴があり、妊婦が無事に出産できたことから産育習俗とも結び付いている。この妊婦が出産したと伝えられるお産杉は、奈半利から野根までを結ぶ約三五キロにわたる野根山街道の半ばにあり、今もその痕跡を留めている。昼に出発するとちょうど日が暮れるあたりにあるため、「野根の昼寝の一本杉」とも呼ばれた樹である。海から吹き付ける風のために幹は大きく湾曲し、人が登るのに適した形になっていたという。鍛冶屋はその多くが佐喜浜のものと特定されているが、これが山中の一本杉と結び付いているのは、佐喜浜へ抜ける道の存在によるのだろう。街道の中間に当たるお産杉付近からは、漁村である佐喜浜へと下る道が一本通っている。出産があったという杉の木片は、安産祈願の護符として信仰を集め、お産杉が朽ちてしまった現在でも、近くの切り株から木片を削り取って持ち帰る人が後を絶たないようである。また、子孫の話を伴う五話では、狼の子供らしく背筋の毛が逆さに生えていた、あるいは毛が三本生えていたなどと伝えられており、注意を要する点である。

このように、類型2では出産と狼とが強く結び付き、また鍛冶屋と密接に関わる形で語られているのがわかる。高知県では産の穢れ（赤火）が付いている者には狼が付いてくるとの伝承[73]があるように、狼と産との結び付きは広範囲にわたって聞かれるものである。室町物語「熊野の本地」にみられた、山中で異常誕生した貴子を守護するモティーフとの関連も予想される。

一方の類型3は変化が著しく、共通モティーフに狼報恩譚や狐女房譚、さらには昔話「山伏狐」のモティーフが加わったケースがみられる。四国に伝わる二例では、ともに類型2との結合も認められる。話の発端部における狼との接触は、喉に刺さった骨を抜いてやった返礼として、あるいは藤助の母の願いを聞き入れた神の命に従って、狼が「種の藤助」のもとに娘に化けて嫁にくるというように、比較的穏やかな形になっている。このような異類女房譚の多くがそうであるように、狼は退治されずに離別の形を取る。鳥取県を中心にした分布状況を示しているのは、北栄町の下種に実在した藤助という人物と結び付いて伝説化しているためであろう。動物が狐に転化している例も若干ある。他類型に認められない田植えのモティーフは、伝承地の鳥取県を含む中国地方にさかんな大田植えの影響も推察される。また、一九例中の六例に狼の子供が語られている。

このように、本類型での狼は神の使いとされ、人の恩に報い、稲の豊作をもたらす呪力を有する存在になっているのがわかる。

(3) 文字に記された「鍛冶屋の婆」

『太平広記』との比較

これまでわが国に伝承されている「鍛冶屋の婆」をみてきたが、その原型はどのようなものだったのだろうか。中国の類書『太平広記』の中に本話に類似した説話があるのは、すでに南方熊楠や中村禎里の指摘したことであった。『太平広記』巻第四三一および巻第四四二を具体的にみよう。

資料1 「松陽人」（要約）

松陽のある人が山で薪を採っていたところ日が暮れてしまった。二頭の虎に追われてすぐに樹に登ったが、その樹はあまり高くなかった。虎は躍り上がって男を落とそうとしたがうまくいかず、「朱都事」を呼びに行くことになった。すぐに細長い虎が現われ、さかんに男の服をつかもうとした。男が持っていた刀でその前脚を斬ると、虎は叫び皆去ってしまった。

やがて明るくなり、男は村で朱都事のことを尋ねた。すると朱都事は昨夜手に傷を受けたと聞き、朱都事が虎であるのがわかった。

男は県知事にことの次第を告げ、知事の命で武官たちが朱都事の家に火を放つと、朱都事はたちまち虎となって飛び出し、行方知れずとなった。

（『太平広記』巻第四三二[74]）

資料2　「正平県村人」（要約）

正平県のある村に老翁がいた。病を患いものを食べなくなり、夜は姿がみえなくなった。

ある夕方、狼に襲われた村人が樹に登るが、その樹はあまり高くなかった。狼が立ち上がって着物の裾をくわえたので、村人があわてて桑の斧で斬ると狼の額に当たった。狼はうずくまり、やがて去って行った。

朝になると村人は狼の跡を尋ね、老翁の家へ行った。子にことの始終を話すと、子は父親の額の傷をみてこれを殺した。すると、一頭の老いた狼となった。

子は県に自ら報告するが、県はこれを罰しなかった。

（『太平広記』巻第四四二[75]）

「松陽人」をみると、登場する動物が虎である点を除けば、本話に近似した内容であるといえる。二頭の虎は仲間である「朱都事」を呼びに行き、やってきた細長い虎は樹上の男に斬りつけられる。翌日その名と傷がもとで正体が明らかになり、火に追われた虎は逃げ去っている。一方の「正平県村人」は狼の話である。動物に人名は伴わないが、翌朝村人が狼の跡を尋ねて老翁の家へ行ったと記されている点から、名前や血痕などの狼の足跡を辿る何らかの方法があったと推察できる。額の傷がもとになって退治される点など、「正平県村人」もまた本話に類似した内容であるのがわかる。

両話と「鍛冶屋の婆」の相違点を挙げれば、ともに「その樹はあまり高くなかった」と説明し、男を襲う動物が肩車を組んでいない点である。また、「正平県村人」の狼が老翁に変じているように、性別が男性である点も異なっている。

『太平広記』は、一二世紀にはすでに日本に紹介されており、当時の物語作品などにも影響を与えていた類書である。[76]その後江戸期の怪奇趣味の流行に乗って、再び読本や黄表紙などの書物にも登場している。そのような時代背景や、内容に著しい類似点がある以上、「鍛冶屋の婆」と『太平広記』収載の説話が、まったく無関係に存在したものと考えるのは難しい。両者の関係を否定するのはかえって無理があるだろう。以上のことから、本話の原型は『太平広記』巻第四三二および巻第四四二に求められ、これらの翻案がもとになって、やがて現在に伝わる「鍛冶屋の婆」に発展していったものと考える。

狼と犬梯子

動物が樹上の人物を襲う様子をみると、『太平広記』では立ち上がって服をつかもうとしていたのに対して、本話では肩車や犬梯子を作って迫っていた。この肩車のモティーフの有無は、いったい何によるのだろうか。肩車に関連する他の狼伝承をさらにみることにしよう。

事例4　犬梯（山梨県西八代郡三珠町）

三帳の伝兵衛という人、東草里の山へ仕事に行った。夕景ごろ仕事を仕舞って帰ろうとしたら、上の方に山犬が二―三匹見えるので、これは大変だぞ、モウ逃げおほせぬぞと観念して、側の大木に急いでよじ登ると、犬は二―三匹どころか十匹も十五匹も集まって来た。伝兵衛の登っている大木の根本え《ママ》寄って犬梯をしてだんだん高く登って伝兵衛のいる一の枝まで届きそうになったので、伝兵衛はモウ気も狂いそう。俺は山犬に食われてしまう。無意識に腰にさしていた山鋸を抜いて、鋸で木の幹をメチャクチャに叩いたところ、どうだろう。山犬は奇声を挙げながら、犬梯が崩れるように一散に逃げ散ってしまったという。山犬は金物の音響を嫌いだということを伝兵衛は知ってではなかったが、けがの功名で山犬を追払ったのであった。

（『三珠町誌』(77)）

山中で狼に出逢って樹上に逃れた人物が、犬梯子を作って迫ってきた狼に襲われそうになる。恐怖の中で鋸を叩いたところ、狼が金物の音を嫌って逃げたため、運良く難を逃れたという内容である。この種のタイプは地名由来伝説の形を取ることが多く、類話は他に三例を確認した。また、これとは少し異なるものに、次のような伝承もある。

事例5　狼、山犬（静岡県小笠郡三濱村(78)）

昔、木挽が山道を通りかかつたら、山犬が子供を産んでゐた。面白いので長い間立つて見て居た。そして村に出て知つて居る家によつて此の事を話した。此の家の人は大變驚いて其の様な所を見ると今に犬が澤山で殺しにくるから速く此の家を出てくれるやうにと願つた。仕方なく其の家でなたをかりて出て行き、大きな木に登つて山犬の來るのをまつてゐた。

言の如く薄暗くなつてから、數限りない山犬がやつて來た。が高くて届かないものだから、順々に肩車に乗せてたう〳〵その人の近く迄來た。その人は山犬が手の届く所迄來ると、なたで、切つてはすて切つてはすてた。夜半迄切り續けた所がもう犬は來なくなつた。

あれ程澤山切つたので犬の死骸がどんなに多く有るだらうと夜の明けるのをまつてゐた。が明る朝になつて見ると死骸は一つも無く運ばれて血も落ちて居なかつたと云ふ。

（『静岡県伝説昔話集』）(79)

狼の出産を目撃した人物が、肩車を組んだ狼に襲われたという内容である。翌朝には狼の死体も血痕も消えており、無気味な余韻を残す結末である。類話はこの他に六例確認した。狼の交尾を目撃したと語るものもあり、改めて考えるべき問題を内包した伝承である。

このように、数こそ多くはないが、わが国には「肩車」のモティーフを有する狼の説話が他に存在している。本話と結合した形でこれらの話が語られている例もあることから、(80)狼の説話同士が次第に伝承過程で結び付いていった可能性が考えられる。

狼と肩車のモティーフの結び付きの強さは、次の二点によっても知ることができる。一つは、表が示すように、初めに現われる動物と後に呼ばれてくる動物の組み合わせが、双方ともに狼の場合には、ほぼすべてに肩車のモティーフが認められる点である。またもう一つは、狼の肩車を組む様子が固有名詞化している点である。たとえば事例にもあった「犬梯」や、「オエン梯子」「イヌツギ」「オイヌ継ぎ」「継ぎ犬」「継ぎ狼」「おういん継ぎ」「つり狼」などがそれであり、このような固有名詞化は、本話においては狼にのみ確認される。

外へと目を転じれば、肩車のモティーフを伴う狼の説話は、実は日本に限定されるものではなかった。ヨーロッパ諸国にも広く認められることは、早くに南方熊楠(81)や高木敏雄(82)によって指摘されている。近年では小島瓔禮も取り上げていた(83)。

一方、インドや中国、朝鮮半島での肩車のモティーフは、狼ではなく虎の説話として伝承されている。海を隔てた朝鮮半島の説話を例にみよう。

資料3 「朝鮮の虎やぐらの話」

悪漢あり、人の邸内に忍び入り、深夜牛を盗まんとして牛小屋に忍び入る。手探りに捜って、牛の背に乗る。牛覚って飛び出す。速くて風のごとく少し変だと思うが、落ちてはケガをするから一生懸命背にしゃがみつきおる。これより先、虎が山奥より来たり、牛小屋の牛を食い尽しおる際、人間が背に乗ったから同類への土産にとおのが住む穴に急ぐに、数里を走ったと思うころ、夜明けてその虎なるを知り吃驚《びっくり》、しかし、どうすることもならず、虎の背に乗せられしまま山路にかかる。断崖の傍を走るうち、この男、松の枝に飛び移る。しばらく息をやすめおるうち、虎は同類数多《あまた》連れ来たり、虎やぐらを組み、樹上の人に近づく。この男、泥棒に似げなく、風流気のある男で、笛が至って好きであった。今生の思い出に腰より笛を取り出し、一曲を吹奏すると、虎やぐらの最下の虎音楽好きで、この笛の音にききほれ、首を傾ける拍子に虎やぐら崩れ、みな千仞の谷底に堕ちて死し、この男命を助かり、改心して善人となり、家が栄える、云々。

(「千疋狼(84)」)

前半は昔話「古屋の漏り」に近い内容である。後半では、虎は重なりあって樹上の人物に迫っており、その様子を「虎やぐら」と呼んでいるのがわかる。ここには『太平広記』にはない虎梯子のモティーフが確認され、この類話は「巫女虎」として、催仁鶴(85)によっても報告されている。

本話の変遷を考えるに当たって、狼と肩車のつながりの広さや、朝鮮半島に伝わるこれらの説話との関係性も考慮すべきであろう。

近世の資料と狼の子孫

日本の文献資料において、「鍛冶屋の婆」はどのように記されてきたのだろうか。

わが国で本話が文字化されたもっとも早い資料には、元禄一七年（一七〇四）に刊行された『金玉ねぢぶくさ』が挙げられる。このなかに本話に類似した説話「菖蒲池の狼の事」を見出すことができる。次に示そう。

資料4　「菖蒲《かまふ》池《ち》の狼《おゝかみ》の事」

（前略）越前の国、大野郡《ごほり》、菖蒲池の辺へ、狼おゝく出てあれ、人の通ひたへたりし刻《きざみ》、ある出家、かまふちの孫右衛門方へ志《こゝろ》して往侍《ゆきはべ》りしに、其日は狼殊他はやく出て、見れば跡先におびたゝしく数十疋徘徊す。此僧、往事も還事もかなはず、進退きはまつて、ぜひなく、大木のありしにのぼりて枝の上に一夜をあかさんとす。

日の暮るにしたがひ、あまたの狼、皆此木の下《もと》に集り、上なるほうしを守りて、一ひきのおふかみ、人のごとく物いひ、「かまふちの孫右衛門が嚊を呼で、談合せば、よろしき謀あるべし」といふ。いづれも尤と同心して、一疋いづくともなくかけ往しが、しばらく有りて、大きなる狼一ひき、彼使ひとともに来り。木の下により、上なるほうしを見て、「別《べち》の子細なし。我是をとるべし。肩車《かた［く］るま》にのせてさゝげよ」といへば、「我も〳〵」と、後の股に首さし入て、次第に捧しかば、程なく僧のきわに近づきぬ。

彼僧せん方なく、折ふし守り刀を持しかば、是をぬいて払ひしに、上なるおゝかみの正中《たゞなか》を切たり。夫より崩おちて、狼ども悉く《ことごく》帰りさりぬ。

夜あけて是を見れば、果して牛程なる狼一ひき死せり。扨、孫衛門《ママ》方へ往ぬれば、「こよひ、女房、厠《かわや》へゆくとて、いづくともなく出しが、今に帰らず」とて、上を下へとかへしたづねぬ。

ほうし、かくすも便なさに、道にてのありさまをくはしく語れば、孫衛門《ママ》、始は誠とせざりしが、あまり女房の行衛をたづねかねて、彼木の下へ人をつかはして見すれば、大きなる狼死し居たり。又こなたなる道もなき山の端に衣類を皆ぬぎおけり。「さては、我本さいは、とく是にとられぬならん。此ほうしの害するにあらずんば、我もこれにとらるべし」とて、女房の親里へ其だんをいへば、しうと中々がてんせず。

此事せんぎに及びしが、女房孫衛門《ママ》へ嫁《か》して八年になり、則当年七さいの男子あり。はだをぬがせて見れば、背筋に狼の毛生たり。是を以て、舅も得心し、「扨は、我家にて誠の娘はようせうの時にとられぬるにこそ」とて、それよりせんぎを止侍りぬ。

其子孫にいたるまで、代替《だいがわ》りても、背中の毛はたへず。同所大野町大井六兵衛方にて、其狼よりは三代目孫の背中をはだをぬがせてくわしく見侍りしなり。

（『金玉ねぢぶくさ』(86)）

同書にある狼の頭領は、「孫右衛門が嗅」と呼ばれて七歳の男子を残している。子の背筋には狼の毛が生え、その後も代々子孫の背筋には狼の毛が生えていたと伝えている。嫫が若い女性であるのは子供の年齢によっても推測される。「嗅」の名称は類型2に、狼が若い女性であり、男と夫婦になっている点は類型2および類型3に共通している。

図 1. 16　『大和怪異記』（国立国会図書館蔵，宝永 6 年（1709）刊）

このように、結末には異同があるものの、大筋の内容は現在伝えられている「鍛冶屋の婆」の共通モティーフと同じといえる。文献上もっとも古い「菖蒲池の狼の事」において、狼が人間の男との間に子孫を残している点は、留意すべき事柄である。

続いて寛延二年（一七四九）[87]に刊行された『新著聞集』をみよう。

資料 5　「古狼婦となりて子孫毛を被る」

越前の国大野郡菖蒲池のほとりに、ある時、狼群出て、日くれては、人のかよひ絶侍りし。ある僧、菖蒲池の孫右衛門が方を、心ざして行に、おもひの外に狼はやく出て、行事かなひがたかりしかば、高く大きなる木に上りて、一夜をあかさんとしけるに、狼共、木の下にあつまりて、面うちあげて守り居けるが、一ツの狼がいはく、菖蒲池の孫右衛門がかゝをよびなん。此儀、尤なりとて行きし。程なく大なる狼来りて、つく〴〵と見あげ、我を肩車に上げよといへば、コソあれと、我もわれもと、股に首をさし入れ、次第に上げける。既に僧の側ちかく成しかば、身も縮り、心も消入る余りに、さすが小刀を抜、狼の正中をつきければ、同時にくずれ落て、みな〳〵帰りにけり。夜も漸く明て、かの僧、孫右衛門が許にゆくに、妻、昨夜死けるとて騒ぎあへる。死骸をみれば、大なる狼にてぞ有ける。その狼が、子孫に至るまで、背筋に狼の毛、ひしと生てありしとなり。又土佐岡崎が浜の鍛冶がかゝとて、是に露たがはざる事あり。

（『新著聞集』奇怪篇第一〇）[88]

同じ越前の国菖蒲池を舞台にした話であり、先の『金玉ねぢぶくさ』よりも要約された内容になっている。「菖蒲池の狼の事」に比して、より類型1に近い内容である。これと同様の話は他にも宝永六年（一七〇九）刊の『大和怪異記』に収載され、図1・16に示したように、梯子状になった狼が僧侶を襲う挿絵が添えられている。『新著聞集』には、『金玉ねぢぶくさ』にはなかった「又土佐岡崎が浜の鍛冶がかゝとて、是に露たがわざる事あり」の一条があり、これによって一七四九年には、すでに類型2の話も存在していたのがわかる。その詳細については、少し時代の下る文化一〇年（一八一三）に記された地誌、『南路志』によって確認できる。次に引こう。

資料6　「崎濱の鍛冶が婆々」

野根山の伏木といふ大木、近年倒れて今に有。此木は、昔奈半利の女野根へ行道半にて産セし時、飛脚行かゝりて産婦を揚ケ置し木也。山犬夥敷来りし時、飛脚山犬を悉く切伏けれハ、山犬か云、崎濱の鍛冶が婆ゞ《バヾ》を呼来れと言しより、須臾の内に大山犬来りしを、是をも切たりしより、此女難を遁つる事、昔咄に言傳へし事也。其鍛冶か居宅の跡、崎濱田中に石ぐろにしてあり。今鍛冶か子孫は絶てなけれとも、其血縁のもの男女とも、一躰の毛逆《サカサマ》に生るといへり。手の毛を下へ撫れは逆立上り、上へ撫れハ順なるといふ。鍛冶か婆ゞの血縁のしるしとそ。

（『南路志』巻三六）[89]

『新著聞集』には「鍛冶がかゝ」と記されていた動物の頭領を、ここでは「鍛冶が婆々」と呼んでいる。鍋は被っていないものの、名称からは鍛冶屋との結び付きがうかがわれる。狼を山犬としているのは、当地では山犬の方が一般的だからであろう。産育習俗との結合を示す記述はないが、内容は事例2にほぼ等しい。子孫についても「一躰の毛逆《サカサマ》に生る」との言及がある。

一方、類型3については、文政三年(一八二〇)に中川顕允によって記された地誌『岩見外記』収載の「狼女の傅へ」が存在する。明治八年(一八七五)写本の内閣文庫蔵本から次に引く。

資料7 「狼女の傅へ」

昔し高山村に與一左右衛門といへる民は妻を娶りて二人の男子あり。常に農隙には山野を狩くらし、鳥獣を獲てたのしみとせしに、或る時遠く山に行て帰るに家遥かなり。すでに日暮ぬれは、一木の本に休み居たり。さて此地には豺狼多く住む處にして何處よりか數かぎりもなく出来りければ、與一左右衛門必す難あらんことを知て速かに此木へ攀ち登り高き木の股に坐をかためて下し見れば、多くの狼かはるがはる此木に上り來てくらひ付んとする處を、少しも恐れず腰刀を抜て切り落すその中に、一つの狼人語をなして是は與一か家々ならでは叶ふまじといふ。最後にまた一疋の狼上り來れり。是は頭に鍋を戴きくらひ付んと近よりしを、與一左右衛門是をも鍋きり割てうち落す。是よりしては、再ひ狼の來らされば、夜明て木より下り我家へこそ帰りける。さて妻に逢て夜前しか〱のやうすを語るに、あやしや妻は昨夜頭を斬さかれ、手巾《てぬぐい》にてはちまきし摧《くだ》けし鍋もそこにあり。何のあいさつもふそろひなりしが、是ぞ昨夜鍋を戴きて出し狼のか子て與一左右衛門か妻と化け居て手負たるなり。しばらくして此妻二人の男兒を抱き何かいひなぐさめて落涙に及ひしがそのまゝ此家を出ていつくへ去りしか知れざりけり。與一左右衛門初て妻は狼の化したることを悟るといへ共せんかたなく、二人の小兒を養育して年月を送りけるに、かれが田畠を時として來り耕すものあり。また五月の比夜深《ふけ》て早苗を殖る一女子あり。その女の歌ふ田殖歌を聞けば、長《たけ》は出來ずと實入《みのれ》かし。勘次万次か爺《てて》のため。とくりかへし〳〵うたひける。勘次万次は此狼女の生みたる兒の名なり。其後この兒生長の上脊中に狼の如き毛叢生せしと是より代々その如くなりしが、寛政の比与一左右衛門は養子にて家を續ぎしにより、狼毛はなしと聞き及ふ。實に奇々怪々の事なり。

按するに、新著聞集巻十にある僧、野中にて狼に出合しゆへ大木の上へ上りて下よりまた上る狼を殺したる談を記して、越前国大野郡菖蒲池孫左右衛門か妻は大なる狼にてありける。又土佐国岡嵜が濱の鍛冶がかゝとて是に露たがはざることありと見えれば、他国にもまた同しやうなることありしを知るべし。(『岩見外記』(90))

高山村とは、現在の島根県邑智郡美郷町に当たる。與一左右衛門は農業の合間に狩りを楽しむ人物であり、導入部では、すでに妻との間に二人の男児があると記されている。伝承にみたような、そこに至るまでの説明はない。斬りつけた與一左右衛門当人によって正体を見破られた狼は、涙ながらに二人の幼子を残して去って行く。その後田畠はときおり何者かによって耕され、五月のある夜には「長は出來ずと實入かし。勘次万次か爺のため」という田植え唄を唄いながら一人の女が早苗を植えたとある。その後の収穫についての言及はないが、「長は出來ずと實入かし」というのは、穂が出ずに年貢を免れたが、実は大豊作だったと語る類型3の伝承に通じる内容である。養子を迎えるまでは代々子孫の背中に毛が叢生していたという記述も、前掲の二資料と共通している。

このようにみてくると、早くに文字に記された説話は、そのすべてが狼の話になっているのがわかる。しかもこれらの狼は、「嫂」の呼称が示す通り妻や女房といった比較的若い女性に化けており、男との間には子供も誕生している。『新著聞集』や『南路志』での狼が「古狼」や「婆々」になっているのは、もとになった『太平広記』巻第四四二に基づいているのだろうか。この点は伝承の過程で変動しやすい要素だったと考えられるが、いずれにしても近世期の資料では、狼が女性に身を変じて人間との間に子をもうけ、その子は狼の子孫の証として背筋に狼の毛を持つと語られていたのがわかる。これは、『太平広記』収載の説話を翻案化する際か、その後の伝承過程で、狼との婚姻関係を説かずにはいられない何らかの心意が人々にあったことを物語っている。柳田國男が取り上げた朝比奈家の説話との関連も予想されるが、これについては稿を改めたい。

現代においても狼の子孫の伝承を有しているのは、類型2および類型3であった。つまり、近世期の資料に共通してみられた狼の子孫のモティーフは、類型2にもっともよく残り、類型3には若干残存し、類型1においては痕跡すら認められなかった。これらを鑑みると、基本型を踏襲しながらも、実はこの類型1がもっとも変化したタイプであることがわかる。そしてこのような変化の背景にこそ、狼信仰の希薄化を読み取ることができるだろう。

(4)化猫譚との融合

本話の前身を猫の話とみる説があったように、「鍛冶屋の婆」の類型1には、猫の登場する話が多くみられた。では、この猫との関係についてはどのように考えたらよいのだろうか。

猫は、昔話「猫の踊」(91)や「猫と釜蓋」(92)からもうかがえるように、人の近くに在って親しまれている存在だが、その一方で年を経ると化物になるとも考えられてきた。この意味で、猫は人を食い殺して人に変化する「鍛冶屋の婆」の動物に適しているといえよう。話が伝承されていく過程で、次第に狼と猫とが混淆していったことが考えられる。この根拠として、本話と化猫譚との融合を示唆する例を次に挙げよう。

事例6　猫婆（島根県簸川郡佐田町）

昔あるところに武術のすぐれた侍がおったげな。

ある日のこと友だちの小池さんちのところへ遊びに行って、

「小池さん、ここのうちのお婆さんは、どげしちょられえかね」

って聞いたら、

「ああよんべ便所だえ、どこだえでまくれて額口をけがして、ご自分の部屋で寝ちょられえがね」

という返事だったげで、それを聞いた侍は、どうも合点がいかんよな顔して、ゆんべの出来事を次のように話えた。

「実はゆうべあんまりええ月夜だったで、自分はひとり神社の庭で、ええ気分で月見をしちょったとこめが、そのうちに、あっちからも、こっちからも、ゾロゾロゾロゾロ猫が集まって来るげで、薄気味悪うなって、わしゃ境内の木に登って隠て見ちょったら、その猫どもが、だんだん大けな輪になって

〝小池の婆さん出さっしゃい、出なけりゃ踊りがおどれんわい〟

てて、繰り返しはやしたてえもんだけん、こりゃおかしなことを言うもんだと思っちょうと、やんがて手拭いをかぶって杖ついた小池の婆さんてぇのが出て来られた訳だ。そうから何かの拍子に手拭いを取ったとこを見いと、小池の婆さんつうのは真赤な嘘で、ほんとは年寄り猫だった。その婆さん猫を中心にして、歌ったり躍ったりそれはにぎやかなことだった。そのうちにようにくたびれて散り散りに別れて行きかけたで、わしゃそのばば猫めがけて木の上から手裏剣を投げつけた訳だ。小池さん…きっとそのとき傷をうけた猫がお宅のおば

あさんに化けて寝ちょるじゃあありませんか、早《はや》こと殺えてしまえなはえ」
っていうが、本当のお婆さんだったら大変だがどげしたもんだやらと相談すうで、
「人間は耳を動かさんが、猫は耳を動かすけえ、横からそっと呼んでみて耳を動かしゃきまって猫ですよ」
つうでやってみると、あんのじょうきき耳を動かいたので、侍二人して切りつけたら、とたんに猫の姿になって暴れ出いたがまもなく切り殺されてしまいました。本当の小池のお婆さんはその古猫に食い殺されて、座敷の下に埋められていたつうことだ。それこっぽし。

（『佐田町の民話と民謡』[93]）

境内に集まってきた猫が皆で歌い踊るという「猫の踊」によく似た話だが、樹上からみていた侍が、傷つけた「小池の婆」の家を尋ねて猫の正体を暴くというあたりでは、本話に酷似した内容になる。特にここで注目されるのは、「小池の婆」という名称である。事例6の説話が伝承されているのは島根県簸川郡佐田町であった。表1・2の51・52・53に示したように、簸川郡にほど近い松江市に伝わる「鍛冶屋の婆」でも、婆の名は「小池の婆」になっている。また後から呼ばれてくる動物も、これら三話ではすべてが猫となっており、「犬のような大猫」「猫また」「大猫」とそれぞれ説明が付されている。つまり、当地域に伝承されている「鍛冶屋の婆」の類話も化猫譚も、「小池の婆」という共通した名称を有しており、これによって当地での両話の融合が推測できる。島根県や広島県に猫話が集中してみられるのも、このあたりの事情を物語っているのだろう。具体的な言及はないが、高木敏雄もまた本話と小池婆との関わりに注目した記述を残している[94]。

このように、「猫の踊」として伝えられていた化猫譚と本話とが、ともに動物の怪異性を示すものとして徐々に融合していったものと考えられる。このような傾向は、島根県だけに留まるものではないだろう。狼が猫に転化す

る傾向は、前述のように怪異性が強調される類型1において多分に認められた。また、類型2や類型3の婆の名称の多くが「嬶」であるのに対して、類型1では「婆」が圧倒的多数を占めていた。これによって、狼から猫への転化が、「嬶」から「婆」への転化にも関与していることが考えられる。

(5) 虎と狼、狐と猫

本節では、「鍛冶屋の婆」の変遷および、そこからみえる狼像の二点について考察した。まず初めに本話の類話一二一話の内容を分析し、本話が三類型に大別できることを読み取った。これら類型1から類型3までの共通のモティーフを抽出した本話の基本型も確認した。

変遷の考察では、本話の原型は『太平広記』巻第四三二および巻第四四二に求められ、これらの翻案がもとになって、やがて現代に伝わる「鍛冶屋の婆」へと発展していったものと考えた。『太平広記』にはない、動物が肩車を組むモティーフについては、肩車に関係する他の狼説話や、他国に伝わる関連説話の存在などから、伝承過程における狼の説話間での結合を想定した。この狼と肩車のモティーフの結び付きの強さを示すものとしては、初めに現われる動物と後に呼ばれてくる動物の組み合わせが双方ともに狼の場合に肩車のモティーフが認められる点や、狼の肩車の様子が固有名詞化している点を指摘した。

近世期の資料では、各類型ともに狼が女性に身を変じて人間との間に子を儲け、その子は狼の子孫の証として背筋に狼の毛を持つと記されていた。これによって、『太平広記』収載の説話を翻案化する際かその後の伝承過程で、狼との婚姻関係を説こうとする何らかの心意が人々にあったと読み取った。そして近世期の資料に共通してみられた狼の子孫のモティーフは、類型2にもっともよく残り、類型3には若干残存し、類型1においてはその痕跡すら認められなかった。このため、基本型を踏襲しながらも実はこの類型1がもっとも変化したタイプであり、このようなモティーフが失われた背景にこそ、狼への信仰心の希薄化が読み取れると考えた。

本話の前身を猫の話とみる説に対しては、島根県の「小池の婆」を例に、「猫の踊」として伝えられていた説話と本話とが、ともに動物の怪異性を示すものとして徐々に融合していったと推定した。また、類型2や類型3の婆の名称の多くが「嬶」であるのに対して、類型1では圧倒的に「婆」が多くなっていた。この点から、猫への転化が「嬶」から「婆」への転化にも関与しているものと考えた。

第二点目の狼像の考察では、以下のことを指摘した。すなわち本話に登場する狼は、人を襲い人に化ける怪異な存在ではあったが、本話が怪異譚として伝承されていく過程で、類型1のような怪異性が特に強調される話では、動物の頭領が猫に転化する傾向が多分に認められた。これによって、人々は狼を恐ろしい存在と考える一方で、単なる奇怪な動物と見なすことができなかったと理解できる。狼譚として伝承されている類型2では、狼は出産や鍛冶屋と結び付き、また類型3では呪力を有する存在として認識されていた。つまりは、このような要素を有するからこそ今日まで狼譚として伝承されてきたといえるだろう。類型2や類型3が土地と結び付いて伝説化していたのに対して、類型1の多くは昔話として各地に広く伝わっていた。何ものにも縛られない昔話だからこそ、猫への転化が生じやすかったとも考えられる。

このようにみてくると、伝承の世界では、虎から狼へ、また狼から狐、あるいは猫への互換性があることに気付くだろう。ことに、類型3にみられた狐女房譚との融合や、類型1の化猫譚との融合が想定されたのは、ともに山陰地方であった。その中の島根県には、「昔から猫は狐の使者、狐は狼の使者と云われている」(95)との伝承がある。初めに現われた猫に他の獣の存在を予想し、次にやってきた狐に狼の来訪を恐れてその場を離れたという内容の説話である。「鍛冶屋の婆」にみられるこのような伝承の一致は、単なる偶然であろうか。「鍛冶屋の婆」は、中国や朝鮮半島から日本に伝播した虎説話が、虎に近しい存在である「狼」に転化し、また狐や猫の説話とも結び付いていくという、日本の民俗の様相を示唆する好事例といえよう。

3 虎の民俗、狼の民俗

(1) 受容された虎の民俗

わたしたち日本人にとって、虎は今ではそれほど珍しい動物ではない。動物園や各種の映像を介して、生きた虎を目にする機会もあるだろう。十二支の干支が寅に当たる人もいる。しかし、かつては珍獣としてもてはやされ、虎が特別な扱いを受けていた時代があった。虎が、日本には生息しない動物だったからである。

文献上での虎についての初出は、『日本書紀』欽明天皇六年（五四五）になるが、初めて生きた虎が舶載されてきたのは、下って八九〇年となる[96]。その後近隣諸国との交易によって多くの虎皮がもたらされ、絵画作品にも虎は積極的に描かれるようになる。

これまで、虎から狼へ変容する民俗を中心にみてきたが、虎の民俗が日本にまったくないわけではない。わが国に受容された虎の民俗について、本節では探っていくことにしよう。

十二支

干支は、中国暦法の使用が開始された早い時期から月名とともに用いられてきた。年に干支を冠して数えられるようになったのは五世紀頃と考えられており[97]、寅（虎）は、十二支の中では第三位に置かれている。干支はまた方位や時刻をも示すことから、それにちなんで「とら」と命名されたり、名前に取り入れられたりするのは周知の通りである。『曾我物語』で著名な大磯の虎の名も、寅時生まれのためと考えられている[98]。また、五行での寅は「木」の気を持つとされ、生まれ出るもの、動き始めるもの、顕現するものとして認識されている[99]。

このように、十二支の動物であった虎は、郷土玩具などに象られ、また摺物にもその姿を現わし人々に親しまれてきた。しかしながら、虎は単なる愛玩動物として好まれてきただけではなかった。次の虎皮に、その心意をみることにしよう。

虎皮

虎皮は、絵巻物や錦絵などの絵画作品をみれば、容易に見出すことができるほどにさかんに描かれてきた。たとえば『年中行事絵巻』巻五「紫宸殿北戸」をみると、一枚の虎皮が敷物として描かれているのに気付く。内宴の場面は、天皇が仁寿殿に公卿以下の詩文に優れた者を召して詩文を楽しみ、内教坊の女楽をみるという私的な正月の宴を描いたものである。絵巻は忠実にこの内宴の順を追っており、虎皮は、仁寿殿における献詩披講の場面と、披講後の後宴の場面にみることができる（図1・17）。献詩披講の場面では、虎皮の上に文台の机が立てられ、その上には漆筥が置かれている。後宴の場面にみえる文台の上にあるのは、桐筥であろうか。献詩披講の場

図 1. 17　「紫宸殿北戸・献詩披講後の場面」（田中重氏蔵，『年中行事絵巻』巻 5／『日本絵巻大成』8，中央公論社，1977 年）

図 1. 18　『北野天神縁起絵巻（承久本）』（京都・北野天満宮蔵）

面とは異なった文物が描かれている。また、後の場面に表される女楽人を囲む幕は、「唐絵の軟障《ぜぞう》」といわれる中国風の人々の逍遥図を描いたものが使われている[100]。内宴自体がきわめて中国趣味のものであり、虎皮もこの唐風を生み出す重要な要素になっているのがわかる。

また、虎は精力と強健さをもって知られる動物であり、その皮は呪物として着用者に特別な感情を持たせるものと考えられていた。『北野天神縁起絵巻』には、藤原時平が怨霊によって病の床に臥している姿があるが（図1・18）、その腰の部分に虎皮が描かれていると指摘したのは保立道久である[101]。虎の威力によって、菅原道真の怨霊を退散させようとしているのである。

虎皮はまた、武具材料としてもさかんに利用されてきた。『商人尽絵』にある「皮細工師」（図1・19）に注目してみよう。皮細工師の店にはあふれんばかりの動物の毛皮が並べられている。中央の店子が持つのは豹皮の行縢《むかばき》であり、上部に吊るされているのは鹿皮の行縢になる。そして左の壁に下げられているのが一頭分の虎皮である。まだ加工される前の状態なのだろう、毛先には鋭い爪が付いている。植虎皮師による模造品の可能性もある。奥には数種の空穂もみえ、向かって右側の台上には、虎皮で作られた空穂が置かれている。

このような『商人尽絵』は近世初期にさかんに製作されており、当時の様子を知る有力な手がかりになる。一七世紀に製作された本作品も、近世初期の風俗をよく伝えており[102]、武具としての虎皮の在り様が理解できる。

もう一つ、武具にみる虎皮を挙げておこう。図1・20に示した「牛若丸」の絵である。龍齋正澄の筆によるこの絵は、天保頃の作とされる摺物である。浄瑠璃姫の管弦の音に合わせて笛を奏でる牛若丸だが、その腰には虎皮の付いた尻鞘がある。作品様式から、龍齋正澄は葛飾派の絵師と考えられており[103]、後に源義経となる人物には虎皮が適当と見なされたのだろう。あるいはまた、毘沙門天との関わりも推察される。

図 1. 19　「皮細工師」(『商人尽絵』国立歴史民俗博物館蔵)

図 1. 20　錦絵「牛若丸」龍齋正澄（クラクフ国立博物館蔵）

このように、虎皮は唐風を演出し、その美しさに加えて相手に打ち勝つ威力を有するものとして、積極的に用いられていたのがわかる。そして虎の力に肖ろうとしたのは公家や武士には限らなかった。千人針をみよう。

千人針

身に付けていれば、戦場で弾丸に当たらずに無事帰還できると信じられた「千人針」は、周知の通り、戦時中に弾丸除けとして広く信仰を集めていた。日露戦争時（一九〇四〜〇五）に千人結びと呼ばれたものが、千人針の原型と考えられているが、大流行を迎えたのは日中戦争開始の一九三七年直後から、太平洋戦争期（一九四一〜四五）の頃であった[104]。

千人針の作り方には規則性があり、一般には千人の女たちが腹巻き状の布に赤糸で一人一針ずつ結び目を作り、時には「死線（四銭）を越える」ということから結び目に五銭玉を、また「苦線（九銭）を越える」意味で十銭玉を縫い付けることもあった。この千人針は、「虎は千里行って千里帰る」のことわざによるものであり、出征者の無事の帰還を念じたものである。寅年生まれの女性に限っては、年齢の数だけ結び目を作ることができ、布には虎の絵が描かれることも多くみられた。これによって虎の威力の増幅を期待したのだろう。

このように千人針は、戦時下の女性たちが出征していく男性の無事を祈る呪術的なものであった[105]。ことわざに願いを託し、虎の威力に肖ろうとしたものといえる。先に触れた郷土玩具や摺物についても、虎の力で持ち主の子供たちを守護しようとしていたと考えられよう。

虎舞

虎にまつわる民俗芸能に「虎舞」[106]がある。虎舞とは、虎を象ったお頭を被り、囃しに合わせて虎柄の幕を纏った人々が舞い踊るものである。虎舞の形態が「獅子舞」に似ていることから、獅子舞が虎の外容に変わったものと考えられている。[107]「虎踊」と呼ぶ地域もあり、南陸中海岸に特に集中した分布がみられる。青森県から鹿児島県までの一一県二七市町村に伝わる中から、次に代表的な二例を紹介しよう。

一つは、岩手県九戸郡軽米町に伝わる虎舞である（図1・21）。当地の虎舞は、三度の火災に見舞われた天明年間に遠州の秋葉大権現を勧請したのに端を発している。虎頭は、御神体の迎え役としてサルタヒコなどとともに作

図 1. 21　軽米町の虎舞（岩手県九戸郡軽米町）

図 1. 22　虎頭と子供（軽米町）

られたと伝えられ、当初は旧八月十日の秋葉神社の祭礼に演じられていたが、明治時代に秋葉大権現が八幡宮に合祀されて以来、九月の八幡宮祭で舞われるようになっている。

囃子は中太鼓一、小太鼓一、笛一、鉦一で、布製の二人立ちの虎頭は素朴なものである。虎の相手役の踊り手は、「和藤内」と呼ばれる少年であり、右手には刀、左手には唐団扇風のものを持つ。装束は腰きり襦袢に水色の襷、股引き、白足袋に横結びの鉢巻である。少年が刀と唐団扇を虎の鼻先で動かすと、虎はそれに応じて首を振る。両者は歩き、やがて虎は伏せる。少年は虎の頭上を飛び越え、採物を虎の鼻先で動かすと虎はそれに応じて首を振るといった趣向である。かつては虎が少年を乗せて歩く場面もあったという[108]。虎頭で人の頭を偽咬して、一年の無病息災や火防安全を祈願するのは近年みられるようになったものであり、獅子舞に共通した趣向であろう（図1・22）。

続いて岩手県下閉伊郡山田町の「大沢虎舞」をみよう。大沢虎舞は、江戸時代中期に吉里吉里善兵衛の交易船に船方として同乗した大沢の衆が、出先の江戸か長崎でみた虎舞を村の祭りに出すようになったのが始まりと伝えられている。演目は「遊び虎」「笹ばみ」「跳ね虎」の三つの舞曲から構成されており、「遊び虎」は春の長閑な日に虎がのんびりと草原に転び戯れている姿を表し、「笹ばみ」は初夏の風薫る季節に虎が新芽の笹をほおばる姿を、「跳ね虎」は荒れ狂う虎を和藤内が仕留める勇壮果敢な場面を表している[109]。近年では、三曲のうち最後の「跳ね虎」のみが舞われている。

この二例をはじめ、多くの虎舞にみえる「和藤内」とは、近松門左衛門が著した「国性爺合戦」の「和藤内の虎退治[110]」に由来したものである（図1・23）。唐国を舞台にしたこの虎退治譚は、元禄年間に流行して多くの浄瑠璃や歌舞伎でも上演された。これが虎舞にも影響を与えているのである。

また虎舞には、「虎は千里行って千里帰る」のことわざとの関わりも指摘されており、釜石市に伝わる白浜虎舞では、「板子一枚は地獄の荒波家業である故に、航海の安全と操業の無事安全、大漁を祈願し奉納する」のがこの虎舞と見なされている。[11] 危険が伴う海での仕事だけに、必ず無事に帰還できるようにとの願いが虎舞に託されているのである。千人針にも共通した心情であろう。航海に出る舟名に「虎丸」や「虎一丸」のように虎を冠するのも、同様の心意によるものである。[112]

船方によって伝えられることの多かった虎舞は、近松門左衛門の「和藤内の虎退治」譚に由来するがゆえに、虎と強く結び付いて伝承されてきたといえよう。また、「虎は千里行って千里帰る」のようなことわざに組み込まれ

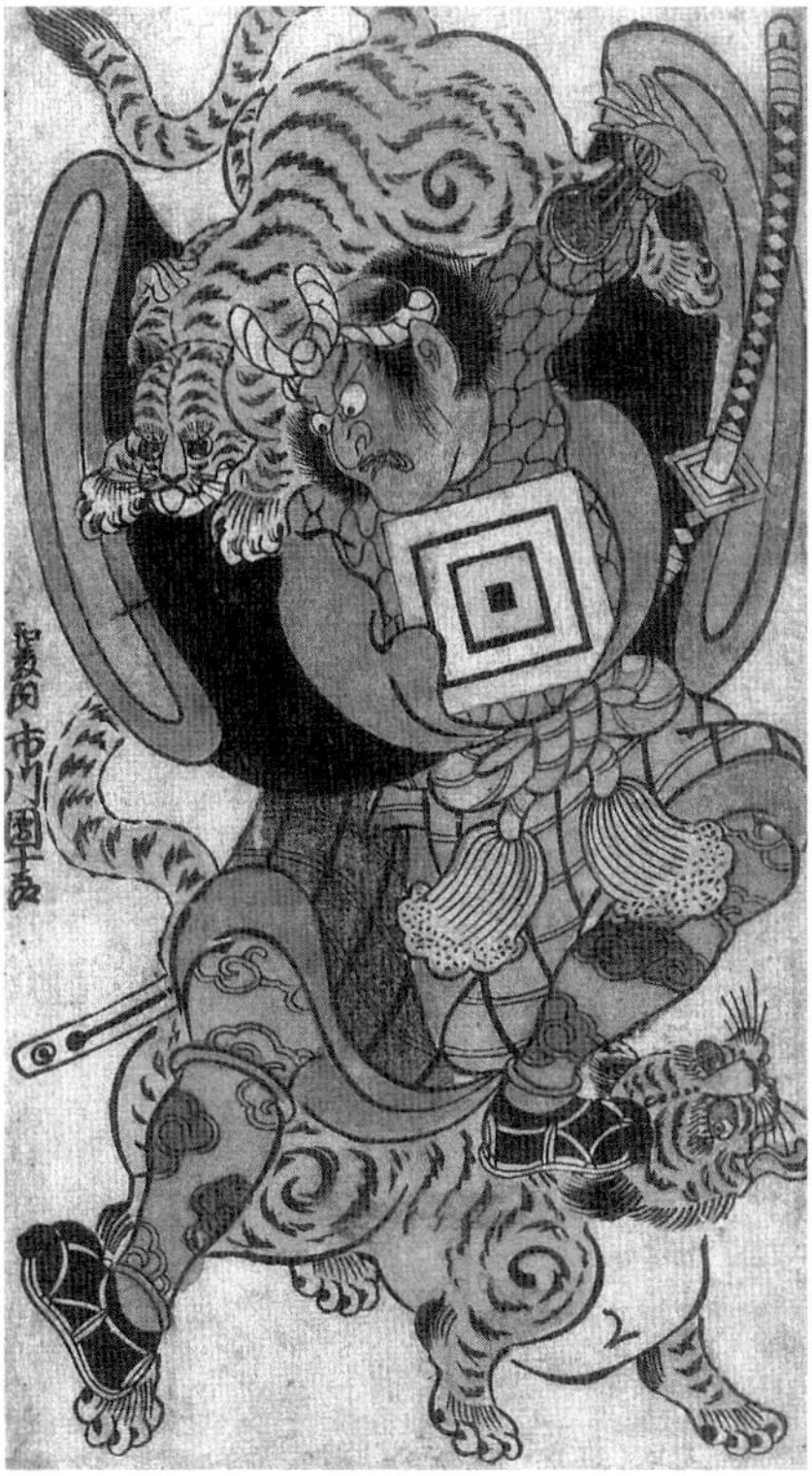

図 1. 23　錦絵「二世市川団十郎の和藤内」筆者不詳（国立ベルリン美術館蔵）

た虎は、虎の民俗として伝承される傾向がある。

民間説話

人々によって語り伝えられてきた民間説話にも、虎にまつわるものがいくつかある。たとえば『日本昔話通観』[113]を参照すると、「虎と狐」「狐と虎と獅子」「十二支の由来」「虎をしばれ」「竹に虎」「古屋の漏り」の六話が見出される。[114]「古屋の漏り」は後に触れるとして、これを除いた五話の梗概を次に示そう。

①「虎と狐[115]」

大陸の虎が「日本に行きたい」という。日本では熊より強い虎がきては困るので、獣が集まって相談し、狐が使者になって虎に会いにいき、知恵くらべをして虎が負けたら日本にはこないことになる。虎が三つの条件を出し、かけっこで千里走って戻ることにすると、狐は虎の尻尾につかまる。五百里まできたところで、虎が後ろをふり返ったので、狐は尻尾を放して虎の前に出る。虎は負けたと思い、今度はどなりくらべをする。虎がどなると、狐は耳に草を入れて石の陰に隠れ、自分の時には虎の耳の穴に入って叫んだので虎は負けを認める。最後に屁こきくらべをすると、狐は虎が屁をこく間石にへばりついていたので吹き飛ばされずにすむ。狐が石の陰からすました顔で現われ、虎の鼻先で臭い屁をこいたので、虎は降参して日本にはこないことになる。それで日本には野生の虎がいない。

②「狐と虎と獅子[116]」

獣の大将をあげれば日本では狐、天竺では虎、唐では獅子となる。ある日三人が寄って芸の腕くらべをすることになり、まず狐が「一時間のうちに寺を千カ寺建ててみせる」という。すると、たちまちはっぴ姿の大工が大勢現われてさかんに仕事をしてみるまに千の寺ができ、虎や獅子をびっくりさせる。ついで虎が「一時間に千里の藪をくぐってみせる」と出発する。狐がこっそり虎の背に飛び乗ったので、虎は疲れて時間がかかる。終着点で虎がふり返った瞬間に狐は飛び下り、「わしはずっと前にきておった」という。今度は獅子の番で、獅子は「わしが一口ほえたら天が散り、二口目は地が散る。しかし三口目はわが身が散るのでやめさせてくれ」と頼む。狐は耳を押えておいて、「声がいっこう聞こえぬ」と三口目まで力いっぱいほえさせる。三口目で獅子の頭が飛んでしまい、狐はそれを拾って日本に持ち帰った。お祭りの日に出る獅子はそれである。

③「十二支の由来(117)」

ある時王様が、動物を集めて宴会を開くことになる。動物たちは皆喜んでその当日のくるのを待っている。ところが猫が宴会の日を忘れ、鼠の所へ聞きに行く。すると鼠はわざと一日遅れの日を教えてやる。宴会の日になると、動物は我先にと出かけて行く。一番先頭には牛がのそのそと歩いて行き、例の鼠は遅れてはたいへんと、牛の背中に飛び乗る。そして門に着くとすぐさま中へ飛び込んで、一番早く王様の前へと行く。

御殿では着いた順に、鼠、牛、虎、兎、龍、蛇、馬、羊、猿、鶏、犬、猪と行儀よく並び、お茶やお菓子を御馳走になって喜んで各々家に帰る。猫は、その翌日喜び勇んで王様の門前に行く。しかしたいへん静かなので不思議に思って門番にきいてみると、宴会は昨日のことと大笑いされる。

それからというもの、猫はたいへん鼠を憎み鼠と敵同士になる。今でも鼠を見つけ次第獲って食う。そして、猫は十二支の中には入っていない。

④「虎をしばれ(118)」

一休が、「ふすまの虎をしばれ」といわれて、「よろしい。縄を貸してくれ」といって縄を出してもらう。そして「さあ、虎をしばるから、そっから追い出してくれ」といって相手を困らせる。

⑤「竹に虎」[119]

ばか婿が、舅から「普請をした家に行って、まだ張ったばかりで何も書いてない唐紙をみたら、『笹に虎の絵を書けばよい』といえ」と教えられ、その通りにいう。するとその家の主人は「村一番の利口者だ」と感心する。次に、金玉がはれて医者にも見放された隣家の病人のところに見舞いにいかされたばか婿は、「金玉に笹に虎の絵を書けばよい」といったので、またもとのばか婿にもどる。

これらをみるに、虎を主人公とするのは、「虎と狐」と「狐と虎と獅子」の二つの動物競争譚になる。しかもこの場合、「大陸の虎」や「天竺では」と表現されるように、虎は異国のものとして語られている。前提に他国のものであることが示されているからこそ、虎になっているといえよう。他の説話にみえる虎は部分的に登場するに留まり、「十二支の由来」では一二種の一つとして、また「虎をしばれ」や「竹に虎」では、知恵を示すモティーフとして語られている。そこでの虎は、単なる描かれた存在にすぎず、襖絵のモティーフとしての登場である。つまり、これらの説話における虎の役割は、特に重要な位置にはないと理解できる。

各類話数をみても、「虎をしばれ」が二〇話、「虎と狐」が一五話、「狐と虎と獅子」が九話、「十二支の由来」[120]が八話、「竹に虎」が七話となり、伝承数自体もそれほど多くはない。地域的な偏りも特にはみられない。これらのことを鑑みると、日本には虎に関する民間説話があまり定着しなかったと考えられる。

「古屋の漏り」は、そのような中で、ただ一つの例外であった。確認されている四一三話の中には、虎が登場するものが少なくはない。なぜ人々に親しまれてきた「古屋の漏り」に虎の要素が残っているのだろうか。次にみることにしよう。

(2)「古屋の漏り」と虎

「古屋の漏り」は、北海道を除いた全国に広く分布する昔話である。その原型が他国にあることは、すでに大島建彦の指摘したことであり、一世紀から五世紀にかけて書かれたと伝わる古代インドの説話集『パンチャタントラ』に載る「臆病な羅刹」や、インドのパンジャーブ地方に伝わる虎説話「ノマール・カーン」にその起源が求められている。[121] ここでは、数多くある「古屋の漏り」の中から次の二話を紹介しよう。

事例1　古屋の漏り（高知県高岡郡東津野村）

昔、むかし。ある寂しい山ん中で、貧乏なお爺とお婆がふたりだけで暮らしよった、と。ある晩、奥山からかつえきった狼が出てきて、お爺とお婆の小屋をねらいよった、と。

その日は夕暮れからぽつりぽつり雨が降りだいて、夜になってどしゃぶりになった、と。お爺は、外にこわい狼がおることも知らんと（知らないで）、お婆と話しだいた、と。

「お婆よ、雨がえらい降りだいたが、今夜もこわい古屋の漏りがこにゃあえがのう」というと、

「ほんまに何がこわいいうたち、貧乏人にゃあ、あれがいっち（一番）こわいのう、よっぴと（夜通し）眠らいてくれんきに」いうてお婆が相づちを打つ、と。軒下で雨をよけて聞きよった狼が、

「さてさて不思議なことを聞くもんじゃ、世間じゃわしほどこわがられるもんはない思うちょったに、ふる

やのもりいうもんは初耳じゃ」いうて考え込みよったら、雨がどしゃ降りになった、と。小屋のうちじゃあお爺とお婆が大騒ぎになって、

「そらきた、婆さんや、すりばち持ってこい、たらいはどこじゃ、手だらいはないか、桶はないか」いうてあわてだした、と。狼はすきまから小屋のうちを見よって、いよいよふるやのもりがくるもんじゃ、こりゃそいつがこん間に逃げることじゃ思うて、飛び出すと、軒下に積んじゃあったほうさ（小枝のたきぎ）の山ががさがさっと落ちてきて、その一枝がばさりと狼の背中へくっついてしもうた、と。狼はそれにおったまげ、「助けてくれえ、ふるやのもりが食いついたぁ」いうていがりもって（大声で叫びながら）、雨ん中を山奥さして逃げだした、と。昔まっこう、たきまっこう。

（『土佐昔話集』(122)）

事例2　古屋んぼる（大分県東国東郡国見町）

むかしなあ、山ん中一軒屋があっち、爺さんと婆さんがおっちょったんとこ。

ある雨ん降る晩になあ、そん家ん牛を盗みに、牛盗人がやっち来たんとこ。しばらくすると、虎狼《とらおおかみ》も牛を盗《と》っち食おうと来たんとこ。そしたら破戸《やぶれど》んあいだから、爺さんが耳が遠いんだろう、婆さんの大声が聞こえるんとこ。

「爺さん、爺さん。世の中で一番恐《こえ》んな虎狼よりも古屋んぼるのじゃなあ」

ち。

それを聞いた虎狼は、俺より強い古屋んぼるちゅう奴は、どんなもんだろうと考えたが、思い当たらんとこ。そしち考えちょるうちに虎狼は古屋んぼるちゅうもんが、恐なったんとこ。

そんうち、大雨がどんどん降りだしたんと。爺さんの古い家んあっちこつちが、雨が漏りだしたんじゃろう、

「おおごっじゃ、古屋がぼりだした」

ち婆さんが大騒ぎしだしたんで、虎狼は古屋んぼるのが来たと思うち、逃げだしたんとこ。

一方の牛盗人は、牛小屋んはしに隠れちょったが、まっ暗闇の雨夜じゃき、逃げだした虎狼を牛が逃げたと思うち、こりゃい、按配と飛乗ったんとこ。そしち虎狼の両耳を手綱がわりに引っ張ったんとこ。

虎狼は自分が背中に乗っち両耳を引っ張る奴は、恐え古屋んぼるちゅうもんと思うち、一生懸命に走ったんとこ。あんまり早よう走ったんで、木の根に引っ掛かっちこけたんとこ。それで牛盗人は虎狼から落ちて、道端ん穴ん中《なけ》落ち込んだんとこ。牛盗人は穴から這い上がろうとするが、深《ふけ》えから上がりきらんのじゃとこ。

虎狼は恐え古屋んぼるちゅうもんぬ背中から落したんで、安心しち山ん中戻ると猿に会うたんとこ。今んこつ猿に話すと、

「ほんなら、どんなもんか俺が捜っちやろう」

ちいうち、虎狼に穴ん所まで連れられて来たんとこ。

猿が穴んふちまで行っち、そん頃はまだ猿は長え尻尾をしちょったから、穴ん中尾を入れち混ぜくったんとこ。

穴ん底ん方じゃ牛盗人が上がろうと思うちもがこった（もがいた）ところが、暗闇に綱みたいな物《もん》が下がっちきたから、こりゃいい救いの綱と、ぶらん下がったんとこ。猿は尻尾に重てえもんが急に下がったから、びっくりしちしもうち、

「助けちくりい」

ちおらんで、穴んそばん木に取りすがったんとこ。一緒に来た虎狼は恐もんじゃき、猿を放ったらかしにしち、また山ん中逃げたんとこ。

猿は仕方がねえき、ひとりで顔を赤《あこ》うしち木に取りすがり、踏みこらえちょったんとこ。そうしたらポコンち、猿の長え尻尾が切れたんとこ。

そりで、猿の顔の赤《あけ》えのも、尻尾の短《みじけ》えのも、そんときからちゅうこつじゃ。（『国東半島の民話』第二集）[123]

「古屋の漏り」を、とてつもなく恐ろしい怪物と勘違いした虎狼の昔話である。動物昔話に分類される本話は、事例1・事例2のように、話の結末によって二類型に分類されている。[124] ここではその詳細には立ち入らず、登場する動物に限ってみることにしよう。「古屋の漏り」には、大島の詳細な論考がある。[125] 大島は、本話の類話四一三話を対象に登場動物を地域別に算出している。それによると、「虎」は奥羽で二五、関東と中部で各一、近畿と中国で各三、四国が二、九州が八の、計四三例になる。「虎狼」は、奥羽と関東が各一、中部と近畿が各五、中国が二八、四国が一、九州が一四の、計五五例である。一方の「狼」は、奥羽が三六、関東が一八、中部が九六、近畿が二四、中国が四九、四国が一二、九州が一一の、計二四六例となる。「その他の動物」が、奥羽は七、関東が三、中部と近畿が各四、中国が一四、四国が六、九州が五の、計四三例になる。特に何も動物が語られていないものは、奥羽が三、関東が〇、中部が三、近畿が一、中国が一三、四国が一、九州が五の、計二六例である。

これらの数が示すように、登場する動物は圧倒的に「狼」が多い。地域的な特徴には、奥羽地方や中国・九州地方に「虎」や「虎狼」が著しく、それ以外の地域では「狼」や「その他の獣」が多くなっている。[126]

本話に登場する動物をさらに細かにみると、人間たちの会話文で語られるものと、話に登場する動物の二種があった。これについては小林恭子の考察によって確認しよう[127]。

小林が『日本昔話通観』に収載された二〇五話を対象に調査した結果では、会話文にある動物は「狼」が八一、「虎狼」が六七、「虎」（「唐土の虎」を含む）が三四、「しし狼」が二三であり、会話を立ち聞きする動物は、「狼」が二〇八、「虎」が五六、「虎狼」が四五、「しし狼」が一となっている。会話文の動物も話に登場する動物もともに「狼」が群を抜いて多いのがわかる。

地域的な特徴としては、東北地方には主に「虎」が登場し、「唐土の虎」の表現は当地域に限られている。関東地方では「虎」よりも「狼」の方が多くなり、「虎狼」や「しし狼」も登場する。

このように、本話はその多くが「狼」の話となっていたが、「虎」や「虎狼」が語られているものも少なからずあった。これは、どのように理解したらよいだろうか。要因として一つ考えられるのは、本話がことわざと結合しているということである。本話には「虎狼より漏りが怖い」といったことわざが付随しており[128]、このようなことわざにある動物名は、言葉のリズムもあって固定化しやすいものと考えられる。「虎は千里行って千里帰る」についても先にみた通りである。

またもう一つは、「唐土の虎」という表現を伴っていることである。前述のように地域は限定されるが、虎の前に「唐土の」が付されている場合、唐の国の動物として虎が固守される傾向があった。これらの理由によって、本話で語られる動物の多くが虎から狼に転化していく一方で、虎もしくは虎狼の形で伝承されるものもあったと考えられる。

(3) 二つの民俗の位相

これまでみてきた日本に受容された虎に関わる民俗と、虎から狼への転化が認められる民俗を比較すると、以下のことが浮かび上がってくる。一つは、権力や武力に関わるものは、虎のまま受容されているということである。これは、宮中や公家社会を描いた絵巻に、あるいはまた武具材料の虎皮や虎退治の武勇譚に端的に顕れていた。

記録にみえる虎は、膳臣巴提便が百済に使いとして赴き、帰国時に退治した虎の皮を持ち帰った欽明天皇六年（五四五）が初見とされる。表1・5にまとめた虎に関する事項をみると、その後も新羅や渤海国の使節が来日した折に、虎皮が一緒に舶来しているのがわかる。時代は下るが、『朝鮮通信史行列図巻』には、朝鮮通信史の一行が貴賓の輿に虎皮を載せている様子が描かれている（図1・24）。このような絵図は他にも多く残されており、異国から届けられる珍獣の毛皮が権力や富の象徴となり、またこれを演出する装飾・装身具として上層階級の人々に受け入れられていた様子がうかがえる。延長五年（九二七）の『延喜式』には、次のような記述があった。

凡五位以上聴㆑用㆓虎皮㆒、但豹皮者、參議以上及非參議三位聴之、自餘不㆑在㆓聴限㆒

（『延喜式』巻第四一 弾正臺[129]）

ここにみえるように、虎皮は誰もが着衣できるものではなかった。五位以上の限られた人物にのみその権限が与えられており、虎皮を身に付けた者は、自分が上位の身分にあることを顕示できたわけである。またその一方で、獰猛な虎を退治することで自らの力を誇示する武勇譚も、虎にはつきものであった。それは前述の膳臣巴提便に始

表 1. 5　虎関連主要事項一覧

年号	西暦	関係事項
欽明 6	545	百済に使していた膳臣巴提便が，子喰いの虎を退治しその皮を携えて帰国．
朱鳥 1	686	新羅が朝貢（細馬 1 頭，騾 1 頭，犬 2 匹，虎・豹皮あり）．
天平 11	739	渤海の使節が来日して国書および貢物を献上（大虎の皮・羆の皮各 7 張，豹皮 6 張あり）．
寛平 2	890	生きた虎が舶載される．
天正 2	1574	明船にて博多に象と虎が渡来．
天正 3	1575	明船が豊後臼杵へ来航し，大友義鎮へ虎 4 頭，象 1 頭，孔雀，鸚鵡，麝香猫を贈る．
文禄 2	1593	亀井武蔵守が朝鮮出征中に大虎を射止め，その皮を秀吉に献上．
慶長 7	1602	交趾国より家康に虎・象・豹各 1 頭，孔雀 2 羽が贈られる．
慶長 19	1614	ヤン・ヨーステンが家康に虎の仔 2 頭を献上．
享保 19	1734	長崎に虎 1 頭が渡来．
文政 9	1826	朝鮮慶尚道産の豹が筑後にもたらされる．
文政 11	1828	同豹が東都にくる．
天保元	1830	朝鮮より豹が渡来．名古屋清寿院境内で見世物になる．
万延元	1860	オランダ船が豹の仔を舶載する．江戸両国広小路で見世物になる．
文久元	1861	アメリカ人が連れてきた豹が東都で見世物になる．その後東海道を経て難波新地で興行．江戸麴町で虎の見世物が行われる．柳亭種彦が『虎豹童子問』（虎と豹の異同を絵入りの問答体にて述べたもの）を刊行．

本表は，上野益三『日本博物学史』（1986 年），高島春雄著『動物物語』（1986 年），『動物表現の系譜』（サントリー美術館　1998 年）に基づいて作成した．

図 1. 24　『朝鮮通信使行列図巻』寛永年間（1624-43）
（ロンドン大学アジア・アフリカ研究所付属図書館蔵）

まり、秀吉に仕えた加藤清正にまで及んでいた。

　これに対して、民間に流布した物語や説話では、そこに登場する動物は虎から狼への転化が顕著にみられた。「熊野の本地」の典拠とされる内外の書物に鳥獣や虎が記されていたのに対して、比丘尼や修験者が持ち歩いた「熊野の本地」では、これらに加えて狼が登場していた。また、昔話「鍛冶屋の婆」においても、原型と考えられる異国の説話では虎や狼であったのが、日本の場合には狼の話として伝えられていた。同様に、「古屋の漏り」の場合も狼への転化が著しかったが、一部には虎や虎狼の話として伝承されていた。これらは「唐土の虎」や「大陸の虎」と語られていたためであり、他の民間説話でも同然であった。また、十二支や特定のことわざと結び付いている場合にも、虎の民俗として受容される傾向が認められた。

　このような虎から狼への転化が容易になされた背景には、虎と狼に共通してみられる「山の神」信仰の存在が考えられる。虎は、中国では「山君」や「獣君」と呼ばれ[130]、朝鮮半島では「山神・山神霊・山霊・山君・山君子・山中王・山中の英雄」の異名を持っている[131]。そして日本では、狼を「山の神・山神の使者・山の王・山の王様・山の主・山太郎・山の殿様」などと呼んでいたのである。

　これらを端的に表したものに、「山神図」がある。山の神とともに虎や狼が描かれている三国の図を次に示そう(図1・25、1・26、1・27)。男神である山の神の脇、あるいは足元に控えている動物は、中国や朝鮮半島では虎であるのに対して、日本の場合には狼が描かれている。

　虎の生息域は、沿海州から朝鮮半島・中国を経てインド・ジャワ・バリ島までの広い地域にわたっている。大型肉食獣である虎は、中国では獣中の王と見なされ、また朝鮮半島でも山の神の代名詞のように信奉されてきた。これに対して、虎の生息しない日本では、狼が最たる猛獣として長い間崇拝の対象となってきたのである。このよう

図 1. 26　本境山神土地之神図
（中国　雲南省／汪玢玲『中国虎文化研究』東北師範大学出版社　1998 年）

図 1. 25　山神図（韓国　直指寺蔵）

図 1. 27　山神図（日本　岩手県）

な虎と狼にまつわる民俗の共通性によって、虎から狼への変容が容易になされたと理解できる。

以上みてきたことを概観すると、日本における虎と狼にまつわる二つの民俗の位相に気付くだろう。一つは、上層階級と結び付いた虎の民俗、あるいは虎の文化であり、もう一つは下層階級、いいかえれば一般民衆と結び付いた狼の民俗である。

日本にはこのような虎と狼の二つの民俗の位相があり、異国から伝来した虎の民俗が民間に伝わった際には、その多くは伝播、あるいは伝承されていく過程で狼の民俗へと転化していったことが考えられる。その最大の要因は、狼が虎に比べて身近な動物であり、善きにつけ悪しきにつけ、親しみのある存在だったからであろう。そして、修験者などの民間宗教者たちの活動によって、狼の民俗はより発展し、多様化していったものと考えられる。

次章から、わが国の民俗の中に狼を追い、人々がどのように狼を認識し、また彼らと交渉してきたのかについて探ることにしよう。

(1) 筑土鈴寛「唱導と本地文学と」(『国語と国文学』第七巻第八・九号　一九三〇年)一八五・一八六頁。
(2) 筑土鈴寛「熊野本縁考」(『復古と叙事詩』青磁社、一九四二年)二四七頁。
(3) 岡見正雄「近古小説のかたち」(『国語国文』第二二巻第一〇号　一九五三年)九・一〇頁。
(4) 松本隆信『中世庶民文学——物語草子のゆくへ』(汲古書院、一九八九年)四九・五〇頁。
(5) たとえば岡見正雄(前掲註(3))をはじめ、松本隆信や福田晃、萩原龍夫などにこれに関する論考がある。
(6) 萩原龍夫「山中の王子と動物たち——熊野御本地絵巻より」(『月刊百科』第二二八号　平凡社、一九八一年所載)・『巫女と仏教史——熊野比丘尼の使命と展開』(吉川弘文館、一九八三年)五〇〜五六頁。
(7) 中野真麻理「『熊野の本地』私注」(『成城国文学』第九号　一九九三年所載)。
(8) 永藤美緒「『熊野の本地』に描かれた虎」(『説話文学研究』第三八号　二〇〇三年所載)。
(9) 「熊野の御本地のさうし」東京大学国文学研究室蔵(市古貞次校注『御伽草子』日本古典文学大系三八　岩波書店、一九五八年所収）。
(10)「熊野の本地」井田等氏蔵（横山重・松本隆信編『室町時代物語大成』第四巻　角川書店、一九七六年所収）。
(11)「くまの、本地」赤木文庫旧蔵（前掲書註（10）所収）。
(12) 松本隆信『中世における本地物の研究』（汲古書院、一九九六年）三五～三八頁。
(13)「おうかめ」への転訛がみられるのは、「熊野の本地」（杭全神社蔵・蜷川第一氏蔵・満友寺蔵・井田等氏蔵）の四作品である。
(14) 前掲註（9）の頭註には、「『ひつめ』は『ひづめ』で蹄のある獣類をいうか」とある。四二四頁。
(15) たとえば「熊野本地絵巻」（逸翁美術館蔵）や「熊野縁起」（和歌山市立博物館蔵）などがある。なお、本作品における馬と観音信仰との関わりについては中野　前掲註（7）に詳しい。
(16) 前掲註（11）に同じ。
(17) 前掲註（9）に同じ。
(18)「熊野の本地」の「とらおほかみ」については、「虎狼野干」と同様に野山の恐ろしい獣を表す決まり文句であり、山中に捨てられた主人公を守る獣として、特別に虎と狼が指定されているわけではないとする美濃部重克の見解もあるが（「室町物語の挿絵小考」日本文学研究資料刊行会編『お伽草子』有精堂出版、一九八五年所収、二八四頁）、山の神信仰との関係を考慮すれば、松本隆信の説の方が説得力を持つ。
(19) 狼と山の神との関わりを説く民俗は全国的に多いが、紀伊半島においては狼が山の神であるという伝承が特に多くみられる。当地方に伝わる室町物語「山海相生物語」の伝本でも、山神像は狼の姿に描写されている。
(20) 中国や朝鮮半島では、虎を山神の使者とする民俗が濃厚である。
(21) 本作品は、酒井宇吉旧蔵本の特徴と一致することから酒井本と同一作品と見なされている（佐々木丞平・並木誠士・安田篤生・原口志津子「熊野本地絵巻（逸翁美術館蔵）について」『研究紀要』第六号　京都大学文学部美学美術史研究室、一九八五年所載）一四三頁。
(22) 本作品に虎皮が描かれることについては、異国情趣を生み出す効果の他に虎の呪力について触れた論考もある（永藤　前掲註（8）に同じ）。しかし、本作品で五衰殿や王子の成長のすべてをこの力にみるのは無理があるように思われ、むしろ二人が虎皮の上に置かれるのは、山中においても王の御子と妃であることを明示するためではないかと筆者は考える。なお、虎および虎皮の呪力に関しては、保立道久「虎・鬼ヶ島と日本海海域史」（戸田芳実編『中世の生活空間』有斐閣、一九九三年所収）に詳しい。
(23) 横山重編『室町時代物語集』第一巻（井上書房、一九六二年）三六二頁。
(24) 松本　前掲註（12）五九頁。

(25) 小松茂美編『鳥獣人物戯画』(日本絵巻大成第六巻　中央公論社、一九七七年) 七一頁。
(26) 水犀とするのは下店静市「高山寺鳥獣戯画巻の再検討」(『東洋美術』第二〇号　一九三四年所載) など。一方の犀説は中野玄三『日本人の動物画——古代から近代までの歩み』(朝日選書二九九　朝日新聞社、一九八六年) 二一六頁に拠る。
(27) 下店　前掲註 (26) など。乙巻は、「年中行事絵巻」を描いたと推定される後白河天皇側近の絵師、常盤源二光長の画室常備の粉本であった可能性も指摘されている (小松茂美「『鳥獣人物戯画』——漫画の発生」『鳥獣人物戯画』日本の絵巻第六巻　中央公論社、一九八七年所収) 一三七頁。
(28) 萩原　前掲註 (6) ではこの動物を「猫」とみているが、その姿態からイヌ科の動物である「狼」と考えられる。
(29) 佐々木他　前掲註 (21) 一四七頁。
(30) 図1・5は奈良絵本国際研究会議監修『在外奈良絵本』(角川書店、一九八一年) に拠る。
(31) 萩原　前掲註 (6) ではこの動物を「山犬」とみているが、詞書との関わりから「狼」とみるのが妥当だろう。
(32) 中野　前掲註 (26) 一三二頁。仏涅槃図に描かれている動物は、藤原時代に獅子一頭であったのが、鎌倉時代末期になると八〇を超え、その種類も多様化していると指摘されている。またその動物相をみると、仏涅槃図と本作品との間には共通した動物が数多くみられる。
(33) 「熊野の本地」(国立国会図書館蔵)。初丁欠の絵入写本 (二冊)。
(34) 松本　前掲註 (12) 三八・六二頁および佐々木他　前掲註 (21) 一四〇頁。
(35) 『南方熊楠全集』第六巻 (平凡社、一九七三年) 一九四頁。
(36) 筑土　前掲註 (2) 二五〇頁。
(37) 松本　前掲註 (12) 二九頁。傍線は筆者。原文は『大正新修大藏經』第一四巻經集部一 (大正一切經刊行會、一九二五年) に所収。
(38) 「熊野の本地」の典拠には、平安時代初期の「東大寺諷誦文稿」も想定されるが、同書には五衰殿懐妊の趣向が欠如している (牧野和夫「熊野本地譚の一側面」(『中世文学』第二五号　一九八〇年所載、二一頁))。このため、本章では「旃陀越国王経」や『神道集』を典拠資料として取り上げた。
(39) 岡見正雄・高橋喜一校注『神道大系　文学編一　神道集』(神道大系編纂会、一九八八年) 解題一五頁。
(40) 松本　前掲註 (12) 三四頁。
(41) 前掲註 (39) 三七頁の書き下し文。
(42) 相違点を挙げるとすれば、角川文庫本が「虎共」で統一されているのに対して、赤木文庫旧蔵本では「虎兵」の表記が二箇所にのみみられる点である。「熊野権現事」では、他に（八尺ノ）烏・八尺ノ熊・（大ナル）猪・鹿などが登場する。

(43) たとえば「さる」は主にE系統にみられる動物である。

(44)「熊野権現縁起絵巻」（和歌山県立博物館蔵）では「虎」や「虎の王」の名称があり、他作品に比べて「虎」の役割が重要になっている。この点で『神道集』により近い位置付けがなされるものと考えられる。

(45) たとえばAⅠ系統本で右手に描かれていた獅子が左手に移り、豹は姿を消している。獅子のいた位置には狼が描かれ、同定が困難だった左手の小動物の一体は猫のようにみえる。また、亀は祥端ある霊亀の姿になっている。

(46)「熊野の本地」の昔話化したものとしては、管見の限り、青森県下北郡東通村に伝わる「くまのさま」が小池淳一によって報告されている他、二例のみである。よって本節では、モティーフの共通する秀衡説話を考察の対象とした。

(47) 池永浩監修『校訂紀南郷導記』（紀南文化財研究会、一九六七年）七四頁。

(48) 同書、三六頁。

(49)『校訂紀南郷導記』の底本は柏木本だが、他に田所本・藤畑本・図書館本が存在する。これらは稀覯本であり、書写年代は明らかではない。

(50) 楠本慎平「『従紀州和歌山同国熊野道の記』について」（『田辺文化財』第二九号　和歌山県田辺市教育委員会、一九八六年所載）。写本一冊。中本。著者不明。底本は天理大学附属天理図書館本。

(51) 柳川和一郎「『熊野参山独案内之記』について」（海南市役所海南市史編さん室編『海南市史研究』第六号　海南市、一九八一年所載）。写本三冊。中本。著者不明。

(52) 中辺路町誌編さん委員会編『中辺路町誌』上巻（中辺路町、一九八八年）七〇五・七〇六頁。引用は七〇六～七〇八頁。

(53) 同書、七〇六頁。

(54) 同書、(52) 七一三頁。

(55) 二〇〇一年一一月二四日筆者聞書き。話者は調査当時七九歳の女性（和歌山県西牟婁郡中辺路町滝尻在住）。滝尻王子社近くの土産物店の元主である話者は、開店当時の昭和二〇年代前半に、地元の古老数人からこの伝説を聞いている。店には、供物として一合酒や七色（七種）の菓子が置かれていたことがあり、時には迷い人の代参をして、そのお礼参りの人々で賑わったこともあったという。なお、本話で語られていた七カ月での出産は、「熊野の本地」諸伝本にも共通したものである。

(56) 那須晴次『傳説の熊野』（郷土研究會、一九三〇年）八九頁。

(57) 昭和五三年に「歴史の道」として熊野道が選定された際に、「乳岩」の周辺が整備されたようである。「胎内くぐり」の入口には信者の立てた石像も二体あったと聞く。ただ、熊野古道は長い年月の間に複雑に変化しており、天保一〇年（一八三九）成立の

『紀伊續風土記』には、出産に使われた岩穴の他に胎内くぐりの岩穴があるとも記されている。
(58)『紀州語り部の旅Ⅱ——田辺・西牟婁〜新宮・東牟婁地方編』(和歌山県商工労働部観光課、一九九四年)一四頁。
(59)北岡賢二「黒川の乳石」(『串本の文化財調査研究』第二集 串本町教育委員会編、一九八二年所載)六二頁。
(60)『民話と文学』第七号(民話と文学の会、一九八〇年)二四頁。ここでも赤子を守護する動物は狼と語られている。
(61)「古屋の漏り」の典拠と考えられているインドの説話には「虎」が登場しているが、日本に伝承されている「古屋の漏り」では、その多くが「狼」に転化している。
(62)関敬吾『日本昔話大成』第七巻(角川書店、一九七九年)一〇頁。なお、本書の代表話例には、山猫の話が挙げられている。
(63)柳田國男「狼と鍛冶屋の姥」(『郷土研究』第五巻第五号、一九三一年)。後に『桃太郎の誕生』(三省堂、一九三三年)に収録。
(64)土橋里木『山村夜譚』(近代文藝社、一九九三年)七頁。
(65)小島瓔禮『猫の王』(小学館、一九九九年)。三三九頁。
(66)中村禎里『日本動物民俗誌』(海鳴社、一九八七年)六五頁。
(67)南方熊楠「千疋狼」(『民俗学』第二巻第一〇号、一九三〇年所載)。後に『南方熊楠全集』第四巻(平凡社、一九七二年)に収録。三三九〜三四四頁。
(68)現鳥取県鳥取市。
(69)鳥取郷土会編『因伯民談』第一巻第四号(同会、一九三六年。後に『因伯民談 全』として復刊 鳥取民俗学会、一九七七年)。
(70)立命館大学文学部福田教授個人研究室内立命館大学説話文学研究会編『高知・西土佐村昔話集』(同研究会、一九八三年)。西土佐村は現在の四万十市に当たる。
(71)稲田浩二・福田晃編『大山北麓の昔話』(昔話研究資料叢書四 三弥井書店、一九七四年)二三八頁の要約文。東伯町は現在の琴浦町に当たる。
(72)「鍛冶屋の婆」についてはすでに関敬吾のモティーフが示されているが、一二一話の類話にはその範疇に納まらないものがあるため、新たにモティーフを作成した。
(73)たとえば『土佐の海風』(桂井和雄土佐民俗選集第三巻 高知新聞社、一九八三年)に山犬と赤火の伝承についての記述がある。
(74)『太平広記』巻第四三二(李肪他編『太平廣記』第九冊 中華時局、一九六一年)。本話はもとは『広異記』に収められていたものだが、後に『太平広記』(九七八年)に収録されてさらに広く伝わっている。日本に伝来したのもこの『太平広記』であるため、引用は『太平広記』に拠った。
(75)『太平広記』巻第四四二、以下前掲註(74)に同じ。

(76) たとえば一二世紀に成立した藤原成範作といわれる『唐物語』や、同時期に藤原孝範に編まれた『明文抄』にはともに『太平広記』からの引用がみられる。前者については川口久雄『平安朝日本漢文学史の歴史』下(明治書院、一九六一年)、後者については遠藤光正『類書の伝来と明文抄の研究』(あさま書房、一九八四年)に詳しい。
(77) 三珠町誌編纂委員会編『三珠町誌』(三珠町役場、一九八〇年)。三珠町は現在の市川三珠町に当たる。
(78) 現静岡県掛川市。
(79) 静岡県立女子師範学校内郷土史研究会代表森田勝編『静岡県伝説昔話集』(長倉書店、一九三四年)。
(80) 本話と地名由来伝説とが結び付いたものは広島県に一例、狼の出産のモティーフと結び付いたものは鳥取県および島根県に三例確認している。
(81) 南方 前掲註(67)に同じ。
(82) 高木敏雄「人狼伝説の痕跡」(『郷土研究』第一巻第一二号)七〇五~七一五頁。後に大林太良編『増訂日本神話伝説の研究』第二巻(平凡社、一九七四年)などに収録。
(83) 小島 前掲註(65)に同じ。三四〇頁。
(84) 南方 前掲註(67)に同じ。
(85) 朝鮮半島の虎説話の中で、肩車や梯子に関連する同様の事例を次に引く。

「巫女虎」(要約)

樵が山に行って虎に会い柳の木に登る。虎は仲間を呼んで順々に重なって上がってくる。樵は絶体絶命になって柳の枝で笛を作って吹く。すると一番下の虎が踊り始め、上にいる虎が落ちる。巫女虎が夢中で踊り続けるので樵は無事に逃げ帰る。(催仁鶴『韓国昔話の研究』弘文堂、一九七六年)傍線は筆者。

(86) 木越治校訂『叢書江戸文庫三四 浮世草子怪談集』(国書刊行会、一九九四年)。なお、引用に当たって振り仮名は一部省略した。
(87)『新著聞集』は、宝永元年(一七〇四)一雪序の『続著聞集』を神谷養勇軒が編集しなおして刊行したものである。本奇怪篇第一〇は現存の『続著聞集』に内容が重なることから、一七〇四年にはすでに類型2の話も伝えられていたと考えられる(参考『日本古典文学大辞典』第三巻 岩波書店、一九八四年)。
(88) 日本随筆大成編輯部編『日本随筆大成(第二期)』第五巻(吉川弘文館、一九七四年)。
(89) 武藤致和・平道『南路志』巻三六(高知県立図書館編『土佐国史料集成 南路志』第四巻 同図書館発行、一九九二年)。
(90) 中川顕允『岩見外記』(内閣文庫蔵写本、一八七五年)。句読点は筆者。原文のカナは平仮名に、また人名の「エ」は「右」に改めた。岩瀬文庫蔵本『岩見外記』巻三も参考にした。
(91)本話は関敬吾が『日本昔話大成』で示した二五五「猫の踊」のモティーフと若干異なるものを指す。このため主な話の概要を次に載せる。
ある男が所用で帰りが遅くなり、神社の側を通りかかった。すると猫がたくさん集まっていたため、近付いて物陰からみていると、何々さんがこないと踊が始まらないといっている。何々とは自分の家の猫のことだがと思っていると、男の猫が現われ猫たちは踊を始めた。それ以来男が猫を怪しむようになると猫は姿を消してしまった。
(92)『日本昔話大成』に拠ると、「猫と釜蓋」には二種あるが、ここではそのうち比較的内容が近いと思われる二五三Bのモティーフを引く。①狩人が矢を(一二本)作っていると、猫がそれを数えている。②女房は狩人をきらい、夫が狩りにいくと女中が迎えにくる。③物を射ると一二本まで受け止める、隠し矢で射る。④家には猫が釜蓋をかぶって死んでいる(関敬吾『日本昔話大成』第一一巻資料篇 角川書店、一九七五年)。
(93)佐田町・佐田町教育委員会編『佐田町の民話と民謡』(佐田町、一九八六年)。佐田町は現在の出雲市に当たる。
(94)特に具体的な説明はないが、「出雲の小池婆はまた化猫伝説を加味して、人狼の性質をほとんど失って、主家の老婆を噛殺して老婆に化けた猫になっている。化猫の話は、徳川時代頃からの民間説話にすこぶる多い」と指摘している。高木 前掲註(82)に同じ。
(95)森脇太一編『那賀郡昔話』第四編「松川・国分・都野津・雪城の昔話と民話」(私家版、一九五五年)一七頁。
(96)金子浩昌・小西正泰・佐々木清光・千葉徳爾編『日本史のなかの動物事典』(東京堂出版、一九九二年)五四頁。
(97)岡田芳朗『日本の暦』(木耳社、一九七二年)五〇頁。
(98)南方熊楠「十二支考」(『太陽』二〇巻一・五・九号、一九一四年。後に『南方熊楠全集』第一巻 平凡社所収)一四頁。
(99)吉野裕子『十二支――易・五行と日本の民俗』(人文書院、一九九四年)七〇頁。
(100)吉田光邦「『年中行事絵巻』考」(『年中行事絵巻』日本絵巻大成第八巻 中央公論社、一九七七年所収)一四一・一四二頁。
(101)保立道久「虎・鬼ヶ島と日本海海域史」(戸田芳実編『中世の生活空間』有斐閣、一九九三年所収)二一七頁。
(102)『館蔵歴史資料展V 中・近世の絵画』(歴史民俗博物館振興会、一九八七年)三〇頁。なお、本図は一六二〇年頃に製作された喜多院所蔵の「職人盡絵屏風」などにも確認されるものであり、『喜多院職人盡絵屏風』(田中一松・遠藤元男・辻惟雄 東出版、一九七九年)では「行縢師」とされている。
(103)永田生慈他監修・杉本隆一編『ポーランド クラクフ国立博物館浮世絵名品展』(クラクフ国立博物館浮世絵展実行委員会、一九九九年)一八〇頁。

(104) 大間知篤三「千人針」(『大間知篤三著作集』第四巻　未来社、一九七八年所収）一四一頁。
(105) 右の文献に同じ。一四四頁。
(106) 奈良の信貴山朝護孫子寺の大祭に奉納される寅舞はまた別系統であろう。
(107) 森口多里『岩手県民俗芸能誌』(錦正社、一九七一年) 一二八四頁。
(108) 佐藤敏彦編著『全国虎舞考』(釜石市地域活性化プロジェクト推進本部、一九九二年) 九頁。
(109) 山田町史編纂委員会編『山田町史』上巻（山田町教育委員会、一九八六年) 一〇二〇頁。
(110) 正徳五年（一七一五）に大坂竹本座で上演されたものが「国性爺合戦」の初演である。
(111) 佐藤　前掲註 (108) に同じ。四七頁。
(112) 神田より子「日本の虎舞と虎文化」(『東アジアの虎文化（虎祖先神の軌跡）』(自然と文化50) 日本ナショナルトラスト、一九五五年所載) 五六頁。
(113) 稲田浩二・小沢俊夫責編『日本昔話通観』全二九巻（同朋舎出版、一九七七～一九九三年)。
(114) この他、説話中に「虎皮」が出てくるものを一四例確認した。
(115)『日本昔話通観』第六巻、八四九頁の要約。
(116)（原題「獣の智恵くらべ」)。『日本昔話通観』第一九巻、九〇六頁の要約。
(117)「十二支の起こり」(原題「猫と十二支」)。『日本昔話通観』第一三巻、五九二頁の要約。なお、『日本昔話通観』に拠ると、本話にはここに挙げた「鼠の嘘型」の他に、「鼠と牛型」や「猫はずし型」がある。
(118) 話名は「虎を追い出せ」というものもある。頓智話、一休話として伝承される地域が多い。『日本昔話通観』第一五巻、三四五頁の要約。
(119)「あいさつ失敗──金玉に虎の絵」(原題「ばかむこの話」)。『日本昔話通観』第八巻、四八三頁の要約。
(120) 虎が出てくるものに限定した数字である。
(121) 大島建彦「昔話とことわざ──『古屋の漏り』を中心に」(説話・伝承学会編『説話・伝承とことば』桜楓社、一九九〇年所収)。後に『日本の昔話と伝説』(三弥井書店、二〇〇四年) に収録。
(122) 桂井和雄編『土佐昔話集』(全国昔話資料集成二三　岩崎美術社、一九七七年)。東津野村は現在の津野町に当たる。
(123) 芥川龍男・渡辺宏紀編『国東半島の民話』第二集（文献出版、一九七八年)。国見町は現在の国東市に当たる。
(124)『日本昔話大成』では、三三Aと三三Bに二分類されている（関敬吾『日本昔話大成』第一巻　角川書店、一九七九年)。概要は以下の通りである。

類型1①爺と婆が雨夜に、虎狼より古屋の漏りが怖いと話していると、二人を喰いにきた狼がそれを聞き、自分よりも怖いものがいるのかと恐れて逃げだす。

類型2①爺と婆が雨夜に、虎狼より古屋の漏りが怖いと話していると、二人を喰いにきた狼がそれを聞き、自分よりも怖いものがいるのかと恐れる。

②潜んでいた馬盗人が、狼を馬と勘違いしてまたがると、狼は漏りに乗られたと思って懸命に走り、馬盗人を穴に振り落とす。

③狼から話を聞いた猿が尻尾で穴をさぐり、馬盗人がその尻尾につかまる。

④猿は馬盗人と引きあっているうちに尻尾が切れてしまい、顔も赤くなる。

(125) 大島　前掲註(121)の文献に同じ。

(126) 大島　前掲註(121)の文献に同じ。

(127) 小林恭子「中国民話『漏(古屋の漏り)』をめぐって」(上・下)(『中国民話の会通信』第五二・五三号　中国民話の会、一九九九年所載)。

(128) 大島の分析でも、「古屋の漏り」の伝播はことわざとの結合から辿られそうであるとの指摘がある。大島　前掲註(121)一六頁。

(129) 神道大系編纂会編『神道大系古典編一一　延喜式(下)』(同会、一九九三年)。

(130) 中村亮平『朝鮮の神話伝説』(世界神話伝説大系一二)(名著普及会、一九七九年)八頁。

(131) 南方　前掲註(98)に同じ。六三頁。

2 民間説話の中の狼

1 狼報恩譚——人々の解釈と話のゆくえ

わが国に伝わる狼の民間説話は、さまざまな形で各地に広く伝承されてきた。その主たるものには「狼の眉毛」「狼報恩」「鍛冶屋の婆」「送り狼」などが挙げられるが、「狼報恩」は他の説話に比して狼の両義的な要素を多分に含んだ説話と見なせる。第2章の初めには、特にこの「狼報恩」、すなわち狼報恩譚を取り上げて考察することにする。

本話の先行研究には、伝播と説法・唱導との関わりを指摘した山本則之の論考がある(1)。中国から流入し、平安時代初期には日本にあったと考えられている『孝子伝』や、いくつかの唱導書の中にこれに類似した虎報恩譚があることから、説法の折などに本話が人々の間に広まっていった可能性を説いている。「報恩」の教えが示す通り、本話の伝播に説法や唱導に携わった人々の働きを想定する点には筆者も首肯する(2)。しかしながらその一方で、話を聞き得た人々の間で、狼報恩譚がどのように伝承されてきたのかという点には疑問が残る。狼報恩譚はその後どのような発展を遂げて今日に至っているのだろうか。また伝承の過程において、そこには人々のどのような狼への思いが織り込められてきたのだろうか。

　これらの疑問に答えるべく、本節では全国各地に伝承されてきた狼報恩譚を広く集め、その内容について比較分析を行う。本話の変遷過程を探るとともに、狼に対する人々の意識も併せて考察したいと考える。

　なお、本話は関敬吾によって昔話として分類されているが、(3) 具体的な地名や人名を伴う伝説として伝わる話も少なくない。このため、ここでは伝説を包括した狼報恩譚を考察の対象とし、全容理解のための型分類を改めて行うことにする。

(1) 狼報恩譚の変遷

モティーフ分析

　各地に伝わる狼報恩譚には、どのようなものがあるのだろうか。変遷過程の考察に当たって、まずはモティーフ分析を行いたい。本話の代表的な事例を次に示そう。

事例1　狼の御礼（岐阜県恵那郡福岡町）

　今から五代ぐらい前やな、明治の前、五十年くらいの時代やろ。かみの方から二軒目のうちに、代々、長って名のついた人があって十八代、今も続いとるが、その何代目か知らんが長吉って強い人があっての。その人が蛭川から帰って来よったら途中で狼が大きな口あいてな。こうやって向いてる。そいで「御無礼するよ」ってくろを通ってこっちへいくってえと、また前へ来て口あく。

そいでおかしいと思ってのう、のぞいてみるてぇと、何か骨があるような気がして「ちょっと待てよ」って、そこに石があったもんで石をひろってちょっと口へはさんでのう、そいで手を入れて骨をひきぬいた。そうしたところが鹿の骨で「こんな大きなやつがあったぜよ」って言って帰った。

帰って来て朝方のう、夜の明ける時分になって表の戸へ、カターンとなにかがさわった音がしたもんで、起きてみたらのう。そこに鹿の後足が一本のう、ころがっておった。のどについた骨をとってもらったそのお礼に後足一本もって来たもんで、人間より義理固《ママ》い、そういうことをみんな話しておった。神さまにしておかにゃいかんっていってのう。事実あったらしいです。（後略）

（『民話の手帳』創刊号[4]）

救いを求めてきた狼に人間が応えてやると、返礼に鹿の後足を持ってきたという内容である。狼の尋常ならざる様子に、本来ならばもっとも恐れを抱く狼の口の中に手を入れ、喉に刺さった骨を抜いてやるわけである。登場人物は、長吉という名の「強い人」と語られ、狼の口に石を挟むところからは、機転のきく人物であるのがわかる。人々は、返礼した狼を「人間より義理固い」と評し、「神さまにしておかにゃいかん」とまでいっている。

このような本話に類する話を収集した結果、この他に一四八話を確認することができた。北は岩手県上閉伊郡から南は大分県大野郡に至るまでの、広い地域での分布がみられる。人々が好んで語ってきた話と見なせるだろう。また、次のような話もある。

事例2　送り狼の話（和歌山県伊都郡九度山町）

相ノ浦（高野町）の人の話やけどね。若い人ね、高野山へ遊びに来て夜中に帰ったんですわ。そいたら川の上に一本橋あってね。提灯持って渡ったら川の向うの詰めに狼がこっち向いてグワッと大口あいていたらしいわ。その男度胸があってね、提灯を近付けてよう見たら、骨が（狼の口に）縦に立っとってん。そいで〝骨がつまって困ってんのか、よしよし取ったら。〟と言うてね、それを取ってやったらしいわ。

そいからその人が高野山へ用があって行く時にね、必らず番してついて来たと言うわ。恩をわすれんとね。

（『紀ノ川の民話――伊都篇』(5)）


狼の口に立っている骨を取ってやると、それ以来男が同じ場所を通った時には必ず狼がついてきたと語られている。続けて次の話もみよう。

事例3　山犬の報恩（山梨県北巨摩郡大泉村）

昔中島幸左衛門という人が、花戸ガ原の中程まで来ると、一匹の山犬が道のまん中に出て来て、懇願する風をして口を大きくあいた。幸左衛門が山犬の口中をのぞいて見ると、口の奥に小さい骨が刺さつているので、幸左衛門は恐る〳〵口中に手を入れて、それを取つてやると山犬は喜んで立ち去つた。幾日かの後幸左衛門がまた花戸ガ原を通ると、前に助けてやつた山犬が出て来て、彼の袂の端をくわえて引つぱるので、山犬のなすまゝに道の傍の藪陰へ行つた。暫くすると、ざわ〳〵と夥しい物音が聞えるから、彼がそつと藪の陰からのぞいて見るとそれは渡りの狼の大群が過ぎて行く所であつた。この大群に出逢つたら命はないので、大群が行き過ぎてしまうと山犬はくわえていた彼の袂を離した。畜生でも恩を覚えていて恩返しをしたのだという。

（『甲斐傳説集』(6)）

ここでは狼が恩返しに幸左衛門の危機を救ったと語られている。出逢ったら命がないという「渡りの狼の大群」から守ってもらい、幸左衛門は命拾いしたわけである。

以上みてきたように、本話には数種のバリエーションが認められ、関はこれを次のように分類した(7)。

1　ある男が（a）狼が口に刺したとげをぬいてやる。または（b）塩を食わせてやる。

2　狼は（a）猪・雉《きじ》子などを礼に持ってくる。（b）男が他の狼に襲われるのを防いでやる。

これをみると、事例2のように該当しないタイプがあることに気付く。このため改めて分類を試みると、以下の三類型に大別できる。

類型1

①ある人が、口を開けた様子のおかしな狼に山で出逢う。

②みると狼の喉に骨が刺さっているので抜く（あるいは罠などから助ける）。

③狼が鹿などを礼に届ける。

類型2

①ある人が、口を開けた様子のおかしな狼に山で出逢う。

②みると狼の喉に骨が刺さっているので抜く（あるいは落穴から助ける）。

③それ以後山を通るたびに狼が送る。

類型3

①ある人が、口を開けた様子のおかしな狼に山で出逢う。

②みると狼の喉に骨が刺さっているので抜く（あるいは食べ物を与える）。

③山道を歩いていると狼が出てきて着物の裾を引き、藪陰（あるいは岩穴）に隠して狼の大群（あるいは魔物）に襲われるのを防ぐ。

これらのモティーフをみると、①・②は各類型ともにほぼ共通した内容[8]であるのに対して、③に当たる狼の返礼方法に相違点が認められる。この返礼方法にバリエーションがみられる点が本話の一つの特徴といえよう。

各類型ごとのその他の特徴は以下のようになる。類型1の返礼は一回限りの場合が多く、狼との接触に一過性の傾向が認められる。また、他類型と違って狼と出逢う場所の多くが人家付近となっているのは、「贈り物を家に届ける」という返礼に起因したものと考えられる。一方の類型2は、「必ず番してついて来た」と事例2にあったように、返礼が継続して行われる傾向にある。人間側が「送り」をやめるように告げたり山の神を祀ると、狼はそれ以後現われなくなる。なかにはそれでも姿をみせないようにしながら送ってくる例も若干ある。類型3は、類型1と同様に返礼は一回限りとなり、登場人物が「旅人」と語られるケースが多い点が特徴といえる。[9]

前掲の事例1は類型1に、事例2は類型2に、また事例3は類型3にそれぞれ該当し、類話は類型1が六五話、類型2は四一話、類型3は四三話を確認している。このように、類型1は三類型の中でも類話数がもっとも多く、先に触れた虎報恩譚に近似した内容となっている。虎報恩譚については後に詳しくみるが、これらの点から類型1

は早くに人口に膾炙した基本型であると推測される。では、類型2および類型3の話はどのようにして生まれたのだろうか。

成長する狼報恩譚

次に示す二話は、本話の変遷を考える上で特に注意を要する事例である。具体的にみよう。

事例4　送り狼（長野県南佐久郡川上村）

二本松の木の下にさ、山犬がいてさ。昔は、大深山へ夜なんか行くでしょ。そうすっとね、人の前行ったり来たり行ったり来たりしてね。そして後ついてきたったって。そっでね、そりゃ本当の昔話だけどさ、私ら小さいときには、そんなことなかったけども、そして入口までついてくるんだって。で、おにぎり握ってね、うちの人におにぎり握ってもらって、「はい、ご苦労さん」っていうとね、それ食べて、そして帰っちゃう。

（『傳承文藝第十九號――三国境山麓の話』[10]）

夜の山道を行く人の後についてくる送り狼の話である。入口まできたところで、家人の握った握り飯を出すと、それを食べて狼は帰って行くと語られている。続けてもう一話みよう。

事例5　山犬（送り狼）（愛媛県上浮穴郡柳谷村）

或る時、お爺さんが山道を歩いていて、煙草がきれたので或る人家に入り、煙草を貰った。ところが、その家には月の穢れの者がいたので、そのお爺さんの体も穢れてしまった。その為、山越えをしていると、魔物に憑かれてしまった。すでに命がないはずであったが、山犬が、お爺さんの股に頭を突っ込んではつっかえし、突っ込んではつっかえしして、安全な所まで来ると、お爺さんの上に馬乗りになった。それを見た魔物は、「山犬様は、ええ猟をしてござる」と言って去ったという。

(『柳谷の民俗』[11])

知らぬ間に穢れた身で山越えをしていた爺は、魔物に憑かれて命を失いそうなところを、狼に助けられたという話である。事例4・事例5の両話をみると、それぞれ類型2および類型3に類似した内容でありながら、モティーフ①・②の部分が語られていないことに気付く。人間による狼救助のモティーフがすっぽりと抜け落ちているのである。

話数としては、事例4のタイプを一二四話、また事例5のタイプを一九話確認している。それぞれの分布状況は、事例4のタイプが全国的であるのに対して、事例5の方は関東以南に多くみられる。単にこれを話の前半部が欠落したものとみるにはあまりにも数が多い。むしろ、事例4・事例5に代表される話が狼報恩譚とは別に存在し、伝承の過程でそれにモティーフ①・②が結合していったと考える方が妥当ではないだろうか。この根拠としては、次の二点が挙げられる。

まず第一に、狼には自分のテリトリーに入ってくる人間の後を、多少の好奇心を持って監視しながら追跡する習性があり[12]、実際に狼につけられたときの対応策として「送り狼」の伝承が語られていることである。これについては次節で詳しく考察する。また第二に、事例5のタイプは他と比べて信仰色が強いため、信心が篤ければ狼の援助が得られると人々が考えていた様子がうかがえることである。たとえば、狼が伊勢参宮の準備をしていた人物を魔物から守ったのは、「伊勢神宮の使いであるためだろう」[13]（徳島県三好郡）と語り、また新潟では「小出の観音様の化身だろう」[14]（新潟県西頸城郡）とも伝えている。つまり、狼が自分を守ってくれたのは、狼が自分の信仰する神仏の化身あるいは使いだからだと理解しているのである。

考えてみれば、狼の習性に関わる事例4のタイプは不可思議な話である。夜の山道を通る時に狼に送られたと語っているが、その理由については判然としない。狼の習性を知らなければ、なぜ狼はわれわれを「送ってくれる」のかという疑念を人々は抱いたのではないだろうか。そして、その答えに用意されたのがモティーフ①・②であり、これによって「送り」の正当性を生み出したのではないだろうか。つまり、狼の「送り」の理由付けとして、すでにあった狼の「骨抜き」のモティーフが結び付けられていったのではないかということである。事例5のタイプについてもこれと同様のことが考えられるだろう。また、「送る」という行為は、相手を「守る」ことにもつながる。送りとは、本来何かの危険が迫った時に相手を守るためになされる行為であった。そう考えれば「送る」が「守る」になり、話の面白さも手伝って類型2が類型3に発展していったことも推察される。

この展開を示唆しているのが次の事例6である。喉の骨を抜いてやった医者に対して、狼の返礼が次のように語られている。前半はこれまでの事例と内容的に重複するため、後半部のみを示す。

事例6　人と狼――守り狼型（山梨県西八代郡市川大門町）

（前略）その山田先生が夜帰ってくるのをね、あとをね、送ってくるだって。はじまりのうちはね、おかしいなあ、あとからこうついてきて、自分が止まればむこうも止まるがね。そしてまた、自分が歩けばあとからついてくる。そして結局、行ってたのね。四丁目あたりへね《（あった）》、その家が。

そしてそこへ入ると、無事であったから、守って送ってきてくれただから、ごちそうをおもてへだしてたものだって。帰《(山犬が)》りに寄ってそしてそれを食べて帰った。そういうようにね、下部へ行くたびにあとになったり、さきになったりしてねえ、送ってくる。

そしてね、ああいう山のなかではね、いく匹か群れをして、ああいう山犬なんかいる。と、そういうときにはね、先生を隠しておいて、そしてそれが通りすぎるまで守って、それでずうっと送っていく、という話をね、きいたですよ。

だからね、山犬が助けられたから、あの恩返しに。

(『市川大門町の口伝え』[15])

ここにみる狼は、不断は後先になって家まで送っていたが、危険を察知した際には主人公を守ったと語られているのがわかる。事例6は類型2および類型3両方の要素を併せ持つものであり、「送る」が「守る」に発展している様子を読み取ることができるだろう。このように、類型3については類型2からの発展と、事例5のタイプに類型1のモティーフ①・②とが結合したという二つの変遷過程が想定される。

文字に記された狼報恩譚

これまでわが国に伝わる狼報恩譚をみてきたが、文献にはどのように記されているのだろうか。本話に類似した説話のもっとも早いものとしては、山本が指摘するように、平安時代初期に日本に存在していたと考えられている『孝子伝』があった。そしてこれに次ぐ日本の文献としては、一二世紀初頭の成立が説かれている『注好選』[16]所収の説話が挙げられる。『注好選』は、説教や法会の手控え書的な性格を有する唱導書として知られており、次の第五九話も唱導の場で人々の耳に届いていたと考えられる。東寺観智院蔵本から釈文を引く。

資料1　「蔡順ハ賊ヲ脱ガル第五十九」

此の人ハ汝の海南の人也。母隣ニ行きテ酒ニ酔ひて［而］吐ハク　爰に蔡順飢饉ニ遭ひテ　桑園ニ行きテ桑ノ実ミヲ採モテ　赤黒各おの別にシテ袖ニ入れ　家ニ帰ヘル　途中ニ忽ち　赤眉ノ賊来りテ　蔡順ヲ縛りテ　桑の実ヲ奪ひテ　食はむト欲す。乃ち賊云はく　何カ故に　汝桑ノ実ノ各おの別ニ二種ナル乎《や》と。蔡順答へて云はく　色黒キハ味甘シナリ。以つテ母ニ供す可し。色赤キハ未熟ナリ　此レハ己ガ分ト為ンと。

時ニ賊歎じテ云はく　我賊ト雖モ父母有り　汝母ノ為メニ心有り。何ゾ汝ヲ殺しテ之ヲ奪はンと　即ち之ヲ放ち　便ち宍《しし》十斤ヲ与フ　蔡順之を得テ家ニ還り　母ヲ養ひ　己ガ身ヲ労ハル　其の後ノチ母没シヌ　蔡順常ニ墓ノ辺ニ居テ　母ガ骸骨ヲ護ル。時ニ一ノ白虎口ヲ張りテ　順ニ向ひテ来ル。順虎ノ心ヲ知りテ　辟ヲ申《の》ベテ虎の喉ヲ探サグテ　黄ノ骨ヲ一枚ヲ取リ出でテ之ニ与フ　虎恩ヲ知りテ　常に死せル鹿ヲ送る　荒賊猛虎スラ恩義ヲ知ル　況んや人倫乎《をや》

前半は孝養譚となっているが、後半には虎報恩譚がみえる。口を張って現われた虎の喉に刺さった骨を蔡順が取り出してやると、常に死鹿を送ったとあり、狼報恩譚の類型1に類似した内容であるのがわかる。虎から狼への転化がここにも確認できる。

時代が下って万治三年（一六六〇）頃の成立とされる『宿直草』[17]には、これよりもさらに本話に近似した説話が

載っている。

資料2 「送り狼といふ事」

狼の性《しょう》は、みちを送りて人の気をつゐやして喰らふと。さてこそ送り狼といふ事有。また昔よりの話に、ある男、隣の里に密婦《かくしつま》有て遠き通ひ路をゆく。もとよりも賤《しづ》しきわざを賤の男の、志津《しづ》がかたなも帯ばこそ、恋の重荷に棒をつき、忘れ草ならば刈てもと、鎌を腰にさし、月あかき夜に忍びしに、道端《みちしば》に狼おれり。

かの男かまはずも行くに、此狼哭《な》くやうには聞ゆれども、さして声も出ず。口あきて迷惑なる有様なり。男みて此奴《きやつ》は喉に物たてたりと見て、聞くべきにはあらねども、「来よ、抜いてやらん」といふに、斟酌もなく来る。肩ぬぎ手さし入るに物あり。取り出し見れば、五六歳ばかりの児《ちご》の足の骨なり。「かさねてはよく嚙みて喰らへ」とてとをる。それよりして恩を思ひて、此男かよふごとに、宵に行き暁かへるに、一夜もかけず三年送しと也。

この話ゆへに送り狼といふか。畜生とても其恩を知れり。天晴このたはれ男には、一疋当千《ひきたうせん》のよき供ならずや。たゞし一拍子ちがはゞ、只一口の不忠もあらんか。舟よく人をやり、舟また人を殺す。至て益あるものは至りて損ある歟。

狼の喉に刺さっていた骨は稚児の足の骨とある。話末の言説からも、狼は人を襲う可能性を有するものと考えられていたのがわかる。恩を受けた狼は返礼に男を三年間送ったとあり、類型2に共通する内容である。これによって一七世紀後半にはすでに類型2の話が人々の間に伝わっていたと理解される。さらに、江戸時代中期頃に完成したとされる『耳袋』巻の六[18]にも次のような説話が載る。

資料3　「豺狼又義気ある事」

尾州名古屋より美濃へ肴荷を送りて生業とする者ありしが、払暁夜へかけて山道を往返なしけるが、右道端へ狼出てありければ、ふと肴の内を少々分けて与えければ、よろこべる気色にていさゝか害もなさゞりしゆへ、後々は往来ごとに右狼道の端に出でける節、絶えず肴を与え通りしが、まことに馴れむつぶ気色にて、必ずその道のあたりに出で肴を乞い、あとを送りなどせる様なり。かく月日へて或時右の所肴荷を負うて通り、かの狼に与うべき分は別に持ちてかのあたりに到りしに、与えし肴は曾《かつ》て喰わず、荷縄をくわえて山の方へいざのう様子ゆえ、いかゞする事ぞと、その心に任せけるに、四五町も山の方へ引き到りしに、狼の寝臥しする所なるや、すゝき萱など踏みしだきたる所あり。その所に暫くたたずみ居たりしに、何か近辺里方にて大声をあげ、鉄砲などの音して大勢にてさわぐ様子なりけるゆえ、暫く猶予して、静まりけるゆえ元の道へ立出でしに、里人あつまりて、「御身は狼の難には逢わざるや。渡り狼両三疋出て海辺の方へ行きしが、人を破らん事を恐れて、大勢声をあげ鉄砲など打ちて追払いし」といいけるゆえ、「我らはかく〳〵の事にて常に往来の節、肴などあたえ馴染みの狼、この山の奥の方へともないし」訳かたりければ、「さてはかの狼、わたり狼の難を救いしならん」と、里人もともに感じけるとなり。

ふとしたことから山道で出逢った狼に食物を与えるようになった人物が、後にその狼の救助によって難を逃れたという内容である。狼の臥し所のような場所に身を置いて避けられたのは、「わたり狼」との遭遇であった。まさに事例3に共通した内容である。先に註（8）で触れた通り、狼に食物を与えるこのタイプは、類型3に一七例確認している。

ここに示した文献資料と各類型間の関係を鑑みると、虎が返礼に死鹿を送る『注好選』所収の話は類型1に近く、狼が夜道を送ってくれる「送り狼といふ事」は類型2に、そして狼が危難を救ってくれる「豺狼又義気ある事」は類型3に近似した内容であった。これらの資料の成立順序は先にみた本話の変遷過程と合致する。まだ未発見の資料の存在も考えられるが、現段階ではこれらの文献資料は本話の変遷過程を裏付ける有力な手がかりになるものといえよう。

(2) 狼報恩譚にみる狼像

これまで狼報恩譚の変遷を中心に考察を進めてきたが、次に本話で語られている狼像について考えてみたい。話の発端は、人間が狼の喉に立った骨を抜いてやることにあった。前述のように、虎報恩譚にも同様のモティーフがあった。このため典拠は唱導書類にあると考えられるが、奈良県吉野郡では次のような話も聞いている。

事例7　狼が死んでいた話（奈良県吉野郡大塔村篠原）

うちのお爺さんの兄妹に高橋イエちゅうお婆さんがおったんや。（中略）そのお婆さんが、あの、昔焼畑農業、この辺はほとんど焼畑農業してたやろ。ほで、十津川村の旭の成畑っちゅう、当時は民有林で、それから国有林になって、ほんで今はあれや、旭ダム、関西電力のダムで水没しとるわ。そこが山がこんなような形でなって、盆地みたいになっとった。そこ、焼畑作って、で、山小屋で寝泊まりして焼畑農業するわけ。ま、何人かの人が行っとったやろ。ほんで、したら晩に小屋の庭に来てその狼の、一晩中「ウォーウォー」ってその、まあ狼吠えっちゅうんかいの。それを一晩中吠えたんやて。ほて、みんな泊まってる人は怖いよって外へは、晩暗い時にはよう出なんだ。ま、朝は鳴きやんどって、ほって、したら、庭で狼が死んどった。でその狼が死んどって何したら、喉に何かの骨を立てて、その骨を取ってほしかったんやろうって。

（話者六九歳男性　筆者聞書き）[19]

焼畑耕作で寝泊まりをする山小屋での出来事を語った話である。晩に庭にきた狼が一晩中吠えていたため、朝に様子をみてみると、喉に何かの骨を立てて死んでいたというのである。そしてそれを知った人々は、狼は骨を取ってほしかったのだろうと考えている。このような体験は、山深い山村ではまれにあったのではないだろうか。同じ吉野郡では、体の弱った狼が人家に入ってきたという伝承もある[20]。もとは虎報恩譚に拠りながらも、話はこのような実生活での体験によって脚色されていった可能性が考えられる。

また、報恩譚の名が示す通り、狼は恩に報いる動物であると人々に考えられているわけだが、これは広く伝承される動物報恩譚の中の一つとして特に珍しいものではない。ただ、意外に思われる動物であればあるほどその落差に驚かされ、その結果教えの尊さが強調されることになる。この点狼は適任といえるだろう。動物報恩譚における恩返しの方法には、個々の動物間に若干の差異が認められるが[21]、狼の場合をさらに詳しくみれば以下のようになる。

類型1での返礼は、鹿などの動物を持参することであった。鹿の他には馬や兎・山鳥・雉・猪・狸・狐・貂がある。金の玉や轡などといった例も若干あるが、狼からの贈り物は主に彼らの獲物と考えられているのがわかる。贈り物を届けるのは礼の仕方としては自然だが、狼の場合にはもう一つ想起されるものがある。「イヌオトシ」である。「イヌオトシ」とは、狼が食べ残していった鹿などを「狼が落としていった」と解釈して人々がもらってくるものである。詳細については第3節で述べるが、このイヌオトシは、人々にとって貴重な蛋白源となっていた。興味深いことに、この恩恵に浴していたのは人間のみならず、猪も同じであったという見解もある。[22] それはともかくとして、ここからは、人々に自然の恵みをもたらしてくれる存在としての狼像が読み取れる。

一方、類型2での返礼方法は人の後をつけるというものだった。前述の通り、「送り」はイヌ科の動物である狼の習性に基づくものだが、これを人間の側から解釈すると「送ってくれている」となる。他の野生動物にはみられないこの特異な返礼方法は、人々にとってはありがたいながらも時に緊張感を伴うものだったようである。

また、類型3では狼は魔物から人間を守護するものとして語られていた。人間の危険を察知し、事前に安全な場所に導き守ってくれるのである。生死を分けるような重大な場面での狼の登場は、人と狼との関係を暗示しているといえるだろう。同型の類話をみていくと、人を襲う魔物には「狼の群れ」が多くみられるからである。つまり、人間を守るのも襲うのも狼であると人々は語っているのである。

山中の怪異を表すものには、千匹狼・狼の群れ・渡り狼の大群・狼の千匹連れ・山犬の群れ・斑犬の群れ・猫の群れ・泥棒・追剝ぎ・マドウ・天狗の行列・夜業の神・牛鬼・化け物・一本足のもの・首切り馬・妖怪・魔物などがあり、このうち狼の群れを示すものは三七例にのぼる。近畿以南では魔物が多様化する特徴がみられる。

狼が山中にある人間の生命を脅かすものとして語られているのは、人間にとって狼の存在がそれだけ脅威的なものであったことを物語っている。特に山という人知の及ばない空間において、群れ化した狼は恐怖の対象以外の何ものでもなかった。前章でみた「鍛冶屋の婆」に登場する千匹狼を考えても、これは明らかであろう。

また一方で、類型3には次のような伝承もあった。「魚はあっても守がついているからつまらん」[23]（島根県江津市）、「良いごちそうだと思ったが狼さんがとっとんか」[24]（徳島県海部郡）。これらは人間に近寄ってきた魔物や化け物たちの言葉だが、この物言いによって、狼は彼らと互角にわたりあう、あるいはそれを上回る力を有するものと位置付けられていたのがわかる。さらに、岡山県に伝わる「ツーと山鳴りがして、気味の悪い風が吹き、『おらん、おらん』とサーという風と共にマドウが通った」[25]（岡山県阿哲郡）という伝承からは、狼が人間の存在を魔物にも気付かせない霊力を備えたものと考えられていたのがわかる。つまり、狼は魔物から人を守護する力を有する霊獣としても見なされていたのである。

最後に、岩手県遠野市で聞いた類型3に当たる話をみることにしよう。少し長くなるが、初出のため全文を載せる。

事例8　大犬の恩返し（岩手県遠野市松崎町）

六甲山のあそこのこっちあたりが上郷だな。そんでそんでなくて、早池峰山さ行くあのへっこんだとこさ行くとこにな。おらえのとこは松崎、で、そこからそう行くとこにへっこんだ所にあるのが附馬牛つとこなんだな。用足しに。そこはこう湖だったと昔からいわれているように、山にはごちゃごちゃって沼地なんだな。それで昔は全部その山端に道路があったの。県道、道路が、道が。みんな山沿いに山の中腹を歩いたの。そこに道路があってな、それでまず私達のとっから附馬牛のとこさに行くのに、その今は下回って行くども昔はこうあのへっこんだとこを越えて行ったの。あそこはあれでも峠でな、忍峠という峠があったの。で、あまり峠でもないけどな、ほら低だんべから。だどもちょっと高くなってそこ越えれば附馬牛だったたの。

で、その昔、そのある人がなんとしても松崎から附馬牛さ行って来ねばねがんだったと。それでまあ、やがて出はってったつが、その峠のあたりまで行ったとこが、大犬《おおいぬ》（狼）が山にはいるんだつうが来ねばええがなと考えていったったんだと。そうしたところがその向こうの方に大きな大きな根っこはって、その上さチョンと犬上がってあったんだと。山の上に犬がいるわけねえから、きっとありゃあ大犬つうもんなんだべなと思ったんだと。だども戻るべって走ったからったって犬にはかなわねえから、こりゃあ仕方ねぇ、通るより仕方ねぇと思ったんだと。それで犬というものは、づくうにして弱えものさ吠えるから、それで大犬だって犬なんだから、ほしたらばやっぱりこうづくみしおっかながっつうとかんづくから威張って通るべと思ったんだと。

で、死ぬ覚悟でもうかんづかれる覚悟だからビシビシと大犬の前を威張って通ったんだと。だども内心はおっかねもんだから、その威張りながらも横目で大犬を見たんだと、その前を通った時。そしたところが、その大犬が縦に何か刺さって、骨が刺さって。木だか骨だかわかんねどもたぶん骨なんだべかな、縦に刺さって。そんだからだらだらだらとよだれ垂らして口を開いてな、アーンと唸って。ほりゃあ遠くから見た時は、ほれかんつくべとよだれ垂らして口開いて唸ってたと思ったけども、近くさ行ってみたらば、あの口の奥さ縦に刺さっていたものがあったんだと。そのためにほれよだれ垂らして。だからその人は情けの深え人だったんだと。そわれかれるのもハ忘れてしまって、「なんたらそんなことで死んでしまうんだが、どらどら」って言って、その口を開いてる狼から骨を喉さ手を入れて取ったんだと。そして取ってきてそして「ほらかんづくなよ、おれ骨取ってきたんだから」なんて言って。そうしたところがガサッとその大犬は大きなその切り株から降ったっだずもハ、どこさか行ってしまったったんだと。それでそれ、かんづかれねえでその人は無事に附馬牛さ行くことができたんだと。そしてほれ、戻るにもまた同じ県道通らねばならね。同じ県道、下回ることはできねえから同じ県道通らねばならねが、またあの大犬がいたんだべかなと思ったら、ほれ行きたくてもねんだ。だどもなんとしてもその日のうちに用足さねっと一大事なことだったんだと。ほんな細かい仕事だかなんだかなんだかなんだかな。とにかく命懸けでもなんでも一回戻って来ねばならねえ用だったんだと。

それで仕方ねぇ仕方ねぇ、なんとしたって行かねばねえからと思って。ほれでも畜生になったって、その恩というものを感じるものがあれば、おれは骨取ってけたんだも、なんぼしたってかんづかねだろと思って、そしてまた来たんだと。

そして陽のあるうちに戻りてえもんだと一生懸命急いだけども、あの峠まで来たばハ、日が暮れてしまったったと。そうしたところがそこさやっぱり切り株さその大犬ねまって口開いて寝てたったんだと。だだ、畜生のこったども、今度はかれんだなと思ったんだと。ほんでもなしてもおれだから、食うなよなって、そこ、前通ったんだと。そうしたところがその大犬がガサッと落ちて、その人の後さぼっかけたんだと。後さぶつかるぐれぇに。一生懸命、なんぼ早足で、早足になればなるほど後ぼって来るんだと。今かんづくんだべか、今かんづくんだべかって思っておっかなくて後ろも見られねえば、とにかく走ればかんづかれるから早足で一生懸命急いだんだと。そうしたところが、その「ウー」って唸りながらぼっかけんだと。

そうしたところが、遠くの方さビカビカッて、その光が、目が、狼の、大犬の目がガラーッと増えたったんだと。遠くの方さ、その暗い闇の中さな。そうしたところがほれ、その大犬「ウー」って唸ればそっちの方でもその「ウー」って唸って。足元では「ウー」って唸り遠くからは「ウー」って唸り、とっても生きた気はなくて、その人走ればかんづかれるから早足で一生懸命一生懸命歩って歩ってやっとこさっとその村のはずれまで来たったんだと。そしてはしっこからまず野田というとこさ来たところが、その大犬は来なくなったんだと。

追って来なくなったったんだと。

そしてなんぼかしたがなか、途中まで来たかな、来てから後ろ向いてんばもういねから、ほれからもう夢中で走ったんだと。大犬がいねからハ。そして家さ着いた時、もうハー死んだ人みたいで、おれは大犬にぼっかけられて死ぬ思いで来たって、その人はバタッて倒れたったって聞いたってか。そういう風にして大犬にぼっかけられてなんとか逃れた人あったたんだと。

だが、その人は次の日ゆっくり考えてから、あれは、あの大犬はおれを助けたんだなって知ったんだと。その骨取ってもらった大犬が、寄せてきた千匹大犬からその人を守った。かじってはあかねっていうことで守った。あれは大犬の大将だったたんだなって後でその人は知ったとさって。だから畜生にも情けをかければ必ず恩を返すもんなんだぞって。だから大犬だからったって恩というものは忘れねえんだとさって、あのおじさんは言う人だった。


（話者六九歳女性　筆者聞書き）(26)


狼に後を追われて恐ろしい思いをした人物が、後に狼は他の狼から自分を守ってくれたのだと悟ったとある。害獣にもなり得る狼が人を守護する益獣となっているのは、この場合は狼に恩があったためであった。このように狼は時に窮地を救ってくれるものでもあると考えられていたのがわかる。

また、話者が結びに語った「だから畜生にも情けをかければ必ず恩を返すもんなんだぞって。だから大犬だからったって恩というものは忘れねえんだとさって」という言説には、たとえ相手が狼のような動物であっても、情けをかけてやれば必ず恩返しをしてくれるのだというメッセージが込められている。これは仏教説話で説かれるところの「畜生でも恩を知る、ましていわんや人間をや」という教えとは微妙にニュアンスが異なっているといえよう。

本話が唱導のために語られていた時代には、仏教的な意味合いが濃い話だったに違いない。しかし、ひとたび話が人々に手渡され、語り継がれていく間に、本来の人間に対比させる対象としての「畜生」から、ともに同じ世界で生きている「畜生」へと変化してきたのであろう。そこからは、より身近な存在としての狼像が浮かび上がってくる。

自然界にすむ野生動物でありながら、狼は時に人間の領域にも近付いてくるものとして認識され、狼との遭遇や「送られる」体験を通して、人々はその行動の意味についてさまざまな解釈を試み、話を発展させながら語り伝えてきたのだろう。その中の一つが、この狼報恩譚だったのである。

2 「送り狼」——口伝される生活の知恵

狼が人の後をついてくると語られる「送り狼」の伝承は、不可思議な話として広く人口に膾炙し、また周知の通り、古くから女性を送る男性の俚諺としても用いられてきた。一般に世間話として分類されるこの「送り狼」は、人々の生活によりいっそう近いところに息づく狼の姿を伝えるものであり、前節でみた狼報恩譚や、次節でみる狼と塩の伝承にも密接に関わる形で語られている。

本話の先行研究には、解釈の段階を信仰の視点から説いた柳田國男の考察がある。(27)「送り狼」には、狼が外部からの危害を防いでくれると考える第一段階があり、転べば食おうと思って後からついてくる第二段階、人を転ばせてから食いつこうとする第三段階というように、信仰心の度合いによってその解釈が変化するという見解である。

確かに、狼の信仰が強い地域ではその守護を説くことが多くみられるが、柳田がこれを論じた昭和初期から現代までに収集された関連資料を概観すると、「送り狼」にはこの信仰説だけでは読み解けない要素があることに気付く。そこで本節では視点を少し変えて、人々が狼にどのように接しているのかという点に着目しながら、なぜ人々が「送り狼」の話を語り伝えてきたのかを探ることにする。

(1) 後をつける狼

具体的に内容をみていこう。

事例1　送り狼（滋賀県伊香郡西浅井町）

よそへな、冬の寒いような日に、用足しに行って、帰る時に、後を狼がついて来る。どう言うもんか知らんが、守ってくれるのか、襲おうとするのか、そのわけは分からんけども、家に帰った時にやなあ、付かず離れずついて来た狼が、門口でちょんと止まってこっちを向いている。その時にはな、餅を一つ焼いて「御苦労さんやった。」言うて投げてやんのが昔の習慣になっとったという。襲いも何もしない、ついて来る。そう言うことをよう聞きましたわ。

（『西浅井のむかし話』(28)）

狼に後をつけられた人物は、家に着くと狼に礼を述べて焼き餅を投げ与えている。なぜ狼がついてくるのか、人々にはその理由が判然としない。しかし、「餅を一つ焼いて『御苦労さんやった。』言うて投げてやんのが昔の習慣になっとった」と伝えられている。狼への行為がこのように習慣化していたと語られている点は注意を要するだろう。続けてもう一例類話をみよう。

事例2　送り狼の話（山梨県都留市）

（前略）祖母の若い頃、鍛治《ママ》屋坂の大室神社の森はうっそうとして、お犬さんの住みかで真昼でも一人では通れず、連れ立って大話をしながら行き来したそうです。

そんなわけで谷村の実家へ泊りに行くにも主人と行き、帰るにも実家の父が送って出て峠を越したということです。

それでもお犬さん（送り狼）が二匹も、三匹もついて来て、ころべば死んだと思って飛びかかったそうです、仕方がないから藁ぞうりをはいて、おしずかに、おしずかにと言いながら、ころばぬように気をつけながら歩くので、恐くて涙をこぼしこぼし歩いたのだそうです。

家に着くと急いで何かを与え、ご苦労さんと言えば帰るので送り狼というのだそうです（後略）。

（『都留の民話　続編』[29]）

事例2では、大室神社の森に狼がすんでいるため、そこを通過する際には細心の注意を払う必要があると考えられていたのがわかる。転べば死んだと思って狼が飛びかかるので、転倒しないように気を配り、祖母が実家へ往来する時には、夫や父親の同行を余儀なくされたと語られている。「家に着くと急いで何かを与え、ご苦労さんと言えば帰る」とあるように、家に帰り着いた時には狼にものを与えて声をかけるのが約束事になっている。事例1に比べて、強い緊張感が漂っている。

このような「送り狼」の伝承は、北は岩手県稗貫郡から南は高知県高岡郡までの地域に一四九の類話を確認している。単に狼につけられたという体験談を加えれば、その数はさらに増えることになる。

各地に伝わる類話の内容を吟味すると、送り狼への対応策は大きく二分類できる。一つは、人々が家や目的地に向かっている間の「途次での接し方」であり、もう一つは、家あるいはその付近に帰り着いた時の「帰着時の接し方」である。つまり、人間による狼への働きかけには、出先で狼につけられている時のものと、家に帰り着いた時のものとでは異なっているのである。それぞれの詳細は表2・1と表2・2に示した通りである。順にみよう。

(2) 狼への対応――途次

途次における接し方には、たとえば次のようなものがある。

事例3　送り狼（岡山県久米郡久米町桑上）

柵原のスズ谷は昼でも暗い所だ。お爺さんが葬式帰りで遅くなると、山道で後ろから何かついてくる感じがする。カサッとする音が聞こえたり、フッフッフッフッ息が足元にかかるほど近くについてくる時もある。すると背中がゾーンとするという。そんな時は煙草を出して火をつけると、パッと狼は脇道へそれていなくなる。山の中へ去るんだな。またある時には、それでも離れて後をついてきたということだった。うそじゃない。実際につけられたらしい。

（話者六五歳男性　筆者聞書き）(30)

狼に送られている最中は常に緊張している様子が伝わってくる。息がかかるほど接近された場合には、煙草に火

表 2.1 「送り狼」(途次での接し方)

	伝承地	狼に対する人間の行為	出典
1	岩手県稗貫郡大迫町(現花巻市)	〈転倒しない・松明〉「トーレーネーで,お出ましぇや」	大迫町史民俗資料編 1983
2	岩手県和賀郡湯田町(現西和賀町)	火(解いた帯)	民話と文学 17 1986
3	岩手県胆沢郡胆沢町(現奥州市)	火(煙草・焚き火・松明)・刀・鎌・馬(首に鳴りがね・荷鞍本綱を引く)	胆沢町史 8 民俗編 1 1985
4	宮城県仙台市	荷縄を引く(馬)	郷土史仙臺耳ぶくろ 1982
5	秋田県仙北郡角館町(現仙北市)	煙草に火・〈笠を被る〉	旅と伝説 9-11 1936
6	福島県伊達郡梁川町(現伊達市)	声掛け	梁川町史 12 1984
7	栃木県上都賀郡粟野町(現鹿沼市)	〈すきを見せない〉	日本昔話通観 8 1986
8	群馬県吾妻郡六合村(現中之条町)	背負子の 12 結び目を引く	筆者聞書き 2001.6
9	群馬県吾妻郡長野原町	棒を振り回す・〈転倒しない〉	長野原町の昔ばなし 1997
10	群馬県沼田市	帯を引く(3 尺)	沼田市史民俗編 1998
11	群馬県山田郡大間々町(現みどり市)	〈転倒しない〉	大間々町の民俗 1977
12	群馬県碓氷郡松井田町(現安中市)	〈転倒しない・腰に縄をつけて引く〉	松井田の民俗——坂本・入山地区 1967
13	群馬県多野郡鬼石町(現藤岡市)	〈転倒しない〉	群馬県史資料編 27 民俗 3 1980
14	埼玉県児玉郡児玉町(現本庄市)	〈転倒時には掛け声〉	埼玉民俗 7 1977
15	埼玉県大里郡寄居町	〈転倒しない〉	埼玉県伝説集成(別) 1977
16	埼玉県入間郡越生町	〈転倒しない・振り向かない〉	おごせの昔話と伝説 1992
17	埼玉県入間郡越生町	火(煙草)・〈転倒しない〉	おごせの昔話と伝説 1992
18	埼玉県入間郡毛呂山町	振り向かない	毛呂山民俗誌 1 1990
19	東京都西多摩郡奥多摩町	〈転倒しない・走らない・振り向かない〉	奥多摩町誌民俗編 1985
20	神奈川県津久井郡相模湖町(現相模原市)	褌(帯)を長く垂らす・火を焚く(マッチ)	民俗 19 1956
21	神奈川県津久井郡相模湖町(現相模原市)	塩を与える	民俗 19 1956
22	神奈川県津久井郡内郷村(現相模原市)	〈転倒時には掛け声〉	土俗と伝説 1-3 1918
23	神奈川県津久井郡日連村(現相模原市)	〈転倒しない〉	ひでばち 1 1956
24	神奈川県愛甲郡愛川町	〈転倒しない・呼び捨てや悪口	武相昔話集 1981

		の禁止〉	
25	山梨県北巨摩郡箕輪新町（現北杜市）	大声	郷土研究 2-1　口碑傳説集　1935
26	山梨県北巨摩郡箕輪新町（現北杜市）	髷を解く・〈転倒しない・火〉	郷土研究 2-1　口碑傳説集　1935
27	山梨県北巨摩郡高根町（現北杜市）	〈転倒しない〉	県境を越えて 2　1981
28	山梨県北巨摩郡大泉村（現北杜市）	火（松の大枝）	郷土研究 2-1　口碑傳説集　1935
29	山梨県北巨摩郡大泉村（現北杜市）	〈転倒しない・火〉	郷土研究 2-1　口碑傳説集　1935
30	山梨県東山梨郡勝沼町（現甲州市）	〈転倒しない〉	勝沼町誌　1962
31	山梨県北都留郡上野原町（現上野原市）	〈転倒しない・犬を同伴〉	民俗手帖 2　1955
32	山梨県南都留郡秋山村（現上野原市）	転倒しない・火・挨拶〈転倒時には掛け声〉	秋山の民話　1978
33	山梨県都留市	〈転倒しない〉	都留の民話　続編　1972
34	山梨県都留市	〈転倒しない・振り返らない〉	甲斐路 67　1989
35	山梨県南都留郡西桂町	転倒しない・転倒時には掛け声	西桂町の民話　1986
36	山梨県西八代郡	〈転倒時には掛け声〉	市川大門町の口伝え　1997
37	山梨県西八代郡三珠町（現市川三郷町）	松明を振る（馬）	三珠町誌　1980
38	山梨県西八代郡上九一色村（現甲府市）	〈転倒時には掛け声〉	甲斐伝説集　1953
39	長野県北安曇郡小谷村	〈転倒しない・煙草の火〉	山村小記　1974
40	長野県北安曇郡高田（現長野市）	光（大鋏の刃）	北安曇郡郷土誌稿 2　口碑傳説篇 2　1930
41	長野県上水内郡小川村	餅かむすびを少しずつ	信州小川村の昔話　1980
42	長野県北安曇郡	鋏の刃を光らせる	北安曇郡郷土誌稿 2　口碑傳説篇 2　1930
43	長野県北安曇郡宮本（現大町市）	〈転倒しない〉	北安曇郡郷土誌稿 1　口碑傳説篇 1　1930
44	長野県北安曇郡八坂村（現大町市）	〈転倒しない〉	北安曇郡郷土誌稿 7　口碑傳説篇 3　1937
45	長野県北安曇郡松川村	火縄を回す・煙草の火	北安曇郡郷土誌稿 7　口碑傳説篇 3　1937
46	長野県小県郡真田町（現上田市）	〈転倒しない〉	上田市付近の伝承　長村郷土資料 1973
47	長野県上田市	〈転倒しない〉	上田市付近の伝承　1973
48	長野県東筑摩郡入山辺村（現松本市）	おはぎを投げながら	北安曇郡郷土誌稿 2　口碑傳説篇 2　1930
49	長野県北佐久郡	〈転倒しない〉	北佐久郡口碑伝説集　1934
50	長野県北佐久郡御代田町	〈転倒しない〉	佐久口碑伝説集北佐久篇　1978

51	長野県南佐久郡小海町・八千穂村（現佐久穂町）	〈転倒しない・かがまない〉	長野県南佐久郡小海町・八千穂村昔話集下　1980
52	長野県南佐久郡小海町	〈転倒しない・何かを引く〉	佐久口碑伝説集　南佐久篇　1978
53	長野県南佐久郡南相木村	〈転倒時には掛け声〉	傳承文藝 19　1995
54	長野県南佐久郡川上村	〈転倒しない・振り向かない〉	川上村誌民俗編　1986
55	長野県諏訪郡原村	〈煙草の火・転倒しない〉	長野県諏訪郡原村払沢民俗誌稿 1978
56	長野県八乙女村（現箕輪町）	兵児帯を引く	狩りの語部――伊那の山峡より 1977
57	長野県上伊那郡南箕輪村	「娘さん来て下さったね」・帯等を解いて引く・転倒しないよう注意	伊那 37-1　1989
58	長野県伊那谷	〈振り返らない〉	狩りの語部――伊那の山峡より 1977
59	長野県伊那谷	転倒時には「どっこいしょ」等の掛け声	狩りの語部――伊那の山峡より 1977
60	長野県上郷町（現飯田市）	転倒時には大声で「ドッコイ一休み」の掛け声	伊那 39-1　1991
61	長野県上郷町（現飯田市）	火（白樺の皮）を仲間の前後に	伊那 39-1　1991
62	長野県上郷町（現飯田市）	傘の上に腰刀の刃	伊那 39-1　1991
63	新潟県柏崎市	〈転倒しない・振り返らない〉	あったとさ　1942
64	新潟県中頸城郡吉川町（現上越市）	転倒しない	民俗採訪　1956
65	新潟県上越市	〈食べ物を投げる〉	瞽女の語る昔話　1975
66	石川県鹿島郡	〈帯を引く〉	加能民俗　1940
67	石川県河北郡津幡町	〈褌（6尺）を引く・煙草の火・馬に鈴〉	加能民俗研究 23　1992
68	福井県福井市	〈転倒しない・火（煙草・火縄）・帯を引く〉	福井むかしばなし　1973
69	静岡県庵原郡両河内村（現静岡市）	転倒しない	静岡県伝説昔話集　1934
70	静岡県静岡市	〈火（松明・火縄）〉	静岡県伝説昔話集　1934
71	静岡県静岡市	フンタゴ（藤織の半纏）を脱いで投げつける	焼畑民俗文化論　1984
72	静岡県榛原郡中川根町（現川根本町）	〈弁当の残り〉	中川根のむかし話　1988
73	静岡県藤枝市	〈ショイコの紐の端に大きなコブを作る〉	焼畑民俗文化論　1984
74	愛知県南設楽郡長篠村（現新城市）	火（切火縄）	早川孝太郎全集 4　1974

75	愛知県南設楽郡作手村（現新城市）	背負子の紐の長い方を切る〈背負子の紐をちんばにする〉	中京民俗 11　1974
76	岐阜県恵那郡福岡町（現中津川市）	〈転倒しない〉	民話の手帳創刊号　1978
77	三重県松坂市	音・火花（火打ち石）・〈下を向かない・しゃがまない〉	松阪市史 10　史料篇民俗　1981
78	三重県尾鷲市	塩を投げ与える	郷土むかしばなし　1976
79	三重県熊野市	帯を引く（長く）	牟婁地区山村習俗調査報告書 1971
80	滋賀県伊香郡余呉村（現長浜市）	包丁を頭上に立てる・サラシを 2, 3 間垂らす	余呉村の民俗　1970
81	滋賀県伊香郡余呉村（現長浜市）	竹を引く	滋賀県湖北昔話集　1985
82	滋賀県伊香郡余呉村（現長浜市）	菅笠の上に刀	滋賀県湖北昔話集　1985
83	滋賀県伊香郡余呉村（現長浜市）	笠の上に剃刀	滋賀県湖北昔話集　1985
84	滋賀県伊香郡余呉村（現長浜市）	〈転倒時には掛け声〉	滋賀県湖北昔話集　1985
85	滋賀県坂田郡伊吹町（現米原市）	〈振り向かない・転倒時には掛け声〉	伊吹町の民話　1983
86	滋賀県坂田郡伊吹町（現米原市）	菅笠の上に刀	伊吹町の民話　1983
87	滋賀県東浅井郡浅井町（現長浜市）	〈褌を引く〉	滋賀県湖北昔話集　1985
88	滋賀県高島郡マキノ町（現高島市）	〈転倒しない〉	民俗採訪　1973
89	滋賀県甲賀郡信楽町（現甲賀市）	〈逃げてはいけない〉	中京民俗 14　1977
90	京都府竹野郡弥栄町（現京丹後市）	灯（提灯）	弥栄町昔話集　1972
91	京都府中郡大宮町（現京丹後市）	声を掛ける・下を向かない	おおみやの民話　1991
92	京都府加佐郡大江町（現福知山市）	走らない〈転倒しない〉	イトさんの昔ばなし　1983
93	京都府福知山市	餅を投げながら	福知山の民話昔ばなし　1982
94	京都府京都市	火（煙草）	あしなか 250　1998
95	京都府相楽郡南山城村	爪を伸ばした指を（頭上に）立てる	山村のくらし 2　1988
96	兵庫県朝来郡山東町（現朝来市）	〈振り向かない・止まらない〉	歴史の道調査報告書 3　山陰道 1993
97	奈良県（生駒地方）	矢立を引く・逃げ出さない・挨拶する	現代民話考 10　狼・山犬　猫 1994
98	奈良県吉野郡東吉野村	〈転倒しない・振り向かない〉	東吉野の民話　1992

99	奈良県吉野郡東吉野村	大声	吉野風土記21　1964
100	奈良県吉野郡吉野町	〈転倒しない〉	昔話――研究と資料20　1992
101	奈良県吉野郡吉野町	〈止まらない・振り向かない〉	昔話――研究と資料20　1992
102	奈良県吉野郡川上村	転倒しない	奈良県吉野郡昔話集　1983
103	奈良県吉野郡西吉野村（現五條市）	〈座る時には一声〉	西吉野村の昔話　1978
104	奈良県吉野郡下北山村	〈転倒しない〉	下北山村の昔話　1981
105	奈良県吉野郡十津川村	〈転倒時には掛け声〉	林宏十津川郷採訪録民俗1　1992
106	奈良県吉野郡十津川村	発砲	林宏十津川郷採訪録民俗2　1993
107	和歌山県伊都郡高野口町（現橋本市）	〈転倒しない〉	紀ノ川の民話――伊都編　1982
108	和歌山県伊都郡九度山町	〈転倒時には掛け声〉	紀ノ川の民話――伊都編　1982
109	和歌山県伊都郡高野町	〈転倒しない・振り向かない〉	高野・花園の民話　1985
110	和歌山県伊都郡高野町	礼	高野・花園の民話　1985
111	和歌山県有田郡清水村（現有田川町）	〈転倒しない〉	近畿民俗66・67・68　1976
112	和歌山県東牟婁郡本宮町（現田辺市）	「ちょっと一服」止まる→離れる	近畿民俗101・102・103　1985
113	和歌山県日高郡龍神村（現田辺市）	〈振り向かない・転倒しない・転倒時には声を掛けて煙草に火・提灯や松明の火を消さない・念仏を唱える〉	龍神村誌下　1987
114	和歌山県日高郡南部川村（現みなべ町）	「一服」煙草を吸い礼→離れる	南部川の民俗　1981
115	和歌山県西牟婁郡	帯を引く（2まわり分）	郷土研究1-10　1913
116	和歌山県西牟婁郡中辺路町（現田辺市）	〈転倒時には掛け声・弱味をみせない〉	和歌山の研究5　1978
117	和歌山県西牟婁郡中辺路町（現田辺市）	〈転倒時には掛け声・刀を頭上に立てる〉	民話と文学7　1980
118	和歌山県西牟婁郡日置川町（現白浜町）	〈転倒しない・休憩時には掛け声〉	大辺路――日置川・すさみの民話　1990
119	和歌山県西牟婁郡すさみ町	「この魚あげます」持参の塩物の魚を置いていく	大辺路――日置川・すさみの民話　1990
120	和歌山県西牟婁郡すさみ町	草履片一方を放る	大辺路――日置川・すさみの民話　1990
121	和歌山県西牟婁郡すさみ町	〈空腹時には峠を越さない〉	大辺路――日置川・すさみの民話　1990
122	和歌山県西牟婁郡すさみ町	〈煙草を呑む・転倒時には掛け声〉	大辺路――日置川・すさみの民話　1990
123	島根県簸川郡佐田町（現出雲市）	着物の帯を引く〈長い綱を引く〉	佐田町の民話と民謡　1986
124	島根県邑智郡石見町（現邑南町）	〈転倒しない〉	島根県邑智郡石見町民話集2　1986
125	島根県邑智郡石見町	〈転倒時には掛け声〉	島根県邑智郡石見町民話集2

	（現邑南町）		1986
126	岡山県	〈帯や褌を解いて引く〉	郷土研究 1-9　1913
127	岡山県苫田郡奥津町（現鏡野町）	〈振り向かない・約束事をしてはいけない〉	奥津町の民話　2004
128	岡山県苫田郡奥津町（現鏡野町）	六尺褌を引く	奥津町の民話　2004
129	岡山県勝田郡奈義町	〈弱味をみせない〉	奈義・幡多の昔話　1982
130	岡山県津山市	約束（死体）	日本昔話通観 19　1979（実平稿 NO. 97　1976）
131	岡山県津山市	火（わらぐろ）	日本昔話通観 19　1979（実平稿 NO. 84　1976）
132	岡山県久米郡久米町（現津山市）	火（煙草）	筆者聞書き　1997. 5
133	岡山県和気郡吉永町（現備前市）	〈褌を長く引く〉	吉永町史民俗編　1984
134	徳島県三好郡三好町（現東三好町）	礼	三好町誌　1959
135	徳島県三好郡池田町（現三好市）	拝む	阿波池田の昔話と伝説——資料集 1977
136	徳島県那賀郡木頭村（現那賀町）	着物の着衣法（ホートロギ）	阿波木頭民俗誌　1958
137	愛媛県上浮穴郡柳谷村（現久万高原町）	〈転倒時には掛け声〉	柳谷の民俗　1976
138	愛媛県宇和地方	頼むといってはいけない（死骸を取られる）	宇和地帯の民俗　1961
139	愛媛県宇和地方	呪い「ヨスズメヨスズメ姿がみえるぞよ」	宇和地帯の民俗　1961
140	愛媛県北宇和郡吉田町（現宇和島市）	土産物を投げつける	伊予の民俗 37　1985
141	愛媛県南宇和郡内海村（現愛南町）	「豆御飯をやるからトギ（供）をして」	宇和地帯の民俗　1961
142	愛媛県南宇和郡御荘町（現愛南町）	持参の弁当を投げ与え，「守ってくれ」	宇和地帯の民俗　1961
143	高知県香美郡物部村（現香美市）	（道に迷うと）案内を頼む	土佐の海風　1983
144	高知県吾川郡吾川村（現仁淀川町）	「里まで連れていんでくれや」	土佐の海風　1983
145	高知県土佐郡土佐山村（現高知市）	笹に小便をかけたものをかざす	土佐の海風　1983
146	高知県室戸市	（道に迷うと）案内を頼む	土佐の海風　1983
147	高知県高岡郡檮原町	道中に杖を立て呪文	土佐の海風　1983
148	高知県高岡郡檮原町	「守ってくれ」	土佐の海風　1983
149	高知県高岡郡檮原町	「見守ってくれ」	土佐の世間話　1993

〈　〉内の行為は昔から言い伝えられているものを示す．

をつけて狼を遠ざけている。ここにみえる「お爺さん」とは、語り手の本家筋にあたる爺と実の祖父のことであり、狼に夜道を送られることがあった二人は、幼い語り手にその体験談を幾度も話してくれたという。

事例4　送り狼（滋賀県東浅井郡浅井町）

なお、私が一番恐ろしいと思って聞いた話は、送り狼の話であった。送り狼とは、夜中に福良の森を通る人の後ろに付き、時々その人のすきを頭の上を飛び越えて前に出たり、また後ろに付きまとって人から離れない狼のことである。時には、二匹、三匹も付きまとうこともあるそうで、そんなときは六尺褌、今はパンツをはいているけれど、その時分は褌やで。六尺の褌を後ろに長く引いて歩けばその褌の長さ以上には狼は近づかないということじゃ。かくして、ようやく家まで逃げ帰ってきて、早速、塩を一握り戸の外へ播いてやると狼はおとなしく帰っていくのだという話である。塩を一握り、こう外へ投げてやる（後略）。

（『滋賀県湖北昔話集』[31]）

事例3の「柵原のスズ谷」が狼のすみかであったように、事例4の「福良の森」にも狼がいたと伝えられている。ある地点を通ると決まって狼に後をつけられたという伝承は、人々が狼の生息地を認識していたことを教えてくれる。また、事例4での送り狼への対応策は、身に付けていた六尺の褌を後ろに長く引いて歩くというものであった。[32]一尺は、約三〇センチになる。自分の体よりも後方に何かを引くことで、狼との距離を延ばそうとしているのがわかる。褌を締めている この人物は男性なのだろう。夜間もしくは早朝という時間帯のためか、送り狼に出逢ったと語られる人物は概して男性が多い。

狼除けに身に付けていた衣類を利用する例にはまた次のようなものもある。

事例5　狼と山犬（徳島県那賀郡木頭村）

山犬に喰いつかれるのを防ぐために、昔の人は普通に着物を着て帯をしめた上から、もう一枚袷の着物を着て、その裾をぐるぐる巻き上げて腰の所にためていたものである。急に山犬に襲われた場合、この巻き上げた所を垂らすと、山犬がそれに喰いついて体がそこなわれないですむ。このような着物の着方をホートロギという。

（『阿波木頭民俗誌』[33]）

送り狼に限らず、狼の襲来を想定した着衣法である。当地域では、狼との接触が頻繁にあったのだろう。村内には狼除けの道具とされたトビヤリも伝わっている。そして「ホートロギ」の呼称は、一枚余分に着物を身に付けるこの着衣法が、広く人々の間に浸透していたことを物語っている。

送り狼が後をつけたのは、何も人間だけではなかった。牛馬などの家畜もよくつけられていたのである。次の事例をみよう。

事例6　狼の横行（岩手県胆沢郡胆沢町）

狼の棲む林や竹藪の道を馬で通らなければならない場合は、鳴りがねを馬の首につけ、また荷鞍本綱《にぐらもとつ》を長くして引き摺って歩くと、その本綱の荷鞍玉に滑べって転んで逃げるという狼除けの方法があった（南蛸《小山》の手沢山豊吉さんの話）。家畜はこの被害もあったのである。

（『胆沢町史八　民俗編』[34]　一）

鳴りがねの音や荷鞍本綱を長く引き摺ることで、馬から狼を除けているのがわかる。本綱を引くというのは、滋賀県の褌を長く引いて歩く方法に通じるものであった。

事例7　中山峠の狼（宮城県仙台市）

根白沢の実沢、朴沢、福岡から炭薪を仙台市中に売りに来る行商人の駄んこ馬は毎日何十頭という数で、それらの人々は狼の襲来を警戒して、夕方北山の定宿に集まり、人馬一団となって村へ帰るならわしであったが、月急《がっき》坂を過ぎると「もうそろそろござッぞ」といったという。

狼は利口で一行をやりすごして最後の馬を襲う習性があるため、しんがりの者は地面にモトチ（荷縄）を引きずって行くことになっていた。狼はナガムシ（蛇）がきらいだからだといわれる。根白石では荷ナワのことを一名狼除けと称した。（後略）

（『郷土史仙臺耳ぶくろ』[35]）

月急坂を過ぎたあたりが狼の襲来を受ける場所として知られ、特に警戒されていたのがわかる。これを防ぐために少人数での移動を避け、人馬が一団となって帰る「ならわし」になっていたのである。最後尾の馬を襲う狼の習性も人々は把握しており、最後の者は荷縄を引き摺る習慣になっていたとある。狼はナガムシ（蛇）ぎらいだから荷縄を避けると解釈した人々は、荷縄を「狼除け」とも称していた。それだけ狼は荷縄をきらったのだろう。

このように、後ろに何かものを引いて歩いたと伝える例は他にも二一例あり、全国的な分布が認められる。引く道具には、竹や縄、紐を付けた矢立てなどが用いられているが、帯や褌が特に多くみられる。常に装着しているものだけに、便が良いということもあるのだろう。

狼を遠ざけるその他の手段には、事例3にもあったように火が利用されていた。煙草や提灯の火、解いた帯に火をつけたものや松明などである。すぐに火が起こせるように、切火縄や火打ち道具、また火起こし用の小さな鎌などを常備していたとも伝えている。所持していた餅や弁当などの食物を投げ与える例も九例あった。

そして何よりも広範囲にわたってもっとも多くみられたのは、転倒しないように注意するという伝承であった。転倒すると狼に喰いつかれる、あるいは喰われる恐れがあるため転倒しないようにというのである。狼の行為については、起こそうとして噛みつくのだといったり、倒れると死んだと思って喰いつく、あるいは死んだら食べてよいと山の神にいわれているからといった理由が述べられることもある。万一転倒した場合でも、「おっと、下駄ん切れた」などと声を掛ければ狼には襲われないと語る例も多くある。これらは、転倒などによって急激な動きをするものに反射的に飛びつくという狼の性質[36]を理解した伝承といえよう。

(3) 狼への対応——帰着時

狼に「送られ」て無事に家近くに帰り着いた時、人々はどのような行動を取っているのだろうか。次にみよう。

事例8　送り坂（長野県北佐久郡御代田町）

御代田町荒町の中程から南側の田切りを横切る作場《さくば》道に一町（約百メートル）ほどの坂道がある。

むかし百姓達が朝草といって、日の出ないうちに草刈りに行って、草を馬につけ、自分でも背負ってくると必ず狼が付いてきて、その坂の所で立ち止まる。百姓達が狼に「御苦労よ。」というと、狼はすごすご帰って行くので送り坂という。もし途中で転びでもしたものなら、すぐに嚙み殺されてしまうので、汗ぐっしょりになって歩いてきたそうだ。

（『佐久口碑伝説集　北佐久篇』[37]）

人馬の後を必ずついてくるとあるように、狼の出現はごく日常的なものとして語られている。それだけ両者の接触は頻繁にあったのだろう。ここでも、狼の生息地が朝草刈りへの道中にあると人々に認識されている。途中で転倒するとすぐに嚙み殺されると伝え、事例2よりもさらに狼への脅威度が増している。しかし、狼が坂から先へ出てくることはなかった。坂の地点で立ち止まり、百姓たちが「御苦労よ」と声を掛けると、自分の領域へと帰っていくのである。このような狼の行為によって人々はこの坂を「送り坂」とも名付けている。

地名にまつわる似たような例は他にもある。たとえば山梨県甲府市黒平に伝わる「イヌオトシ」は次の通りである。

事例9　イヌオトシ（山梨県甲府市黒平町）

（前略）あそこにイヌオトシってある。今は、イモオトシ、イモオトシっていうんだけどね。もともとはイヌオトシっていったんだけど、それが順に変わって今度はイモオトシ、イモオトシってね。

イヌオトシって訳は、昔、御岳の方から夜ね、人間が黒平へ来るでしょ。すると必ず狼が後つけて来る。ほして場所のいいとこ行きゃあ、昔はほら、丁髷っていうの結ってて、これに足を引っ掛けちゃ転ばそおって思って、転んだら食われちゃう。それでイヌオトシってとこに来ると、このムラの明かりが見える。ほうすると狼があきらめてね、あきらめてそっから帰っちゃう。そしてまた元の方へ帰って。それでイヌオトシ、イヌオトシってね。そういうことあるです。

（話者八一歳男性　筆者聞書き[38]）

狼が後についてくるのを、「狼に憑かれた」と考えていたのだろう。「イヌオトシ」の名称からは、「憑き物落とし」のような心意もうかがえる。事例9では、人間からの働きかけは特に語られていない。現在は「イモオトシ」に変化しているが、本来は送り狼に由来した地名であったのがわかる。

事例10　送り狼石（奈良県山辺郡山添村）

室津池神の道端の石は送りおおかみと呼ばれる。

昔、旅人がオサヨ谷の墓地を通ってここまで来ると、墓地からついて来たおおかみに向かって、「もうここから帰ってくれ」と言って、石の上に食物を置いた。おおかみはそのまま去って行ったと言われる。旅人はここを通るごとに、この石の上に食物を供えておおかみを供養した。

（『村の語りべ[39]』）

墓地からの帰途に狼につけられたという伝承は数多く存在する。人里外れにある墓地は狼の生息域に近接した場所にあり、狼にとっては容易に食料が得られる場所でもあったのだろう。狼に向けて食物が置かれたこの「送り狼」の石によって、人々は狼の世界との境界線を引いていたといえる。

これらの一連の伝承は、後をつけてくる狼の不可思議な生態に注目し、それを地名や石の名に冠していた人々の様子を伝えてくれる。

事例11　狼の話（岡山県和気郡吉永町）

樫村の竹内久吉のひい祖父というから一五〇年ほど前のことであろう。熊山からの帰りに送り狼につけられた。六尺褌の余りをひこずってもどった。こうすると狼はそれより近づいては来ないという。やっと村の一番はずれの家までついた。そして、わらじを脱ぐときに決してかがんで手をつかってはいけない。おうちゃくぬぎといって、この時ばかりは、足を使って踏みぬぐものだという。そのわらじを投げてやるとくわえて帰る。（中略）熊山から八塔寺行者堂へいく道には毎晩送り狼がでたといわれる。（『吉永町史　民俗編』[40]）

褌を引き摺る方法がここでも採用されている。ことに注目されるのは、わらじの脱ぎ方である。手を使うと身を屈めて無防備な体勢になるため、直立のまま足で踏み脱ぐというのである。「おうちゃくぬぎ」の呼称が示すように、不断は禁じられている方法が、狼に送られた時には推奨されているのがわかる。屈む動作が危険を伴うという認識は、転倒時の伝承につながるものであろう。

事例12　送り狼（岐阜県恵那郡福岡町）

いちばん恐ろしいことは送り狼といって、ようあるわなあ。ついてくることがある。それは保護してくれるのか、食いたいでくるのか判らんけど、倒れると食われるで、倒れんように来て、うちの近所の溝に入って足を洗って、そこで御礼をいって「ありがとう、これでもうすんだ」というと、降りていくと。

そんとき、足を洗うとき手で洗わんように、溝に入っといて足でこう洗うんよ。僕らが子供の頃、田んぼへえって足を洗うとき、立っとってこう洗うと、狼が送って来たときのようなことをしてはいかんと叱られたわ。

（『民話の手帖』創刊号(41)）

わらじを脱ぐ時と同様に、溝の流水で足を洗う際にも立ったままの姿勢で行っているのがわかる。「狼が送って来たときのようなことをしてはいかん」の言説は、この足洗いが狼に送られた時の方法として広く知られていたことを示している。足を洗った後に礼を述べると狼は去っていくとあることから、礼を述べる行為には、狼に無事の帰着を伝える意味もあったと考えられる。

事例13　オクリオオカメ（送り狼）（奈良県吉野郡十津川村）

岸尾富定老の父が十七才くらいの頃、用事で篠原へ行き、中谷から迫へ戻るときオオカメに「送られた」ことがある。夜道で振向くと、眼がぼーっと光って、一定の間隔をおいて蹤《ママ》いて来た。鉄砲を持っていたが怛くて射つすべを知らず、夢中で叔母のいた「西村」家の上まで來《ママ》て鉄砲を一発空へ向けて射ったら叔母が出て来て、「そんなものこわいことない。ほかのものがわざわいせんように守って呉れるのだ」と言った。

塩を嘗めさせたらよい。

（『林宏十津川郷採訪録　民俗』第二巻(42)）

かつては多くの狼が生息していたのだろう。篠原は、狼に因んだ踊りを伝える全国でも珍しい土地である。その篠原からの帰途に狼につけられた人物は、伯母の家付近にくると持っていた鉄砲で狼を遠ざけようとしている。ところが家から出てきた叔母は、「ほかのものがわざわいせんように守って呉れるのだ」と彼を嗜めている。送り狼

表 2. 2　「送り狼」(帰着時の接し方)

	伝承地	狼に対する人間の行為	出　典
1	福島県伊達郡	塩	狼・山犬　猫　1994
2	群馬県沼田市	魚・飯［狐に化かされない］	沼田市史民俗編　1998
3	群馬県山田郡大間々町(現みどり市)	波の花（塩）・お散米	大間々町の民俗　1977
4	群馬県吾妻郡六合村(現中之条町)	礼	筆者聞書き　2007. 11
5	群馬県碓氷郡松井田町(現安中市)	塩	松井田の民俗――坂本・入山地区　1967
6	群馬県多野郡鬼石町(現藤岡市)	礼	群馬県史資料編 27　民俗 3　1980
7	埼玉県児玉郡児玉町(現本庄市)	礼	埼玉民俗 7　1977
8	埼玉県大里郡寄居町	挨拶	埼玉県伝説集成（別）　1977
9	埼玉県入間郡越生町	礼	おごせの昔話と伝説　1992
10	東京都西多摩郡日の出町	礼	常民文化研究 7　1983
11	東京都日野市	「帰んな」	狼・山犬　猫　1994
12	山梨県北巨摩郡熱見村(現北杜市)	礼	郷土研究 2-1　口碑傳説集　1935
13	山梨県北巨摩郡大泉村(現北杜市)	礼	郷土研究 2-1　口碑傳説集　1935
14	山梨県北巨摩郡高根町(現北杜市)	（後ろを見ずに）礼	県境を越えて 2　1981
15	山梨県東山梨郡勝沼町(現甲州市)	塩（一握り）	勝沼町誌　1962
16	山梨県北都留郡上野原町（現上野原市)	菓子か何か	民俗手帖 2　1955
17	山梨県南都留郡秋山村(現上野原市)	礼	秋山の民話　1978
18	山梨県都留市	礼・何か（食べ物？）	都留の民話　続編　1972
19	山梨県都留市	礼・塩	甲斐路 67　1989
20	山梨県東八代郡中道町(現甲府市)	御飯（鍋蓋）	左右口の民俗　1980
21	山梨県西八代郡三珠町(現市川三郷町)	礼	三珠町誌　1980
22	山梨県西八代郡市川大門町（現市川三郷町）	礼・油揚げ［やらないと後で災難］	市川大門町の口伝え　1997
23	山梨県西八代郡上九一色村（現富士河口湖町)	礼・焼き餅（1 つ）・飯（1 杯）	甲斐伝説集　1953
24	山梨県南巨摩郡富沢町(現南部町)	塩	山梨県史民俗調査報告書 2　1995

25	長野県上水内郡小川村	礼	信州小川村の昔話　1980
26	長野県北安曇郡北城村（現白馬村）	礼	北安曇郡郷土誌稿 1　口碑傳説篇 1　1930
27	長野県北安曇郡大町（現大町市）	〈礼〉	北安曇郡郷土誌稿 7　口碑傳説篇 3　1937
28	長野県小県郡真田町（現上田市）	大声・ごちそう	上田市付近の伝承　1973
29	長野県北佐久郡	小豆飯（赤飯）	北佐久郡佐久口碑伝説集　1934
30	長野県北佐久郡御代田町	礼	佐久口碑伝説集　北佐久篇　1978
31	長野県南佐久郡川上村	礼	川上村誌民俗編　1986
32	長野県南佐久郡川上村	礼・握り飯	傳承文藝 19　1995
33	長野県南佐久郡小海町・八千穂村（現佐久穂町）	赤飯・握り飯等（石の上）	長野県南佐久郡小海町・八千穂村昔話集下　1980
34	長野県上高井郡横町（現伊那市）	礼・握り飯	小布施百話　1973
35	長野県飯田市	礼	伊那 37-1　1989
36	長野県三峰川谷（現伊那市）	〈礼〉・〈礼・握り飯〉	狩りの語部――伊那の山峡より　1977
37	長野県三峰川谷（現伊那市）	〈身につけている品物を投げ与える〉	狩りの語部――伊那の山峡より　1977
38	長野県三峰川谷（現伊那市）	草履を脱ぐ（直立した姿勢で）	狩りの語部――伊那の山峡より　1977
39	新潟県古志郡山古志村（現長岡市）	玉つきの荷縄（一部）オオインオクリ	山古志村史民俗　1983
40	新潟県南蒲原郡見附町（現見附市）	礼・鰊・焼き飯	高志路 18　1936
41	新潟県柏崎市	履いていた草履片方	あったとさ　1942
42	新潟県中頸城郡吉川町（現上越市）	礼	民俗採訪　1956
43	石川県河北郡津幡町	礼	加能民俗研究 23　1992
44	福井県福井市	〈家人が大だらいを伏せる（音）〉手順が大事	福井むかしばなし　1973
45	福井県今立郡池田町	〈握り飯・ニシン〉	福井旧池田村の民俗　1968
46	静岡県庵原郡両河内村（現静岡市）	塩（5合・紙）・赤飯とごま塩	静岡県伝説昔話集　1934
47	静岡県静岡市	「ここまで」→塩	静岡県海の民俗誌――黒潮文化論　1988
48	愛知県北設楽郡稲武町（現豊田市）	紙を丸めて投げる	稲武の伝説　1977
49	愛知県南設楽郡長篠村（現新城市）	塩	猪・鹿・狸　1926
50	岐阜県恵那郡福岡町	礼・足の洗い方	民話の手帳創刊号　1978

	（現中津川市）		
51	岐阜県恵那郡山岡町（現恵那市）	餅（後ろを見てはいけない）	中京民俗16　1979
52	三重県松坂市	〈足の洗い方〉	松阪市史10　史料篇民俗　1981
53	三重県熊野市	礼	牟婁地区山村習俗調査報告書 1971
54	滋賀県伊香郡余呉村（現長浜市）	干しニシン・ゴマメを投げ礼	余呉村の民俗　1970
55	滋賀県伊香郡西浅井町（現長浜市）	礼・焼き餅	西浅井のむかし話　1980
56	滋賀県坂田郡伊吹町（現米原市）	塩（一摑み）を門へまく	伊吹町の民話　1983
57	滋賀県坂田郡伊吹町（現米原市）	塩（一摑み）を掌から	伊吹町の民話　1983
58	滋賀県東浅井郡浅井町（現長浜市）	塩（一握り）をまく	滋賀県湖北昔話集　1985
59	京都府宮津市	礼	みやづの昔話——北部編　1990
60	京都府加佐郡大江町（現福知山市）	履物を放る	大江のむかしばなし　1978
61	兵庫県朝来郡和田山町（現朝来市）	履いていた草履片方	兵庫県朝来郡和田山町糸井の昔話 1974
62	兵庫県朝来郡山東町（現朝来市）	履いていた草履（装着物）	歴史の道調査報告書3　山陰道 1993
63	奈良県山辺郡山添村	「ここまで」→食物［送り狼石の地名］	村の語りべ　1996
64	奈良県吉野郡東吉野村	塩（一摑み）	筆者聞書き　1996.3
65	奈良県吉野郡東吉野村	塩（一つまみ）	筆者聞書き　1996.7
66	奈良県吉野郡東吉野村	塩（摑む）	東吉野の民話　1992
67	奈良県吉野郡吉野町	塩を撒く	昔話——研究と資料20　1992
68	奈良県吉野郡川上村	礼	奈良県吉野郡昔話集　1983
69	奈良県吉野郡西吉野村（現五條市）	塩（一摑み）	西吉野村の昔話　1978
70	奈良県吉野郡大塔村（現五條市）	礼	吉野西奥民俗採訪録　1942
71	奈良県吉野郡大塔村（現五條市）	塩（入口からふる）	昔話——研究と資料15　1987
72	奈良県吉野郡大塔村（現五條市）	魚か何か	昔話——研究と資料15　1987
73	奈良県吉野郡十津川村	草履を片方投げる	林宏十津川郷採訪録民俗1　1992
74	奈良県吉野郡十津川村	〈塩〉	林宏十津川郷採訪録民俗2　1993
75	奈良県吉野郡十津川村	礼	十津川村の昔話　1980
76	奈良県吉野郡十津川村	礼・何か（食べ物）	十津川村の昔話　1980
77	奈良県吉野郡十津川村	礼・履いていた履物を放る	十津川村の昔話　1980
78	和歌山県伊都郡高野町	礼	高野・花園の民話　1985

79	和歌山県伊都郡高野町	塩（升にいっぱい）	高野・花園の民話　1985
80	和歌山県伊都郡高野町	塩（草履の上）	高野・花園の民話　1985
81	和歌山県伊都郡花園村（現かつらぎ町）	持参したもの（何でもよい）を残す	高野・花園の民話 1985
82	和歌山県伊都郡かつらぎ町	礼・塩（ある限り）・水	紀ノ川の民話——伊都篇　1982
83	和歌山県有田郡清水村（現有田川町）	礼	近畿民俗 66・67・68　1976
84	和歌山県日高郡龍神村（現田辺市）	〈足を洗った水を門へ置く→飲む〉	紀州龍神の民話　1987
85	和歌山県東牟婁郡北山村	履いていた草履	近畿民俗 71　1977
86	和歌山県東牟婁郡本宮町（現田辺市）	足を洗った水→飲んで帰る	熊野本宮の民話　1981
87	和歌山県東牟婁郡本宮町（現田辺市）	礼・足を洗った水→飲んで帰る	熊野本宮の民話　1981
88	和歌山県田辺地方	握り飯2個（他の獣が襲うのを防ぐ）	南紀民俗控え帖　1954
89	和歌山県西牟婁郡	足を洗った湯を門外へ投げ礼をいう	郷土研究 1-10　1913
90	和歌山県西牟婁郡中辺路町（現田辺市）	礼・足をすすいだ水	民話と文学 7　1980
91	和歌山県西牟婁郡日置川町（現白浜町）	礼・水を打つ［送られた時の作法］	ひでばち 6　1957
92	和歌山県西牟婁郡日置川町（現白浜町）	足を洗った水を置いておく→飲んで帰る	ひでばち 6　1957
93	和歌山県西牟婁郡すさみ町	礼・足を洗った水	大辺路——日置川・すさみの民話　1990
94	鳥取県岩美郡岩美町	草蛙の脱ぎ方・草蛙を投げる→くわえて去る	民俗採訪 4　1963
95	島根県邑智郡長谷村（現江津市）	礼・足の洗い水を（家へ向かって）移し盥を伏せる	長谷村の昔話と民話　1955
96	島根県邑智郡石見町（現邑南町）	〈足を洗った水を庭へ移す〉	島根県邑智郡石見町民話集 2　1986
97	島根県邑智郡石見町（現邑南町）	礼・盥の水を移す	島根県邑智郡石見町民話集 2　1986
98	島根県邑智郡石見町（現邑南町）	盥をぴしゃっと伏せる	島根県邑智郡石見町民話集 2　1986
99	島根県那賀郡弥栄村（現浜田市）	足を洗った水を雨垂れへ捨てる	那賀郡弥栄村長安本郷佐々山義雄メモ伝説・民話　1977
100	島根県浜田市	足を洗った水を表にまき礼	浜田の民話と史話 1　1977
101	岡山県津山市	礼	実平稿 NO. 84　1976（日本昔話通観 19　1979）
102	岡山県真庭郡湯原町	立札「以後この峠越すべから	二川の民俗　1960

	(現真庭市)	ず」	
103	岡山県和気郡吉永町(現備前市)	草履を投げる［足で脱ぐ横着脱ぎ］	岡山県史15　民俗1　1983
104	広島県庄原市	洗い水の盥を伏せる「無事に戻ってきた」	広島県民俗資料集2　1968
105	広島県山県郡大朝町(現北広島町)	盆を戸口の棚に伏せる「無事に戻ってきた」	広島県の民話と伝説　1970
106	島根県簸川郡佐田町(現出雲市)	礼・(翌日) 小豆飯に大鯛	佐田町の民話と民謡　1986
107	香川県仲多度郡満濃町(現まんのう町)	〈礼 (手をついて)〉	讃岐民俗2　1939
108	徳島県三好郡三好町(現東三好町)	礼・小豆粥	三好町誌　1959
109	徳島県三好郡池田町(現三好市)	〈おい縄をほどく〉	阿波池田の昔話と伝説——資料集　1977
110	徳島県三好郡池田町(現三好市)	礼・小豆飯	阿波池田の昔話と伝説——資料集　1977
111	徳島県三好郡池田町(現三好市)	小豆粥	阿波池田の昔話と伝説——資料集　1977
112	徳島県海部郡海部町(現海陽町)	切りつける・〈ご飯〉	海部稿 NO. 287　1971 (日本昔話通観21　1978)
113	愛媛県上浮穴郡柳谷村(現久万高原町)	礼・飯	柳谷の民俗　1976
114	愛媛県宇和地方	塩・小豆飯	宇和地帯の民俗　1961
115	愛媛県宇和地方	挨拶・小豆飯	宇和地帯の民俗　1961
116	愛媛県西宇和郡三瓶町(現西予市)	小豆飯 (門口の丸い藁打ち石) 遺骸の運搬時	伊予の民俗37　1985
117	愛媛県石鎚山地方	礼 (外を向いて)	忘れられた日本人　1960
118	愛媛県南宇和郡御荘町(現愛南町)	食物	宇和地帯の民俗　1961
119	高知県香美郡物部村(現香美市)	赤飯	土佐の海風　1983
120	高知県室戸市	赤飯	土佐の海風　1983
121	高知県須崎市	小豆飯 (赤飯)	土佐の海風　1983
122	高知県須崎市	小豆飯を坪へ (赤火)	土佐民俗8・9　1964
123	高知県高岡郡檮原町	小豆飯 (重箱) を居屋の棟の上に	土佐の世間話　1993
124	高知県幡多郡大正町(現四万十町)	赤飯	土佐民俗14・15　1968

〈　〉内の行為は昔から言い伝えられているものを示す.

をよく知る叔母にとって、狼は恐ろしい存在ではない。むしろ自分たちを守護するものだと理解しているのがわかる。そして狼に塩を与えるように説いているのである。

このような送り狼を攻撃しようとする例はわずかだが、同時に正しい対処法が説かれる場合が多いことから、正しい対応策を伝えるための一つの語り口であったとも考えられる。

(4) 伝承の意味

狼には、火をきらったり急激な動きをするものに反射的に飛びつく性質があった。この点を考慮すれば、途次における人々の狼への対応策は、ある程度は有効であったと推察される。狼に後をつけられる経験を重ねるなかで、人々は狼を観察し、その生態や習性を徐々に把握していったと考えられる。

これらの対策の地域的な特徴を表にみると、頭上に刀を立てる方法が滋賀県や京都府に多く伝えられている。山中の切り通しのような道での体験であろうが、送り狼は時に人の頭上を飛び越えながら送ってくる、あるいはまた飛び越える際に小便をかけて人を倒そうとすると語られることもある。刀を立てる方法は、このように狼が頭上を飛ぶのを防ぎ、万一頭上を飛び越えた時には刀で狼の腹を裂いてしまおうと人々は考えていたようである。

また一方の帰着時の対応策には、「よう送ってくれた」「ご苦労さん」などのようにその労をねぎらい礼を述べるものが顕著であった。人の後をつける狼の行為を「送ってくれている」と考えていたからこそ、生み出された対応策といえるだろう。同様に食物などを与える例では、狼の好物と伝わる小豆飯や小豆粥が徳島県を中心とした四国地方に多く認められた。同地方にみえる呪《まじな》いや呪文を唱える方法は、他にはあまり例のないものであった。

この他、草履や端に玉を結んだ切り荷縄などを与える例もあった。帰着時に追い縄を解くと狼は帰っていくという伝承もあることから、草履や荷縄は無事の帰着を告げるために狼に与えられていたと理解できる。和歌山・島根・広島の三県には、足を洗った水を狼に与えたり、洗い水を移して盥を伏せる方法が伝えられており、福井では「送られた時の作法」として、この手順が決まっていたとも語られている。このような帰着時の行為によって、人々は狼を自身の領域へ帰そうとしていたと考えられる。

帰着時の狼への働きかけはまた、一種の儀礼と見なすことも可能であろう。狼に礼を述べ、食物などを与えることによって一つの区切りを示し、狼の「送り」を終結させようとした人々の心意もうかがえる。そのように日常的に繰り返される狼の「送り」に対して、人々の対応が様式化されてきているのである。

そして、狼の行為に対して返礼をする両者の関係には、一方が一方に対して常に利益をもたらすのではなく、受けた側がもう一方に返礼をする人間社会の仕組みが認められる。この互酬性を考えるとき、社会的な平等理念を基に互いに均衡を保とうとすることが多いことから[43]、狼に「送られた」際に何らかの形で返礼するのは、人々が狼を対等な存在とみていたことを示している。自然界の動物である狼も、人間に等しいもの、あるいはなおざりにはできない相手と見なしていたのである。

また、送り狼の伝承をつぶさにみていくと、事例1にあった「昔の習慣になっていた」の言葉のように、狼への対応が慣習化していたと語るものが多いことに気付く。他にも「昔からの言い伝え」や、「昔の人はよくいった」「よく聞いた」「いい伝えている」「昔からの言い伝え通り」などの表現がみえる。これらの言葉は、送り狼への接し方が日々の生活の知恵として、人々の間に長く語り伝えられてきたことを伝えている。

物珍しい怪異譚の一種に捉えられやすい「送り狼」だが、単に狼につけられたことに対する恐怖や不思議を語る話ではなかったと理解できる。そこには、狼とともに生きてきた人々の思いや知恵が、確かに託されていたのである。

3　塩を求める狼——伝承と俗信から

狼報恩譚などに見え隠れするようにして語られてきた狼の伝承に、「塩」にまつわるものがある。前節にも出ていた「送り狼」の話に関わるものも多くみられる。狼と人との間に塩を介在させるこれらの伝承には、狼に寄せる霊獣思想も透けてみえてくる。

狼と塩の伝承について触れた先行研究には、静岡県の事例をもとにした大村和男の考察がある。(44) 塩を欲しがる山犬（狼）の姿に山の民のイメージを重ね合わせ、塩を通した両者の関わりが塩交易の原型を示すものだという見解である。

狼と塩にまつわる一連の伝承をみていくと、そこには数種の異なるタイプのものがあることに気付く。人と狼との交渉の視座で考察しなければ、これらの伝承の意味は読み解けないだろう。わたしたち日本人と狼との関係を知る上で、この塩は重要な鍵になると考えるからである。本節ではこの考えのもとに狼と塩の伝承を考察し、人と狼の関係について探ることにする。

(1) 「送り狼」と塩

塩が関わる「送り狼」の事例を次に示そう。

事例1　送り狼（福島県伊達郡）

昭和六年頃の話。ある山の麓の道を夜歩いていたら、山の神のお使いと言われる狼に出合った。口が耳の根元まで裂けており、肋骨が数えられるほど痩せていて、眼は燃えるように光っていた。「送り狼は家までついてくるよ」と言われていたがその狼もついて来た。「塩をなめさせると帰るし、何もやらぬと食いつく」と聞いていたから、塩を持ってきてなめさせたら、そのまま帰って行ったのでほっとした。

（『現代民話考10　狼・山犬　猫』[45]）

夜の山道で出逢った送り狼に、伝え聞いていた通りに塩を舐めさせたら帰っていったと語っている。人間が狼に対してものを与えたと語られるのは、先にみた「送り狼」の話に顕著であった。本話のように、夜道を送ってもらった返礼に与えたとする場合が多くあった。

たとえば人々が狼に与える物を『日本昔話通観』[46]で参照すると、次のようになる。飯類（含小豆飯）[47]一〇、魚六、餅五、塩五、米粒一、油揚げ一、（自分の）死体一、その他二であり、魚は岩魚や鮎などの川魚が挙げられている。狼の獣性を考えれば魚はその嗜好にも合いそうであり、飯類や餅も人が用いるものとしては比較的理解しやすい。しかしながら、塩が与えられているのはどうしてだろうか。塩について語る伝承をもう少しみていこう。

事例2　送り狼（奈良県吉野郡東吉野村杉谷）

送り狼つって、ずーっと遠い所から、山からついて、ほいでもって後ろついてくんだ。ほで、一摑みの塩をやんだと。帰ってきたら塩をやらなあかんねって、家へ帰ってきて塩壺から塩を摑んでまいたんやろな。ほいたらその塩を舐めて、もう危害も加えんで帰るということは、おじいさんから聞いたことはあるけどな。素直に帰ったってな。塩が好きやと、一番。送り狼はそう怖いもんでもないといってたな。

（話者八六歳男性　筆者聞書き）(48)

東吉野村で聞いた話である。帰着時に送り狼に対して一つかみの塩が与えられるのは、狼が塩を好むからだと考えられていたのがわかる。「送り狼」の伝承が全国的に広くみられたのに対して、このような塩が関連するものは、福島県福島市から愛媛県の宇和地方までの分布となる。表2・3にまとめた通りである。東北地方は二例に限られることから、関東地方から紀伊半島を中心に広がる伝承と理解できる。

事例2では「帰ってきたら塩をやらなあかん」といい、事例1でも「塩を舐めさせると帰るし、何もやらぬと食いつく」とあった。また、山梨県東山梨郡（NO．8）では狼は「塩が大好物」だといい、静岡県庵原郡（NO．11）や奈良県吉野郡（NO．27・30・31）でも「狼は塩を好む」と伝えている。つまり、狼に送られた時には、狼の好む塩を与える必要があると人々は考えていたのである。

このような狼の塩好きは、すでに江戸時代の随筆にも記されていた。天明から文化年間に書き綴られた根岸鎮衛の『耳嚢』である。巻の一〇「狼を取奇法の事」から次に関連箇所を引こう。

（前略）狼はいたって生塩を好むものゆえ、生塩の中へまちん（ストリキニーネ）を隠し入れて、その狼の徘徊する所に置けば、好み候品ゆえ、これを喰いてその命をおとし、死なず候えども手取りにもなる由、人の話しける。峯岡（千葉県安房郡長狭町嶺岡牧場）小金（千葉県松戸市小金）などにて、馬の防ぎに用い候由をも聞きしが、ある医師の、神奈川辺の者に聞きし由、狼は塩水を好み、折節里方へ出で候由聞きしと云々。

これをみると、狼はたいへん生塩好きであるため、それを利用して毒殺もしくは捕獲ができると考えられていたのがわかる。文中にある「まちん」とは、毒のことである。現在の千葉県に当たる峯岡・小金には幕府直轄の牧場があったため、牧場の馬を守るために毒入りの塩が用いられていたのだろう。また、狼が塩水を求めて里方へ出没する話も記されており、狼の塩好きは広く人々に知られていたようである。

（『耳袋』第二巻(49)）

このように狼の塩好きを巧みに利用する場合がある一方で、この塩好きが生活に支障をきたすような場合もあった。二つの事例をみよう。

事例3　狼（岡山県苫田郡奥津町）

子どものころ、「塩が無《の》うなっとるけん、隣から借りてこいや」と言われて、借りに行った。夜、塩を持って回ると狼が取るというので、塩の上に、火をたいてこしらえた燠《おき》を載せてもらって帰ったという。

（『奥津町の民俗(50)』）

事例4　夜の塩（長野県宮田町）

夜は塩を持ち運ぶものではないとされている。これは山犬などにつけねらわれるからであった。持ち運ぶときは塩の上にオキ（炭火）を載せていく。

（『日本塩業大系　特論民俗(51)』）

展開	備考	出典
	何もやらぬと人に喰いつくこともある	福島市史（別）4　1980
そのまま帰る	塩をなめさせると帰るし何もやらぬと喰いつく	現代民話考 10　1994
食べて帰る	前で転がると一口に喰われてしまう．夜 12 時過ぎると喰われる．犬より大きいなり	大間々町の民俗　1977
	送り犬・迎え犬は人間に喰いつかない．喰う犬は 2, 3 度頭の上を飛び越してから喰いついてくる	松井田の民俗　1967
去る	物日にこわめしと好物の塩を置く習慣あり	現代民話考 10　1994
害をしない	狼は塩と赤飯が特に好き	民俗 19　1956
立ち去る		甲斐路 67　1989
きれいに舐め姿を消す	塩が大好物	勝沼町誌　1962
去る	狼は塩を好むらしい	山梨県史民俗調査報告書 2　1995
袖をくわえて引き藪の陰で上にかぶさり隠す→狼が 20-30 匹やってくるが助かる		小県郡民譚集　1933
(明夜) 猪の片股→赤飯とごま塩→数年間なれて送る	倒れるとすぐに喰いつく．狼は塩を好む	静岡県伝説昔話集　1934
		静岡県海の民俗誌　1988
	山犬は塩を好むので，塩を与えれば害をしない	静岡県伝説昔話集　1934
食塩を食べてそのまま帰る		静岡県伝説昔話集　1934
着物の端をくわえて狼の穴に→もの凄い地ヅナリ→くわえ出す	狼がお爺さんを危険から守った	静岡県伝説昔話集　1934
(数日後) 帰りが遅い時に送ってくれる	お塩の花	静岡県伝説昔話集　1934
おとなしく送ってくれる	ついてくる時に「転ぶと喰うぞ」という．塩をやらないと後でたたる	静岡県伝説昔話集　1934
ある夕方送ってくれる（他の獣からの害受けず）→帰宅後鉢一杯の塩→舐めて帰る	獣でさえあんなに立派に恩を返すのか・お塩の花	静岡県伝説昔話集　1934

表 2.3　塩（「送り狼」）

	伝承地	名称	場所・状況	狼の行為	人間の行為
1	福島県福島市	狼（オオカミ）		家までついてくる	塩を舐めさせる
2	福島県伊達郡	狼・送り狼・山の神のお使い	山の麓の道	ついてくる	塩を舐めさせる
3	群馬県山田郡大間々町（現みどり市）	山犬（様）	山道	つけられる	波の花・お散米
4	群馬県碓氷郡松井田町（現安中市）	山犬(様)・送り犬・迎え犬		ついてくる（送り犬）	塩を出してやる
5	東京都日野市	山犬・御岳様のお使い	守屋家　夜	守るようについてくる	錠口「帰んな」
6	神奈川県津久井郡相模湖町（現相模原市）	狼		出逢う	塩を与える「お前の好きな塩をやるから助けてくれろ」
7	山梨県都留市	狼・山犬		つかれる	塩を舐めさせる
8	山梨県東山梨郡勝沼町（現甲州市）	送りオオカミ・山犬	くぬぎなどの林	ついてきて戸間口ですわりこむ	一握りの塩（皿か紙の上）
9	山梨県南巨摩郡富沢町（現南部町）	狼・送り狼		つけられる	塩（登り口の家でもらう）をやる
10	長野県松本市	送り犬	塩売り	送ってくれる	石の上に塩5合
11	静岡県庵原郡両河内村（現静岡市）	狼	炭焼き（若蔵）楢峠（文化年間）	毎夜ついてくる	礼に塩（五合紙に包む）
12	静岡県阿倍郡（現静岡市）	やめいぬ		送ってくれる（姿はみえない）	「ここまででいい」翌朝同じ場所に塩を持参
13	静岡県榛原郡上川根村（現川根本町）	山（犬）		ついてくる（転倒を待つ）	
14	静岡県周知郡	狼・山犬・山の犬・お犬様	山（夜）	子どもを多く引き連れて飛びかかろうとする	「食塩をやるから助けてくれ」
15	静岡県榛原郡御前崎村（現御前崎市）	狼	塩売り爺	（通り道にすんでいる）	（恐怖の為）塩を一升ずつ
16	静岡県浜松市	狼・狼様	山家の人・山(日暮れ)	開口して突進→食べようとしない（何かがはさまる）	帰宅後鉢一杯の塩→口の中のものが取れる
17	静岡県浜松市	山犬		群がってついてくる	「お塩を一升やるから里まで送って」
18	静岡県浜松市	狼	（情深い）旅人・山道（夕暮れ）	開口して走ってくる→何か頼む様子	口の中の大刺を抜く

姿を現わして食べた		猪・鹿・狸　1926
舐めるとおとなしくなる	坂を越える塩人夫は，狼に与える塩を必ず持ち歩いた	郷土むかしばなし　1976
喜んで塩を舐める	狼は人間を跳び越え砂落とす．秋に狼はよくくる	伊吹町の民話　1983
舐めて喜んで帰っていく	頭の上を跳び越えては送っていく	伊吹町の民話　1983
おとなしく帰る	狼は塩がほしいのでつきまとったのだろう	滋賀県湖北昔話集　1985
（翌日）着物を引き大岩の下の狼の穴へ→狼の群れが通る→送る		わが郷土　1976
逃げるがまたきて塩 2, 3 俵も取られる	塩の付いた縄や物を持って夜歩きはしない	吉野風土記 21　1964
舐めて素直に帰る	送り狼はそう怖いものではない．塩が一番好き	筆者聞書き　1996. 3
舐めて得心して帰る	狼は塩が好きらしい	筆者聞書き　1996. 7
喜んで帰る	絶対後ろを向いたらあかんね．けつまずいたりひょろつくと飛びつかれる	東吉野の民話　1992
舐めて帰る	塩をもらう為についてくる	昔話——研究と資料 20　1992
食べて帰る	やらないと小便を吸って帰る．小便の代わりに塩をやる．塩気が好き	西吉野村の昔話　1978
	塩を好む．夜間塩に触れるものではない	昔話——研究と資料 15　1987
	他のものが災いせんよう守ってくれる．塩を舐めさせたらよい	林宏十津川郷採訪録民俗 2　1993
喜んで帰る	いじめると仇をする．狼送りをすると狼が怒る	旅と伝説 12-6　1939
きれいに舐めてある	ちゃんと礼をしないと山であった時に襲いかかってくると信じられていた	紀ノ川の民話伊都編　1982
	2, 3 度あったらしい	高野・花園の民話　1985
舐めて行く		高野・花園の民話　1985
		宇和地帯の民俗　1961

19	愛知県南設楽郡	山ノ犬・オイヌサマ		送る	門口へ塩
20	三重県尾鷲市	狼	汐の坂の頂上付近	背後でうなる（2匹）	塩のかたまりを投げる
21	滋賀県坂田郡伊吹町（現米原市）	狼・送り狼	坂・秋　夕暮れ	憑かれる	塩を一つかみ門に撒く（疲れもスーとする．塩を撒かないとなかなか治らない）
22	滋賀県坂田郡伊吹町（現米原市）	狼・送り狼		送る→　帰ろうとしない	塩一つかみ（掌から）
23	滋賀県東浅井郡浅井町（現長浜市）	狼・送り狼	森（夜中）	後ろにつき，時々頭の上を飛び越える（時には2,3匹で）	塩を一握り戸の外に播いてやる
24	京都府舞鶴市	狼	山　塩売りばさ	人を食べている	「よい漁ができたなあ」残りの塩をまく
25	奈良県吉野郡	送り狼	山中	頭上を何度も飛び越える	大きな声を立てる
26	奈良県吉野郡東吉野村	狼・送り狼	山　おじいさん	ついてくる	一つかみの塩
27	奈良県吉野郡東吉野村	狼・送り狼	山道	ついてくる	（ついてきたとわかったら）塩を門の所に一つまみ撒いてやる
28	奈良県吉野郡東吉野村	狼		送ってくる	塩（つかむ ）
29	奈良県吉野郡吉野町	狼		尻についてくる	（家人）塩を撒く
30	奈良県吉野郡西吉野村（現五條市）	狼・送り狼	山	ついて来る	一つかみの塩をやる
31	奈良県吉野郡大塔村（現五條市）	狼		送ってくる	入口から塩を振る
32	奈良県吉野郡十津川村	オクリオオカメ		振り向くとついてくる	鉄砲を空へ向けて一発
33	和歌山県伊都郡高野口町（現橋本市）	狼・送り狼		家までついてくる	塩か何かをやる
34	和歌山県伊都郡かつらぎ町	狼・送り狼	七越峠　夜遅く	家の門までついてくる	礼を述べ，家の中にあるだけの塩を表へ投げ出し，たらいに水．「食べて去んでおくれ」
35	和歌山県伊都郡高野町	狼・送り狼		家までついてくる	升いっぱいの塩をやる
36	和歌山県伊都郡高野町	狼・送り狼		家までついて送ってくれる	草履の上に塩をのせてやる
37	愛媛県宇和地方	山犬	夜	送ってくれる	戸口の石の上に塩・小豆飯

夜の塩運びは忌むものとされ、やむを得ない場合には狼除けに燠が用いられていたのがわかる。それだけ狼の塩に対する執着心が強いと考えられていたのだろう。防禦のための火は、「送り狼」の伝承でもよく語られていた。他にも、宮城県栗原郡栗駒町には同様の伝承やオキによって獣の襲来を防ぐ習俗が認められることから、(52)限られた地域に伝わる習俗ではなかったものと考えられる。そして、このような夜間の塩運びを忌む風の主たる理由の一つが、狼の塩好きにあったのである。

(2) イヌオトシと塩

事例5　狼オトシ（奈良県吉野郡東吉野村杉谷）

昔はな、よう鹿が川へ来てまくれこんどったわ。それは、おじいさんがいうのには、あれは狼オトシだわようといっとったな。狼に襲われて、切羽詰まって谷に飛び込んで、ほでそこで食われたりな。ほでああいう狼なんかはな、あんまり肉を食べんでとこに。臓物を食べたんだと。腹を。狼オトシを持って来る人はあんまりいなかったな。

（話者八六歳男性　筆者聞書き(53)）

「狼オトシ」とは、狼が食べ残した鹿や猪などを指す呼称である。狼が「落としていったもの」という理解であろう。地域によっては「狼喰い」と呼ばれることもあるが、「イヌオトシ」が比較的多くみられるため、便宜上ここではこれに統一しておこう。

狼は獲物の内臓に真先に喰いつき、その後でゆっくりと肉を食すようである。場合によっては数日かかることもあるため、残してあった鹿や猪などの死骸が、人々の目に触れることになる。このイヌオトシにも、次のような塩に関連する伝承がある。

事例6　狼（奈良県吉野郡川上村）

よく鹿を取って食べたが、鹿をとったら姿を見せんけど、ちっとづか食べて二日位その近くで寝ている。私の父さんなど、ときどき狼のとった鹿を拾うて帰った。みんな持って帰らず、少し取ってくるのであった。そんなときは、塩を持って行き自分の履いて行ったワラジにその塩をのせてその鹿の側へ置いてくるのだった。お礼のしるしである。

狼は人にはかゝらなかったが、自分の獲っておいた鹿をすっかり持って帰られたりすると、怒って家の近くまでやって来て、やかましく鳴き寝ることができなかった。

（『あしなか』第五〇輯[54]）

狼の鹿を持ち帰る場合には、履いていたワラジに塩を載せ、その鹿のそばへ置いてくる習わしになっていたのがわかる。しかもすべてを頂戴するのではなく、「少し」だけいただいてくるのである。そうしなければ、狼が怒って家近くまでやってくると語られている。

事例7　（奈良県吉野郡天川村）

カメが食い残した猪や鹿の死骸を犬オトシといって、よく在所でも見かけた。また、葬式など死んだ人を荷《にな》って運ぶと送ってくる。カメの子をとって仕込むとよい猟犬になるといわれている。カメは撃つものではない。人にはかからないし、すぐ姿をかくすものだ。かえって猪鹿を追出してくれる。しかし、オトシをもらってくるとアタンをするから、お礼に塩をおいてくるものだという。（中略）笙の淵（天の川村）の岩には白洲があって、そこの河原に狼が鹿を落しては追い殺してオトシ肉がよく落ちていた。父は塩を置いてはもらって来たものだ。

（『続狩猟伝承研究』[55]）

「カメ」とは狼のことである。土地によっては「オオカメ」と呼ぶところもある。事例にもあるように、一部の猟師の間では、撃つものではないと考えられていたようである。狼が「すぐ姿をかくす」ことについては、「狼は茅一本（あるいは三本）あれば身を隠す」という俚諺[56]によっても広く伝えられている。

事例8　逢坂峠の狼（和歌山県西牟婁郡中辺路町）

熊の胆（い）を売って歩く行商人、これをこの地では持ちさんと呼んでいる。この薬売りの持ちさんが逢坂峠の宿に泊まった時のことである。峠の下の岩の上に狼の食い残した猪のあるというのを聞き、持ちさんは猪の胃《ママ》をもらってこようと、塩と包丁を持って下りて行ったが、猪の腹を開けようと手をかけたとたん、山の上からオボッた声が地鳴りのように響き、これもあわてて逃げて来たということであった。

（『岡山民俗』第一七九号[57]）

塩を持参した行商人は、猪の胆をもらって漢方薬にしようと考えたのだろう。しかしこの企ては、狼の遠吠えによって瞬時に打ち砕かれてしまったようである。山村ではこのようなイヌオトシは日常的にみられるものであり、人々が積極的に拾っていた様子もうかがえる。長野県の伊那地方では、イヌオトシがもっとも多く出る季節は四月から五月にかけてだといわれ[58]、いかにイヌオトシに注意が払われていたのかが察せられる。猟が自由にできなかった時代や狩りをする術を持たない人々にとって、イヌオトシは重要な動物性蛋白源となっていたに違いない。

塩に関わるこのようなイヌオトシの伝承は、表2・4に示したように、栃木県上都賀郡から高知県土佐郡までの二三例を確認している。紀伊半島を中心に分布しているのがわかる。

たとえば群馬県勢多郡（NO．2）では、狼が獲った鹿が落ちていたのを拾ってきたところ、その鉄砲打ちのおかみさん、あるいは母親が死んだ時に、埋葬した死体を山犬（狼）に持ち去られてしまったと語っている。そして「山犬のとった鹿はただとっては駄目だ、塩を礼に置いてくるものだ」と伝えている。また奈良県吉野郡（NO．10）では、気の強い男が狼の食べ残した鹿肉を取って帰ると、晩に狼が鳴いてしかたがないので、魚に付けるための塩を持って行くと鳴きやんだとある。事例6に類似した伝承である。

このように人間が狼の食べ残した獲物をもらう際には、その一部を残したり塩を置いてくればよいが、全部をそのまま持ち帰ると狼が怒ると伝えられているのがわかる。狼が倒した獲物をもらう時には、それと交換に塩を与える必要があると人々は考えていたのである。

(3) 小便を飲む狼

イヌオトシには、鹿を拾って帰ったら、狼が家へ小便を飲みにきたという伝承があった（NO．14）。狼と塩に関連するもう一つの伝承に、この「小便」にまつわるものがある。次にみよう。

展開	備考	出典
	驚かしたり悪さをするとよくない．獲物を取ってくるとあだをする	続狩猟伝承研究　1971
おかみさん（あるいは母）の埋けた死体を山犬（狼）がきてもっていく	山犬のとった鹿はただとってはだめ．塩を礼に置いてくるものだ．	勢多郡東村の民俗　1966
	山犬は塩が好き．残してこないと拾得者の家へ夜分荒び込んでくる	狩りの語部——伊那の山峡より　1977
	狼が取り返しにくるのを防ぐ	伊那 37-1　1989
（夜）家の周囲で野獣の唸り声や吠える声→いろりの火を守る→翌朝赤飯に塩を沢山かけて山田に		伊那 37-1　1989
	黙って持ち去るとおとがめがある	消えた村栃生谷　1981
	イヌオトシを無断で持ち帰ると山犬が怒る．山犬は塩好き	静岡県史資料編 25　民俗 3　1991
毎夜山犬につけられ，古老に相談→同犬の猪肉に塩をつけて返す		美山町史　1975
	狼は人にはかからない．自分の鹿をすべて持ち帰られると怒る（家近くで激しく鳴く）	あしなか 50　1956
（晩）鳴いて仕方がない→魚に付けるための塩を元の所へ→鳴き止む		あしなか 80　1962
（夜）家の外で啼く（シュウタン）→塩を一つかみ→音がしなくなる	塩を一つかみ置いてくれば最初からシュウタンにはこない	吉野西奥民俗採訪録　1942
	カメは撃つものではない．オトシをもらってくるとアタンをするからお礼に塩を置いてくるものだ	続狩猟伝承研究　1971
		続狩猟伝承研究　1971
家へきて小便を飲む		吉野風土記 21 号　1964

表 2.4　塩（イヌオトシ）

	伝承地	名称	場所	人間の行為
1	栃木県上都賀郡粟野町（現鹿沼市）	山犬・三峯様のお使い	道	倒してある鹿や猪をもらってくる時には首と塩を置いてくる
2	群馬県勢多郡東村（現みどり市）	狼・山犬		（鉄砲打ち）落ちていた狼の鹿を拾ってくる
3	長野県伊那地方	山犬		犬落としを拾い，塩と鹿肉の一部を残してくる
4	長野県伊那地方	狼	河原	犬落とし（鹿・羚羊・猪）をもらい，塩を置いてくる
5	長野県伊那地方南原	狼	山田	隠されていた山鳥を持ち帰る
6	静岡県磐田郡水窪町（現浜松市）	山の犬	川	塩を白紙に包み祀った後，狼の食い残した鹿をもらう→飯田で売る
7	静岡県磐田郡佐久間町（現浜松市）	山犬	イヌモドリ（切り通しのような所）	鹿の皮を剝ぎ肉に塩を塗る「皮をもらって行くよ．塩の付いた肉を食べて」
8	岐阜県山県郡美山町（現山県市）	山犬	山の岩陰	猪（足を１本欠く）を持ち帰る
9	奈良県吉野郡川上村	狼		（時々）狼の鹿を少し取ってくる．礼に塩を自分の履いていったワラジにのせて鹿の側へ置く
10	奈良県吉野郡天川村	狼	滝近辺	狼食い（食い残しの鹿肉）を取って帰る
11	奈良県吉野郡天川村	狼		狼が倒したらしい鹿を拾って帰る
12	奈良県吉野郡天川村	カメ・狼		猪・鹿　犬オトシ（よくみかけた）をもらい，礼に塩を置いてくる
13	奈良県吉野郡天川村	狼	河原	鹿　狼が追い殺したオトシ肉（よく落ちていた）を塩を置いてもらってくる
14	奈良県吉野郡十津川村	狼		狼が残した鹿を拾って帰る（狼は半分残して帰っていく）

		林宏十津川郷採訪録　民俗2　1993
	いくらか残しておくと良いという．昔は必ず塩を置いた	林宏十津川郷採訪録　民俗2　1993
	オオカミは塩が大好き．鹿角は薬に	和歌山のむかし話　1977
	狼は塩が好きらしい．黙って取ってくると，夜にやってきて暴れる	紀州龍神の民話　1987
翌日にはない	狼は切り株の上でみている	日高地方の民話　1985
	オオカミは獲物の近くで番をしているため，持ち帰れば必ず仕返しがある	和歌山の研究5　1978
	狼は三日程かけて獲物を食べる	熊野本宮の民話　1981
	盗んで取ってきたら牛をやられる	大辺路——日置川・すさみの民話　1990
		土佐の海風　1983

15	奈良県吉野郡十津川村	オオカメ	シモノカワラ	鹿を持ってくる「塩を置いておくからこの鹿を持ってゆくぞ」
16	奈良県吉野郡十津川村	カメ・オオカメ・ヤマタロウ	谷	落ちて死んでいた四つエダ（肢）を持ってきて食べる
17	和歌山県有田郡清水町（現有田川町）	オオカミ	お宮下の竹藪	声を掛けながら鹿（オオカミおとし）の袋角をノコギリで切り，鹿の横腹に塩をのせる
18	和歌山県日高郡龍神村（現田辺市）	狼		声を掛けて肉（猪等）を切り取り，塩を置いてやる
19	和歌山県日高郡龍神村（現田辺市）	狼	上の牛淵の岩	声を掛けながら（肉をみせないように）良い肉をもらい皮に塩をまぶす
20	和歌山県西牟婁郡中辺路町（現田辺市）	オオカミ	山	猪や鹿の死体の肉を少し切り取り，塩をそばに置く
21	和歌山県東牟婁郡本宮町（現田辺市）	狼	（明治20年代）	塩を持っていって狼の獲物をイイだけもらってくる
22	和歌山県西牟婁郡日置川町（現白浜町）	狼		狼の食い残しを取る時には塩をやる
23	高知県土佐郡本川村（現吾川郡いの町）	山犬		山犬の追い立てた猪を取る場合には，焼き塩を岩上などに供える

事例9　送り狼（奈良県吉野郡東吉野村小来栖）

ここは山の中ですからね。寒いし、今のように電気もついてないし、提灯つけて帰ったり、無灯火で帰ったりね。そしたらその後を狼がついてきてね。狼は塩が好きらしいですな。塩が。小便でも、立ち止まって男だったら小便でもするでしょ。そしたらそれをねぶるらしいですな。

そして家までついて来るでしょ。ついてきた、それがわかったらね、わかってたら家へ入って塩を一つまみね、門の所に撒いてやると。それを舐めて得心して帰ると。昔はそんなしたんやと聞きました。

（話者七〇歳男性　筆者聞書き(59)）

事例10（奈良県吉野郡東吉野村）

あれは、あのう、狼ってゆうやつはな、人間の小便でも飲む、あれは質のもんや。塩気が好き、塩気が好いてな、便所の小便飲むねん、狼ってゆうやつは。ほんでまあ送り狼ってよう聞くわな。わしゃ子供の時分に聞いたそれはな。

（『東吉野の民話(60)』）

帰り道に放尿した人の尿を舐めたり、山小屋などに小便を飲みにくるのは、狼が塩気を好むからだという内容である。小便についての伝承は、三重県の松阪市から愛媛県の石槌山地方までの四六例を確認している（表2・5）。分布上の偏りは、イヌオトシの伝承にも共通するものである。狼が最後まで生息していた紀伊半島では、比較的近い時代まで人と狼との接触があったためだろう。最後のニホンオオカミが捕獲されたのは、奈良県吉野郡東吉野村であった。

伝承をもう少しみよう。吉野郡天川村では、山小屋の前に置いてある小便桶の小便が一夜のうちになくなることが頻繁にあった（NO．12）といい、果無山脈南麓では、炭焼き小屋のすぐ近くまで狼がきて吠え立てた翌朝には、小便桶の小便が半分ぐらいに減っていた（NO．23）と伝えている。そして、狼は塩分を取るために便所にくるというのである。

これらの伝承をみていくと、狼が小便を飲みにくるのは小便に塩気があるためだと人々が解釈しているのがわかる。つまり、狼が人間の小便を飲む現象を通して、狼は塩を好むと考えるようになっていった可能性がある。

事例11　送り狼（奈良県吉野郡西吉野村）

むかしむかし、何一つ乗り物がなくだんな、どこへ行くにも歩いていったもんや、な。山間部の畑で作ったこんにゃくとか薬種を、その、てんぴん棒でかついで町へ売りに行ったもんや、な。その帰りが、どうしても一日かかって帰りが遅くなるので、日が暮れて、山ん中へさしかかってまもなくだんな、送り狼に襲われ、そしてその狼が、送り狼はやまい狼で、ついて来まして、ほて、休む時には、「一服しょう」と言うて休まなければ狼に食べられるいうて。

「一服しょう」と言うて座ったら、狼もそばで待っておって、ほて歩きはじめたらまた、だんだん家までついてくるのですな。その狼はもう死んだもんしか食べへんので、黙って座ったら死んだと思て、まあ食いつくんですな。ほんで、

「一服しょう」ちゅうて座ったら、そばで待ってるていうんだそうですな。歩っかけたらまたついて来るんやな。そして、家までついて来て、そして家へついて来たときに塩をひとつかみつかんでその狼にやったら、

備考	出典
送ってきた人を飛び越えると食われるので，下を向いたりしゃがんではいけなかった	松坂市史 10　史料編民俗　1981
祖父「また狼が飲んで行った」	牟婁地区山村習俗調査報告書　1971
家の中に小便溜を作った	牟婁地区山村習俗調査報告書　1971
塩・酸いもの・からいものが好き（夜は酢を売らない）	民族学研究 7-4　1942
塩気を好む	現代民話考 10　1994
塩気が好き	東吉野の民話　1992
「怖い，どんぞせなしゃあない」→翌朝小屋の前に大きな猪	東吉野の民話　1992
小便は塩気が多いから飲みにきたんやと思う	筆者聞書き　1996. 3
小便は塩気があるから塩分を取りたいのだろう	筆者聞書き　1996. 3
塩が好きらしい	筆者聞書き　1996. 7
	吉野風土記 21　1964
狼は小便をよく飲むもの	吉野西奥民俗採訪録　1942
小便は溜めぬもの．小便好きで飲んでしまう	吉野西奥民俗採訪録　1942
塩気を好む．人家へきてよく飲んでいるのをみかけた	林宏十津川郷採訪録民俗 1　1992
小便を飲んだ狼は人にかかってくる	林宏十津川郷採訪録民俗 2　1993
小便を飲んだ狼は人を襲う	十津川むかし語り　1994
狼は塩気が好き．おやっさんから「狼くる，狼くる」ってよういわれた	紀ノ川の民話——伊都編　1982
	紀ノ川の民話——伊都編　1982
塩水が飲みたくてなめにくる．狼が嫌いなものは火．家の中に便所を作る	高野・花園の民話　1985
狼は人間の小便が大好き	高野・花園の民話　1985
	高野・花園の民話　1985
家の庭（中庭か）の真中に便所	高野・花園の民話　1985
（翌朝）小便桶の小便が半分ぐらいに減っている．狼は塩分を摂るために便所にくる	樹木と生きる——山人の民俗誌　1995
人間の小便を飲むと狼の病気が治る	日高地方の民話　1985
話をよく聞いた	紀州龍神の民話　1987

表 2.5　塩（小便）

	伝承地	名称	場所	狼の行為
1	三重県松阪市	送りオオカメ		戸口横の小便たごへちょいちょい塩気を舐めにくる
2	三重県熊野地方	狼	二軒屋	（戸外の小便壺の小便を飲む）
3	三重県熊野市	狼		戸外の壺から小便を飲んで行く
4	京都府相楽郡南山城村	狼		（夜）小便を飲みにくる
5	奈良県宇陀郡	狼	山奥の一軒家	（夜）ついてくる．翌朝，庭の桶の小便が飲み干されている
6	奈良県吉野郡東吉野村	送り狼		小便を飲む
7	奈良県吉野郡東吉野村	狼	山小屋	小便を毎晩飲みにくる
8	奈良県吉野郡東吉野村	狼	家の外の肥桶	小便を飲みにくる
9	奈良県吉野郡東吉野村	狼	家の外の肥桶	小便を飲みにくる
10	奈良県吉野郡東吉野村	送り狼	山道	ついてきて，人が小便をするとそれをねぶる（なめる）
11	奈良県吉野郡	狼	松煙小屋の門先	小便桶，飲みにくる
12	奈良県吉野郡天川村	狼	山小屋	屋外の小便桶の小便が一夜のうちになくなっている（よくあった）
13	奈良県吉野郡大塔村（現五條市）	狼	出小屋	小便を飲む
14	奈良県吉野郡十津川村	おおかめ	山小屋	小便を舐めにくる
15	奈良県吉野郡十津川村	オオカメ		タメ小便を吸いにくる
16	奈良県吉野郡十津川村	おおかみ		小便樽が空になっている
17	和歌山県伊都郡高野口町（現橋本市）	狼		小便を飲みにくる
18	和歌山県伊都郡九度山町	狼		タンゴの小便を吸いにくる
19	和歌山県伊都郡花園村（現かつらぎ町）	狼	山の中の一軒屋	小便を舐めにくる
20	和歌山県伊都郡花園村（現かつらぎ町）	狼		夜中に小便を飲みにくる（小便を溜めた桶を夜間外に出しておくと朝には空）
21	和歌山県伊都郡花園村（現かつらぎ町）	狼	山小屋	肥だめを飲み干す（外へ用足しに行くと光るもの）
22	和歌山県伊都郡花園村（現かつらぎ町）	狼		（人間の小便を吸いにくる）
23	和歌山県果無山脈南麓	狼	炭焼き小屋	（9月の夜）すぐ近くで咆えたてる
24	和歌山県日高郡龍神村（現田辺市）	狼	家	小便溜の小便を飲みにくる
25	和歌山県日高郡龍神村	狼		小便を飲みにくる

	紀州龍神の民話　1987
寒い晩には人間の小便をたいへん好む	紀州龍神の民話　1987
子供は晩方外へ出すな	紀州龍神の民話　1987
狼が飲みにくるから	紀州龍神の民話　1987
塩気が欲しいらしい	日高地方の民話　1985
祇園さんを祀って拝んでもらう→こなくなる	南部川の民俗　1981
	熊野本宮の民話　1981
仕留める	近畿民俗 101・102・103　1985
小便を飲むと人にかかってくるようになるため，内便所にする	近畿民俗 71　1977
小便桶に履きすてた草履を入れておけば飲まれない	和歌山の研究 5　1978
小便には塩分がありそれを欲するからだ	南紀民俗控え帖　1954
塩気が欲しいらしい．水を入れて薄めると飲まないらしい	大辺路——日置川・すさみの民話　1990
	大辺路——日置川・すさみの民話　1990
	大辺路——日置川・すさみの民話　1990
狼は塩が好き	奥津町の民話　2004
狼は塩気が好き	孫たちにのこす昔話勝央町につたわる昔話 1　1994
雨垂れ落ちから内へは入らない	吉永町史民俗編　1984
狼の咆哮を聞いた翌朝は必ずない	増補大島伝説集　1973
狼さんがゆうべきて飲んだと大騒ぎになる，昔は狼が時々家の回りまできた	東讃岐昔話集　1979
ショウベンノミ（妖怪）の仕業とも	香川の民俗 41　1984
小便樽の底を抜いても樽を舐めにくることあり．狼は小便が好き	忘れられた日本人　1960

	(現田辺市)			
26	和歌山県日高郡龍神村(現田辺市)	狼		昨夜も戸口の便所をよく飲んでいる
27	和歌山県日高郡龍神村(現田辺市)	狼	庭の口	小便タゴ(2,3斗入る)の小便を飲む(一晩で飲み尽くす場合も)
28	和歌山県日高郡龍神村(現田辺市)	オオカメ		戸袋の便所を飲みにくる・吸いにくる
29	和歌山県日高郡龍神村(現田辺市)	狼	台所の外	朝ションベタゴのションベンがない
30	和歌山県日高郡印南町	狼	炭焼小屋	小便を呑みにくる
31	和歌山県日高郡南部川村(現みなべ町)	狼	家	病気の狼が小便を飲む
32	和歌山県東牟婁郡本宮町(現田辺市)	狼	家の入口	便所の溜めしょんべんを飲みにくる
33	和歌山県東牟婁郡本宮町(現田辺市)	狼		小便桶の小便を飲みにくる→家犬と喧嘩
34	和歌山県東牟婁郡北山村(現田辺市)	狼		便所が外にあると狼がきて小便を飲む
35	和歌山県西牟婁郡中辺路町(現田辺市)	オオカミ	炭焼小屋・山近くの家	溜めておいた小便を飲まれる
36	和歌山県田辺地方	狼	人家	人家に近づくのは人の小便を飲むため
37	和歌山県西牟婁郡日置川町(現白浜町)	狼	家の戸口	小便たごの小便を飲む(大勢連れでくることもある)
38	和歌山県西牟婁郡日置川町(現白浜町)	オオカメ	山小屋	(夕方)変な音→(朝)小便がない
39	和歌山県西牟婁郡すさみ町	狼		(晩)うなる声→(朝)小便がない
40	岡山県苫田郡奥津町(現鏡野町)	狼		小便を飲む
41	岡山県勝田郡勝央町	おおかみ	家	小便堂の小便を飲む
42	岡山県和気郡吉永町(現備前市)	狼		小便壺を舐めにくる
43	岡山県笠岡市	狼		小便壺の小便がなくなる
44	香川県大川郡長尾町(現さぬき市)	狼さん		朝起きると便所の小便桶が空
45	香川県仲多度郡琴南町(現まんのう町)	狼	山小屋	外の小便たんごを空にする
46	愛媛県石槌山地方	狼	山小屋	小便を飲みにくる

ほたら狼はそれを食べて山へ帰った、な。ほって、もしかやらなかったら、軒の桶に入れてある小便を吸うてだんな、帰る。（たいがい家のわきに昔はな、桶が置いてある。肥たごが置いてありましたわ。まあ塩っ気が好きだんな。塩をやったら塩を喜んで食うぐらいやさかい、塩っ気が好きやったんですな。）それじゃ困るんな。それでその代わりに塩をやる。まあそのう小便は農家にとっては大切な肥料なもんで。

（『西吉野村の昔話』[61]）

送り狼への返礼に塩を一つかみ与えたという内容は、これまでにみてきた話と同じであった。しかしもしこれを怠れば、小便桶の小便を狼に「吸われ」てしまったというのである。小便桶や肥桶が屋外に置かれているのは、農作業の途中に対処しやすかったことに加え、畑への肥料やりに便利であったためだろう。下肥という言葉があるように、かつては人の糞尿も畑の大切な肥料とされていた時代があった。それが塩気を好む狼に奪われてしまうことがあったため、防禦策として狼に塩を与えたと説かれているのである。

狼と塩の伝承を考える上で、この小便[62]にまつわる一連の伝承は無視できないものだろう。

(4) 塩伝承の意味

肉食獣である狼は、主に動物の内臓[63]や骨髄から塩分を摂取する。このため草食動物のように塩分を直接摂る必要はないと考えられる。小便には塩分の他にミネラルも含まれていることから、むしろそれを欲して飲みにきた可能性も考えられる。ただ塩との関連では、秋田県の「狼が塩水を含んだ沢の白い石を舐めにきた[64]」や、和歌山県などの「海水を舐めに海へ通った[65]」といった伝承もあることから、場合によっては野生の狼が塩分を欲する場合があった可能性も否定はできない。他国の例ではあるが、トルコ系遊牧民ユルックの間でも、狼は塩味のあるロバ肉を特に好むといわれている。(66)

このように、狼が好んで飲みにくる小便や海水などに塩気があるため、人々は「狼は塩好きである」と解釈し、一連の伝承を形成していったと考えられる。これらが狼の生態に関わる伝承に基づいた理解とするならば、もう一つ、人間の側からの理解というのも必要になるだろう。

塩は、周知の通り数ある食料のなかでも人間の生存に必要不可欠なものであった。ことに山棲みの人々にとっては入手が困難な貴重なものであり、そのような大切な塩が狼に与えられていたということを忘れてはならない。また、狼への接し方に注意すると、塩を紙に包んだり、皿や石に載せるなどの丁重な方法が採られている例もあった。これらは相手を敬う態度であり、狼を神とみていた名残りと見なすこともできるだろう。塩は、今日でも神への供物としてもっとも重んじられているものの一つであった。そしてこの理解が正しければ、先にみた狼の生態に関わる伝承は、狼に塩を与える本来の意味が人々に忘れられていく中で、新たに付け加えられてきた解釈と考えることができる。

わが国に伝わる俗信や伝承を見渡してみても、他の野生動物との間にこのような塩が語られる例は確認できない。つまり、狼に対してのみ、塩が与えられているのである。この事実は、狼が他の動物たちとは異なる存在であり、人とのつながりがより深いところにあったことを予感させる。伝承の中に残されている狼と塩との結び付きは、同時に日本人と狼との結び付きの深さを暗示しているようである。

4　「狼の眉毛」——授けられる福

「狼の眉毛」は、本格昔話の呪宝譚に分類される昔話である。本話の類話数は、これまで取り上げてきたような説話とは違って、それほど多くはない。現在確認できる話数はわずか二二例に留まっている。しかしながら、類話数が少ないにもかかわらず、その分布はほぼ全国にわたっている。これは、「狼の眉毛」が限られた地域に伝承されていたのではなく、もとは広く伝播していた事情を物語るものと考えられる。

このような伝承数の少なさによるものか、本話を学問の俎上に載せたのは、柳田國男の小論考に限られる(67)。そこには、狼には狗の嗅覚を上回る何かがあり、本来はむやみに人を喰おうとするものではないという狼への信用が本話の成立背景にあったという見解が示されている。つまり、狼への畏敬の念と信用の強さが本話を成立させ、それらの低下によって伝承の場を失っていったということだろう。そのように考えれば、本話の伝承数と分布状況についても理解がしやすい。

では、人々は「狼の眉毛」によっていったい何を語っていたのだろうか。そこには、狼と人間との関係がどのように語られているのだろうか。本節では、「狼の眉毛」に投影された狼像の考察を中心に行い、モティーフが類似する近隣諸国に伝わる説話との比較によって、その特異性を明らかにしたいと考える。

(1) 類話とモティーフ

まず初めに、話の全容を知るために代表的な事例を示そう。

事例1　オオカミのまゆげ（新潟県長岡市）

あったてんがの。

あるどこに、びんぼうなじさがあったてんがの。あんまり、びんぼうで、まいんちのまんまが、くわんねがらてんがの。ほうしるんだんが、村のだんなさまのうちへ、まいんちいって、

「まんまをくたなべを、おれに、あらわしてくんなせ。」

と、たのんで、あろうていたてんがの。ほうして、そのなべに、水をいれて、かんもして、まんまのかわりにのんでいたてんがの。ほうしたれば、村のもんが、じさのことを、なべあらいというて、笑うていたてんがの。

「おれが、あんまり、びんぼうだすけ、人が笑うがら。いっそ、オオカミにくわれて死んでしもう。」

と、じさ、そうおもて、あるばんに、山へいったてんがの。ほうして、東の方にむかって、

「オオカミ、オオカミ、おれを、どうかくてくれ。」

というたれば、ガサガサと、オオカミが山のやぶをこぎわけて、じさの近までくる音がしるども、いいて、すがたを見せねてんがの。こんだ、西の方に、南の方に、北の方にむかって、オオカミをよぶども、やっぱし、ガサガサと音がして、近までくるども、すがたを見せねてんがの。

ほうして、夜あけがたになって、もう一度東の方にむかって、オオカミをよんだてんがの。ほうしたれば、こんだ、オオカミがほんとうに出てきて、

「じさ、じさ、おめえが、いい、真人間だすけ、いくら、オオカミがきても、おめえをくうことがならん。おめえは、うちへかえれ。」

そういうたてんがの。ほうしるんだんが、じさがうちへかえろとしたれば、そのオオカミが、マユゲ三本をくれて、

「じさにこれをやる。これを目にあててみれば、人のほんしょうがわかる。このマユゲがあれば一生、くうのにこまらん。」

そういうてくれたてんがの。

じさ、よろこんで、オオカミのマユゲをもろてきたてんがの。ほうして、その朝げ、だんなさまのうちの田植えがあって、人がいっぺきて、仕事していたてんがの。じさが、オオカミのマユゲを目にあててみたれば、田植えではたらいている人の心がわかって、いい人もいれば、わりい人もいるてがの。そこへだんなさまがこらして、

「じさ、おめえ、きたか。」

「おら、よんべな、オオカミにくてもろおうとおもて、山へいったども、オオカミはおれをくわんで、オオカミのマユゲをくれた。これで人をみると、人の心がわかる。田植えの人を見たれば、ほんとにそうだった。」

「そのマユゲを、おれにかして見せれや。」

「こればっかしゃ、人にはかさんねがだ。人にもやらんねがだ。」

「ほうか。おめえは、正直で、いい人間だすけ、どうか、おらどこではたらいてくれ。」

ほうして、じさは、だんなさまのうちではたらくようになったてんがの。じさは、心のいい人だんだんが、ようはたらいているうちに、だんなさまは、うちの仕事を、みんな、じさにまかすようになったてんがの。ほうして、じさは、一生しあわせにくらしたてんがの。

いきがさけた。（『おばばの昔話』[68]）

貧乏な爺が、人々に「なべあらい」と笑われるのを恥じ、狼に喰われて死んでしまおうと考え山へ行く。しかし狼たちは、予想に反して爺を喰わなかった。爺が真人間だからだというのである。それどころか、逆に人間の本性がわかる眉毛を授けてくれ、これによって爺は幸せになったという内容である。続けてもう一話みよう。

事例2　狼の眉の毛（香川県仲多度郡多度津町）

昔、ある所にお母と息子とがあったそうな。

お母は日に日に糸を引くのに子は寝てばかり居るのじゃそうな。ある日の事お母が言うのに

「お前のようなのはよう養なわんけに出て行け。」

と言うたそうな。息子はもう戻って来んわと言うたそうな。そしたらお母がぬくいままを炊いて食わしてくれたそうな。息子は高い山へいて狼にでも食われてしまおうと思うて山へいてあぬけばっとると獣がようけ来るのじゃそうな。そして息子の顔をかざんで《(嗅ぐ)》見てはいぬんじゃそうな。どの獣が来てもかざんでは《(嗅いでは)》はいにかざんではいぬので、こりゃ仕様がないわと思うとったそうな。獅子が来てもかざんだ切りでいぬんじゃそうな。そこへ今度は狼が来たそうな。そしてかざんでこれもいのう《(帰ろう)》としたけに息子が「まあまて」と言うと狼はあとへもどったそうな。そして息子がどうして食うてくれんかと言うと狼は

「お前は人間がまっとうでそのままじゃ。儂は食うことは出来ん。」

と言うたそうな。息子は

「お前の餌食になろうと思うて来たのに。」

と言うと狼は
「お前にはやるもんがあるわ。」

と言うて狼の眉の毛を一本くれたそうな。そしてこの眉の毛ですかして見ると人間の本性が見えるわと言うて狼は居らんようになってしもうたそうな。息子はその毛を貰うて山の下へ下りて行くと長者の家で籾すりをしとったそうな。そこで狼の眉の毛で見ると鳥や犬や猿がたかって籾すりをしよるそうな。そこで旦那にお目にかからしてくれと言うと旦那が門まで出て来たそうな。旦那を狼の眉の毛で見るとこれは人間じゃ。息子は旦那にこの家で働かしてくれと言うと働いてくれと言うたそうな。それで旦那にわけを話して狼の眉の毛を貸してあげると旦那がそれで見るとみんなの本性がよく見えるんじゃそうな。そこで籾すりを止めて風呂を焚いて息子を風呂に入れて旦那の古着を着せるとええ男じゃそうな。旦那はこれは内の聟にせんならんと思うて息子に親をよんで来いと言うたそうな。

親が来たので旦那が狼の眉の毛で見るとこれも本性が人間じゃ。そこで息子と親は旦那の家に引き取って息子が聟になったそうな。そうじゃそうな候えばくばく。

(『候えばくばく』(69))


寝てばかりいるために厄介者にされた男が、狼にでも喰われてしまおうと山へ行くが、やはり喰べてはもらえない。人間がまっとうだからだというのである。狼に眉毛を授けられた男は、長者の家で働かせてもらうことになり、ついには聟になったと語られている。最後に自らの知恵で福をつかむという内容は、寝太郎型昔話の一種のようである。このようなタイプは、他に奈良県にただ一例が認められる。

類話は表2・6にまとめた。前述のように類話数は多くはないが、その分布状況をみると、北は岩手県遠野市から南は鹿児島県西之表市に至り、全国的な広がりが確認される。二二話のうちの八話は新潟県からの報告であり、当地に特に多いことがわかる。なお、鹿児島の例には狼が登場しないが、前半部の欠落とみて類話に加えた。話のモティーフを『日本昔話大成』[70]で参照しよう。以下の通りになる。

①貧乏者が食うのに困って狼に喰われに行く。
②おまえは真人間だから喰わないといわれ、かえって眉毛をくれる。
③それで見ると人間の本性がわかって、幸福になる。

貧乏者とある本話の主人公は、男性である。全体の半数に近い九例が老人であり、他は若者などになる。主人公が老人の場合には長者の家に雇われることになり、若者の場合には長者の聟になって幸せをつかむ結末が多い。話の発端で、世をはかなんだ主人公が向かった行き先は、山や峠などの狼のすみかであった。表2・6に示したように、「お宮様」(NO. 5)や「裏の谷の上」(NO. 17)などからは、狼の生息地が比較的人々の居住地の近くに設定されているのがわかる。「狼の巣のある岩穴」(NO. 1)や「おおかめの出る穴」(NO. 16)というような表現もある。人々が狼の生息地をある程度把握していたというのは、すでに述べたことであった。

死に臨んで狼に喰われようという発想には、狼が人を喰うものであるとの考えが前提にあるだろう。土葬した死体を狼が喰らう伝承は各地にあり、同様に、これを防ぐための方策も立てられていた。埋葬時に青竹を折曲げた狼はじきや、鎌を立てる呪いなどである。しかし、「狼の眉毛」で語られる狼たちは、男を喰べようとはしなかった。

狼の言葉	展開	結末	出典
「お前は真の人間だから食はれぬ」→眉毛1本	妻は大古雌鶏→家を出て町の入口でみつけた真人間の家の下男に→「みるなの座敷」	野中の藪の中に金をつかんで寝ている	老媼夜譚　1927
「働き者は食れねえ．嫁御は古雌鶏」→眉毛1本	妻は古雌鶏→家を出てみつけた真人間の娘の家へ→「みるなの座敷」	山の中に取り残される	狼の眉毛　2003
「お前は人間だから食べねえ．かかあは牛，人と結婚したら立身ができる」→まつげ	妻は牛→家を出て大きな町へ→炭売り女（唯一の人間）の家に泊めてもらう→（翌朝）まつげでみると炭焚く釜が全て金に	結婚し大金持ちに	増田稿（日本昔話通観5　1982）
「なぬも悪いごてすねェ者，真っ正直な者とってもかれねェ」→まずげ（まつげ）1本	婆は古雌鶏・行き会う人は皆畜生	山へ遁世	夢買い長者　1972
「礼にマミラ（眉）の毛1本やる．本当のものがみえる」	隣家の婆はムジナ→隣の爺と隣村へ	旦那家で金瓶をみつけ皆安泰に	波多野ヨスミ女昔話集 1988
重いものを取ってやる→「神様みたいだからその玉をくれる」		食うものに困らない・旦那様からもたくさんの礼	波多野ヨスミ女昔話集 1988
「太ったら食ってやる．2つ1度に使うな」金の小粒の銭2つ		一生安楽に	波多野ヨスミ女昔話集 1988
耳に涎をたらす	鳥獣の言葉がわかるようになり，長者の娘の病気を治す	長者の聟に	西川の民俗　1976
「お前は正直者だから早く帰れ」	狼「お前は欲張りで貧乏な爺をいじめた」→金持ちの眉毛を取り自分につけて山へ		越後下田郷昔話集 1976
(夜明け)「真人間は食えない」→マユゲ3本	旦那様の家（田植え）→人の心がわかる	旦那の家でよく働き一生幸せに	おばばの昔話　1966
「畜生にも劣る人間だけしか食わない」→まゆげ1本	旅先の山家→（爺は人間・婆は牛）爺にまゆげを貸すと婆を残して去る	爺も去る	赤い聞耳ずきん　1969
「真人間は食えない」→まゆ毛3本「人の本	旦那様の家（田植え）→人の心がわかる	旦那の家でよく働き一生幸せに	ムジナととっつぁ 1995

表 2.6 「狼の眉毛」

	伝承地	名称	人物	場所	狼の様子
1	岩手県遠野市	狼（殿）	貧乏な男	奥山・狼の巣のある岩穴	親狼が尋ねる
2	岩手県胆沢郡前沢町（現奥州市）	狼	貧乏な若い夫（婦）	さんかの深山	顔をみる
3	秋田県平賀郡増田町（現横手市）	狼	貧乏人	狼の穴のそば	きても去る→1番大きな狼に頼む
4	宮城県本吉郡志津川町（現南三陸町）	オオガミ（さん）	おずんつあん・（おばんつあん）	山	東山・西山・南山・北山
5	新潟県新発田市	狼	貧乏な爺と婆	お宮様	団子を欲しがる
6	新潟県新発田市	狼	貧乏な爺と婆・（旦那様）の父親	お宮様の鳥居のそば	腹が重くて苦しむ
7	新潟県新発田市	狼	貧乏な爺	山付近	空腹
8	新潟県南蒲原郡下田村（現三条市）	狼	貧乏な爺	山	年の狼
9	新潟県東蒲原郡上川村（現阿賀町）	狼	馬鹿な男	山	
10	新潟県長岡市	オオカミ	貧乏な爺	山	東西南北東からガサガサ
11	新潟県長岡市	オオカミ	貧乏な爺	山中	そばにくるが食わない
12	新潟県三島郡越路町（現長岡市）	オオカミ	貧乏な爺	山	東西北南から近くまでくるが姿を見

性がわかり一生食うに困らん」			
「お前のような人間は食わぬ．鳥や犬，畜生の変身ばかりを食う．狼にはそれがみえる」→まつ毛1本	畜生の変身がよく見える		丹後の民話2　1972
最後のオオカミが咳→金の玉	玉をすかすと人の顔が色々にみえる	行きずりの爺の娘聟になり金の玉は家宝に	近畿民俗36　1965
「あたり前の人間でなく畜生を食い殺す」→眉毛1本	遍路になって四国へ→泊まった家の婆は牛	「狼はこういう女を食い殺す」と思う	吉野西奥民俗採訪録 1942
「お前は福の神さん．連れやいがぼらた牛(古牛)」→宝（眼鏡）	福の神夫婦の大家で働かせてもらう	暮らしが良くなる	稲田稿 NO. 13（日本昔話通観17　1978）
「食う狼はおらんけえからお前往ね」→まひげ1本（人に渡すなの禁忌）	分限者の家（田植え）早乙女が色々な動物に→主人に請われるが断る	主人の代わりになり安楽に暮す	広島県民俗資料2 1968
「食う狼はおらんけえ，お前往ねえ」→まゆげ（人に渡すなの禁忌）	分限者の家（田植え）早乙女がいろいろな動物に→主人に請われるが断る	主人の代わりになり安楽に暮す	芸備昔話集　1975
「お前は人間がまっとうでそのままじゃ．儂は食うことはできん」→眉の毛1本	長者の家（籾すり）でみると旦那は人間→眉毛を貸す→男の親も人間	親も引き取り長者の家の聟に	候えばくばく――讃岐・塩飽の昔話　1965
「旧正月の20日は木は伐られん」→穴のあいた金	女房は馬→家を出て大旅館へ→旦那は大黒・女将は恵比寿	旅館を手伝う（男は福の神）	土佐の昔話　1979
「人間の頭をした心が獣のような者しか食っていない」→ひげ1本	人里でみると人間は3分の1もいない	山に籠り修行	昔話――研究と資料3 1974
	眼鏡みたいなものを拾う→妻は鶏（離縁）	長者の娘（恵比寿）を迎え分限者に	種子島の昔話1　1980

					せない
13	京都府中郡大宮町（現京丹後市）	狼	たいへん律儀な老人	狼越え（峠）	
14	奈良県北葛城郡広陵町	オオカミ	たいへん怠け者の若い衆	山	（夜中）「ウォーウォー」匂いを嗅いで去る
15	奈良県吉野郡大塔村（現五條市）	狼	貧乏人の男	山	匂いを嗅ぐだけで食わない
16	鳥取県倉吉市	おおかめ	貧乏な夫婦	山（おおかめの出る穴）	避けて通る
17	広島県双三郡	おおかみ	貧乏人	裏の谷の上	（夜中）北東西からゴソンゴソン
18	広島県双三郡作木村（現三好市）	狼	貧乏人	空の谷	（夜中）北東西からゴソンゴソン
19	香川県仲多度郡多度津町	狼	寝てばかりの息子	高い山	獣・獅子・狼がくるが去る
20	高知県安芸市		貧乏な男	山	（白髪に口髭の長い爺）伐木を止める
21	大分県西国東郡真玉町（現豊後高田市）	山犬	法印→人を食うことを山犬に叱る	峠	大石の上に坐りあくび
22	鹿児島県西之表市		大工	道	

それどころか、呪宝を授けてくれたのである。

この理由としては、男が「真人間」だからというものがもっとも多いが、なかには報恩によると語る例もある。新潟県新発田市（NO．5・6・7）では、団子を欲したり、空腹、あるいは腹痛を訴える狼を救ってやった返礼となっている。これらの三話は同一の語り手によるものであり、語り手本人の脚色の可能性も否定はできない。いずれにしても、狼が呪宝を与える理由を説いているのは、これらの三例に限られる。

狼から授けられるその呪宝をみよう。二二話のうちの一〇例が眉毛であり、他には睫毛が三例、（宝である）眼鏡が二例、ひげ・よだれ・丸い重い玉のような物・金の玉・金の小銭が各一例ずつになる。これらは等しく人間の本性を見抜く力を有するものとして語られ、持ち主である狼には、その力が備わっているという暗黙の了解がある。

狼が危害を加える対象を選別しているという考えは、本話とは無縁の伝承の中にも見出せる。たとえば徳島県三好郡池田町（現三好市）では、「悪いことしとる人は、もう、山犬さんに食われるということをいうわな」といったり、逆に「お神さんの手の切れていない人は魔物につけられても山犬さんが助けてくれる」といっている。[71]また島根県鹿足郡では、狼が新墓を掘ったり食ったりするのは悪い者に対してであると伝えている。[72]清廉な者に対してはその窮地を救い、悪者には容赦をしない狼像がそこにはある。本話においても、正直者には家に帰るように促し、けちな金持ちからは罰としてその眉毛を取ってしまったと語るものがある（NO．9）。本来は狼のものであった金持ちの眉毛を取り去る狼は、人間の善悪を判定するような存在である。

審判者としての狼といえば、『遠野物語拾遺』[73]の第七一話も想起されよう。村に悪事災難があり、何人かの所為であるとの疑いが持たれた時、それを見顕そうとして東磐井郡衣川村（現奥州市）に祀ってある三峯様の力を借りるのである。三峯様とは、当地では狼の神とも称される、埼玉県の秩父に鎮座する三峯神社に由来する神である。

村人が綿かせを盗んだ疑いのあった時には、お迎えした神に一人一人が暗い間を通って拝みに行き、ついには犯人が判明して盗品も返されたとある。罪人の恐怖心に訴えるものであり、この神に対する人々の畏怖心の強さがうかがわれる。そしてここでも、悪行を暴く力が狼には認められており、同様の伝承は三峰信仰に付随する形で今日も伝えられている。

このような狼の力を象徴する「眉毛」を授けてもらい、幸福へと導かれる主人公だが、彼は何も特別な人物とは語られていなかった。貧乏ではあるが、ただ、善人なのであった。つまり、真人間であるために、狼は手を出さないのである。そしてまた狼も、彼から何かを得ているわけではなかった。ただ、力を授けているのである。

後半に登場する長者や旦那がおしなべて真人間である点を考えると、真人間はその行いによって福を享受する運命にあると考えられていたのがわかる。そして主人公の場合には、死の淵での狼の援助によって福が授けられていた。狼を霊獣とみる人々の心意が本話に投影されているのは、まず間違いないであろう。

(2) 伝承の変化

表2・6にまとめた二二話には、前掲の二話とは結末が異なるものもある。具体的にみよう。

事例3　狼のまつげ（宮城県本吉郡志津川町）

むがす、むがす、あっとごぬ、おずんつぁんど、おばんつぁんが、えだんだど。おずんつぁんが、めえぬず、えっしょけんめ（一生懸命）かしェで（稼いで）えさけえっても、おばんつぁんは、あでげえわり（接待が悪い）んだど。ほんで、おずんつぁんは、とす（年）取って、さじ（先）もみつけえ（短い）ごどだす、えっそこっそ（いっそのこと）、オオガミ（狼）ぬでもかれで（食われて）すまったほええ（しまった方がよい）、ど思ったんだど。ほんで、しがす山（東山）さえって、

「しがす山のオオガミさん、どうぞ、俺ンどご（俺のところ）食ってけらえン」

ど、ゆったんだど。ほすたっけェ、しがす山のオオガミが、

「なぬもわりごとすねェ者、とってもかれねェ」

ど、ゆって、さっさど、しゃって（去って）すまったんだど。ほんで、今度ァ、ぬす山（西山）さえって、

「ぬす山のオオガミさん、どうぞ、俺ンどご食ってけらえン」

ど、ゆったんだど。ほすたっけェ、ぬす山のオオガミも、

「しょうずじしょっとうな（正直正当な＝真っ正直な）者、とってもかれねェ」

ど、ゆって、さっさど、しゃってすまったんだど。ほんで、今度ァ、南山さえって、

「南山のオオガミさん、どうぞ、俺ンどご食ってけらえン」

ど、ゆったんだど。ほすたっけェ、南山のオオガミも、

「しょうずじしょっとうな者、とってもかれねェ」

ど、ゆって、さっさど、しゃってすまったんだど。ほんで、今度ァ、ちた山（北山）さえって、

「ちた山のオオガミさん、どうぞ、俺ンどご食ってけらえン」

ど、ゆったんだど。ほすたっけェ、ちた山のオオガミが、

「しょうずじしょっとうな者、とってもかれねェ。俺のまずげ（まつげ）えっぽん（一本）抜えでやっから、このまずげで、おばんつぁんばかざすて（かざして）見ろ」

ど、ゆったんだど。ほんで、おずんつぁんは、大えそぎで山ば下りだんだど。ほすて、さっそぐ、まずげで、おばんつぁんばかざすて見だんだど。ほすたっけェ、おばんつぁんだど思ってだのが古めんどりだったんで、おずんつぁんは、たまげですまって、えば飛び出すたんだど。ほすて、まずげで、えじゃるしと（行き会う人）、えじゃるしとかざすて見だっけェ、かばね（体）はぬんげん（人間）でも、くぴた（首）がら上は、へビだのムカデ（百足）だのムズナ（狸）だの、さまざまなつちしょう（畜生）だったんだど。おばんつぁんも、ぬわどりの生まれげえり（生まれ返り）だったんだど。ほれがら、おずんつぁんは、さど（里）で暮らすのが、とっくと（とくと＝すっかり）やんだぐ（嫌に）なって、山さへえって、しとりで暮らすたんだど。こんで、えんつこ、もんつこ、さげすた。

（『夢買い長者――宮城の昔話』[74]）

狼から与えられた一本の睫毛だが、男は力を授かったことによってかえって里で暮らすのが嫌になり、山へ遁世したと語られている。このような幸福な結末を迎えない「狼の眉毛」は、他にも六例認められる。主人公が遍路になって四国へ向かう話（NO．15）や、山籠りと結び付きやすい法印となっているものもある（NO．21）。他説話のモティーフ「見るなの座敷」と結合している場合もある（NO．1）。しかしながら、話の流れを考えれば、貧乏人が狼から眉毛を授かることによって幸福になるというのが順当だろう。眉毛を通してみた世の中は畜生ばかりで、いたたまれずに遁世したという語りでは、違和感が残る。聞いている方も暗澹たる気持ちになり、そのような話が長く語り継がれてきたとは考えにくい。

語りの本来の型は、事例1に示したようなものであったのが、次第に変化して異なる結末に至ったと考えられる。昔話の中の狼の態度は、あくまでも一貫している。話の展開に変化が生じたのは、ひとえに語る人間側の心情によるものであろう。

(3) 眉毛の持ち主——他国説話との比較

「狼の眉毛」に関連する説話は、管見の限り国内の文献には見出せない。しかし、近隣諸国からはモティーフの共通する説話が報告されている。一つは、中国の類書『欽定古今図書集成』禽虫典巻九収載の「鶴の眉毛」であり、もう一つは韓国の「虎坊主の睫毛」である。本話との比較を試みよう。まずは『欽定古今図書集成』の訳文を引く。

資料1　鶴の眉毛

李靖《りせい》（五七一～六四九）が嵩山《すう》（河南省）を歩きまわっていたとき、一羽の鶴がもがき苦しんでいるのに出会った。その鶴は彼に、「私は仙界の鶴であるが、樵夫《きこり》に脚をやられた。人間の血を塗ると傷が治るのだが……」と訴えた。さっそく衣を脱いで自分の肌を傷つけ、血を流した。すると、鶴は「俗界にはほんとうの人間はごく稀だ。お前さんもその一人だが……」といってその血を塗るのを断った。そして鶴の眉毛を抜かせ、それをもって人のおおぜい住む街へ行き、その毛を眼にかざしてよく見るようにと教えた。靖がいわれたとおりにして、まず自分を見ると、なんと馬の頭をしていた。それから洛陽の街に行き、おおぜいの人々に出会ったが、みな犬だったり豚だったり、あるいは驢馬《ろば》だったりで、誰一人まっとうな人間はいない。その中で、一人の老人だけが人間であった。李靖がその老人に鶴の怪我のことを話すと、乗っていた驢馬から下り、臂《ひじ》を出して血を採ってくれた。靖はそれを貰いうけ、さっそく鶴に塗ってやった。傷は即座に治った。鶴は感謝し、「あなたはきっと太平の世の宰相となるでしょう。また、きっと天に昇られるでしょうから、ふたたびお目にかかるのもそんなに遠いことではありますまい。なにとぞ息災で」と礼をいった。靖も感謝をすると、鶴は天空高く飛び去っていった。

（『中国の神話伝説』[75]）

『欽定古今図書集成』は清時代の類書であり、本話の元は唐の盧氏撰『逸史』に拠るものである。モティーフの多くは「狼の眉毛」とは異なっているが、動物の眉毛をかざしてみると人間の本性がわかる点に共通性が認められる。これに類似した話が、唐時代の段成式撰『酉陽雑俎』玉格に載っているのは、すでに伊藤清司が指摘したことである[76]。ただし、『酉陽雑俎』では人間の本性を見抜く力が鶴には与えられていない。鶴は脇役として登場し、誰が真人間であるのかはあらかじめ仙人によって知らされている。鶴の羽で人の本性をみる話はまた、韓国の『三国遺事』にも確認される[77]。

このように、中国における眉毛の持ち主は、「鶴」がその座を占めていた。しかし日本の場合には、鶴ではなく狼となっていた。鶴よりも、狼の方に霊獣としての照準を合わせたといえよう。さらに細かにみると、仙界からきた鶴が靖に眉毛を与えるのは、自身の傷を治すための手段としてであった。一方の日本の場合には、狼は真人間である主人公を救うために眉毛を与えていた。特別な力を有する動物として語られながらも、人間に力を授けてくれる両者の動機には、このように大きな差異が認められる。

続いて韓国の「虎坊主の睫毛」をみよう。

資料2　虎坊主の睫毛（軍威《グンウィ》）

或人が旅に出て、一人の坊主に出逢った。二人は色々と相談をしながら、路を歩いていたが突然、坊主は、

田植の人々を指さしながら、旅人に向って、

「あそこに、幾人の人間がいると思いますか?」と尋ねた。旅人は、田一面に白く働く人々を遠くで数えきれずに「沢山いるじゃありませんか!」と答えた。すると坊主は、冷笑しながら「本当の人間は、一人しかいないんですよ!」と言った。旅人は不思議に思って、「あんなに沢山いるのに、一人しかいないなんて、それはどうしたことです?」と言うと、坊主は、いかにも物知り顔に「いや、一人しかいません。あなたが本当の事を知りたいなら、これを、あなたの眼にあてヽ御覧下さいませ!」と、睫毛を一本ぬいて、旅人にくれた。

旅人は、一種の疑惑の念を懐いて、坊主の睫毛を通して、田植の人々を眺めると、彼等の大部分は、犬、兎、羊、豚、馬、牛等で、その中たった一人だけが、人間であった。また、自分の側に立っていた坊主は、大きな虎であった。虎が走って行くと、犬、兎、羊……等は、宙を飛んで逃げて行ったが、たった一人の人間である、小さい子供のみが、鎌を握って、虎に対抗しようと向って走ってきた。すると、虎は、この子供に恐れて、まっしぐらに、山の方へと逃げて了った。

旅人は、この光景を見て、坊主は虎であると知り、睫毛を眼から放したら、犬、兎、羊、等であったものが、やはり前と同じように人々になって見え、逃げていた隠場から、のそのそとやってきて、田植を再び仕始めた。旅人は、不思議に思って、歩き出すと、山の奥へと逃げていた虎が、以前の坊主となって、のっそり〳〵山からおりて、旅人の所に近づいた。そして旅人に向って、

「あなたは、どこまで行くのですか?」と尋ねた。旅人は心中不安を感じながらも、丁寧に、行先を答えてやって
「じゃあなたは、どこまで行くのですか?」

と尋ねると、坊主は、さも得意顔に、

「山神霊さまの命令によって、小犬一匹を喰べに行きます！」と答えた。

旅人は「何処の何んという小犬だ？」と尋ねると、坊主はどこそこの、何んという家の、名を何んという山《ママ》犬だと答えるのであった。旅人は、それを聞いて吃驚した。そのわけは、坊主が小犬と言ったのは、旅人の兄の娘であったからである。

そこで、旅人は、なく〳〵坊主に「どうか、それは、私の姪だから、何んとかして、喰べないようにしてもらいたい！」と願った。

「でも、それは駄目です、山神霊の命令ですから、餌食になることは免れません。まあ、その事だけは、仕方がありませんな！」と坊主は答えた。

旅人は、一生懸命に、願った。坊主は最後に「それでは、私が喰った風に工夫をしましょう。山神霊さまの、知らないように、今夜、その娘が、便所に出て来るなら、餌食は免れませんが、そうはせずに、障子をあけて、筵を敷き、その上に娘を坐らせて、すぐ側に蠟燭の火をつけておきます。そしたら、私は火を恐れて、近づけられません。でも餌食の厄運は、免れた事になります」と答えるのであった。

それを聞いて、旅人は、早速兄の家にきて坊主の事を話した。夜になって、虎坊主の教えて呉れた通りに、火を燈して、徹夜した。

その為に娘は、幸にその災難を免れた。


（『温突夜話』[78]）

坊主に化けた虎が山神霊の命令によって小犬を喰べに行くという内容である。話の設定は大きく異なるが、一部のモティーフには「狼の眉毛」との間に共通点が認められる。一つは、動物の睫毛をかざしてみると人間の本性がわかる点であり、もう一つは睫毛を与えられた人物がそれをかざして田植えをする人々をみる点である。山神霊と虎との結び付きは、日本の山の神と狼との関係につながるものであり、虎と狼の民俗にみえる共通点でもあった。しかし、旅人に与えられた虎の睫毛は、旅人を幸福に導くようには機能していない。災難を免れたのは、虎の恩情と機知によってのことであった。つまり、本話における睫毛は、虎の霊力を示すためにだけ存在しているといえる。

このように、共通するモティーフを有する中国の「鶴の眉毛」や、韓国の「虎坊主の睫毛」に比較すると、日本の「狼の眉毛」の中の狼像が、純然たる霊獣を示しているのがよくわかる。そしてこの狼の霊性は、狼報恩譚や狼と塩の伝承の中にも確認されたものであった。

（1）山本則之「昔話『狼報恩』と唱導文芸と」（『國學院雑誌』第五号　國學院大学、一九九五年）。
（2）この点についいては、若干ながら本話の話末に「畜生」の言葉があることからも推測できる。
（3）『日本昔話大成』第一一巻では、本話は本格昔話の動物報恩譚の中の「狼報恩」として分類されている（関敬吾他編『日本昔話大成』第一一巻　角川書店、一九八〇年）五一頁。
（4）民話の研究会編『民話の手帳』創刊号（同研究会、一九七八年）恵那郡福岡町は現在の中津川市に当たる。
（5）和歌山県民話の会編『紀ノ川の民話――伊都篇』（きのくに民話叢書第二集　同会、一九八二年）。
（6）土橋里木『甲斐傳説集』（甲斐民俗叢書二　山梨民俗の会、一九五三年）。北巨摩郡大泉村は現在の北杜市に当たる。同書が引いている『口碑傳説集（郷土研究）』（北巨摩郡教育会編・刊　一九三五年）を後に確認したところ、本話（原題「棒道のおくり犬三種」）との内容に若干の異同がみられた。「狼の大群」を「渡りの狼の大群」としたのは、土橋自身の伝承体験によるものか。
（7）関　前掲註（3）に同じ。
（8）類型1の「罠や落とし穴に落ちているのを救ってやる」モティーフは七例、類型2の同モティーフは三例、類型3の「食物を与える」モティーフは一七例確認された。いずれも「骨を抜く」モティーフと比べるとバリエーションが多岐にわたっており、新しい形のものである可能性が考えられる。

(9) 民間説話の伝承者本人が話の主人公として語られる場合があるのを考えれば、類型3の語り手は旅人であった可能性がある。
(10) 『三国境山麓の話』編集委員会編『傳承文藝第十九號――三国境山麓の話』(國學院大學民俗文學研究會、一九九五年)。
(11) 北九州大学民俗研究会編『昭和五一年度調査報告書 柳谷の民俗』(同研究会、一九七六年)。上浮穴郡柳谷村は現在の同郡久万高原町に当たる。
(12) 平岩米吉『狼――その生態と歴史』(動物文学会・池田書店、一九八一年)九頁・一八七頁。
(13) 池田町昔話・伝説資料集編集委員会編『阿波池田の昔話と伝説――資料集』(池田町ふるさとづくり運動推進協議会・池田町教育委員会、一九七七年)。
(14) 小山直嗣『新潟県伝説集成[上越篇]』(恒文社、一九九五年)。
(15) 日本女子大学口承文芸研究会編『市川大門町の口伝え』(同研究会、一九九七年)。西八代郡市川大門町は、現在の同郡市川三郷町に当たる。
(16) 山本 前掲註(1)に同じ。関敬吾は、『今昔物語集』巻第五第二七話と本話との関連を指摘しているが(関敬吾他編『日本昔話大成』第六巻 角川書店、一九七八年)、山本の研究によってさらに本話に近い『孝子伝』や『注好選』所収の説話が見出されている。山本によると、これと性質を同じくする『内外因縁集』といった唱導書にも類似した説話が存在する。なお、釈文は東寺貴重資料刊行会編『古代説話集 注好選 原本影印并釈文』(東京美術、一九八三年)に拠った。
(17) 高田衛校訂『近世奇談集成』第一巻(叢書江戸文庫二六 国書刊行会、一九九二年)。
(18) 根岸鎮衛『耳袋』(東洋文庫二〇八 鈴木棠三編注『耳袋』第二巻 平凡社、一九七二年)。本書は天明から文化年間の執筆とされる。
(19) 二〇〇〇年一月二四日調査。吉野郡大塔村は、現在の五條市に当たる。
(20) 岸田日出男「日本狼物語」(『吉野風土記』第二一集 吉野史談会、一九六四年)。
(21) たとえば猿は穀物や木の実を持参したり、狐は金をもたらすなどの返礼方法が語られている。
(22) 神崎伸夫他「ポーランド・ビエスチャデイ地域におけるイノシシ研究ノート」(『ワイルドライフ・フォーラム』第三巻第三号 野生生物保護学会、一九九八年)。神崎はポーランドの例をもとに、東北地方のような寒冷地に猪が生息できたのは、食物を提供してくれる狼などの捕食者の存在があったからではないかと推測している。
(23) 森脇太一編『江津の昔ばなし』(私家版、一九七三年)。
(24) 立命館大学説話文学研究会編『徳島県海部郡海南町川上昔話集』(同研究会、一九七三年)。
(25) 岡山県民話の会『岡山県昔話資料集 なんと昔があったげな』上巻(同会、一九六四年)。

(26) 一九九七年九月一〇日調査。話者は岩手県遠野市に住む六九歳の女性であり(調査当時)、幼少時から本家や隣家の老夫婦に多くの民話を聞いて育ったという。ここに示したのは、作業小屋で仕事をするお爺さんから聞いた話である。
(27) 柳田國男「狼のゆくえ――吉野人への書信」「狼史雑話」。ともに『孤猿随筆』に収録。『孤猿随筆』の初版は、創元選書として一九三九年に創元社から刊行。
(28) 西浅井町教育委員会編『西浅井のむかし話』(ふるさと近江伝承文化叢書 同教育委員会、一九八〇年)。西浅井町は現在の長浜市に当たる。
(29) 都留市老人クラブ連合会編『都留の民話続編』(同連合会、一九七二年)。
(30) 一九九七年五月二〇日調査。久米町は現在の津山市に当たる。
(31) 國學院大学説話研究会編『滋賀県湖北昔話集』(同研究会、一九八五年)。浅井町は現在の長浜市に当たる。
(32) 褌については、類似した伝承がサメにも認められる。海でサメと出逢った時に、褌の端を持って流せばその長さに驚いてサメが逃げていくというものである(常光徹『民俗学の手帳から――うわさと俗信』高知新聞社、一九九七年)。脅威の対象である狼とサメに対して、人間の体を大きくみせて威嚇しようとしたということであろうか。
(33) 近畿民俗學會編『阿波木頭民俗誌』(凌霄文庫刊行會、一九五八年)。木頭村は現在の那賀町に当たる。
(34) 胆沢町編『胆沢町史八 民俗編』一(胆沢町史刊行会、一九八五年)。胆沢町は現在の奥州市に当たる。
(35) 三原良吉編『郷土史仙臺耳ぶくろ』(宝文堂出版販売、一九八二年)。
(36) 平岩 前掲註(12)に同じ。一八七頁・一八九頁。
(37) 佐久教育会歴史委員会編『佐久口碑伝説集 北佐久篇』(同委員会、一九七八年)。
(38) 二〇〇〇年一一月二一日調査。調査結果は『甲府市黒平町総合民俗調査報告書 黒平の民俗』(黒平町総合民俗調査団・甲府市教育委員会、二〇〇二年)にも収載。二一八頁。
(39) やまぞえ双書編集委員会・山添村教育委員会編『村の語りべ』(やまぞえ双書二 山添村、一九九六年)。
(40) 吉永町史刊行委員会編『吉永町史 民俗編』(吉永町、一九八四年)。吉永町は現在の備前市に当たる。
(41) 前掲書註(4)に同じ。
(42) 十津川村教育委員会編『林宏十津川郷採訪録 民俗』第二巻(同委員会、一九九三年)。
(43) J・ファン・バール(田中真砂子・中川敏訳)『互酬性と女性の地位』(人類学ゼミナール一三 弘文堂、一九八〇年)、ナタリー・Z・デーヴィス(宮下志朗訳)『贈与の文化史』(みすず書房、二〇〇七年)。
(44) 大村和男「砂地の製塩」(静岡県民俗芸能研究会編『静岡県海の民俗誌――黒潮文化』静岡新聞社、一九八八年所収)二四一頁。

(45)松谷みよ子『現代民話考一〇　狼・山犬　猫』(立風書房、一九九四年)。
(46)稲田浩二・小沢俊夫責編『日本昔話通観』第三巻・八巻・一〇巻・一二巻・一三巻・一五巻・一八巻・一九巻・二一巻・二二巻・二三巻(同朋舎出版、一九七七〜一九八六年)。
(47)小豆については、狼が子供を生んだときに小豆飯あるいは赤飯を炊いて持っていく「狼の産見舞い」の儀礼が関東地方を中心にみられる。小豆は山の神に供える風もあり、埼玉県秩父の三峯神社では、御眷属であるお犬さま(狼)に赤飯を供える「御焚上」の神事が現在でも行われている。また、小豆飯は狐の好むものとしても説話の中で語られている。
(48)一九九六年三月二九日調査。
(49)根岸　前掲註(18)に同じ。
(50)苫田ダム水没地域民俗調査団編『奥津町の民俗』(奥津町・苫田ダム水没地域民俗調査委員会、二〇〇四年)。奥津町は現在の鏡野町に当たる。
(51)日本塩業大系編集委員会編『日本塩業大系　特論民俗』(日本塩業研究会、一九七七年)八一〇頁。宮田町は現在の上伊那郡宮田村か。
(52)同書、八〇九頁。栗駒町は現在の栗駒市に当たる。
(53)一九九六年三月二九日調査。
(54)仲西政一郎「奥吉野八幡平聞書」(山村民俗の会編『あしなか』第五〇輯、同会、一九五六年所載)。
(55)千葉徳爾『続狩猟伝承研究』(風間書房、一九七一年)。
(56)たとえば和歌山県西牟婁郡では、「狼は萱一本で身をかくす」といわれている(浅野明「逢坂峠の狼」『岡山民俗』第一七九号岡山民俗学会、一九八八年所載)三頁。
(57)同書、三頁。中辺路町は現在の田辺市に当たる。
(58)松山義雄『狩りの語部——伊那の山峡より』(法政大学出版局、一九七七年)一四二頁。
(59)一九九六年七月八日調査。
(60)「送り狼」の一説に拠る(竹原威滋・丸山顯徳編『東吉野の民話』東吉野村教育委員会、一九九二年所収)。
(61)岡節三・岡久美・金沢敦子他編『西吉野村の昔話』(私家版、一九七八年)。
(62)小便については、山で山犬につけられたら、路傍の草を結び小便をしかけておくとよいという伝承が高知県土佐郡本川村にある。また同郡土佐村でも山犬は人間の小便がかかるとしびれるものだが、反対に山犬の小便が人間にかかると人間の方がしびれるものであり、大山を越える時には笹を折って小便をしかけておき、これをかざして歩く風があったと伝承している(桂井和雄『土佐の海風』高知新聞社、一九八三年)。
(63)狼が獲物を倒した時に真先に内臓を食べることについては、数多くの伝承や報告がある。
(64)太田雄治『消え行く山人の記録――マタギ(全)』(翠楊社、一九七九年)。
(65)野本寛一『熊野山海民俗考』(人文書院、一九九〇年)。
(66)松原正毅「オオカミの話」(京都大学人類学研究会編『季刊人類学』第一五巻第一号 同研究会・講談社、一九八四年所載)。
(67)柳田國男「食はぬ狼」(『民間伝承』第四巻第一二号 民間伝承の会、一九三九年、初出。後に『昔話覚書』として三省堂から一九四三年に初版、一九四六年に再版、一九五七年には修道社から改訂版が刊行される)。『柳田國男全集』第一三巻(筑摩書房、一九九八年)六二七~六二九頁。
(68)水沢謙一『おばばの昔話 池田チセ(七五才)の語る百四〇話』(野島出版、一九六六年)。
(69)武田明編『候えばくばく――讃岐・塩飽の昔話』(日本の昔話一一 未来社、一九六五年)。
(70)関 前掲註(3)に同じ。四〇頁。
(71)前掲書註(13)に同じ。
(72)大庭良美「村の老人たち――日原村聞書ノート」(山陰民俗学会編『山陰民俗』第五六号 同学会、一九九一年所載)。
(73)「遠野物語拾遺」が収載される『遠野物語増補版』は、郷土研究社から一九三五年に第一版、後に『遠野物語』として多くの出版社から刊行される。本節の引用は、『柳田國男全集』第二巻(筑摩書房、一九九七年)九六・九七頁に拠った。なお、これと同様の遠野市の伝承は、岩崎敏夫編『東北民俗資料集』第四巻(萬葉堂書店、一九七五年)にも見出せる。こちらの三峯様は、飯豊村からの勧請とある。
(74)臼田甚五郎監修・佐々木徳夫編『夢買い長者――宮城の昔話』(桜楓社、一九七二年)。志津川町は現在の南三陸町に当たる。
(75)伊藤清司『中国の神話伝説』(東方書店、一九九六年)。底本は唐時代の盧氏撰『逸史』(『欽定古今図書集成』禽虫典巻九)に拠る。
(76)同書、二一八頁。内容についての詳細は、今村与志雄訳注『酉陽雑俎』第一巻(東洋文庫三八二 平凡社、一九八〇年)に拠った。
(77)『三国遺事』第三巻に載る「台山月精寺、五類聖衆」には、鶴の落としていった羽を目に当ててみると、人の本性がわかるというモティーフがある。
(78)鄭寅燮著編訳『温突夜話』(世界民間文芸叢書別巻 三弥井書店、一九八三年)。

3 狼の表象史

1 名称から辿る狼観

名付ける、とはどのような意味を持つのだろうか。たとえば市村弘正は、「見えないもの、それゆえに神秘化されるとともに恐怖や不安を呼び起こすものを、『見える』ものとすることによって恐怖心を鎮静し消去すること、それが名前の重要なはたらきの一つであった[1]」という。現前の対象を理解し、その存在を認識しようとするこの行為を、人々は長い歴史の中でこれまで幾度となく繰り返してきたのだろう。ものに名称を与えることによって、その対象を自分の意識下に組み込んできたのである。

民俗学では、早くに柳田國男が民俗語彙に関心を持ってその研究に取り組んできた。しかし標準語に対応する方言とされながら、民俗語彙の定義については甚だ曖昧である点も指摘されている[2]。このため、本節の考察対象は民俗語彙とは括らずに、呼称をも含めた「名称」にしたいと考える。人々のものに対する認識が読み取れる名称に焦点を当てることで、人との関係が明らかになると考えるからである。そしてここでの対象は、本州以西に生息したニホンオオカミになる。

一口に名称といっても、そこには時間的、あるいは空間的な隔たりがあることが予想される。そこでまず初めに名称の時間的な推移を確認するため、考察対象を室町時代・江戸時代・明治時代以降に三区分する。その上でそれぞれの時代を代表するものとして、室町時代については辞典類および室町物語を、江戸時代については辞典類（含本草書）および『享保・元文諸国産物帳』を、さらに明治時代以降については動物図鑑と各地の民俗誌および民間説話集を取り上げて考察する。『享保・元文諸国産物帳』ならびに各地の民俗誌や民間説話集は、名称が存在する時間とともにその分布状況を示すものでもあり、これらによって空間的な広がりを把握することが可能になると考える。

(1) 狼の語源

「狼（おおかみ）」の名称からはすぐに動物の狼が想起されるが、そもそも何ゆえにこの名称が付けられたのだろうか。鎌倉時代の辞書『名語記』[3]には、次のような説明がある。

オホハ大也　カミハ神也　コレヲハ山神ト号スル也

これによると、「オホカミ」とは「大神」からきており、「大神」はまた「山神」と呼ばれているのがわかる。今日もみられる狼を山の神とする伝承は、鎌倉時代にすでにあったことがこれによって知られる。

一方、時代が下って江戸時代の語学書『和句解』[4]には、次のように説かれている。

をほかみ。口ひろきものにて　大にかむなり

こちらでは、いわゆる「大咬」とある。「をほかみ」は口が広いものであり、大いに咬むためだというのである。狼の語源としてはこれらの「大神」と「大咬」の二説が有力なようだが、それでは各時代の文献にはどのような名称が記されているだろうか。具体的にみていくことにしよう。

(2)室町時代の名称

①辞典類の中の名称

室町時代中期の国語辞書『増刊下學集』[5]には、「狼（ヲ、カメ）」の記載がある。この他、辞典類を中心に、当時の文献に記された狼にまつわる名称を列記しよう（傍線は筆者。以下同様）。

ヲ（オ）ホカミ

豺狼（サイラウノオホカミ）　『温故知新書』（一四八四年）

犲・狼（ヲホカミ・ヲホカミ）　『初心要抄』（室町時代末期）

「狼ハヲ、カミト讀テ候。」　『蒙求抄』（一五二九年頃）

ヲ、（ウ）カメ

狼（ヲ、カメ）　『増刊下學集』上（室町時代中期）

「ヲウカメノ目ハ……」　『蒙求抄』（一五二九年頃）

Vôcame　　『イソポのファブラス』（一五九三年）

Vôcame「ヲゥカメ（狼）」・Zairŏ「ザイラゥ（豺狼）狼」　　『日葡辞書』（一六〇三年）

ヤマイヌ

Yamainu「ヤマイヌ（山犬）狼」　　『日葡辞書』（一六〇三年）

これらをみると、狼には二つの名称があることに気付く。「ヲ（オ）ホカミ」および「ヲウカメ」と「ヤマイヌ」である。

『温故知新書』[6]は、大伴広公の手によって文明一六年（一四八四）に成立した辞書である。そこには「豺狼」の文字があり、「サイラウノオホカミ」のルビがふられて、文選読みがなされている。単なる「狼」ではなく「豺」が付けられている点は注意する必要がある。

一方、室町時代末期成立の『初心要抄』[7]には「犲・狼」の記載があり、これを双方ともに「ヲホカミ」と読ませている。「犲」に対して「サイ」のルビはふられていない。「ヲホカミ」となっている。「犲」と前掲の「豺」とは同一語である。

『蒙求抄』[8]は享禄二年（一五二九）頃に成立した抄物であり、「ヲ、カミ」と「ヲフカメ」および「ヲウカメ」の記載が数カ所に確認できる。両者は特に使い分けられていないため、同語と見なされていたのがわかる。

『イソポのファブラス』[9]は、文禄二年（一五九三）刊行のローマ字綴口語体日本文の「天草本伊曾保物語」である。本書では「Vôcame」（ヲゥカメ）と記され、作品中の一〇カ所すべてが同表記になっている。

これと同時期に当たる一六世紀末から一七世紀にかけて刊行された『日葡辞書』[10]には、「ヲゥカメ」と「ザイラゥ」および「ヤマイヌ」の三項目がある。原書の「ヤマイヌ」や「ザイラゥ」の項には「ヲゥカメ」を示すLoboが記されており、これら三語は外国人にも同一のものとして扱われていたのがわかる。ヤマイヌは、室町時代末期から江戸時代にかけてよくみられるようになる名称のようだが、狼をヤマイヌとみる考えは、管見の及ぶ限り先にみた鎌倉時代の辞書『名語記』にその初出を求めることができる[11]。次に示そう。

オホカミ如何　犲（豺）狼也　山犬トイフコレ也

「オホカミ」とは「犲（豺）狼」であり、また「山犬」でもあるという。この記述によって、山犬は狼の別称と考えられていたのが理解できる。

以上みてきた通り、狼の表記には「ヲ（オ）ホカミ」と「ヲウカメ」の二種があった。しかし『蒙求抄』のように同一作品内にも両語は併存することから、これらの間に厳密な使い分けはなされていなかったと考えられる。また、「狼」と併記されていた「豺・犲」の文字は、「サイ」や「ヲホカミ」と読まれて同一に扱われていた。少し時代が下った『日葡辞書』には「ヲウカメ」や「ザイラゥ」に加えて「ヤマイヌ」も記されており、これらは同じものとして見なされていたのがわかった。

それでは、同時代の物語作品に狼はどのように記されているだろうか。続けてみよう。

②「室町物語」の中の名称

御伽草子とも呼ばれて親しまれている室町物語の製作年代は、一般に室町時代から江戸時代にまで及ぶと見なされている。ここでは『室町時代物語大成』[12]（全一三巻・補遺二巻）に収録された作品群から、狼の名称もしくはこれに類する動物名を拾い上げた。古いものから順に並べると、表3・1のようになる。

これらの作品に登場する狼の多くは、山奥の情景描写のための一要素になっている。狼が主要な役割を与えられている作品は、たとえば「獣太平記」のように動物を擬人化したものになる。

表記は漢字の「狼」の他に、「おうかめ」や「おほかみ」など多種にわたる。第1章でもみたが、「熊野御本地」の「おほうかみ・おふかみ・大かみ」のように、同一作品内でも数種の表記法をとるものもある。狼に類する動物には「狐狼」や「ころうやかん」もみえる。「ころうやかん」の「ころう」は、時に「虎狼」と表される場合もあった。「やかん」は「射干」や「野干」と記される狐の異称である。そのように多数ある中で今回特に注目したいのが、「十二類絵巻」「精進魚類物語」「さくらゐ物語」の三作品である。順にみよう。

堂本家蔵の「十二類絵巻」は一四五一年の製作とされ[13]、表に示した室町物語群の中ではもっとも古い作品になる。次に該当箇所を引く。

其時、狼、もとより逸をの武者なれは、犬とくまむとはせ出るを、寄手の虎落合て、おほ犬をは、うちとりぬ、城の内には、むねと馮狼、うたれぬれは、心ほそくそ、おほえける

傍線部をみると、「狼」が異なる名称で表現されているのがわかる。初めの「狼」が「おほ犬」と書き改められているのは、狼が「大きな犬」と考えられていたためだろう。「馮」は「馬が速く走る様」を表す言葉であり、狼の武者ぶりがこれによって形容されている。それが、犬と闘おうと走り出ていったところを虎に討ち取られてしま

表 3.1　狼の名称一覧（「室町物語」）

作品名	製作年代（推定）	名称
「十二類絵巻」	一四五一	狼（2）・おほ犬・馮狼
「伊豆國奥野翁物語」	一五八七	狐狼
「愛宕地蔵物語」（仮）	一五七三～一五九一	おうかめ
「源蔵人物語」（仮）	一五九六～一六一四	おほかみ（2）
「熊野の本地（の物語）」	一五九六～一六一四	おうかみ
「熊野の本地」	室町時代末	おうかめ（7）
「厳島の本地」（仮）	室町時代末	ころうやかん（9）・ころう
「熊野御本地」	一六二二	おほうかみ・おふかみ・大かみ（2）
「四生の歌合」	一六一五～一六四三	大かめ（2）
「福富物語」（仮）	江戸時代初期	おほかみ
「ふくろふ」	江戸時代初期	こらうやかん
「びしやもん」	一六二四～一六四三	おうかめ
「くまの丶本地」	一六二四～一六四三	ほうかみ（3）
「精進魚類物語」	一六四三～一六四七	大狼介（オホカメ）・豺狼助（ヲ丶カミ）
「愛宕地蔵之物語」	一六五三	おうかみ
「いつくしまの御本地」	一六五六	おうかめ・こらうやかん（各2）
「ゑんま物語」	一六五八	狐狼
「じぞり弁慶」	一六六一～一六七二	こらう
「布袋物語」	一六六一～一七〇三	おほかみ
「熊野の本地」	一六六一～一七〇三	ころう・おほかめ（3）
「くはうせんしゆ」	一六六一～一七〇三	おほかみ
「獣太平記」	一六六九	おほかみ（6）
「さくらゐ物語」	近世期	山の犬（いぬ）（各1）
「ねこ物語」	江戸時代中期頃	おほかみ
「源蔵人物語」	一八一六以後	お丶かみ（3）
「厳嶋御縁記」	江戸時代後期	ころうやかん（4）
「硯わり」		おほかみ

（　）内の数字は表記数を示す.

ったのである。

次にみる「精進魚類物語(14)」（東京大学図書館蔵）は、刊記がないため確たる製作年代は不明だが、寛永末から正保年間（一六四三〜一六四七）以降の作品と推定されている(15)。

次に、山中の殿原には。鹿。麒麟。勇熊。猛虎。豹。大狼《オホカメノ》介。真見。狸入道。（中略）
此外山のうちの殿ばらには、獅子、麒麟、豺狼《ヲ、カミノ》助、まみの入道が嫡子、狢《ムジナノ》太郎（後略）。

前後の関係から、「大狼介」と「豺狼助」は同一のものと理解できる。先にみた『温故知新書』では「豺狼」を「サイラウノオホカミ」と読ませていたのに対して、ここでは単に「ヲ、カミ」として文選読みはしていない。

一方「さくらゐ物語(16)」では、他の作品に現われなかった「山の犬」の表現がみえる。次に示す。

さてまた。玉千代まる、申させたまふは。夜のうちにも。かへりたふ、おはせしに。山のいぬのこゑ。しきりにきこへて。おそましくて。夜もすから、つやしてけれは。あらたなる事とも。おかみ侍る。
（中略）藤内ひやうへの。やとにゆき。いのちを、またふ。わか君の。御めしを、まち申せ。山の犬の。きずかいせよ。はや、かへれ〳〵と。申けれは。（後略）

夜に山中を行く人の命を脅かす動物として、ここには「山の犬」が立ち現われている。本作品は人物の姿態などに近世的な特徴が多くみられることから、近世期の作と考えられている(17)。この他にも近世期以降の文献には山犬の名称が散見されるが、室町物語においてはこの一作品のみに確認している。

以上、駆け足で室町時代の狼の名称をみてきたが、その多くは「狼」であることがわかった。「豺」や「犲」の文字も若干みられたが、これらは「サイ」や「ヲホカミ」と読まれていた。時代が下るにつれてわずかに出現していた「山犬（ヤマイヌ）」の名称も、狼と同一のものとして扱われていた。当代までの「山犬」が「狼」の別称と考えられていたことは、『名語記』や『日葡辞書』をみても明らかであろう。

(3) 江戸時代の名称

①辞典類の中の名称

次に江戸時代の文献をみていこう。狼は近世期にはどのように記されていたのだろうか。一七世紀初頭に中国から伝来した本草書[18]とそれに関連する書物も、当時の様子を知る上では欠かせない資料である。辞典と併せて次に示す。

ヲ（オ）ホカミ

狼（らう・おほかみ）　『訓蒙図彙』一二（一六六六年）

狼　『本朝食鑑』一一獣畜部（一六九五年）

狼《ヲホカミ》「大咬也口ひろくして大にかむ也」　『日本釋名』（一六九九年）

狼「おおかみ・ラン　和名は於保加美」　『和漢三才図会』三八獣類（一七一二年）

狼（ヲホカミ）「……ヲホカミとは大神也」　『東雅』一八畜獣（一七一九年）

狼（オホカミ・オホカメ）　『本草綱目啓蒙』四七獣之二獣類（一八〇三年）

ヤマイヌ

豺（さい・やまいぬ）　『訓蒙図彙』一二（一六六六年）

豺「やまいぬ　今俗は山犬と呼ぶ。あるいは狼と相互に混称することもある」　『本朝食鑑』一一獣畜部（一六九五年）

豺「やまいぬ・ツアイ　犲狗・俗に也末以奴（山犬）という」『和漢三才図会』三八獣類（一七一二年）

豺（ヤマイヌ・ヤマノイヌ・オホイヌ・能州ヲガラ）『本草綱目啓蒙』四七獣之二獣類（一八〇三年）

寛文六年（一六六六）に中村惕斎によって著された図解事典『訓蒙図彙』[19]がある。精緻な図に和名・漢名・注記を付した啓蒙書だが、この中に「狼」と「豺」の記載がある。図は次節の図3・20に掲載している。「狼」には「らう」とルビがふられ、下に「おほかみ」とある。「貛《くわん》ハ牡ノ狼也獥《はう》ハ狼子也」の注記は、『本草綱目』が『爾雅』から引用しているものである。一方「豺」には「さい」のルビがあり、下に和名の「やまいぬ」と「犲同」という注記がある。「豺（犲）」の文字がすでに室町時代から併用されていたのは先にみた通りだが、当時は「サイ」や「ヲホカミ」と読ませていた「豺」の字に、本書では「サイ」とともに「やまいぬ」が記されている。注意を要する変化である。

次の江戸時代中期の本草書『本朝食鑑』[20]は、人見必大が元禄八年（一六九五）に刊行したものだが、そこにもやはり「狼」と「豺」についての記述がみえる。「狼」の方には詳しい説明はないが、「豺」には「今俗は山犬と呼ぶ。あるいは狼と相互に混称することもある」という注記があることから、「豺」が一般には「山犬」と呼ばれ、人々の間で「狼」と区別されずに混称されていたのがわかる。この説明はまた、「狼」と「豺（山犬）」とが異なる動物であるという考えを前提にしたものであろう。

『日本釋名』[21]は、元禄一二年（一六九九）に刊行された貝原益軒による語源辞書である。本書には、狼は「大咬」すなわち口を広くして大いに咬むとあり、前述の『和句解』と同じ語源が記されている。ヤマイヌについての記載はない。

寺島良安によって正徳二年（一七一二）に編まれた『和漢三才図会』[22]では、「狼」の字に和名として「於保加美」を当てている。一方「豺」に対しては「犲狗・俗に也末以奴（山犬）」とあり、『本朝食鑑』と同様に「豺」を「ヤマイヌ」とみて、狼と区別しているのがわかる。

『東雅』[23]は享保四年（一七一九）に成立した新井白石著述の語源辞書である。そこには「ヲホカミとは大神也」と記され、『名語記』に準拠して『日本釋名』とは異なった見解が示されている。ヤマイヌについての記載はない。

最後の『本草綱目啓蒙』[24]は、享和三年（一八〇三）に刊行された小野蘭山による本草学研究書である。「狼」には「オホカミ」および「オホカメ」の二通りの読み方が示され、「豺」には「ヤマイヌ・ヤマノイヌ・オホイヌ・ヲガラ」が付されている。「オホイヌ」は「能州」に伝わるものであり、「ヲガラ」は爪の形状が大麻楷《アサガラ》の窊面に似ていることからきた名前との説明もある。

以上みてきたように、本草学に直接関係しない語源辞書には「狼」の項目が立てられ、「豺」の文字は見出せなかった。これに対して、本草書およびその関連書物には「狼」と「豺」の両方についての記載があり、「豺」を「山犬（ヤマイヌ）」と読ませていた。両者は人々に混称されることがあったようだが、これらの文献においては、中国からもたらされた李時珍の『本草綱目』にならって、「豺」は「狼」とは異なる生き物として認識されている様子がうかがえた。

この狼と豺（ヤマイヌ）の名称の変遷を如実に表しているのが、次に示す四点の絵図である。これまで扱ってきた資料とは性質が異なるが、同時代の資料として特に取り上げることにする。

初めにみる『珍禽奇獣図』（永青文庫蔵）は、江戸時代中期に製作された紙本著色折本一帖の図譜である（図3・1）。元肥後藩主の細川家に伝わるもので、この中に「狼」の絵が一枚収められている。絵については次節で詳しく述べることにして、ここではその名称に注目したい。

狼の図には「狼　ヤマノイヌ　安永四年正月正参写」の付記があることから、安永四年（一七七五）に内藤正参、すなわち一般には内藤東甫の名で知られている尾張藩士が真写したものと考えられている。[25]特にここで注意を惹くのは、「狼」の文字の下にある「ヤマノイヌ」の表記である。『珍禽奇獣図』には四〇を数える奇獣が描かれているが、これらの奇獣図にも狼の場合と同様に漢字とカタカナで名称が併記されているものがある。これらの例に照らし合わせれば、「ヤマノイヌ」が「狼」の別称として記されているのがわかる。

『諸鳥獣図』（東京国立博物館蔵）の巻一『諸獣之図』にも、『珍禽奇獣図』によく似た狼図がある（図3・2）。『諸獣之図』を描いたのは『珍禽奇獣図』と同じ内藤正参であり、正参が前図を写したものと解されている。[26]両図の製作年代にそれほどの開きはないようだが、『諸獣之図』の「狼」の文字の下には「ヤマイヌ」が記されている。もっとも、これらの付記は正参の自筆ではなく、それぞれの博物図譜編纂者が覚えのために書き加えたものと見なされているのだが、[27]「ヤマノイヌ」と「ヤマイヌ」の流動性が、ここにうかがえる。

内藤正参には、これらと同じ構図を持つもう一つの狼図がある。尾張藩主の私的地誌『張州雑志』（名古屋市蓬左文庫蔵）に収載された図である（図3・3）。こちらは版本であるために前の二図とは筆遣いが異なるが、そこに記された名称は「狼」の一文字となっている。これはいったいどうしてだろうか。

尾張藩の地誌として江戸時代中期に編まれた『張州雑志』の巻一〇〇には、絵図に併せて解説が施されており、狼についても次のように記されている。

松岡玄達云山野ヲ夜行スルニ乾蟷螂ヲ帯レハ則狼敢テ近ズ、一種送リ狼有常ノ者ニ比ルニ甚猛カラズ、豺ト狼ト相似テ同カラズ、犲ハ俗ニ山犬ト呼爪ニ縦文有リ、一名屋葛刺爪《ヲカラツメ》性甚タ猛人ヲ害ス
豺俗云山ノ犬貝原篤信云其狀狼ニ似テ同カラズ、性甚悪シト土人ノ云フ狼犬ト交リ生ル者ヲ山ノ犬ト云甚悪シ、狼ハ晝出ズ山ノ犬ハ晝モ出テ人害ス（読点は筆者）

これをみると、豺と狼は似てはいても同じ生き物ではないとして、豺を「山犬」や「屋葛刺爪《ヲカラツメ》」と呼んでいるのがわかる。豺の別称を「ヲガラ」とするのは、『本草綱目啓蒙』にもみえた。それもそのはず、文中にある松岡玄達とは、本草・博物学者松岡恕庵のことであり、また貝原篤信とは儒学者であり博物学者でもある貝原益軒の本名である。つまり、この解説は本草書に基づいて書かれた内容と考えて間違いないだろう。正参が狼とヤマノイヌあるいはヤマイヌを同じには扱えない理由がここにあった。文末の「狼犬ト交リ生ル者ヲ山ノ犬ト云」と土人がいう条については、「山ノ犬」に対する一つの見解として注意しておきたい。

一方、『博物館獣譜』（東京国立博物館蔵）は、明治時代初期に田中芳男が編集した図譜である（図3・4）。江戸時代の博物家や絵師が描いた図を貼り込み、さらに博物局所属の画家たちが新たに描いた絵を加えて編集されている。[28] この中にも数種の狼図があり、そのうちの一枚が図3・4に示したように、『珍禽奇獣図』の絵図に酷似し

図 3. 1　『珍禽奇獣図』（永青文庫蔵）

図 3. 2　『諸鳥獣図』巻 1『諸獣之図』（東京国立博物館蔵）

図 3. 3　『張州雑志』(名古屋市蓬左文庫蔵)

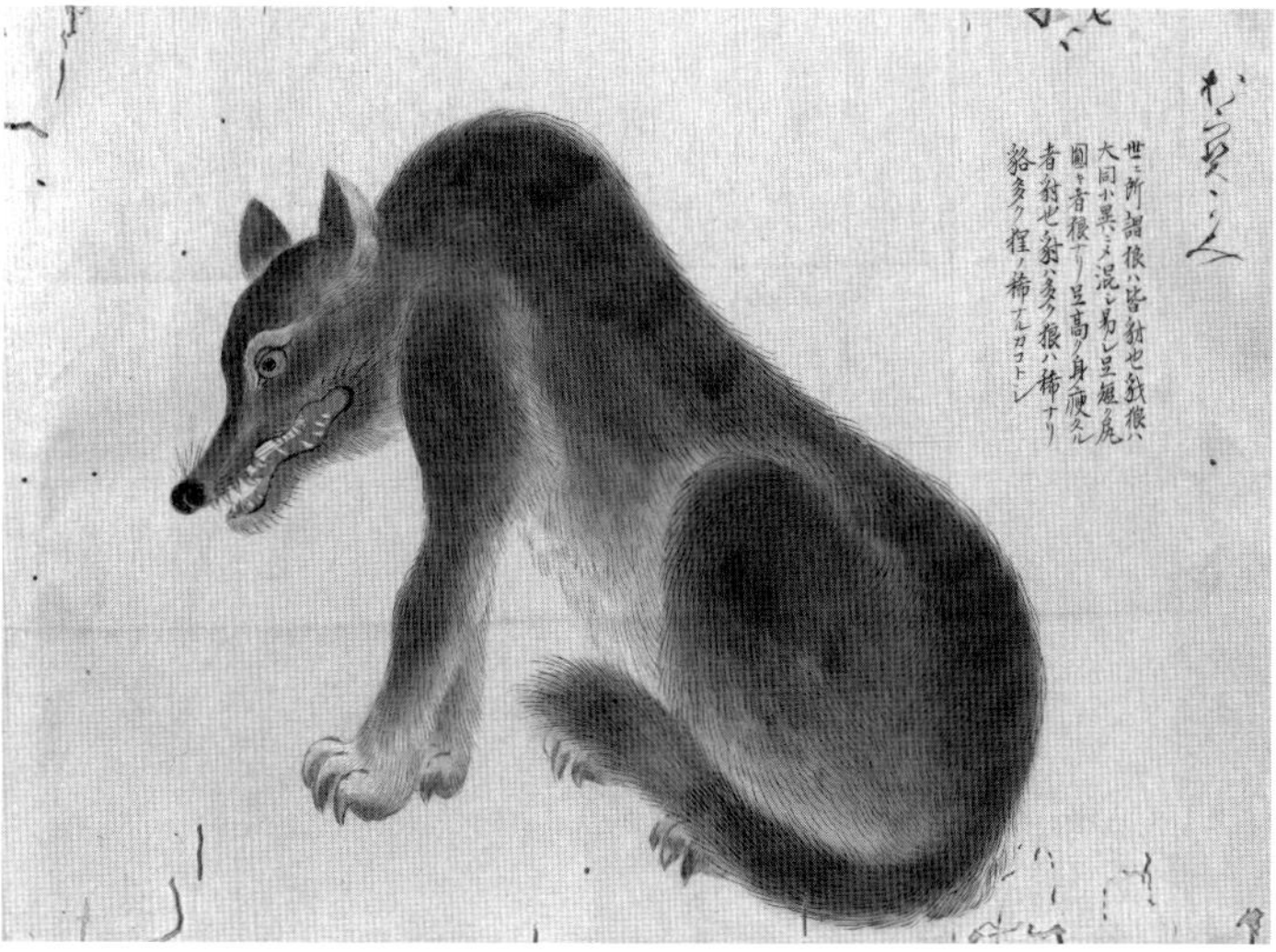

図 3. 4　『博物館獣譜』(東京国立博物館蔵)

ている。絵の構図や狼の姿態がまったく同じであることから、前三図のいずれかを描き写したものと考えられる。本図には平仮名で「おほかみ」の銘が打たれ、次の解説も付されている。

世ニ所謂狼ハ皆豺也、豺狼ハ大同小異ニシテ混シ易シ、足短ク尻圓キ者狼ナリ、足高ク身瘦タル者豺也、豺ハ多ク狼ハ稀ナリ、貉多ク狸ノ稀ナルガコトシ（読点は筆者）

狼と豺は、よく似てはいるが異なるものであり、豺は多く狼はまれであると記されている。また、足が短く尻が円いのが狼で、足が高く身が瘦せているのが豺であるともあった。これらの内容は、次節にみる『本朝食鑑』の解説に共通するものであり、狼と豺がまったく別の動物と解されている様子を伝えている。

このように、初めは『珍禽奇獣図』にみられた「ヤマノイヌ」でもあった「狼」は、『諸獣之図』では「ヤマイヌ」となり、『張州雑志』や『博物館獣譜』に至っては、豺（山犬）とは異なる「狼」になっていた。同じ一体の狼を描いている四図であるが、その狭間には、狼に対する人々の認識の変化を読み取ることができる。

② 『享保・元文諸国産物帳』の中の名称

江戸時代の中期に当たる享保・元文年間には、諸国の産物が大々的に調査された記録がある。丹羽正伯の編纂による『享保・元文諸国産物帳』である。簡単な概略を以下に示そう。当時、本草学や農学の分野で優れた著書が目白押しに著され、『享保・元文諸国産物帳』（以下『産物帳』）やそれに先行する『庶物編纂』の編集もそのような潮流の中で進められていった。享保二〇年（一七三五）、幕府の後ろ楯を得た正伯から諸領に向けて『産物帳』編集の指示が出され、農産物を含む天産物についてのさまざまな層の人々の知識が集められることになった。その後、村単位の調査資料は郡ごとにまとめられ、さらにそれらは領単位、国単位に編纂され、一七三八年までには大方の領地から正伯のもとへ『産物帳』が提出されたと考えられている。(29)

『産物帳』は、『本帳』『産物絵図帳』『注書』の三部で一揃となる。散逸が進み、今日三部が完全に揃っているものは、盛岡をはじめ一七例に留まる。(30) 盛永俊太郎・安田健編『享保・元文諸国産物帳集成』全一九巻は、そのような現存する『産物帳』を集成したものだが、収録された『産物帳』に「狼」の名称を探ったところ、四二帳にこれに類する名称を確認した。図3・5はその分布図を示したものである。

■印は「狼」、●印は「やまいぬ」を示す。○印は「やまいぬ」に「豺」の文字を当てているもの、▲印はその他を表し、記号下に具体的な名称を示した。なお、括弧で括ってあるのは■印すなわち狼の別称として記載されているものである。

名称の多い順にみると、「狼」が四二となり、次いで「やまいぬ」が二一ある。「やまいぬ」の表記をさらに細かくみると、「豺」が一一、「山いん」(一)を含めた「山犬」が一〇、「山狗」が一になる。続いて「山の犬」と「大犬」がともに六、「おいぬ」および「かせき」が各一となる。「やまいぬ」と「山の犬」を同一のものと見なすと合計数は二八になる。

狼の別称として記されていたのが、⑤『陸奥国田村郡三春秋田信濃守領地草木鳥獣諸色集書』の「やまいぬ」と「おいぬ」であり、また⑪『伊豆国君沢郡田方郡加茂郡産物并絵図帳』の「やまいぬ」と「山の犬」になる。これにより、陸奥国田村郡三春では、狼は「やまいぬ」や「おいぬ」とも呼ばれ、伊豆国では「やまいぬ」や「山の犬」として認識されていたのがわかる。

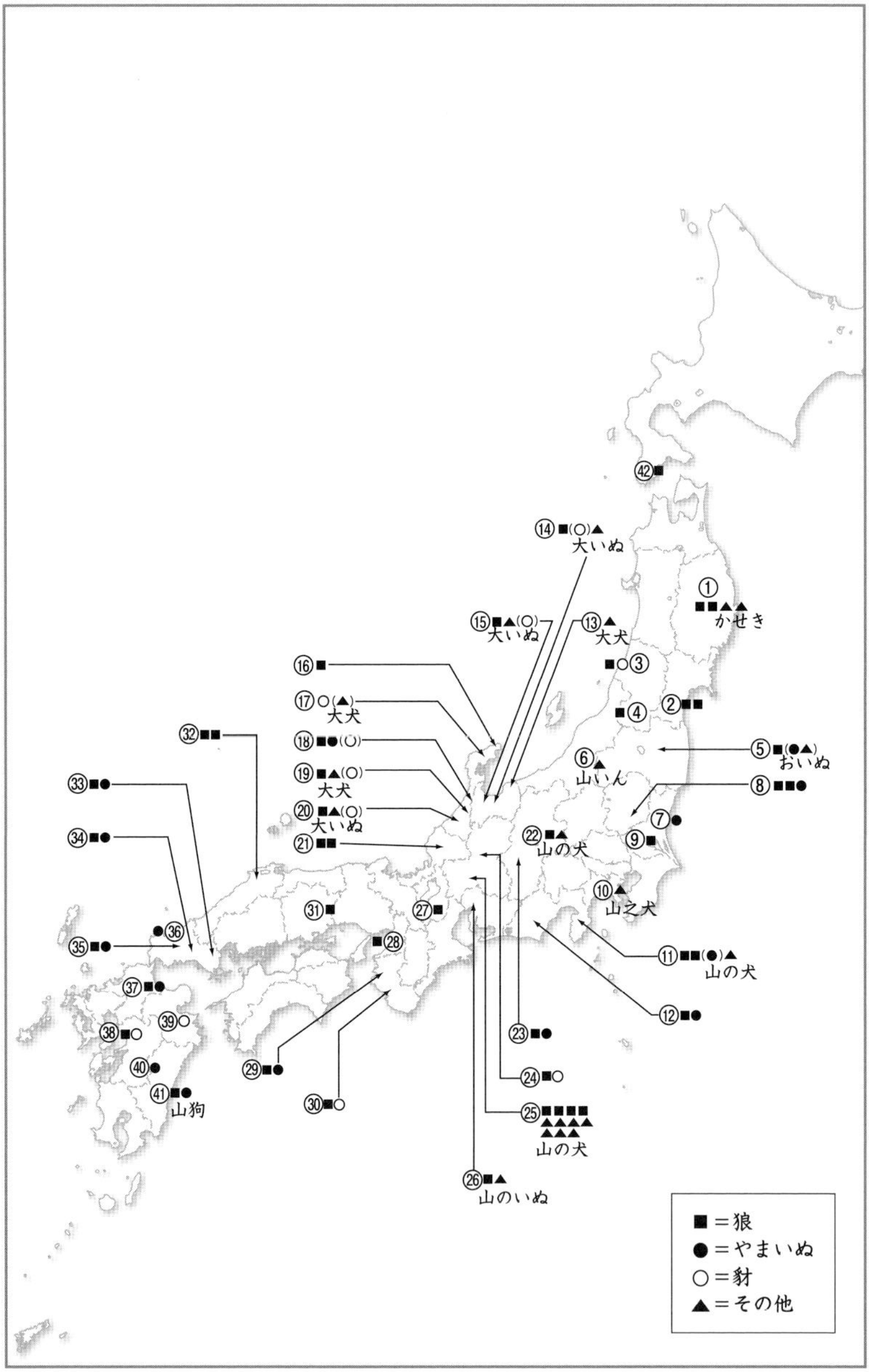

図 3. 5　名称分布図（『享保・元文諸国産物帳』より作成）．対応番号は次頁に掲載

『享保・元文諸国産物帳』

①（盛岡領）御領分産物・（陸奥国盛岡領）従公儀御尋之産物御領分中書上留帳

②（陸奥国仙台領）刈田郡滑津村産物・磐井郡東山築館村・天狗田村産物書上帳

③羽州荘内領産物帳

④＊米沢産物集

⑤陸奥国田村郡三春秋田信濃守領地草木鳥獣諸色集書

⑥＊蒲原郡小川荘石間組滝谷村産物

⑦御領（水戸領）内産物留

⑧下野国諸村産物帳

⑨下野国猿嶋郡下郷二拾三ヶ村産物覚

⑩＊駿河国駿東郡御厨村々作物幷草木生類等不残書上

⑪伊豆国君沢郡田方郡加茂郡産物幷絵図帳

⑫遠江国懸河領産物帳

⑬（越中国立山芦峅寺）産物書上帳

⑭郡方産物帳五射水郡

⑮郡方産物帳四砺波郡

⑯郡方産物帳八珠洲郡・鳳至郡

⑰郡方産物帳一能美郡

⑱郡方産物帳三河北郡

⑲郡方産物帳二石川郡

⑳郡方産物帳七羽咋郡・鹿島郡

㉑越前国福井領産物・越前国之内御領知産物

㉒信濃国筑摩郡之内産物

㉓信濃国伊那郡筑摩郡高遠領産物帳

㉔＊飛州志

㉕美濃国産物・美濃国之内産物

㉖尾張国産物

㉗先大津郡産物名寄帳

㉘和泉物産（和泉国物産）

㉙紀州産物帳

㉚紀州在田郡広湯浅庄内産物

㉛備前国備中国之内領内産物帳

㉜出雲国産物名疏

㉝周防岩国吉川左京領内産物幷方言

㉞周防産物名寄

㉟周防長門産物相互請無之分付立

㊱長門産物名寄

㊲筑前国産物帳

㊳肥後国之内熊本領産物帳

㊴豊後国之内熊本領産物帳

㊵肥後国球麻郡米良山産物帳

㊶三州物産絵図帳（中）

㊷＊松前志目録（参考）

＊印を付した資料は、不明の『産物帳』の内容を伝える同時代のものになる。

図 3. 6　「かせき」（『(盛岡領）御書上産物之内従公辺御不審物并図』盛岡市中央公民館蔵）

分布上の特徴は、「狼」が全国的に広がり、「やまいぬ」も福島以西のほぼ全国にある名称といえる。それに対して「山の犬」は本州中央部に、「大犬」は北陸地方に集中しているのがわかる。東北地方の「おいぬ」や「かせき」は、数が限られていることから地域特有の名称とみられ、三州の「山狗」も他に例をみない表記といえる。

『(盛岡領）御領分産物』と揃になっている『(盛岡領）御書上産物之内従公辺御不審物并図[31]』には、名称とともにこの「かせき」の絵図と短い注記が載せられている。図3・6に示したのがそれである。

この図をみると、小さな耳や大きく裂けた口、内側に巻かれた尾などの描写から、狼像に酷似しているのがわかる。薄墨色に彩色が施されている点も他にみる狼の絵図の多くに通じている。注記には「形圖ノ如シ深山獣狼ノ類ニシテスコシ小也至テ希ナリ」とあり、カセキは深山に生息する珍獣であり、狼よりも若干小さな狼に類するものと認識されていたのがわかる。一般に鹿の古語と解されている「かせき」だが、狼に近い動物の呼称にもこれがあったことを留めておきたい。

以上江戸時代の文献を数種みてきた。そこには室町時代と同様に「狼」の名称が多くあったが、その一方で「豺」の文字がこれに類するものとして頻出するようにもなっていた。「ヤマイヌ」である。ことに本草書にはこの

「豺」が顕著にみられ、本草学の流れを汲む『産物帳』にも同様の傾向が認められた。

室町時代には狼の別称とされていた山犬が、本草学の隆盛とともに「豺」と結び付き、狼とは異なる存在として認知されるようになっていた。しかし、両者はすべての人々に厳密に区別されていたわけではなかった。『本朝食鑑』や『博物館獣譜』にもあったように、狼と豺《ヤマイヌ》は異なる生き物とされながら、時に混称もされていたようである。山犬が狼であった年月の長さを考えれば、当然のことかもしれない。また、文字を解する知識層と、一般庶民の間の二層化現象が生じていた可能性も十分に考えられる。そしてこの混乱は、次の時代にもまた続いていくことになる。

(4) 明治時代からの名称

明治時代から現代までの狼の名称を探るにあたって、明治時代に刊行された動物図鑑、また全国各地の民俗誌および民間説話集をみていくことにしよう。

①動物図鑑の中の名称

明治八年（一八七五）に刊行された『動物訓蒙』（初編哺乳類）がある。[32] 文部省博物局の田中芳男が選定した、八二種の動物が掲載された図鑑である。この第二五に「ヤマイヌ（豺）」が載っており（図3・7）、絵図とともに「諸國ノ山中ニ棲ミ小獣ヲ捉リ食フ形ハ犬ニ似テ頗ル大ナリ」との説明がある。図の下部には WOLF の文字と当時の学名らしい CANIS HODOPHILAX も記されている。[33] 本書には他に「オオカミ」の項目がないことから、ヤマイヌはオオカミと同一のものとして見なされ、採用されたのがわかる。

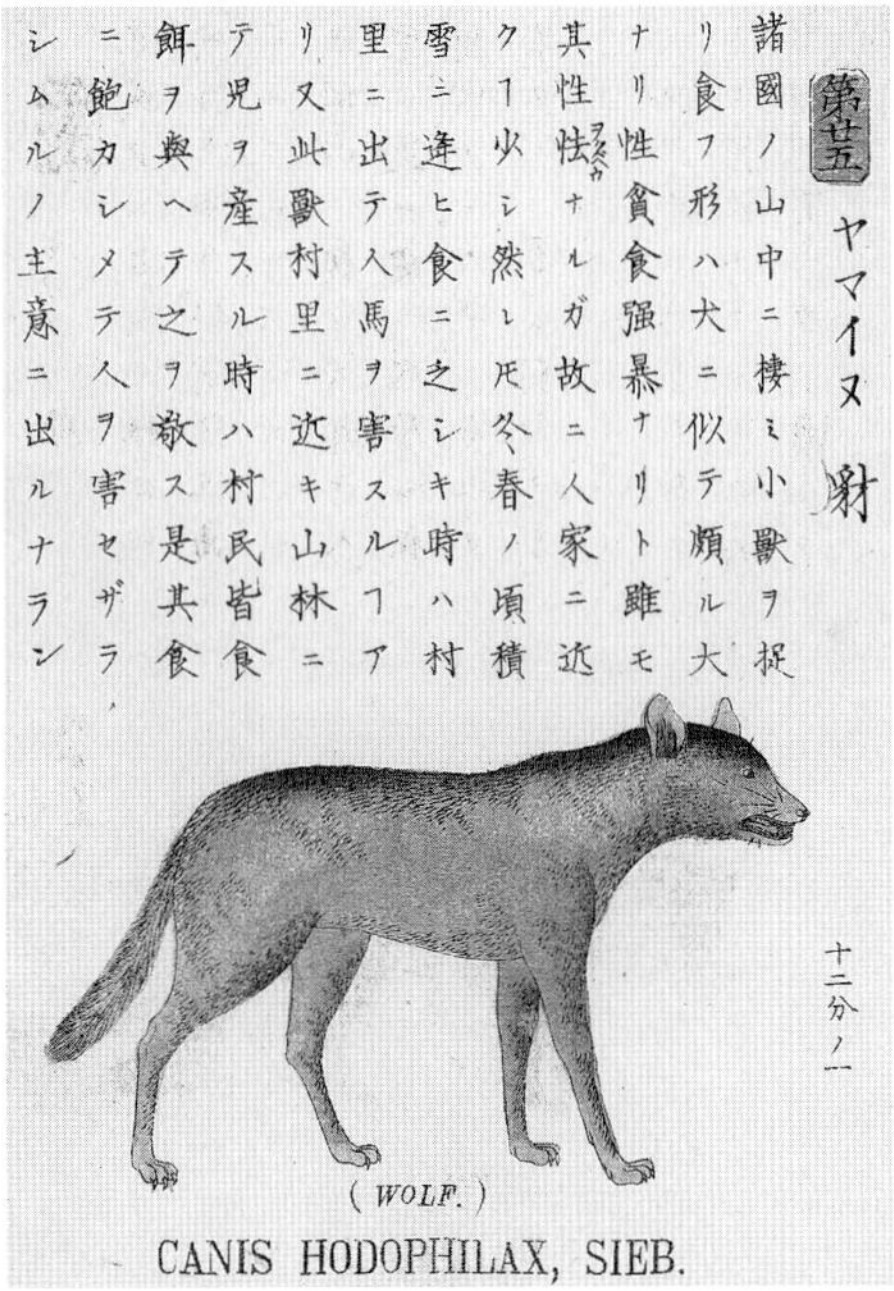
第廿五
ヤマイヌ 豺
諸國ノ山中ニ棲ミ小獸ヲ捉
リ食フ形ハ犬ニ似テ頗ル大
ナリ性貪食強暴ナリト雖モ
其性怯ナルガ故ニ人家ニ近
クヿ少シ然レ𪜈冬春ノ頃積
雪ニ逢ヒ食ニ乏シキ時ハ村
里ニ出テ人馬ヲ害スルヿア
リ又此獸村里ニ近キ山林ニ
テ児ヲ産スル時ハ村民皆食
餌ヲ與ヘテ之ヲ歡ス是其食
ニ飽カシメテ人ヲ害セザラ
シムルノ主意ニ出ルナラン
十二分ノ一
(WOLF.)
CANIS HODOPHILAX, SIEB.

図 3. 7　『動物訓蒙』（初編哺乳類）（国立国会図書館蔵）

続いて大正四年（一九一五）刊行の図鑑を二冊みる。一つは飯嶋魁監修・中西準太郎著の『動物辭典』(34)である。本書には「ヤマイヌ」の項目はあるが、「オオカミ」の項での日本への詳述はない。「ヤマイヌ」の下には「山犬（豺）」の表記があり、「本邦にて所謂オホカミとは、此の獸を称するものの如く云々」との説明もみえる。ここでもやはり両者は同一のものとして扱われている。

もう一つは田中茂穂著『普通動物圖譜』(35)である。本書には「狼」の項目があり、その内容には「古來我國に於て狼と稱へしものは豺《ヤマイヌ》にして狼にあらず」と記されている。「狼」の項目を立てながらも、日本に生息する動物は豺《ヤマイヌ》であって、狼ではないというのである。「豺は其毛色狼に似て白毛を雑へ」ているとの解説もある。

少し時代が下った昭和三一年（一九五六）に刊行された『動物の事典』(36)には、「オオカミ」が掲載されている。そこには世界各地のオオカミや、ホンドオオカミおよびエゾオオカミについての説明があり、ヤマイヌについては江戸時代までいたというかなり大形のオオカミの呼称とのみ記されている。

狼が次第に項目に立てられるようになってくる中で、昭和三二年（一九五七）に刊行された『原色動物大圖鑑』(37)

第一巻にある「やまいぬ（にほんおおかみ）」の項目は目を引く。「えぞおおかみ」と「やまいぬ（hodophilax Temminck）」が狼の亜種として扱われていることから、ニホンオオカミはヤマイヌであるとし、ヤマイヌの名称を優先しているのである。

その三年後の昭和三五年（一九六〇）に出された『原色日本哺乳類図鑑』[38]には、「ニホンオオカミ」と「エゾオオカミ」の二項目が取り上げられているが、ヤマイヌについての記載はもはやない。

このように、明治から昭和にかけて刊行された動物図鑑においても狼と豺の名称の扱いにはゆらぎがみられ、両者が混淆していたのがわかる。動物図鑑におけるこのような狼と豺の混用は、狼と山犬の二つの名称がわが国に存在していたことに加えて、本草学がもたらした「豺」の影響の大きさを考えるべきだろう。

②民俗誌・民間説話集の中の名称

次に、明治時代以降に出された各地の民俗誌および民間説話集に狼の名称を探る。これらの資料が主に口頭伝承に拠っているのを考えれば、名称は狼の「呼称」といいかえることもできるだろう。また、調査対象は明治時代から現代までに刊行されたものになるが、名称自体はそれ以前から使われてきたものである可能性も十分に考えられる。

文献数は四三五にのぼり、最北は青森県下北郡から、最南は鹿児島県大島郡までの範囲になる。分布図は図3・8から図3・11に示した。このうちもっとも古いものは、後にも触れる明治三二年（一八九九）刊行の地誌になる。

名称数の多い順に示そう。「狼」が三四八、「山犬」が一一七、「オイヌ（ノ）」が三二となる。このうち「狼」は特に読み方が記されていない場合が多くみられ、「オオカメ」は二四に留まる。また、単に「カメ」というのは福

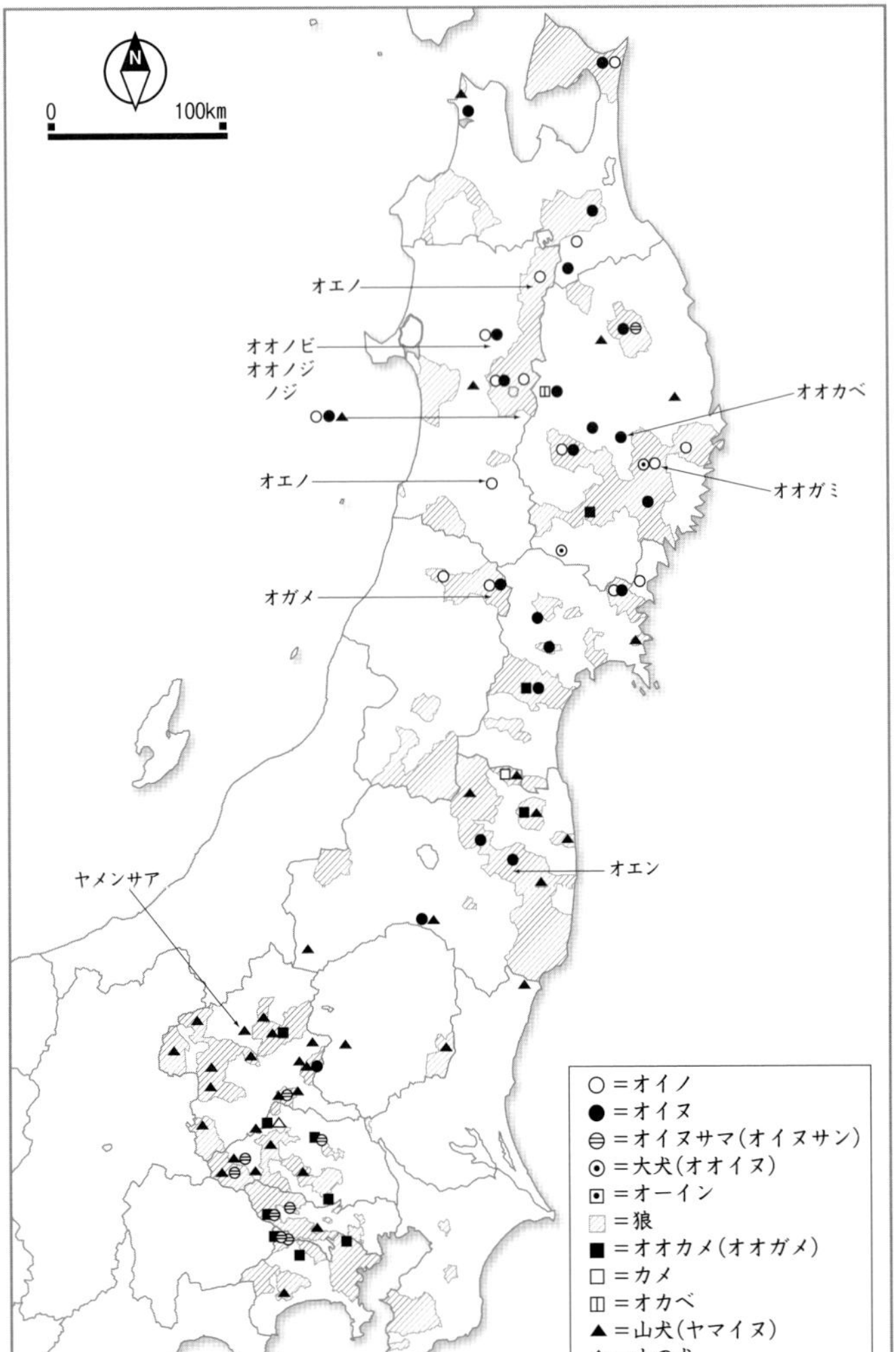

図 3.8　名称分布図（関東以北）

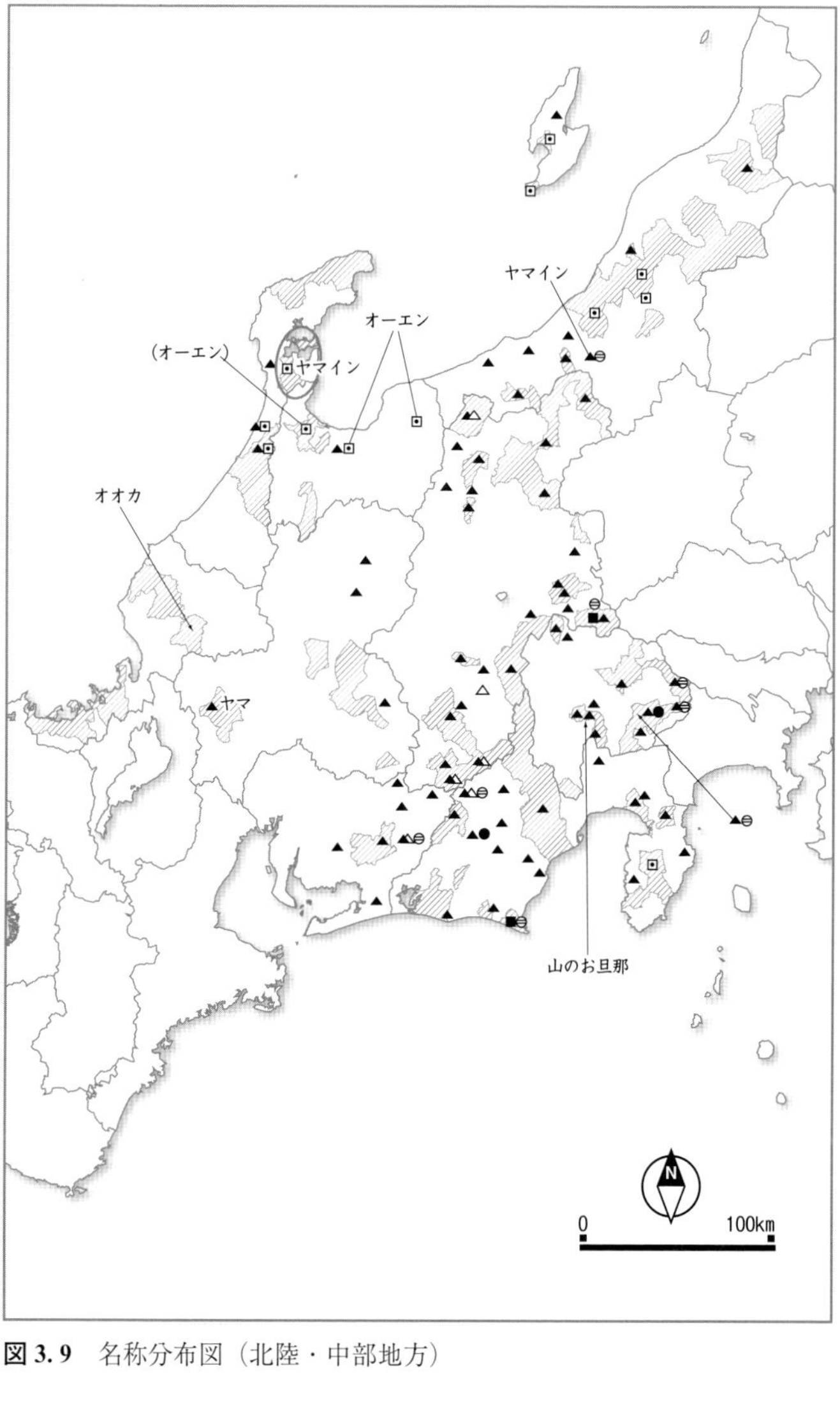

図 3.9　名称分布図（北陸・中部地方）

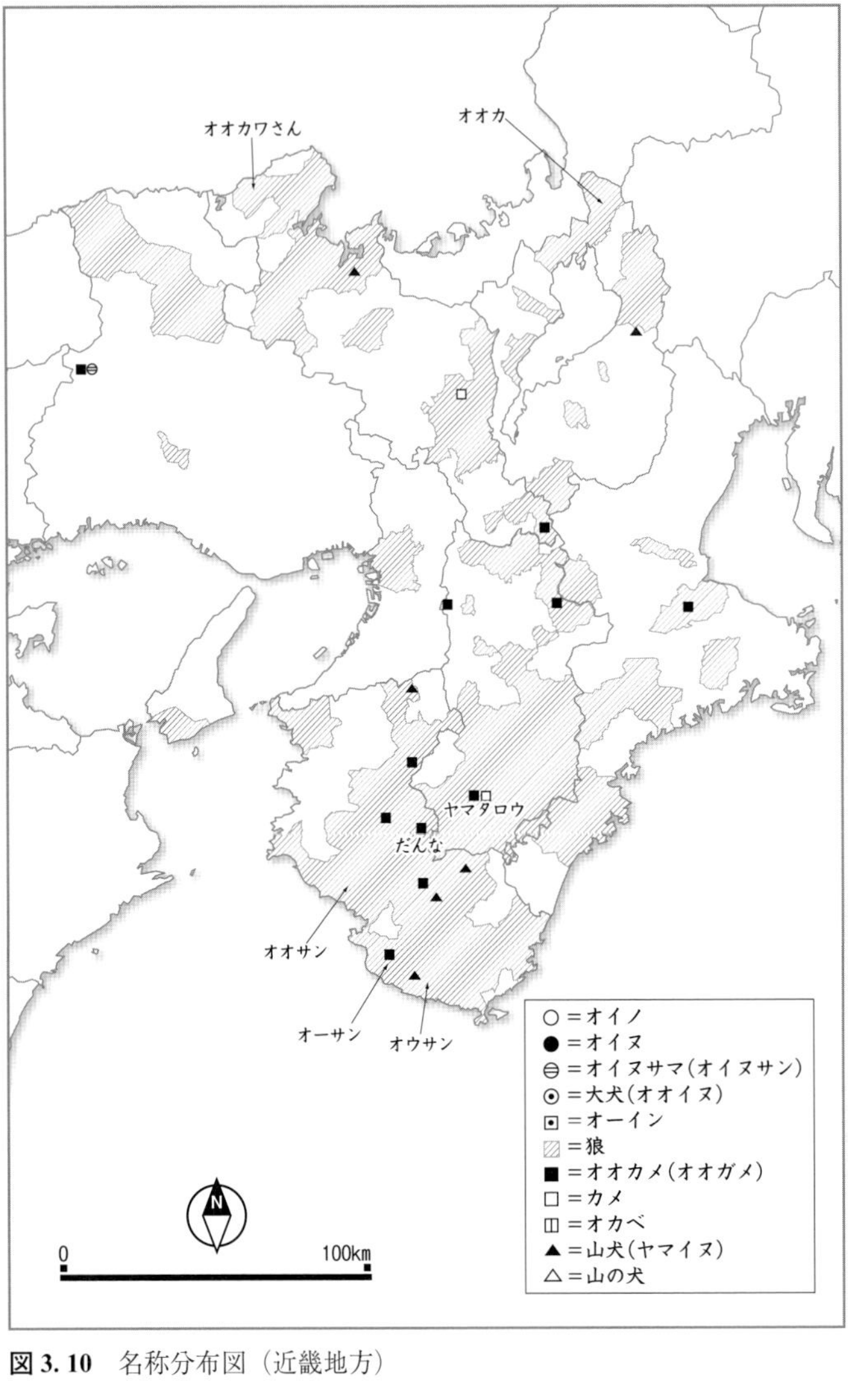

図 3. 10　名称分布図（近畿地方）

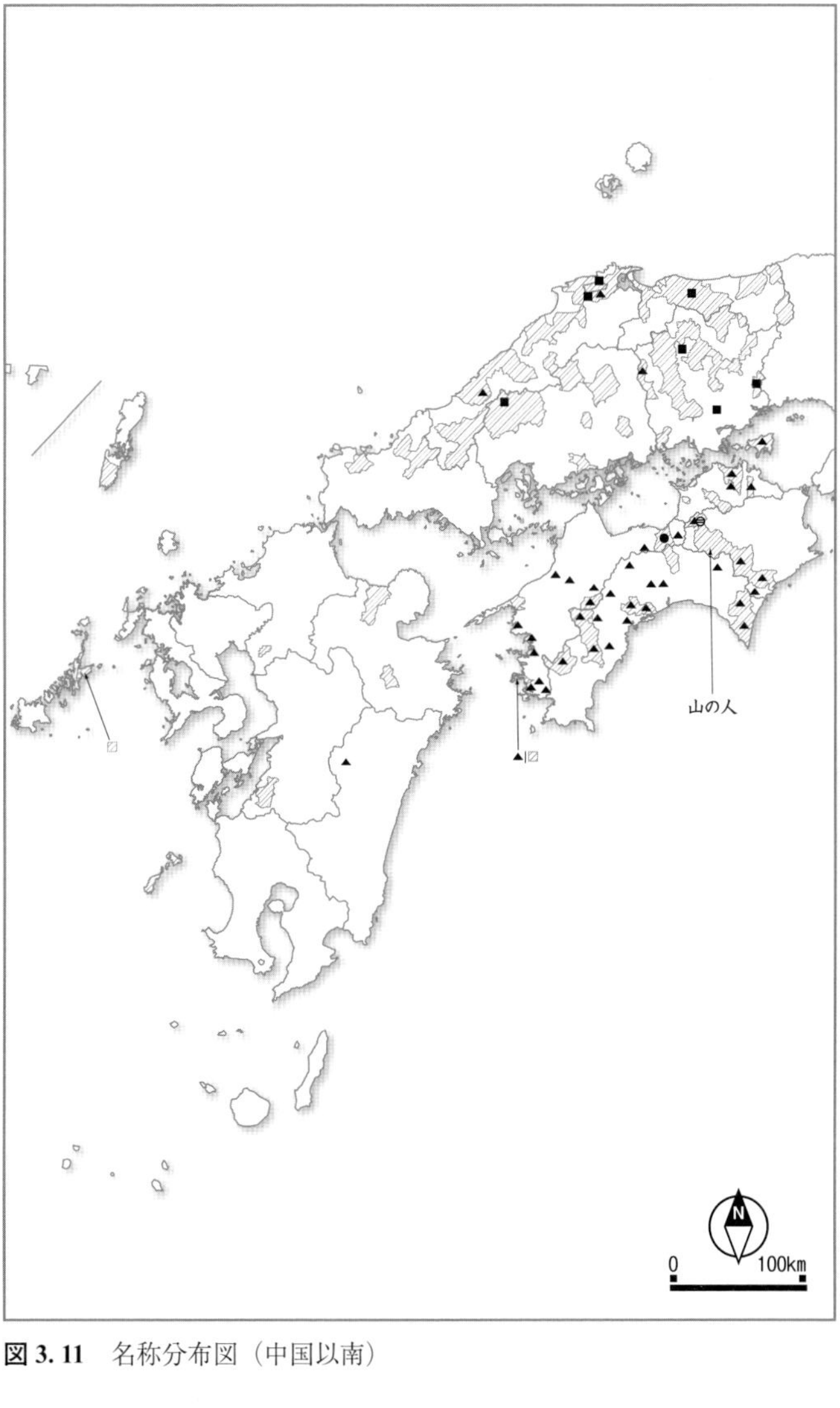

図 3. 11　名称分布図（中国以南）

島県伊達郡と奈良県吉野郡の二例を確認した。この「カメ」は「神」に通じる名称とも考えられる。「山の犬」の八例は、「山犬」に合算している。「オイヌ」に近い「オーイン」は一四を数え、「大犬」と表記するものが多くみられる。また、「オイヌ」の表記では「狼犬」とするケースもある。特異なものでは「オオカベ」や「ノジ」、「オエン」「ヤメンサア」「オオカ」などが挙げられる。「オオカベ」や「オオカ」は「オオカミ」から、「オエン」は「オイヌ」、「ヤメンサア」は「ヤマイヌ」からの転訛であろう。「ノジ」は意味が不明だが、マタギ言葉と伝えられることから一種の山詞と考えられる。

これらの名称の分布状況をみると、次のような地域性が浮かび上がってくる。まず「狼」が全国的にほぼ均等にみられ、「山犬」も岩手県から大分県までの広がりをみせている。しかし山犬には分布上の偏りが若干あり、山梨県、長野県、四国地方に多い傾向がみられる。これらの地域はまたお犬信仰の篤い地域でもあり、信仰との関連がうかがえる。逆に、近畿地方や北陸・中国・九州地方での山犬は少なくなり、「狼」が名称の主流になる。紀伊半島南部には「オウサン」系の名称もある。「オイヌ」は東北地方に多くみられ、「オイヌ様」になると東海地方まで広がっている。「カセギ」もまた東北地方に限定され、「オーイン」は日本海側を中心とした名称である。

これらの分布状況は、先にみた『産物帳』と同傾向を示しており、両資料間にそれほど大きな変化はみられない。資料数に差があるため単純な比較はできないが、「オイヌ」や「オオイヌ（オーイン）」の名称については後の資料の方がより広域に分布しているのがわかる。またごく少数ではあるが、江戸時代の文献にあった狼に類する「カセギ」が東北地方に認められた。具体的にみよう。

事例1（秋田県仙北郡角館町）

明治三十年頃。角館町火口地町ニ三《ママ》浦長右衛門といふ鍛冶屋があつた。夜中に裏の山の方からカセギがはいつてきて、家人が大騒ぎして追ひだしたことがある。カセギは犬よりも少し大きく、狼よりはすこし小さいとのことである。——祖母の話——

（『民間傳承』第六巻第一一号）(39)

秋田に伝わる「狼よりはすこし小さい」というこの伝承は、先にみた『（盛岡領）御書上産物之内従公辺御不審物幷図』にあった注記と同じ内容である。この「カセギ」についてはまた次のような文書も残されている。

資料1　獲狼賞与規則(40)

第一条　本県管内ニ於テ狼獣ヲ捕獲シテ産馬事務所へ持参ノ者へハ、左ノ金額ヲ賞与ス

但俗ニかせぎト称へ里犬ニ類スルモノヲ除ク（後略）

「獲狼賞与規則」は、明治年間に岩手県で出された、狼を捕獲した際の賞与についての産馬事務所立案の規則である。これによると、「カセギ」とは俗称であり、里犬に類するものとして認識されているのがわかる。条文に敢てこのような断り書きを付すのは、カセギを持ち込むものが少なからずいたということなのだろう。これらの資料によってカセギをそのまま狼と同定することはできないが、狼に類似したカセギという一つの動物像が浮かび上がってくる。『張州雑志』に記されていた狼と犬の混血の可能性も考えられるだろう。

以上、民俗誌および民間説話集にある狼の名称をみてきたが、これらはまた人々に親しまれてきた呼称でもあった。先にみた地域性も呼称ならではの特性といえるだろう。そしてそこには狼に対する人々の思いが込められてい

ると考えられ、その考察を試みたところ、次の四つの特徴が明らかになった。まず一つは、狼と犬との類似性である。たとえば「山犬」「大犬」「オイヌ」などのように、名称の多くには「犬」が当てられていた。「山の犬」や「大きな犬」、また接頭語のついた「お犬」である。伝承の中でも狼を犬と見違える例は多くあり、狼を認識する上で人々の身近にいる犬が用いられているのがわかる。

二つ目は、狼には常に「山」が意識されている点である。これは、たとえば「山犬」はもちろんのこと、狼を指す「ヤマ」という名称や、狼の前に枕詞のように付けられる「山の」といった表現によって知ることができる。また、明治三二年（一八九九）に刊行された『新編常陸國誌』巻一二にある解説は、「山犬」の本来の意味を明示したものである。次に引く。

資料2　方言(41)

「ヤマイヌ」狼ヲ云フ、即山犬ノ謂ナリ、又オホカメトモ云フ、
「サトイヌ」犬ヲ云フ、里犬ノ謂ニテ山犬ニ對ヘ云ヘルナリ、

これをみると、「ヤマイヌ」とは狼のことであり、また山犬であるのがわかる。そして「サトイヌ」とは犬のことであり、山犬に対する里犬であった。つまり、これによって狼は「里犬」に対する存在としての「山犬」と考えられていたといえよう。狼は、里にいる犬に類似した山に生きる動物として認識されていたのである。

三つ目は、野生動物の中の狼の位置付けについてである。全体からみればごく少数ではあるが、狼には「山の王」や「山の殿様」「ヤマタロウ」「旦那」「山の大将」などの別称がある。これらの名称は狼の地位を象徴するも

のであり、狼は山にすむ野生動物の中ではもっとも強い存在として人々に位置付けられていたのがわかる。

四つ目は、狼を神あるいは神使として認識している点である。たとえば「おいぬ様」「狼様」「山犬様」「山の神の使い」「ヤマイヌミツミネサマのお使い」「三峯さん」「御岳様のお使い」「山住様の使い」などには、狼と神との結び付きがうかがえる。また、狼の神格化とともに名称の多くに特定の神仏名が付されていることから、三峰信仰や山住信仰などの山岳宗教との関わりも想定される。

狼という一つの動物の名前の変遷を辿り、人々の狼に対する認識がどのようなものであったのかが、おぼろげながらつかめてきた。それでは、わたしたち日本人はこの狼の姿をどのように捉え、また表象化してきたのだろうか。次節でみることにしよう。

2 狼表現の系譜

2・1 図像の中の狼像

わたしたち日本人は、狼の形態をどのように認識し、またそれをどのように表象化してきたのだろうか。名称について考察する中で生じたこれらの疑問に答えるためには、従来の伝承資料に加えて図像資料を用いる必要がある。図像化された狼の考察はこれまでにない試みであり、日本人と狼の関係のより深い理解につながると考える。また、描かれた狼がわたしたちに与えてくれる情報は思いの外多いに違いない。そこにいる狼は、野生そのものの狼ではなく、人々の手を通して再生されたものだからである。

本節では、まず初めに年代の把握が可能な図像資料の考察を行い、次いで伝承資料についての考察に入る。伝承資料の時代性は、それが記録された時点の確認に留まることが多いが、それまでの長い年月の中で語り継がれてきた可能性を有したものでもある。生物学的な実体そのものよりも、人々が狼をどのように認識していたのかという点に主眼を置いて、本節の考察を進めることにしよう。

概して、十二支にある動物たちは描かれる機会に恵まれているが、十二支に入らない狼の場合には、その図像数は多いとはいえない。むしろ希少といってもよい。そのようななかで、狼が「お犬様」として各地の護符に描かれてきたのは稀有のことであった。しかし、それらの護符にはある趣向が読み取れるため、分析には修験道や関連社寺と併せて考察する必要がある。そこで護符については別の機会に詳しくみることにし、本節ではお犬信仰の代表ともいえる掛軸の二点を考察の対象とする。

現在確認している狼の図像資料は、表3・2に一覧としてまとめたように約六五点[42]になる。図像の性質によってこれらを分類すると、宗教関係、芸術的な要素を含む絵画関係、また本草学・博物学関係の三つに大別できる。範疇によって描写の目的が異なるため、各タイプからそれぞれ四点の図像を取り上げ、製作された時間軸に沿って考察を進める。

宗教関係

①絵巻「地獄草紙」原家本

初めに取り上げるのは、絵巻「地獄草紙」原家本である。小松茂美によれば、地獄絵が描かれた記録上でもっと

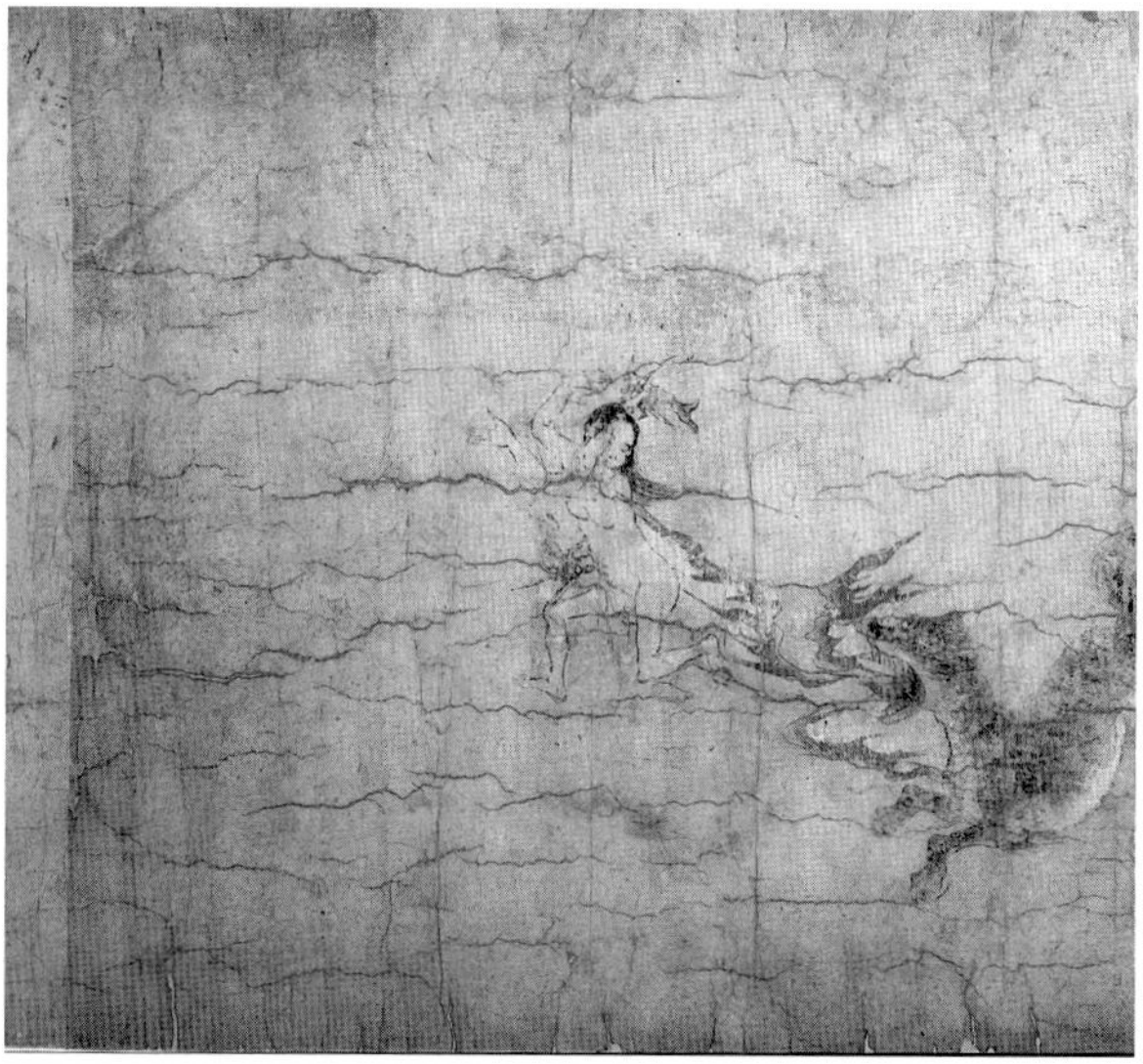

図 3. 12 「地獄草紙」(原家本) 第 7 段「狐狼地獄」(奈良国立博物館蔵) 1180 年代

も古い作品は九世紀後半のものになるが、ここに載せた「地獄草紙」は、後白河院時代に六道絵の一セットとして製作されたといわれる、一一八〇年代の作品になる。[43] 確認している狼の図像資料の中では最古のものである。

図3・12に示した原家本は、一六小地獄のうち第一五「狐狼地獄」を描いたものである。[44] 一人の裸形の女が、一頭の巨大な狼に襲われて逃げまどっている。大きく開いた狼の口からは火焰が吐かれ、少しみえにくいが女の頭や腹には小さな狐の喰いつく姿もある。

地獄絵には、実在の動物やそれをもとに創作したような奇怪な動物が登場し、地獄に堕ちた人々に懲罰を与える様が描写されている。本図の狼もそのような想像上の動物にきわめて近い、観念的な要素の強い狼と考えられる。

②掛軸「仏涅槃図」広島 浄土寺蔵

次に狼が現われるのは、仏涅槃図である。インドから中央アジア、中国、朝鮮半島、そして日本へともたらさ

絵画関係	本草学・博物学関係
●絵巻／諸獣図・細川有孝　江戸前期	〈本草綱目 1607（年頃）〉
	●事典／訓蒙図彙・中村惕斎 1666（寛文 6）
絵本／獣絵本つくし・菱川師宣　1694（元禄 7）	●図譜／珍禽奇獣図　江戸中期
襖絵／狼猺図・曾我蕭白　1764（明和元）	産物帳／御書上産物之内従公辺御不審物図（かせき）1737（元文 2）
絵巻／難福畫巻・円山応挙　1768（明和 5）	図譜／毛介綺煥　江戸中期
●掛軸／狼図・円山応挙　1789（寛政元）	図譜／張州雑志・内藤東甫　1773-1785（安永 2-天明 5）
屏風／群獣図屏風・長澤芦雪 1789-1801（寛政期）	図譜／諸鳥獣図・内藤東甫　江戸中期-後期
掛軸／狼図・紀楳亭　1792（寛政 4）	俳書／姑射文庫・内藤東甫　1768（明和 5）
●絵手本／画本彩色通・葛飾北斎　1848（嘉永元）	事典／増補頭書訓蒙図彙大成　1789（寛政元）
掛軸／雪中狼図・浮田一蕙　江戸後期	図譜／動物図譜（ヤマイヌ）・川原慶賀　1830（年頃）
掛軸／月狼図・上田公長　江戸後期	〈FAUNA JAPONICA（ファウナ・ヤポニカ）1842〉
絵巻／動物百態図・狩野芳崖　江戸後期	●図譜／本草図説・高木春山　1852（嘉永 5）未完
絵巻／怪奇談絵詞　江戸後期-明治	図譜／図譜獣部・斎田雲岱　江戸後期
絵画／狼図・畑山其鳳　江戸後期-明治	掛軸／狼写生図（春日大社蔵）1861（文久元）
掛軸／月下老狼図・鈴木松年　江戸後期-大正	
屏風／月下狼図・鈴木松年　江戸後期-大正	●図譜／博物館獣譜・田中芳男編　明治初期
絵画・描絵羽織／河鍋暁斎　1871（明治 4）以降	図譜／獣類一覧・田中芳男撰　1873（明治 6）
新聞錦絵／大蘇芳年　1875（明治 8）	図譜／動物訓蒙・田中芳男選　1875（明治 8）
錦絵・絵画／河鍋暁斎　明治 10 年代	
浮世絵／月百姿・月岡芳年　1886（明治 19）	図譜／両羽博物図譜・松森胤保　1883-1892（明治 16-25）
●絵本／亥中の月・幸野楳嶺　1889（明治 22）	
絵画／狼図・下村観山（森狙仙模写）1889（明治 22）	
掛軸／月下吼狼図・岸竹堂　1894（明治 27）頃	
掛軸／月下孤狼図・島田雪湖　明治	
掛軸／（狼図）・今井琴谷　明治-昭和	
掛軸／月夜双狼図・友田九渓　1913（大正 2）	

この他にも制作年代が不明なものなどが多数存在する.

表 3.2　図像資料一覧

時代区分	宗教関係
平安時代	●絵巻／地獄草紙（原家本）1180 年代
鎌倉時代	●掛軸／仏涅槃図（広島 浄土寺蔵）1274（文永 11） 図像集／覚禅鈔（和歌山 西南院蔵）1323（元亨 3） 掛軸／仏涅槃図（福井 本覚寺蔵）1328（嘉暦 3）
南北朝時代	絵巻／厳島縁起絵巻　1346（貞和 2） ●掛軸／役行者前後鬼・八大童子像（京都 聖護院蔵）南北朝時代
室町時代	掛軸／役行者前後鬼・八大童子像（奈良 金峯山寺蔵）室町時代 掛軸／役行者前後鬼・八大童子像（京都 醍醐寺蔵）室町時代 図像集／覚禅抄（京都 醍醐寺蔵）室町初期 絵巻／熊野本地絵巻（逸翁美術館蔵）室町後期 絵巻／熊野の本地（大阪 杭全神社蔵）室町末期
江戸時代	絵巻／熊野縁起（バーク財団蔵）江戸初期 絵巻／熊野御本地（天理大学附属天理図書館蔵）1622（元和 8） 絵巻／熊野権現縁起絵巻（和歌山県立博物館蔵）1637（寛永 14） 絵入整版本／くまの丶本地（赤木文庫旧蔵）寛永期頃 掛軸／大等禅師狼済土図（福井 向陽寺蔵）江戸後期 絵馬（岡山 貴布禰神社蔵）1855（安政 2） 陣羽織（埼玉）江戸時代か
明治時代	●掛軸／お犬様（静岡 山住神社蔵）江戸末期-明治初期 絵馬（長野 入登山神社蔵）1887（明治 20） 絵馬／御神犬画額（埼玉 三峯神社蔵）1898（明治 31） 絵（埼玉 巌根神社蔵）1903（明治 36） 天井絵（福島 山津見神社蔵）1904（明治 37） 掛軸（福島 山津見神社）

●印は本節での掲載図を示す．なお，仏涅槃図および「熊野の本地」関係には，

図 3. 13　「仏涅槃図」（広島 浄土寺蔵）文永 11 年（1274）

れた仏涅槃図は、釈迦が涅槃に入る時の様子を描写したものである。この釈迦のまわりには、嘆き悲しむ会衆とともに実に多くの動物が描かれており、その中の一つに狼の姿を見出すことができる。

仏涅槃図には新旧二つの形式があり、応徳三年（一〇八六）製作の金剛峯寺本をはじめ、藤原時代から鎌倉時代後期までに成立した、唐画の影響を受けている作品を第一形式と称する。これに対して、鎌倉時代前期以降に成立した、宋画の影響を受けている作品は第二形式と呼ばれ、後者の方が経典の記述に忠実であることで知られている(45)。

ここに示す涅槃図は、宋から渡来したと考えられている京都の長福寺本、あるいはそれに類する宋画を、文永一一年（一二七四）に写して製作したという広島の浄土寺に伝わるものである(46)（図3・13）。この浄土寺本は第二形式の方に入り、そこには虎や鹿をはじめ四六種にも及ぶ動物が描かれている。向かって左前方に地に臥す姿で描かれている狼は、肋骨が浮き出た様態である。

長福寺本では狼の毛色が茶色に著色されているのに対して、浄土寺本ではこれが白に変化している。同本においては象や鼬の毛色にも白色化がみられる。神聖味をもたせるための変化と考えられよう。

③掛軸「役行者前後鬼・八大童子像」京都　聖護院蔵

仏涅槃図の流れとは別に、南北朝時代になると役行者画像に「狼」の姿が登場する。「役行者前後鬼・八大童子像」である。現在確認できる早いものでは、京都の聖護院本が一四世紀半ば頃に、奈良の金峯山寺本が一四世紀後半の室町時代に、そして、京都の醍醐寺本が同じ室町時代に製作されたと考えられている(47)。

図3・14に示した聖護院本をみよう。岩座上に倚座する役行者を画面中央に大きく描き、上方に役行者を取り巻く形で八大童子が配されている。下方右手には前・後鬼が描かれ、その手前左手にはインド・中国・日本をそれぞれ象徴するといわれる獅子・虎・狼の三獣がみえる(48)。このうち狼は向かって右側に左を向いて座し、役行者を見上げるような姿で描かれている。著色は白であり、この点では先にみた仏涅槃図にも共通している。尾は短く細く、

図3. 14　「役行者前後鬼・八大童子像」（京都 聖護院蔵）南北朝時代

図 3. 15　「お犬様」（静岡県磐田郡水窪町 山住神社蔵）

犬のような姿であるが、修験道において狼が「御神犬」と呼ばれていたことを想起すれば了解されるだろう。後に修験系寺院および神社に関わる人々によって配札された護符にある狼図も、ここにみる狼の系統を引くものと考えられる。

④掛軸「お犬様」　静岡　山住神社蔵

静岡県磐田郡水窪町（現浜松市）に鎮座する山住神社は、和銅二年（七〇九）の創始とされ、元正天皇の養老元年（七一七）に勅願所になったと伝わる神社である。明治五年（一八七二）に現在の山住神社に改称され、大山祀命を御祭神に、また狼（お犬様）を眷属として今日まで広く人々の信仰を集めている。図3・15はその眷属である狼を描いた掛軸(49)であり、現在も神社や氏子によって祀られているものである。

眷属は姿を顕にすることはないが、まれに影がみえる時があるという。そのためであろうか、眷属としての狼は、ここに示した図像のように黒く著色されることが多い傾向にある。容姿をみると、耳は直立して目が丸く鮮明に描かれ、大きく裂けた口からは牙ものぞいている。「お犬様は目が鋭く口が大きく身が細い」という氏子の間に伝わる伝承を体現しているのが、この図像といえるだろう。座像ではあるが、前に一歩踏み出した右脚は今にも動き出しそうであり、素朴な絵ながらも単なる生き物を超えた崇高さが感じられる。先にみた「役行者前後鬼・八大童子像」と同様に、信仰的な要素の強い狼像といえる。

以上みてきた四点に代表される宗教関係の狼図は、観念的な要素が特に強い傾向にあった。狼は早い時期に仏教や修験道などの宗教に取り込まれ、強靱かつ神秘的な生き物としての役割を与えられていたのがわかる。山野に生息する実在の動物からはかけ離れた、いわば人々の想像の産物ともいえる狼像である。

絵画関係

次に、画家によって描かれた絵画作品をみよう。ここに分類した図像資料は特に宗教性のないものになる。日本絵画史における動物を描いた作品には、花鳥を題材にしたものから次第に多様な動物画へと変遷していく大きな流れがある。(50)狼の姿が描かれるのは江戸時代前期のことであり、この動物画が誕生した後のことになる。

⑤絵巻「諸獣図」細川有孝筆

図 3.16　細川有孝（源有孝）筆「諸獣図」（永青文庫蔵）

現在確認している最古の絵画は、細川有孝による「諸獣図」の狼図である（図3・16）。細川有孝は、一六七五年生まれの肥後宇土支藩主を務めていた人物である。江戸時代前期の作と伝わるこの巻子装の「諸獣図」には、空想上の動物や舶来の動物を含めた獅子・虎・豹・象・駱駝・馬・麝香猫・ムササビ・山猫などが描かれている[51]。その中の狼の姿を具体的にみよう。

松の樹の根元に二頭の狼が臥しており、近くにはまた別の一頭が後ろを振り向いた姿で立っている。大きく割けた口からは巨大な牙や赤い舌がのぞいている。毛色は焦げ茶のようにみえるが、これは絹地の褪色によるものであろう。もとは鼠色であったと推測される。耳は小さく尾は垂れ、腹部の毛はやや白味を帯びている。隣に描かれた和犬に比較すると、狼の大きさは約二倍になる。実物に近い部分も一部あるが、全体的にはかなり誇張された狼像といえる。

⑥掛軸「狼図」円山応挙筆

少し時代が下ると、円山応挙による二作品が現われる。一つは明和五年（一七六八）の作とされる「難福畫巻」であり、もう一つは寛政元年（一七八九）に描かれた「狼図」である。前作品は淡彩のため、ここでは「狼図」の方を取り上げる（図3・17）。

「狼図」は掛幅装一幅の作品になる。尾は垂れ、「諸獣図」と同様に耳が小さいというニホンオオカミの特徴を捉えているのは、写生を重んじた応挙ならではということか。その小さな耳を下げて少し上目づかいに見上げる気弱そうな狼である。黒い毛色だが、腹部はやや淡色にみえる。多数伝わる応挙の犬の図に比較すると、狼の脚は強靱に描かれているが、特別な誇張は感じられない。

⑦絵手本『画本彩色通』葛飾北斎

『画本彩色通』は、北斎が画狂老人卍の名で嘉永元年（一八四八）に刊行した絵手本である（図3・18）。本書は、八九歳を数える北斎が絵を描く上での心得とその見本を示したものであり、狼の項では絵とともに次のような詞書が添えられている。

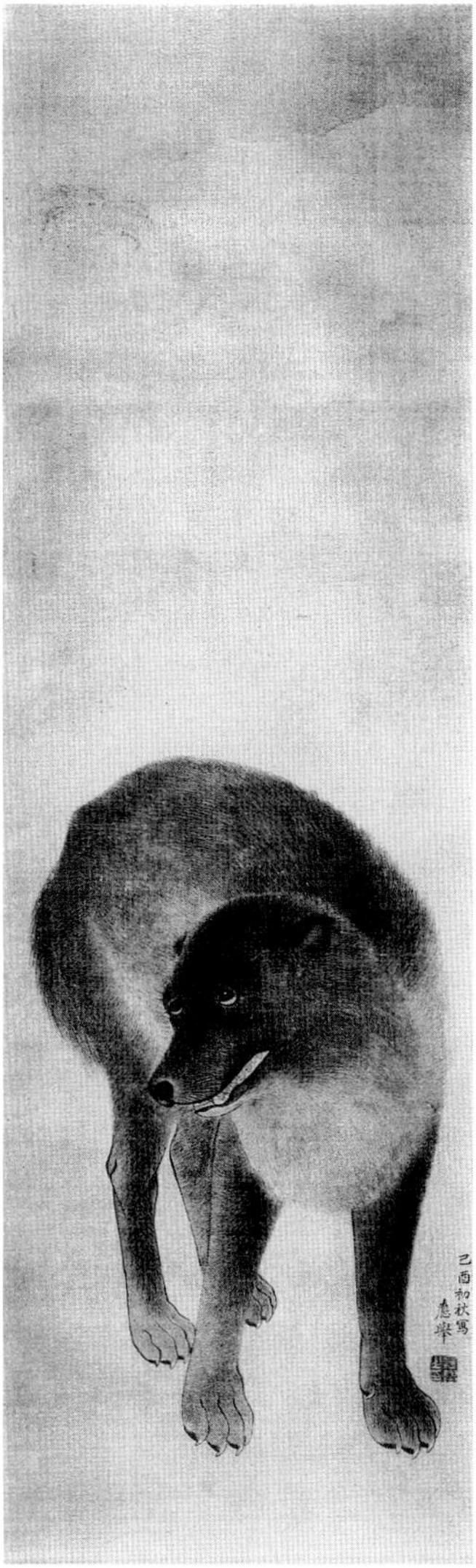

図3.17　掛軸　円山応挙筆「狼図」（大阪府立中之島図書館蔵）

図 3. 18　葛飾北斎『画本彩色通』（国立国会図書館蔵）

狼　おほかみ　多く灰色なり、しろ、まだらの外なし。四足。ひぢより下ひらめなり。こえたるあり。やせたるあり。ゆびのさかひに水かきあり。名はさらねどもむかしより。今も心へちがひしてまなこ丸くしておそろしくゐぎやうにゑがくわらふべし。山と里とのたがひあるのみ。犬なれどもいさゝか骨格にことなるものなり。

ぜんしん。毛のはへたるさま。まへにいふとら。らくた等にみ合せけがきすべし。したてかた。たぬきによりてよし。山にせうずるものいづれ相同じ。一品一品にそのづにまよふ人は二百歳も齢なくはゑの道をまなぶ事かたかるべし。一をきいて十をしるの画才なくはまなばる方しかるべしこれによると、狼の多くは灰色をしており、白や斑のものもいると考えられていたのがわかる。先人たちの描いた狼図を批判し、狼と犬とは「山と里とのたがひあるのみ」としている。前節でみた『新編常陸國誌』に通じる内容である。また、骨格に少し異なるところがあるのを除けば、毛の描きようも「山にせうずるものいづれ相同じ」とある。

絵をみよう。大きく開口して四肢に力を込めて立つ姿は、遠吠えの様子を描いているようにもみえる。耳は小さく、尾は垂れて腹部に流動的に寄せられている。詞書の通り、肘から下は少しひらに、また、全身には毛が細かく描き込まれている。脚が長いのは美化によるものだろうか。犬の場合も同様の傾向がみえる。

本書は北斎晩年の絵心を伝え、江戸時代後期の画家の持つ野生動物に対する知識の程を教えてくれる。

⑧絵本『亥中の月』幸野楳嶺

『亥中の月』は、明治二二年（一八八九）に刊行された幸野楳嶺著画の絵本である。鶴や雀などの鳥類をはじめとして二五種の動物が描かれており、その中に狼の絵がある（図3・19）。

書名にある「亥中」とは、亥の上刻と下刻との間を指していい、現在の夜一〇時頃に当たる時刻になる。陰暦二〇日の夜の月は、その亥中の頃に東天上に上るために「亥中の月」と呼ばれ、親しまれている。そのような風流な名が示すように、本書は全体的に色彩が抑えられた作りになっており、狼にも鼠色と朱鷺色の二色が施されている。背景には枯れ草が描かれ、小高い丘の上で遠吠えをする姿のようにみえる。頭上では亥中の月が照っているのだろう。先にみた作品に比べると耳は若干大きいが、尾が垂れて内側に巻かれている点は共通している。口まわりの描写に誇張はなく、肋骨が浮き出た野性味を帯びた姿である。北斎の絵手本同様に脚は長く描かれ、詩情を感じさせ

図 3. 19　幸野楳嶺『亥中の月』（千葉市美術館蔵）

る絵図である。

このように、狼は江戸時代の前期頃から絵画作品に登場してくるが、その数が示すように画材としてはかなり珍しい存在だったのがわかる。絵師や画家に描かれた狼には、小さな耳と垂れた尾に特徴があった。そのように狼の形態を踏まえた部分がある一方で、口や脚を強調して美化する傾向も認められた。

本草学・博物学関係

明の李時珍が著した『本草綱目』が日本にもたらされたのは、刊行から一一年後の慶長一二年（一六〇七）頃のことである(52)。この『本草綱目』の伝来によって、動植鉱物についての膨大な知識が得られるようになり、平安時代から脈々と受け継がれてきた薬学に加えて、本草学への関心が一気に高まることになる。本草学からはやがてもう一つの潮流となる博物学が誕生し、この気運を得て国内の動植物も積極的に描かれるようになる。

描かれた狼をみる前に、まずは日本に受容された本草書にある狼の記述を確認しておこう。以下に代表的な書物として、人見必大著『本朝食鑑』（一六九五年）、寺島良安著『和漢三才図会』（一七一二年）、小野蘭山『本草綱目啓蒙』（一八〇三年）の三点の訳文を引く。

資料1　『本朝食鑑』(53)　獣畜部

狼　［釈名］（前略）豺・狼は同類であって、倶《とも》に犬に似ているが、狼は肥え、豺は痩せ、毛色も殊《こと》なる。その健猛さには殊《ちが》いはない。

［集解］狼は狗に似て、大きい。豺の属であり、山野の各処に多くいる。頭が鋭く、喙《くちさき》が尖り、頬が白く、脇が骿《なら》び、前が高く、後が広く、脚は稍《やや》短い。その色は雑黄黒色かまたは蒼灰色である。（中略）口は濶《ひろ》く、耳まで大きく拆《さ》けており、歯牙は金鉄を噬《か》むほどの剛利さである。したがって、一度《ひとたび》物を噬めば、断ち切れないものはなく、噛み尽くせないものはない。その力もまた強く、人畜を負かすことができる。（中略）四趾に蹼《みずかき》があり能く水を渡る。（後略）

豺　［釈名］今俗は山犬と呼ぶ。あるいは狼と相互に混称することもある。

［集解］豺は大抵《ほぼ》狼と同じである。そのため、通俗には、豺と狼とを、互いにその名を混称する。もし細かに弁ずると、豺の体は細く痩せて頗る白く、前が矮《ひく》く後が高く、尾が長く、四趾で、蹼はなくて水を渡れない。その気は臊臭《なまぐさ》くて好ましくない。その健猛で力が強く、牙が勁《つよ》く口が大きいことは狼と相同じい。（後略）

資料2　『和漢三才図会』(54)　巻第三八獣類

狼　『本草綱目』に、（中略）形、大きさは犬のようで、鋭い頭、尖った喙《くちさき》。頬は白く脇は骿《つらな》っている。身体は前は高く後は広い。脚はそれほど高くはない。（中略）色は雑黄黒、また蒼灰色のものもある。（中略）思うに、（中略）四趾には蹯《たなごころ》があり、よく水を渉《わた》る。

豺『本草綱目』に、（中略）犬に似ていて頗《すこぶ》る白い。身体は前は低く後は高くて長い尾をもっている。細く痩せていて、すこやかで猛々しい。毛は黄褐色で鬇鬡《そうこう》（髪が乱れていること）。牙は錐《きり》のようで物にかみつく。（中略）

思うに、豺（俗に山犬という）は状は犬に似て足に蹯《はん》があり、狼の足のようなのが異とされる。山を行く人は狼以上に山犬を怖れる。

資料3　**『本草綱目啓蒙』**(55)　巻之四十七獣之二獣類

狼（前略）形ハ犬ヨリ大ニシテ、喙長ク口大ニシテ耳下ニ至ル。耳ハ小ナリ。全身茶褐色ニシテ微紅ヲ帯、頰ニ小白斑点アリ。尾ハ最大ナリ。灰色ニシテ白毛雑ハル。脚ニ蹼アリテ能水ヲ渉ル。目ハ三角ニ見エテ、暗夜ニハ光アリテ星ノ如シ。（中略）ソノ歯二重ニシテ斉整、犬ノ歯ノ斉カラザルニ異ナリ。物ヲ齧バ直ニカミ断。（中略）狼ノ腹皮薄ク、若芒ニ触レバ傷損スト云。

豺（前略）形ハ狗ニ似テ、大ニ、体瘦テ水禽ノ臭気アリ。狼ハ蹼《ミヅカキ》アリテ能水ヲ渉ル。豺ハ蹼ナクシテ水ヲ渉ルコト能ハズ。ソノ爪長クシテ窊面ナリ。ヲガラヅメト云。形大麻稭《アサガラ》ノ窊面ニ似タル故ナリ。（中略）ソノ歯脱ヤスシ。狼ノ歯ハ脱ガタシ。全身黄褐色ナル者多シ。又虎斑ナルモ、他色ナルモアリ。（後略）

これらの三資料の示す通り、本草学では「狼」に並んで「豺」を分類し、両者はよく似た存在ではあるが、相違点があると説かれている。たとえば狼には蹼があり、よく水を渡るのに対して、豺には蹼がないために水を渡れないといい、狼よりも豺の方が痩せているなどの身体的な違いも述べられている。豺の俗称が「山犬」であり、狼とは別個の存在として扱われていることは、前節でもみた通りである。このように『本草綱目』を中心とした種々の本草書の引用と著者の見解が述べられている三書だが、これらの書物が広く流布していたことを鑑みると、当時の知識人には、狼と豺（山犬）は異なる動物と考えられていたことが推察される。そしてそのような理解は、『本草綱目』に各動物の絵が付されていたこととも重なって、その後製作された図像資料にも影響を与えることになる。具体的にみることにしよう。

図 3. 20　中村惕斎『訓蒙図彙』（国立公文書館蔵）

⑨事典『訓蒙図彙』中村惕斎

　まず初めにみるのは、中村惕斎によって寛文六年（一六六六）に刊行された図解事典『訓蒙図彙』である。前節でも触れた通り、第一二巻には狼の絵が豺とともに載っている（図3・20）。

　狼をみると、耳は小さく尾は垂れ腹部の方に巻かれている。体毛が密集し、下腹部は少し太いようにもみえ、草原で何かに吠えているような姿である。これに対して豺は、岩肌のみえる荒地を吠えながら駆けているようであり、体つきは狼よりも細く尾は立っている。これらの描写が本草学に基づいたものであるのは、前掲の諸資料をみれば明らかであろう。

⑩図譜『珍禽奇獣図』

江戸時代中期に製作された紙本著色折本一帖の図譜である。「諸獣図」と同様に元肥後熊本藩主の細川家に伝わり、後に熊本大学を経て現在は永青文庫に収蔵されている。珍奇な動物八〇図の貼交画帖であり、そこには一つ一つの動物が大きくまたダイナミックに描かれている。多くの写生図には写生の年月日および描者名が記されており、明和二年（一七六五）から寛政一二年（一八〇〇）までの年紀がみえる。『珍禽奇獣図』には「仙臺候家蔵図」や「水戸様ヨリ来ル」などの書き込みもあり、博物学の隆盛とともに、各地で活発な知の交換がなされていた様子がうかがえる。

図3・1の狼図が内藤正参の筆であるのは、すでに触れたことであった(56)。この狼図をみると、毛の一本に至るまでが丁寧に描かれた丹念な描写である。耳はさほど大きくはなく、尾は座像であるためか体に寄せられている。目は金色に彩られ、全体の毛色は灰色を帯びた茶褐色になっている。爪は青い。

特筆すべきは、ニホンオオカミの特徴といわれる黒い毛が前脚部に描かれている点である。ありのままの姿を写そうとする姿勢がここには読み取れる。

⑪図譜『本草図説』高木春山

日本人による、一九世紀半ば最大の動植鉱物全般の図譜といわれているのが、この『本草図説』である(57)。博物学者高木春山の著したこの図譜には、図3・21に示した「黒狼」の他にも狼と豺の絵が各一点収められている。

狼の耳は小さく尾は垂れ、大きく開いた口の中には赤い舌と大きな牙が詳細に描かれている。短軀な体つきをしているのは本草学の影響であろうか。目は青く、肋骨は浮き上がってみえる。

また、本図には「一種　黒狼」の文字に加えて、『山海図説』から引いた次のような注記もある。(58)

黒狼
此ノ黒狼ハ　寛政三辛亥春　水戸南領ニテ獲ル所ニテ奇品ナリ　文化六己巳春三月　中山備中守殿ヨリ傳写ト云フ　或人云フ　諸獣ニハ長眉毛アリ　豺狼ニハ眉毛ナク　乳ナシト『山海図説』

これによれば、この狼は寛政三年(一七九一)に水戸南領で捕獲されたものであり、それを真写した絵図を文化六年(一八〇九)に中山備中守殿から伝写したもののようである。本図には、このほかにも斎田雲岱の『図譜獣部』や田中芳男の『博物館獣譜』に類似の絵図を確認している。狼がそれだけ珍しいものであったのだろうが、伝写による知の広がりがここにも認められる。

⑫図譜『博物館獣譜』田中芳男編
『博物館獣譜』は、先述の通り明治時代初期に田中芳男が編集した図譜である。同図譜には『珍禽奇獣図』および『本草図説』にみた狼図と同じものが収載されているが、他にも狼が一点、豺が二点、豺狼両方を描き分けた絵図の一点がある。ここではその中の豺の図を取り上げよう(図3・22)。

絵図には、「やまいぬ　豺　毛狗」の注記の下に二頭の動物が描かれている。手前に臥している一頭は画面右側

図 3. 21　高木春山『本草図説』(西尾市岩瀬文庫蔵)

図 3. 22　田中芳男編『博物館獣譜』(東京国立博物館蔵)

に頭を向け、その後ろに座すもう一頭は後方を振り向いて開口した姿である。二頭はともに耳が小さく、肋骨が浮き出てみえる。毛色は一頭が鼠色であるのに対して、もう一頭は茶色に著色されている。頰の部分に口の際から耳近くまで薄黒い毛が描き込まれているのは、他には例のない特徴である。若干痩せてはいるようだが、他の狼図との間に大きな違いは見出せない。

このようにみてくると、本草学や博物学の世界では、その当初から狼に並んで豺の図が描かれていたのがわかる。享保年間に諸国の産物帳が集められたのを契機として、各地でさかんに動植物図譜が編まれるようになる中で、狼も珍獣として積極的に描かれていた。しかし実物を真写するという写実性が重んじられながらも、本草書にある「豺」の存在によって、狼は豺と描き分けられていたのである。これは、専ら狼のみを描いていた宗教関係や絵画関係の図像にはない特徴であり、本来は狼と同じに考えられていた山犬が、別種の「豺」と見なされるに至った理由を如実に示すものでもある。

2・2　伝承の中の狼像

表象とは、直接の感覚を通して人間に与えられた、オリジナルな対象についての印象や知覚した内容、また記憶といった、ある程度恒常的であり抽象的な考えを意味する(59)。伝承という、人々が口頭で伝えてきた知識の伝達では、そのような表象の中でも対象を現前にした知覚表象を語る例はあまり多くはないだろう。ことに狼の形態について論じる場合には、きわめてまれといっても過言ではない。すると、記憶によって再生される場合の記憶表象か、想像による場合の想像表象の二通りの可能性が考えられる。たとえ初めは記憶表象だとしても、時間の経過とともに記憶が薄れ、やがて想像表象に近づいていくことも予想される。

これからみていく伝承資料も、そのような記憶や伝聞による想像的な要素が混入したものと考えられる。しかしながら、むしろその方が人々のイメージに残る狼像を伝えているともいえる。人は狼のどこに注目し、またどのようにして狼と認識するのだろうか。

(1) 語られた狼たち

目撃された狼

事例1 (奈良県吉野郡東吉野村大豆生)

一〇月の一二か一三日頃に、国見山を越えた寺林という所で材木の枝打ちをしてた時のことです。昼頃、曇ってきたので雨が降ってくるかなと思ってたら雨がしとしと降ってきて、また陽がサーと差したりして、ガスが出てきて三メートル先も見えないようになった。

枝打ちも終わり、帰ってもいいかなと思ったが、木の根元でちょっと一服していた。ガサガサという木の葉を踏む音がしたので、ひょっと見たら、二メートルくらいの所に狼がいた。身震いするくらい迫力があるというか、恐ろしいんです。なぜ狼とわかったんか、犬と違うたんかという人がなかにはおるんですが、私は延べ七匹も犬を飼っていて、猟師もしてましたので、犬と狼を間違えることはありません。「あっ、狼だ。」とにかく手か足か食いちぎられると思いました。それで、すぐ斧を(頭の上に)構えて、ずっとエーイエーイと声を出していました。狼の前脚がそろったら跳んでくると思っていたら、前脚がそろったんです。私の上をビャーッと跳び越えたんです。手応えなかったなあと思ったら、バサーッと、三、四メートル先に跳び降りたんです。着地した時、少し転びそうになったが、振り返らずに落ち着いて上へ上っていきました。王者の貫禄がある。私が休んでいたのはちょうど獣道だったので、そこの窪んだ所を跳び越して高い所へ行こうとしたら、私がいたので、ジーッとにらんでいました。休んだ時、獣道だというのはわかっていました。村に狼のブロンズ像があるが、あれよりも体がもう少し大きく、細い。毛は煙草の灰のような薄黒い灰色で、犬より口が大きい。尾は少し長かったかな。だらんと垂れていました。眼光は鋭いなんてもんじゃない。犬にはあんな跳躍力はない。あれで寿命が五年縮まりました。

（話者七七歳男性　筆者聞書き）(60)

語り手の住む奈良県東吉野村は、最後のニホンオオカミが捕らえられた土地である。その東吉野村で、一九九一年に狼が目撃された時の様子を聞き書きしたのが、事例1になる。はたしてその動物が本当に狼だったのかどうかは今は知る由もないが、ここでは語り手がその動物を「狼」と認識した根拠に注目したい。

語り手は、不断は人が立ち入らないような奥深い山の中で「狼」と出逢っている。「狼」をみた瞬間には、身震いするくらいの迫力と恐怖を全身に感じ、鋭い眼光には手足を喰いちぎられる恐怖を、また落ち着いた動作からは王者の貫禄も感じ取っている。つまり、目撃した時の直感によって瞬時に「狼」と理解しているのである。毛色は煙草の灰のような薄暗い灰色であり、口は犬よりも大きく、尾は少し長めで垂れていたとあった。語り手の頭上を跳び越えた時の跳躍力は犬に勝るものであるといい、犬との比較によって狼と認識しているのがわかる。このように、狼を犬と対比させて理解する例は他にもある。詳しくみてみよう。

狼と犬

事例2（奈良県吉野郡上北山村）

確か十二才の時の事、西原（上北山村）の宝泉寺の下にある中岡島蔵といふ家へ、夜灰粕の犬が入つて来たので家人は之を追つたが、どうしても出て行かないので、翌朝縄で括り外へ出した、之を見た近所の人達はコリや犬ではない、狼だといふので大いに吃驚したが、狼は少しも反抗せない、その中学校へつれて来て生徒達も狼の身体を觸つたり毛を引つ張りするが、され放題であつた、あまりおとなしいので　こりや病気のため人を頼つて来たのに相違ないと衆談一決したが、暫くすると横に倒れて死んでしまつたので川原へ埋めてしまつた（傍線は筆者。以下同様）。

（『吉野風土記』[61] 第二一集）

夜間に家に入ってきた犬が、実は狼だったと知って吃驚した様子が伝わってくる。夜目ということもあったのだろうが、翌朝近隣の人々に指摘されるまでそれに気付いていない。この場合は病狼で弱っていたことも関係しているのだろう。狼と犬を混同するこのような例は意外に多い。続けて類似した例をみよう。

事例3（秋田県上檜木内村戸沢）

六十年前のある日の晩景時分に、家の前に虎毛の犬が一匹いたので、母と一緒にその背中を撫でてやらうとしたら、ブーンと逃げて行った。それが後で、六蔵沼のあたりで射ち獲られたが、なんとお前さん、それが狼で鉄砲の玉が睾《ママ》のわきに命中していた。

（『秋田マタギ聞書』[62]）

母と撫でてやろうとした虎毛の犬が、後に狼だと知って驚いたとある。事例2にもあったように、晩景の薄暗い中で出逢うと、狼は犬と混同されやすいようである。またこれらの伝承の背景には、人家付近をさまよう犬の存在も垣間みえる。同じ秋田には次のような伝承もあった。

事例4（秋田県神代村岡崎）

明治三十六年頃の話である。西明寺村の山根（小堀田部落の東を通過して袖野の間）の馬棄場附近を日没に通ったら、五、六間向うの藪路の傍に大きい犬恰好のものが臥せって見えた。よく見るとそれはいくらか尻の方を高くしているようで、目《まなく》がらか背筋が別段に通って見え、眼も赤いような感じをうけた。（中略）私はそれを専ら野犬と考えたので、大して怖いこともなかったが、家へ帰ってから父親にそれは狼であったに違いないといわれたら始めてひどく怖しくなり、以来そこは通らないようにした。私がそれをほんとうの狼と知ったのは、戦地で支那の村長に頼まれて、狼狩をして獲って実物を見てからであった。（『秋田マタギ聞書』[63]）

野犬にはそれほど感じなかった恐怖が、相手が狼になると急に強まっているのがわかる。父親に指摘され、また後に中国で狼を実見したことによって、語り手は馬捨て場付近でみかけた動物が狼であったと理解している。つまり、狼についての知識がない場合には、人々は狼を犬と誤解しやすいようである。

狼を語る場合にもまた、相手が理解しやすいように犬と対比させる例がある。次の三例をみよう。

事例5（和歌山県）

村ではオヽカメと言ひ、五六十年前迄は盛に各部落に出没したと申して居ます。どの老人も居つた事は事實だと言ふ、丁度セパード犬に似て居り、口の割れて大きいさして其他にヂゲ犬と變らぬものであると言ふ、尾は太くたれ下がつて居る（尚狼とは山犬だと信じている人も多い）（後略）。（『民間伝承』第一二巻第八・九号(64)）

事例6（富山県高岡市）

口は耳元まで裂けている。体の大きさは犬よりふたまわり大きい。（オーインの名はこれに由来する。）毛色は黒と茶。（『猟の記憶(65)』）

事例7（滋賀県坂田郡伊吹町）

（前略）ほれ、狼、犬みたいなんやけどな、耳がピョンと立って、ほで口が耳の所《とこ》まで裂けて、こんだけの違いでな、犬と狼はな（後略）。（『伊吹町の民話(66)』）

ヂゲ犬とは柴犬などの日本犬のことであろう。口の大きさを除けば狼はヂゲ犬に変わらぬものだと伝えられている。しかし、「セパード犬」に似ているとすれば、体は結構な大きさになるだろう。事例6でも、体が犬より二まわり大きいために「オーイン」の名があるとあった。「オーイン」は、先にみた通り「大犬」である。事例7でも、狼は口の形状が犬と異なると伝えている。

このように、人々は犬と対比させることで狼の形態を理解しているのがわかる。そして両者の相違点は、「口の裂け具合い」にあると三事例に共通してみられた。狼の口について、もう少し詳しくみることにしよう。

口にまつわる伝承

事例8　（東京都西多摩郡）

峰畑って部落があるんですよ。そこにいた、もうなくなっちゃったけど、そのおじいさんがやはり炭をやいててね。氷川のちょっとこっちの尾根なんですけど、その尾根のずっと奥なんですけど。炭をしょってきて、一ぺんにしょってくるのには大変だから、そこの岩下があるらしいんですね、大きな岩の、雨が降ってもぬれないとこがね。そこへしょってきては炭をおいて峰畑へ、むこう側へおりるようにしたらしいですね。ところがたまたましょってきて、道からちょっと一足上るんだとかいったよ、そんでー、炭おぼーと思って（おぶおうと思って）いったら、大きな犬がねていていてむくっとおき上ったと思ってよくみたら、そのおじいさんがいうに、耳の根元まで口がさけていたという、ちょっとみた瞬間そんな感じがしたでしょう。犬じゃなかったて。そいでおじいさんも恐くてきたから、きいたら狼ですかね、その狼はしばもぐりという狼だとか、なんかそういう名前のたちのよくないやつでね、ちかよらない方がいいという、そういう話があって。大正のうちでしょう。果してその人は大きい犬をみたのかどうか、あーいう大尾根を狼というものは歩く……だから今でも尾根づたいにあるける道は狼の……俗に狼の道とかいいますね。

（『狼・山犬　猫』[67]）

炭焼きをしていた人物は、寝ていた大きな犬が狼であることにすぐに気付いている。犬ではないと瞬時に判断した理由は、耳の根元まで裂けた口にあった。熊に対して「鋭い爪の生えた手」が意識されるように、狼の場合にも一番の凶器と成り得るその「口」に人々の関心が集まるようである。

事例9（新潟県三条市）

明治十八年の大水の夕方、私の村の吉助といふ家のお婆さんが二階生活をしてゐるとピチヤリ〳〵と水を渉つて來るものがあるので窃つと覗見するとそれは口が耳まで割けた大犬だつた。婆さんの他にも見た人々があつたが、これが狼といふものかと皆で語合つたものださうだ。しかしその行先は分らなかつたさうだ。

（『越後三條南鄕談』[68]）

二階から覗見するというのは，見下ろす形になるのだろうか。非常事態の中で目撃した「口が耳まで割けた大犬」を狼と推測しているのがわかる。はたして、狼は本当に犬よりも口が大きく裂けているのだろうか。次のような伝承もある。

事例10（奈良県吉野郡上北山村）

（前略）犬より大きく、まだ動いておつた、これは病狼だつたのだろう。口が耳まで切れておるといふのは嘘で黒い筋が牙の外側についてをるのである。

（『吉野風土記』第二一集[69]）

事例11（奈良県吉野郡天川村）

（前略）六十年ほど前、北角《きたずみ》から二丁はいったエボシ岩の上で流し水（イカダの鉄砲水）の中に狼が沈んでいた。西岡梅吉という村人がそれを引上げたのを見た。耳から口にかけて毛のない筋があった。犬の口と変らない。キバも同じ、色は灰ガス、尾は長く三貫目ぐらいあった。西岡は今八十五歳現存している（後略）。

事例12（和歌山県東牟婁郡本宮町）

（前略）十津川の奥に、小川という川のほとりにの、たかたきというところがある。名前のように谷から上のずーっと高いところですが……。その頃、お宮さんに狼が使いものとしておるんやということで、灰色の狼やいうが、姿をみたことないんじゃいうて、よう話してくれたが……。ちょうど口が耳までさけとるいう話しやが、口のわれ目に黒いスジあったらしいですな。耳まで口割れとるというように見えたんかな。

（『熊野・本宮の民話』[71]）

事例13（高知県土佐郡本川村）

山犬には水かきがあり、深い川や渕でも平気で渡るものといい、口の両側には縞が通っており、足と尾とは太いという。

（『土佐の海風』[72]）

事例14（長野県下伊那郡南信濃村）

オオカミは口がよけいにキレテ（裂けて）いる。スジが口の縁にあり、それが耳近くまで続いているので口が大きく見える。ミズカキがあって島に住むというが、それはケヅメについているのではないか。

（『山国の生活誌』第二巻[73]）

これらの事例では、狼には口から耳にかけて黒い筋が通っていたと一様に伝えられている。その筋のために口が大きく裂けているようにみえるというのである。事例10および事例11は、狼の死体を詳しく観察した人物の話であった。では、はたして狼の口まわりに筋はあったのだろうか。

現在日本に残るニホンオオカミの剝製は、全部で三体になる。一体は、一八八一年に岩手県で捕獲されたと伝えられる雌狼の剝製（東京大学蔵）であり、もう一体は、福島県で捕獲されたと伝わる雄狼の剝製（国立科学博物館蔵）である。三体目は、一八九七年頃に奈良県吉野郡十津川村の山地で捕獲されたという雌狼（和歌山大学蔵）になる。[74] これらの剝製をみると、前の二体、すなわち東北地方にいたといわれる狼に黒い筋は確認できないが、奈良県の狼には確かに筋がある。口の横から耳にかけて、短いながらも黒い筋が通っている。

剝製の製作状況も考慮すべきではあるが、少なくとも紀伊半島周辺に生息していた狼には、口から耳にかけて黒い筋が通っているものがいた可能性がある。それが伝承にも反映されていると理解すれば、事例10から事例12までの伝承地が紀伊半島であるのも得心がいく。先にみた『博物館獣譜』の豺図にも、口の際から耳の部分にかけて薄黒い毛が描かれていた。

狼の口にまつわる伝承には、このように狼の形態に関する実の部分と、人々が狼に対して抱くイメージの二つの側面が集約されているようである。

目の光

事例15（高知県土佐市）

或る夜の十一時頃、それは月のない暗闇の晩でしたが、祖父が自転車でそこを通りかかったとき、谷が割れるくらい大きな音がして祖父の自転車の脇すれすれに岩ほどある大きな石が落ちてきました。祖父はハッとして自転車からとび降りましたが、そのとき前方から小牛程の大きな、そしてふさふさと長い毛をつけたものがほうずきのような真赤な目をギラギラさせて近づいてきました。祖父は「これで俺の生命はなくなるかも……」とおもいました。

さらにその動物は祖父の脇を通りぬけすれちがいざまにぐっと睨んでゆき、しばらく歩いて後をふり返ると、その動物もふり返りふり返り向うへ歩いてゆきました。

祖父は、「たぶん今のは大きな山犬ではないだろうか」とおもいましたが、さらに後になって考えると「あの石が落ちたときその山犬が現われたのはひょっとしたら自分を助けるためではなかっただろうかと思える」と言いました。

（『土佐の民話』第四〇号）[75]

語り手の祖父は、落石時に出逢った狼の印象として目の光を強調していた。「ほうずきのような」という形容は燃えるような赤を連想させる。そのようなギラギラとした目で近づいてくる狼に、生命の危険を感じているのである。

狼は夜行性の動物であり、暗闇の中では時に目が光ることもある。その目の光が人々に強い印象を与えたために、このように語り継がれているのだろう。続いて二例をみよう。

事例16（福島県伊達郡）

昭和六年頃の話。ある山の麓の道を夜歩いていたら、山の神のお使いと言われる狼に出合った。口が耳の根元まで裂けており、肋骨が数えられるほど痩せていて、眼は燃えるように光っていた。（『狼・山犬　猫』[76]）

事例17（長野県上伊那郡）

しかし実際には狼の眼は、夜の星のように青く光りはしたが、火色には見えないものだと言われている。（『狩りの語部――伊那の山峡より』[77]）

事例16では、先の例と同様に狼の目は燃えるように光っていたと伝えている。しかし事例17の方では、狼の目は星のように青く光るといって、火色を否定している。狼の眼は火色にみえるという意見への反論のようでもある。狼が生きていたのは、まだ暗闇が各所に立ちこめていた時代であった。だからこそ狼の目はよく光ってみえたのだろう。夜道で一服するときに煙草の火を借りようとして声をかけたところが、煙草の火だと思っていたのは実は狼の眼光だったといった滑稽談さえある。狼との出逢いの中で人々が強い印象を受けるものの一つに、このような「目の光」が挙げられる。

狼の毛色

先にみた図像資料では、狼の毛色に多様性がみられたが、人々の間では毛色はどのように語り伝えられているだろうか。具体的にみる前に、前述のニホンオオカミの剝製の毛色を確認しておこう。東京大学所蔵の剝製は、茶褐色を帯びた豊かな冬毛に覆われている。国立科学博物館所蔵の狼は、褪色が進んでいるためか薄い茶褐色である。和歌山大学所蔵の剝製は濃い茶褐色であり、三体ともに茶系統の毛色であるのがわかる。また、それぞれの前脚にはニホンオオカミの特徴といわれる黒い短毛も確認される。では、伝承ではどうだろうか。

事例18（秋田県田沢村）

南部（岩手県）の焼砂で狼二匹と遭ったことがあるが、それはゴマ犬のような毛色をしていた。軀体つきは犬よりもガラッとしている方であった。（『秋田マタギ聞書』[78]）

事例19（岩手県水沢市）

清三郎叔父の父の竹オンツァン（おぢさん）などは晝間瀬臺野で黑と白の斑のある狼に出會つたさうだ。（『町の民俗』[79]）

事例20（愛媛県上浮穴郡美川村）

山犬は黒と白のまだらの犬で、口が裂けている（後略）。（『美川の民俗』[80]）

事例18にある「ゴマ犬のような毛色」とは、黒と白とが混じり合った色と考えてよいだろう。すると事例19や事例20とほぼ同色になる。野生動物の多くがそうであるように、夏毛と冬毛とでは微妙に色調が異なってみえる。季節の変わり目には毛が抜け落ちることもあって、見方によっては色の判別が難しくなることもあるだろう。実際の毛色というよりは、人々によって認識された毛色と考える方が妥当である。

事例21（奈良県吉野郡川上村）

（前略）それは正しく灰粕色をした一匹の大きな狼であつた。（『吉野風土記』第二一集[81]）

事例22（奈良県吉野郡大塔村）

狼の毛色は灰粕色である。（『吉野風土記』第二一集[82]）

事例23（長野県南佐久郡川上村）

山犬ってものは、灰色だってねえ、赤いもんでもなし、黒いもんでもなしにねえ。（『信濃川上物語』[83]）

事例24（徳島県那賀郡木頭村）

自分は一〇才ぐらいの時、山犬の撃たれたのを見たことがあるが、鼠色をした、地犬の大きいようなもので、口は耳もとまでさけていた。（『阿波木頭民俗誌』[84]）

これらの事例では、狼の毛色は皆灰色と伝えられている。事例21や事例22にある「灰粕色」とは、少し白っぽい濁りの入った灰糟色のことだろう。図像資料でも、狼の毛色は灰色で描かれているものが多くみられた。

次に掲げる二例は、またこれらとは異なった毛色を伝えている。

事例25（長野県三峰川谷）

山犬の毛色は、地犬（柴犬）の毛色と大差ないが、どうかすると虎毛というのがいた。虎毛とは、黒と赤とが混じりあった色のことである。

（『狩りの語部——伊那の山峡より』[85]）

事例26（奈良県吉野郡十津川村）

（前略）すると上の方から少し薄茶と思はれる毛色の犬のような毛物が下り来り、自分等の前まで来ると、それまで立て、おつた尾を下げて通りすぎ、二、三間向ふへいつてから山の中へ入つた（後略）。

（『吉野風土記』第二一集[86]）

柴犬と同じ毛色であれば、茶系統になる。虎毛と伝えるのは、先にみた秋田の事例3にもあった。「黒と赤とが混じりあった」という場合の赤は、「赤犬」と同じように赤茶を指すのだろうか。事例26の「少し薄茶」という色味は、現在残されている剝製の色に比較的近い。

狼が活動するのは、主に夜明け前や夕刻、夜間といった日の光の乏しい時間帯である。そのような状況の中で人々が認識した狼の毛色は、これまでみてきたように多種に分かれていた。伝承地による色の偏差も特にはない。なかには犬との混血の可能性が考えられるものもあるが、季節や光の当たり具合いによって微妙に変化する狼の毛色が、人々の間でさまざまに伝承されてきたと理解すべきであろう。

⑵狼との接点

狼との接触

現在確認している狼にまつわる伝承の数は、筆者が聞き書きした資料も含めて五〇〇例近くになる。しかしながら、それらの中で狼の形態や容姿について言及したものになると、その数はわずか四〇例ほどに留まる。なぜ、形態に関しての伝承はこれほどまでに少ないのだろうか。

国土の約八割を山地が占めるわが国では、狼の生息地は主に山間部もしくはその近辺にあったと推測できる。人々が山間地や山麓に住まっていたこととも関係があるのだろう。つぶさに伝承に当たっていくと、人里近くにまで生息域を広げていた狼の様子がわかる。

犬や猫などの家畜と違って、人々は常に狼と接していたわけではない。両者の出逢いは、人間と狼の生活圏が交差するところで偶発的に生じている。狼の形態に関する伝承の中に垣間みられた、そのような人と狼との接触の様子をもう少し詳しく探ってみよう。

事例27　（鳥取県東伯郡三朝町）

（前略）その祖母が若いころのことであるが、朝早くうす暗いころに雨戸を明けると、近くの山道をオオカミの群が、連れだって山に帰っていくのを見かけたものだったという。　（『続三朝町誌』[87]）

伝承地である鳥取県の三朝町は、はるか後方に中国山地が連なる山沿いに位置した町である。明治一三年生まれの語り手の祖母といえば、話は江戸時代後期のことになるだろう。早朝の薄闇の中、狼の群れが人家にほど近い山道を辿って山へと帰っていく。ここにいう山道がどのようなものなのか、家からの距離はどのくらいなのかといった細かな点は不明だが、その光景はあたりまえのことのように幾度も繰り返し目にされていたのがわかる。ごく自然に狼の存在が認識されているといえる。

事例28（奈良県吉野郡十津川村）

今から凡そ40年前のこと、余の大叔父（東藤二郎）が里の畑にて働きおりしに、一頭の狼、猪を追い出し来たり、二人の間を擦過ぎして通りゆけると云ふ。これ位に狼がゐたのである。

（『林宏十津川郷採訪録　民俗』第四巻）(88)

中森静八郎の『静洞夜話』によるものである。話者のいう四〇年前というのは明治時代のことになるだろう。山里近くや山中での狩りの最中に、突然狼に追われた猪や鹿が飛び出してきたと伝える土地は多い。この場合も、猪を追った狼が人を恐れもせずに里の畑に出てきたと伝えられている。もっとも里の畑とはいっても、十津川村は紀伊山地の山懐に抱かれた山村である。このような山深い土地では、狼との接触が頻繁にあったに違いない。

事例29（和歌山県東牟婁郡本宮町）

皆根川（みなねがわ）谷に行ったら、鹿が逃げて来たことがあったといい、見るとその後を何か黒い物が追って来た。それは狼であったということであったが、実際に狼の姿を見ることはできなかったということであった。狼は茅すべ一本あっても姿を隠すものであるといわれていた。

昭和七年ごろこの山の上の方に木材関係の事務所があってそこに行っていた頃、狼に出会ったことがあるという。狼に出会うと背筋が一気に寒くなるものであるという。

（『熊野の民俗　和歌山県本宮町』[89]）

鹿を追いかける狼を目撃した話である。この場合には狼をはっきりとは確認していない。鹿の後を追う「何か黒い物」を狼と見なしており、狼との間には少しの距離を感じる。「狼は茅すべ一本あっても姿を隠すものである」とは、狼の敏捷さや用心深さを表す俚諺であり、他地域でも聞かれる伝承であった。

事例30（宮城県本吉郡志津川町）

弥惣峠の岩府は草刈場にされている。明治三十年ごろのこと、林際のある者が朝草刈りにこの地へ行ったが、早すぎてまだ夜が明けないので、横になって一休みしていた。見ると狼が一匹こちらを見ている。驚きのあまり体を動かすことができない。もがくうち傍に置いてあった二挺の鎌が触れてカチンと音がした。狼はその音で跳び上がると一散に逃げ去った。

（『生活の歓　志津川町誌』[90]）

狼の好奇心旺盛な様子を示す伝承である。山地や山麓にある草刈り場へ秣を採りにいった人々が、その道中で狼と遭遇したという話はよく耳にする。なかには草刈りにいく時にはいつも狼に送られたという話さえあった。草刈りは、早朝から行われる仕事であったため、狼の活動時間に重なっていたのだろう。

事例31（和歌山県伊都郡花園村）

むかし、花園村中南の小原という山の中に山田の隠居という家がありました。
山の中の一軒家には、度々、狼が出て来ました。狼は、塩水が飲みたく小便をなめに来たといい伝えられています。

ある日のこと、おばあさんが、風呂をたいていると、狼が小便をなめにやって来ました。やみの中で目の玉をギョロギョロと光らして、おばあさんを見ているのが風呂のたき火でよく分かりました。おばあさんは、風呂の下で真ッ赤にもえているもやくべ（たき火の事）を引き出して狼に投げ付けると、狼はおどろいて、山の中の何処ともなく逃げて帰ったといい伝えられています（後略）。

（『高野・花園の民話』[91]）

山中の一軒家には、時折狼の来訪があったようである。狼が小便を舐めにくるという伝承は、紀伊半島を中心に広がっており、通常は屋外に置かれる小便壺が、狼の接近を防ぐために屋内との境部分に移されるケースもあった。このように、人々は薄暗い状況や暗闇の立ちこめる中で狼に出逢っており、狼との接触時間もそれほど長くはない。ごく限られた時間の中で狼を観察していたのである。このような出逢いの状況の特異さが、狼の形態について語る伝承が少ない一つの要因として考えられるだろう。そしてもう一つの要因には、『尋常小學修身書』の挿絵の存在が挙げられる。

『尋常小學修身書』の中の狼

二〇世紀初頭にニホンオオカミが姿を消してから、実に長い時間が経過している。たとえ明治生まれであっても、その姿を実際にみたことがある人の数は限られているだろう。テレビなどのメディアによって情報が入るようになったのは、つい最近のことである。そのような状況の中で狼を語る時、人々はどのようにして狼を認識したのだろうか。聞き手の側に狼についての知識がなければ、自ずとその形や容姿についての説明が求められるはずである。しかし、前述のようにそれにまつわる伝承はごくわずかであった。単に「狼」とだけ語る場合が圧倒的に多いのである。これらを鑑みると、あえてその形態についての説明を加えなくても、語り手と聞き手の間に共通認識が持たれていたと考えるのが自然である。つまり、聞き手の側にはすでにこの知識があったのである。では、狼の形態に関する知識を人々はどこから得たのだろうか。

狼が見世物に出されていた記録は、江戸時代からまれにみられる。たとえば寛文四年(一六六四)版『出来斎京土産』には、京四条河原に出た「狼の生どり」の記載があり(92)、これによって狼の見世物があったのが知られる。また、山形県でも明治年間に二頭の動物が狼の名で見世物として出された記録がある(93)。見世物の対象になるほど狼は珍しい存在になっていたわけだが、これを目にする人々の数はどれほどであったろうか。動物園での狼の飼育も、それほどさかんには行われていなかったようである(94)。そこで注目されるのが、明治・大正・昭和初期に刊行された『尋常小學修身書』の存在である。

同書は、尋常小学校に通う生徒が必ず手にした本である(95)。明治四三年から昭和一五年にかけて刊行された、その第二・三・四期に載っている「ウソ　ヲ　イフ　ナ」という作品には、狼の姿を描いた挿絵がある。本文と併せて

図 3. 23 「ウソ　ヲ　イフ　ナ」挿絵（『尋常小學修身書』巻 1 児童用　文部省　1918 年　p. 12）

これを示そう（図 3・23）。

資料 4 「十九　ウソ　ヲ　イフ　ナ」

コノ　コ　ハ　タビタビ　ウソ　ヲ　イツタ　カラ、

ダレ　モ　タスケテ　クレマセン。

第二期（明治四三年三月一五日）(96)

資料 5 「十九　ウソ　ヲ　イフ　ナ」

コノ　コ　ハ　タビタビ「オホカミ　ガ　キタ。」ト

イツテ、人　ヲ

ダマシマシタ。ソレデ　ホンタウニ　オホカミ　ガ

デテ　キタ　トキ、

ダレ　モ　タスケテ　クレマセン　デシタ。

第三期（大正七年二月五日）(97)

尋常小学校一年生向けのものであり、第二期の明治四三年（一九一〇）版が狼図初出の作品になる。資料をみると、第二期にはなかった「オホカミ」の文字が、第三期の大正七年

（一九一八）版には入っている。第二期の方は、絵が内容を補完しているのだろう。第四期の昭和八・九年版は、細部を除けば第三期とほぼ同じ内容になる。挿絵は、第二・三期と第四期との間に変化がみられ、第二・三期では図3・23にあるように人里の近くで狼に追いかけられる少年が描かれている。これに対して第四期の狼は静止した状態で人物とも少し離れた位置に描かれている。背景には草野原が広がり、第二・三期に比べて緊迫感も薄れている。

このように内容に多少の異同はあるものの、三期とも狼の姿が描かれている点に違いはない。ニホンオオカミが人々の前から姿を消して間もない頃に、狼の絵が修身書を通して広く子供たちに親しまれていたのである。調査時に「狼」の話題からこの「ウソ　ヲ　イフ　ナ」が語られることは幾度もあった。当時小学生であった人々にとって、修身書の中の「狼」の記憶はそれほどに強いのだろう。

このように、すでに聞き手の側にも狼についての知識がいきわたっていたことが、狼の形態伝承が少ないもう一つの要因と考えられるだろう。

伝承は、人々の間で語り継がれてきた生の声をわたしたちに伝えてくれる。しかし、時間の遡及という点においては、古い記録が残されていない限りその時代を特定することは難しい。今回、この伝承資料に図像資料を併用したことで、狼の形態認識や表象についての時間的な流れを抑えることができたと考える。狼という一つの動物に対する、人々の眼差しとその変遷の歴史である。

（1）市村弘正『増補「名づけ」の精神史』（平凡社ライブラリー一五二　平凡社、一九九六年）一四五頁。
（2）鈴木寛之「民俗学と語彙研究」（関一敏編『民俗のことば』現代民俗学の視点2　朝倉書店、一九九八年所収）。

(3)経尊著。初稿六巻本は文永五年(一二六八)、増補一〇巻本は建治元年(一二七五)に成立した。狼については増補一〇巻本の巻第九に記されている。引用文は北野克『田山方南校閲・北野克写　名語記』(勉誠社、一九八三年)に拠る。
(4)別名『和語のしるべ』ともいう松永貞徳著の語学書である。早いものでは寛文二年(一六六二)の版本『貞徳和句解』がある。本文の出典は、元禄九年(一六九六)版『倭語之志留部』(国立国会図書館蔵)に拠った。
(5)天理圖書館善本叢書和書之部編『増刊下學集　節用集天正十七年本』(天理圖書館善本叢書和書之部第五九巻　天理大學出版部、一九八三年)に拠る。本書については室町時代中期、文明の頃の書写と解説にある。
(6)『温故知新書』(白帝社、一九六二年)。
(7)別名『和名集』ともいう。早いものでは北野文庫蔵の室町時代末期の写本がある(『新撰類聚往来　初心要抄』近思文庫第六　木村晟翻字　小林印刷出版部、一九八四年)。原書での「犲」の表記は「犾」となっている。
(8)『蒙求抄』は、清原宣賢が講じたものを林宗二が聞き書きした抄物である。享禄二年(一五二九)に講じられた抄を、寛永一五年(一六三八)にまとめたのである。中田祝夫編『蒙求抄』(勉誠社、一九七一年)四・五頁。
(9)天草にあったイエズス会によって刊行された。今泉忠義編『ESOPONO FABVLAS』(南雲堂桜楓社、一九五九年)。
(10)キリシタン資料からなる。出典の土井忠生他編訳『邦訳日葡辞書』(岩波書店、一九八〇年)はオックスフォード大学ボードレイ文庫蔵本を底本としている。一九六〇年には、同本の複製本が同書店から出ている。この他に三本ある『日葡辞書』の長崎版にも「Vôcami」と「Yamainu」などの項目がある。
(11)前掲書註(3)に同じ。これによって、狼は「豺狼」であると同時に「山犬」であることがわかる。
(12)横山重・松本隆信編『室町時代物語大成』全一三巻・補遺二巻(角川書店、一九七三～一九八八年)。
(13)室町時代古絵巻、三軸。宝徳三年(一四五一)頃の作と推定されている(梅津次郎「解説」『日本絵巻物全集』第一八巻　角川書店、一九六八年所収)一三頁。
(14)刊本一冊。大形本。刊記なし。『室町時代物語大成』第七巻、二六六・二八〇頁。
(15)「精進魚類物語」は、他にお茶の水図書館成簣堂文庫蔵本があり、版式によって寛永末から正保頃の刊行と推定されている。ここに挙げた東京大学図書館蔵本は成簣堂文庫蔵本の覆刻ではないかと考えられている(前掲書註(14))二六三頁。
(16)絵入写本、一〇巻一一冊。『室町時代物語大成』第五巻、三六〇頁・四二七頁。
(17)同書、三五三頁。
(18)李時珍の『本草綱目』が日本にもたらされたのは、刊行から一一年経った一六〇七年頃である(一説には一六〇三年ともいう)。その後わが国の本草学の隆盛や博物学への発展に大きな影響を与えることになるのだが、日本に初めて本草学が伝来したのは、允恭天皇即位三年に新羅からきた調貢の大使に始まるとみられている(木村陽二郎編『本草学・本草学史研究』白井光太郎著作集一 科学書院、一九八五年)三三頁。
(19)全二〇巻から成る。畜獣篇巻の一二には「狼」と「豺」の記載がある。
(20)島田勇雄訳注『本朝食鑑』第五巻(東洋文庫三九五 平凡社、一九八一年)。
(21)益軒會編纂『益軒全集』第一巻(益軒全集刊行部、一九一〇年)。
(22)島田勇雄他訳注『和漢三才図会』第六巻(東洋文庫四六六 平凡社、一九八七年)。
(23)国書刊行会編『新井白石全集』第四巻(同刊行会、一九七七年)。
(24)小野蘭山『本草綱目啓蒙』第四巻(東洋文庫七 平凡社、一九九二年)。
(25)「平成三年度第二期展示 殿様の博物学」(永青文庫、一九九一年)一二頁。
(26)『尾張史料のおもしろさ 原典を調べる』(名古屋市博物館、二〇〇四年)六九頁。
(27)同書、七四頁。
(28)磯野直秀「東京国立博物館蔵『博物館図譜』について」(『慶応義塾大学日吉紀要・自然科学』第一二号 慶応義塾大学、一九九二年所載)一七四頁。
(29)盛永俊太郎・安田健編『享保・元文諸国産物帳集成』第二巻(二科学書院、一九八五年)八七三~八八一頁。
(30)同書に同じ。
(31)一七三七年に成立。同書の絵師は小川休林と藤田永湖と伝えられる(盛永俊太郎・安田健編『享保・元文諸国産物帳集成』第一五巻 科学書院、一九八五年)九七〇頁。
(32)田中芳男選『動物訓蒙』(初編哺乳類)(博物館蔵版、一八七五年)。
(33)現在のニホンオオカミの学名は、*Canis lupus* の亜種とする *Canis lupus hodophilax* が有力となっている(中村一恵「ニホンオオカミの分類に関する生物地理学的視点」『神奈川県立博物館研究報告 自然科学』第二七号 神奈川県立生命の星・地球博物館、一九九八年所載)。なお、学名の後に記されているSIEBは、ドイツのフィリップ・フランツ・フォン・シーボルトを指すものと考えられる。田中芳男は、シーボルト編『日本動物誌』FAUNA JAPONICA(一八三三~一八五〇)を見ていたのだろう。
(34)飯嶋魁監修・中西準太郎著『動物辭典』(成美堂書店、一九一五年)。
(35)田中茂穂『普通動物圖譜』(成美堂書店、一九一五年)。本書は、小学校の教科書に載っている動物を網羅した、一般読者を主な対象とする動物図鑑である。
(36)岡田要監修『動物の事典』(東京堂出版、一九五六年)。

(37)内田清之助著者代表『原色動物大圖鑑』第一巻(北隆館、一九五七年)。
(38)岡田要校閲・今泉吉典著『原色日本哺乳類図鑑』(保育社、一九六〇年)。
(39)民間伝承の会編『民間傳承』第六巻第一二号(同会、一九四一年)。角館町は、現在の仙北市に当たる。
(40)岩手県編『岩手県史』第九巻(同県、一九六四年)七九八頁。
(41)中山信名修・栗田寛補『新編常陸國誌』巻下(積善堂、一八九九年)。
(42)物語の挿絵にも狼は登場するが、擬人化されるケースが多いため、今回は考察対象にしていない。
(43)小松茂美編『餓鬼草紙　地獄草紙　病草紙　九相詩絵巻』(日本の絵巻七　中央公論社、一九八七年)。現存する「地獄草紙」と呼ばれるものには、絵巻四巻とそれらの断簡があり、他に模本によって伝わる別本二巻がある。原家本は現在奈良国立博物館に所蔵される。地獄絵で描かれる動物には、狼の他に象や虎、猛禽類、大蛇、龍、犬などがいる。
(44)同書に同じ。
(45)中野玄三『日本人の動物画――古代から近代までの歩み』(朝日選書二九九　朝日新聞社、一九八六年)一四〇頁。中野によると、この涅槃図に描かれた動物は、藤原時代には獅子が一頭であったのが、鎌倉時代末期になるとその数は八〇を越えるようになるという。
(46)同書、一四八頁。また同書では、浄土寺蔵の涅槃図が、画面左右両側と下辺の三辺に、涅槃の前後におきた釈迦の物語一六場面を配置していることから、同図を「八相涅槃図」としている。
(47)大阪市立美術館編『役行者と修験道の世界――山岳信仰の秘宝』(毎日新聞社、一九九九年)二〇八頁。
(48)宮家準『修験道辞典』(東京堂出版、一九八六年)。
(49)静岡県磐田郡水窪町山住、一九九七年六月一一日調査時の撮影および聞書き。掛軸の製作年代は、明治初年とも江戸時代とも伝えられている。
(50)中野　前掲書註(45)に同じ、二一〇～二四〇頁。
(51)前掲書註(25)に同じ、一三頁。なお、本作品にはこれに酷似した狼図が他にもある。狩野芳崖筆「動物百態図」である。「動物百態図」は江戸時代の粉本や実作品をもとに製作されており(京都国立博物館編『狩野芳崖――近代日本画の先駆者』京都新聞社、一九八九年)、この中にみえる「狼」は構図や姿態が「諸獣図」とほぼ同一であるため、本作品を模した可能性が考えられる。狩野本は紙本著色一巻。江戸時代後期の作か(同書)。
(52)本草学が日本にもたらされたのは、初めは朝鮮を経由して、また後には中国から直接、医方と同時に伝来したものと考えられている。その後一六世紀末に中国(当時の明)で李時珍が本草学を大成した『本草綱目』が日本に伝えられたことで、わが国においても本草学への向学心が高まっていった（木村　前掲註（18）に同じ、三三頁）。
（53）島田　前掲註（20）に同じ。
（54）島田　前掲註（22）に同じ。
（55）小野　前掲註（24）に同じ。
（56）前掲書註（25）に同じ。
（57）荒俣宏他監修『高木春山本草図説　動物』（リブロポート、一九八九年）には、「黒狼」を含めた動物図が収められている。
（58）『本草図説』獣類六　西尾市岩瀬文庫蔵。
（59）坂本百大他編『記号学大事典』（柏書房、二〇〇二年）、小林康夫・松浦寿輝編『表象　構造と出来事』（表象のディスクール①東京大学出版会、二〇〇〇年）。
（60）一九九六年三月二八日・七月九日調査。
（61）岸田日出男「日本狼物語」（『吉野風土記』第二一集　吉野史談会、一九六四年所載）。
（62）武藤鉄城『秋田マタギ聞書』（慶友社、一九六九年　増補版は一九九四年）。上檜木内村は現在の仙北市に当たる。
（63）同書に同じ。神代村は現在の仙北市に当たる。
（64）眞砂光男「狼の話其他」（『民間伝承』第一二巻第八・九合併号　民間伝承の会、一九四八年所載）。
（65）森俊『猟の記憶』（桂書房、一九九七年）一六六頁の表より。
（66）伊吹山麓口承文芸学術調査団編『伊吹町の民話』（伊吹山麓口承文芸資料第一　同調査団、和泉書院、一九八三年）。伊吹町は現在の米原市に当たる。
（67）松谷みよ子『狼・山犬　猫』（現代民話考一〇　立風書房、一九九四年）。
（68）外山暦郎『越後三條南郷談』（郷土研究社、一九二六年）。
（69）前掲書註（61）に同じ。
（70）仲西政一郎「狼の話」（『あしなか』第八〇輯　山村民俗の会、一九六二年所載）。
（71）和歌山県民話の会編『熊野・本宮の民話』（きのくに民話叢書第一集　同会、一九八一年）。
（72）桂井和雄『土佐の海風』（桂井和雄土佐民俗選集第三巻　高知新聞社、一九八三年）。本川村は現在の吾川郡いの町に当たる。
（73）向山雅重『山国の生活誌』二（向山雅重著作集第二巻　新葉社、一九八八年）。南信濃村は現在の飯田市に当たる。
（74）平岩米吉『狼――その生態と歴史』（池田書店、一九八六年）二一〇頁など。
（75）池紫珠「おひさ淵と山犬の話」（『土佐の民話』第四〇号　土佐の民話の会、一九七四年所載）。

(76) 松谷　前掲註(67)に同じ。
(77) 松山義雄『狩りの語部――伊那の山峡より』(法政大学出版局、一九七七年)。
(78) 武藤　前掲註(62)に同じ。田沢村は現在の仙北市に当たる。
(79) 森口多里『町の民俗』(女性叢書　三國書房、一九四四年)。水沢市は現在の奥州市に当たる。
(80) 北九州大学民俗研究会編『美川の民俗　愛媛県上浮穴郡美川村』(同研究会、一九七七年)。美川村は現在の久万高原町に当たる。
(81) 前掲書註(61)に同じ。
(82) 前掲書註(61)に同じ。大塔村は現在の五篠市に当たる。
(83) 浅川欽一『信濃川上物語』(国土地理協会、一九八二年)。
(84) 近畿民俗學會編『阿波木頭民俗誌』(凌霄文庫刊行會、一九五八年)。木頭村は現在の那賀町に当たる。
(85) 松山　前掲註(77)に同じ。
(86) 岸田　前掲書註(61)に同じ。
(87) 三朝町編『続三朝町誌』(三朝町町役場、一九六八年)。
(88) 十津川村教育委員会編『林宏十津川郷採訪録　民俗』第四巻(同教育委員会、一九九五年)。
(89) 近畿民俗学会編『熊野の民俗――和歌山県本宮町』(『近畿民俗』第一〇一・一〇二・一〇三合併号　同学会、一九八五年)。
(90) 志津川町編『生活の歓――志津川町誌』第二巻(同町、一九八九年)。志津川町は現在の南三陸町に当たる。
(91) 和歌山県民話の会編『高野・花園の民話』(きのくに民話叢書第四集　同会、一九八五年)。花園村は現在のかつらぎ町に当たる。
(92) 古河三樹『図説庶民芸能――江戸の見世物』(雄山閣出版、一九九三年)一五三頁。ちなみに、京四条河原での狼の見世物は、江戸時代の『四条河原風俗図巻』(サントリー美術館蔵)に描かれたものではないかと筆者は考えている。
(93) 見世物に出された二頭の動物は、庄内藩士であった松森胤保によって描き残されている(磯野直秀解説『鳥獣虫魚譜――「両羽博物図譜」の世界』(博物館ライブラリー第二巻　八坂書房、一九八八年)。
(94) 明治一五年(一八八二)開園の上野動物園では、明治二一年(一八八八)に二頭(内一頭は明治二五年まで生存)のニホンオオカミを飼育していた。その後のオオカミの飼育状況は、大正一二年(一九二三)にチョウセンオオカミ一頭、昭和一〇年(一九三五)にマンシュウオオカミ二頭とシベリアオオカミが一頭、昭和四〇年(一九六五)にヨーロッパオオカミ一頭となっている(東京都編『上野動物園百年史・資料編』東京都生活文化局広報部都民資料室、一九八二年)。
(95) 作品自体は「イソップ物語」(『イソップ寓話集』)に基づいた短いものである。調査時には狼の話として語られ、昔話と結合している場合もある。

(96)『尋常小學修身書』巻一（文部省、一九一〇年）。
(97)『尋常小學修身書』巻一（文部省、一九一八年）。

4 狼と民俗信仰

1 東北地方における狼の民俗儀礼

1・1 岩手県上閉伊郡大槌町の「狼《オイノ》祭り」とその背景

東北地方に伝わるオイノ祭りを初めて尋ねたのは、一九九八年のことである。オイノ祭りとは、岩手県上閉伊郡大槌町で行われている狼に対する民俗儀礼のことであり、本儀礼についての取材と聞き取り調査を重ねる中で、他地域ではあまり耳にする機会のなかった人と狼との生のせめぎ合いのような伝承にもしばしば触れることになった。儀礼自体は素朴なものだが、その背後にある人と狼との関わりは濃密であり、両者の関係を探ることによって、オイノ祭りの意味を理解できると考えたのである。

関東地方に展開する狼信仰の研究が進展しつつあるのに対して、東北地方のそれや狼の民俗儀礼に関する詳しい調査研究はこれまでなされてこなかった(1)。このため、本節ではまず実地調査を行った岩手県上閉伊郡大槌町のオイノ祭りを取り上げ、その内容と成立背景を中心に考察する。次に、東北地方の各地で行われていた狼に関わる民俗

図 4.1　大槌町金沢

考える。

儀礼の様相について考察を加え、儀礼形態の変遷についても言及したいと

(1) 大槌町金沢とオイノ祭り

岩手県上閉伊郡大槌町は、三陸海岸に面した人口一万六五〇〇人余りの町である。西は下閉伊郡川井村と遠野市に、北東は同郡山田町に隣接している。この大槌町の中でも中央部から北西部を占める金沢地区は、昭和三〇年の合併によって大槌町となった、旧上閉伊郡の金沢村になる。漁村を中心とした旧大槌町に対して金沢村は山間に位置する村であり、柳田國男の『遠野物語』には、「金沢村は白望《しろみ》の麓、上閉伊郡の内にても殊に山奥にて、人の往来する者少なし(2)」と記されている。藩政時代には藩営の金山も営まれていた金沢だが、山間の内陸性気候帯にあるため米は収穫できず、長きにわたって粟や稗の生産、また畜産・林業が生業の中心となっていた。

オイノ祭りはかつてこの金沢地区の各集落で行われていたが、現在は集落の会合名にその名を留め、安瀬ノ沢と元村の二集落にのみこれが伝えられている。まずはオイノ祭りの内容をみることにしよう。

事例 1　オイノ祭り（大槌町金沢・安瀬ノ沢）

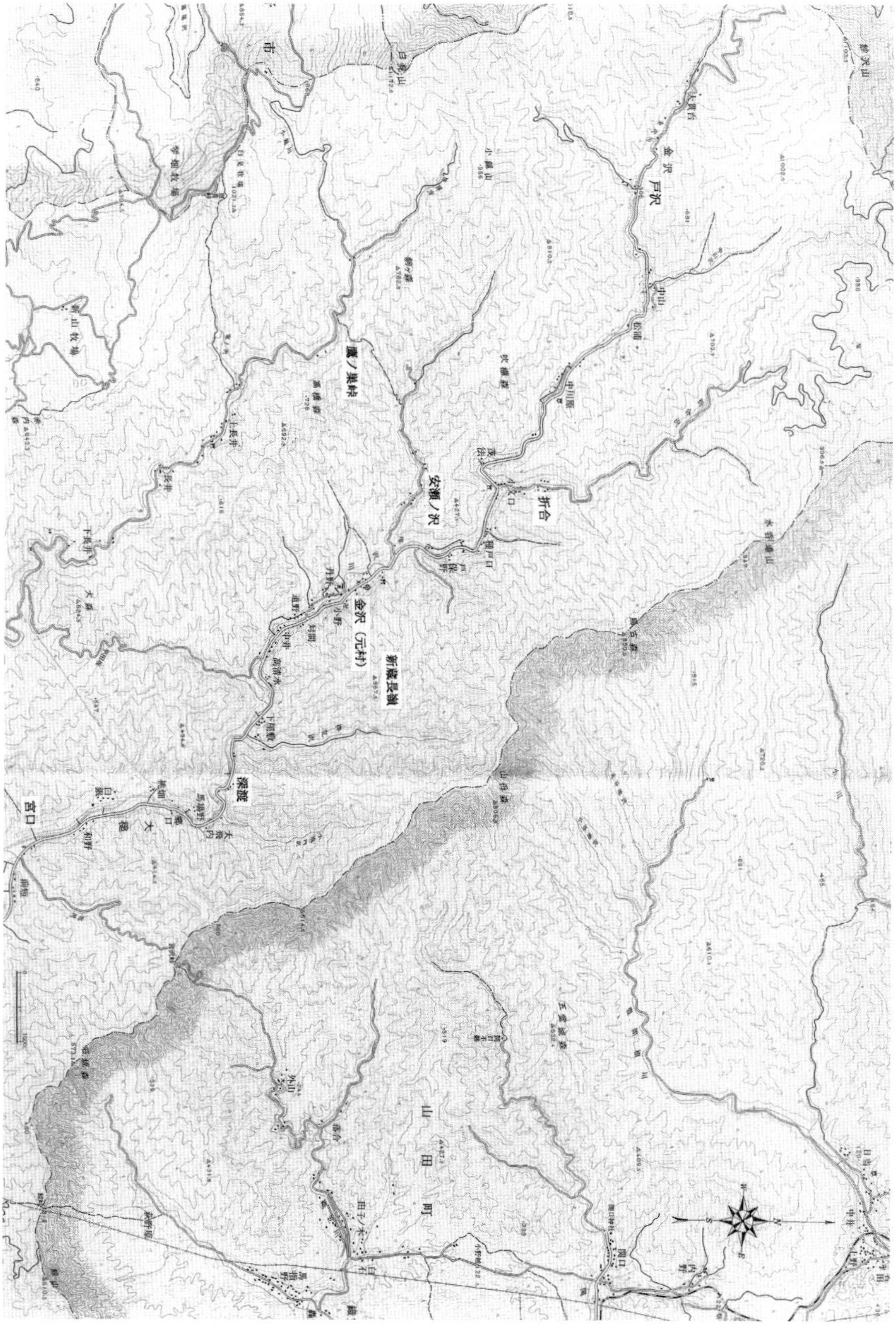

図4.2　岩手県上閉伊郡大槌町金沢

図 4. 3　鷹巣峠への登山口（金沢・安瀬ノ沢）

毎年二月一九日には、山神と三嶺山の石碑の所までお参りに行く。昔は旧でやっていたが、昭和四〇年代頃から新暦になっている。祭りの朝には集落内の女性が当番の家へ手伝いに集まり、供物や直会の準備は毎年輪番制で行う。喪中の家は当番から外される。

幣束や供物はその年の当主が背負い籠に入れて運び、集落の外れに立つ山神と三嶺山の二つの石碑の前に、御神酒と一緒に供える。供物は小豆飯のお握りと目刺しや鶏卵である。小豆飯は今でこそ米を使っているが、昔は稗や麦と小豆を炊いたものだった。当主が参拝すると、続いて順に集落の人々が参拝して御神酒をいただく。どぶろくを飲んでいた頃は、作り手によって味に違いがあった。

「オオガミ（狼）さま、ご馳走をいっぱい持ってきたから、ご馳走を食べて馬や人は食べないで下さい」と祈願し、「オオガミがくぼえったぞ、さあ逃げろ」の合図と共に集落に走り戻ってくる。

（話者複数　筆者聞書き(3)）

「くぼえる」とは、遠吠えするの意であり、供物を確かに受け取ったという狼の承認の合図のようにも聞こえる。安瀬ノ沢は金沢地区の中でも最西端に位置した、遠野市に隣接する集落である。集落のはずれには鷹ノ巣

図 4.4　オイノ祭りの朝

峠への登山口があり、その道は白見牧場や遠野市へと続いている（図4・3）。白見牧場は明治三年（一八七〇）に白見山麓に開設され、当初は四十数頭の牛馬が放牧されていた牧場である(4)。三嶺山の石碑や鳥居は旧登山口の右手脇に立てられていたが、牧場の隆盛に伴って昭和四年には新しい登山口が設けられ、木材搬出の妨げになるとして、石碑は昭和二四年に新登山口の手前に当たる現在地に移されている。便宜上の移動ではあるが、オイノ祭りの祭祀場は、移動の有無にかかわらず登山道の入口にあったと理解できる。

続いて元村の例をみよう。元村は金沢の地元での通称であり（以下、元村）、現在は二月一九日に近い日曜日に集落の会合を兼ねたオイノ祭りが行われている。

事例2　オイノ祭り（大槌町金沢・金沢）

昔は春の直前に、オイノ祭りに合わせて馬の放牧道の草刈りをやった。そして毎年旧の二月一八日の夜に男二人がそこの新蔵長嶺《ながね》に登って行って、休ん場である分岐点の山の祠に小豆飯やキチジを供えた。オイノ（狼）にここさ来ないように祈願するので「オイノ御祈禱」っていったもんだ。拝み倒すんだ。峰からは下がって来ないように。そ

図 4.5　祭祀場へ向かう子供たち

図 4.6　オイノ祭りの祭祀場（金沢・安瀬ノ沢）

れで一九日の午後一時ぐらいに家に着いた。二三年前までは輪番制で、当番の家でどぶろくを飲んだり食事をした。それ以後は下の石碑にお参りし、この農協の支社でやってる。

（話者複数　筆者聞書き[5]）

キチジは、県内の宮古で一九八〇年代前半まで大量に水揚げされていたフサカサゴ科の魚である[6]。山間の金沢では容易に手に入るものではなかったようだが、そのキチジが供物にされていたのは赤い体色によるのだろう。小豆飯が供物に欠かせないのも、小豆の持つ赤が意識されていると考えられる。元村のもとの祭祀場は、安瀬ノ沢のそれに比べて山に入った所にあり、山の分岐点に立つ祠に供物を供えて、山から狼が下りてこないように祈願していた様子がうかがえる。

図 4. 7　三嶺山と山神社の石碑

図 4. 8　オイノ祭りの供物（金沢・安瀬ノ沢）

図 4. 9　掛け声とともに逃げる子供たち（金沢・安瀬ノ沢）

図 4. 10　オイノ祭り（金沢・元村）

図 4.11　オイノ祭りの供物（金沢・元村）

元村のオイノ祭りについては、もう一人別の話者からの聞書きもある。語りのままに記そう。

事例3　オイノ祭り（大槌町金沢・安瀬口）

旧の二月一九日、昔はじんぞう様の山の鳥居の所に御神酒を上げて拝んで来たの。二時間くらいかけて拝んで来るのす。沢っこの中さ入って、徳万沢と峰っこをずーと行けば、鳥居が立ってんの。そこまで行って昔はご飯と御神酒を上げて来たのす。それを番回りでなす、部落の会さ始まる半日前に、番さ当たった人が上げて来るの。それで残った御神酒、一升瓶で持って来てからに、話し合いが終わった後に、「オイヌの御神酒」だってみんなに注ぐのす。部落の集まりの時に。必ず小豆を入れておにぎりにして持って行くの。お爺さんお婆さんがあれば、幣束も切ったの。雪が降った時には途中まで行ったのす。

昔は狼に馬だの牛を食われたから、これをあげるから馬だの牛さいたずらするなって祈ったんだと。

山の方に狼がいる。鳥居は山との境界よりずーと下だったの。金比羅の所から峰づたいに入っていくの。鳥居のあたりまでは山菜を採ったり、秋はぶどうを採ったりなんかするけれども、それ以上は行かないのし。行く時はなす、関口のお不動様、そこさ昔から参詣に行ったもんだの。そこさ行く時だけは鳥居の奥までずーっと歩いて行って、関口さ下りたの。そういう時でなければ鳥居より奥さめったに行かない。その辺の奥の山。水飲み場って、鳥居の所になす、きれいな水が出てんの。鳥居の所に水飲みましょって。水飲み場ってあった。昭和二四年ぐらいまでは上にオイノの道開けに行っていたの。（話者八七歳女性　筆者聞書き(7)）

参拝には、狼が相手であるために必ず当番の人と頼まれ人の二人で当たったという。都合が良ければ夫婦や親子のこともあり、子供連れの場合もあったようである。二人連れというのは、講の代参などでよくみられるように、途中で何かあった際に供物を地面に下ろさないためでもあったと考えられる。

「オイノの道開け」の言葉が示す通り、祭りは人々が牛馬の放牧道を整備する冬の終わり頃に行われている。旧暦の二月一九日は今の三月中旬に当たり、ちょうどこの頃は山の動物の動きが活発化する時でもあったと聞いている。

事例2にあった山の祠が立つ「休ん場」には、清水が湧き出て人々の喉を潤していたのがわかる。そして、祠前にある鳥居はその先に狼の世界が広がっていることを告げる標でもあったのだろう。人々はその鳥居の奥に行くのを忌避し、牛馬に手を出さないように、また人々の生活領域に入ってこないように山の祠の三峯山大権現に祈願していたのである。狼とのすみわけを切に願っていた人々の心意がそこには読み取れる。

次に示すのは、折合《おりあわせ》で行われていた昔のオイノ祭りの様子である。

事例4　オイノ祭り（大槌町金沢・折合）

旧二月十九日と五月十九日の二回に行っていたが、今はやっていない。折合は種戸（沢の）口と一緒にやっていて、種戸沢には三峯山と山神の石碑がある。

昔は集落全戸から人が出て、放牧する馬の道の刈払いをした。毎年決まった山の一番峠、高い所に棚を作り、小豆飯のお握りとキチジと御神酒を供えた。キチジが手に入らない時には鶏卵をあげ、御馳走を食べて馬を襲わないようにと祈った。三日後に見に行ってお供え物に手をつけていない時には、棚から下に降ろして「どうぞ食べて下さい」とまたお祈りしてくる。どんな年でも二回目はきれいになくなった。雪が降って上まで行かれない時には途中まで行った。

（「釜石新報」一九九七年八月一三日版・筆者聞書き）(8)

折合のオイノ祭りは、二月の他に五月にも行われていたのがわかる。供物にはキチジがあり、それが入手できない時には鶏卵が捧げられていた。鶏卵は安瀬ノ沢の供物にも共通してみえた。供物が食されたかどうかの確認は、願いが聞き届けられたかどうかの確認でもあるだろう。また、元村や安瀬ノ沢の祭祀場が山との境界近くにあったのと同様に、折合でも山の峠に参拝に赴いている。棚を設えて供物を供える様態は、金沢では他に例をみないものである。

以上みてきた通り、オイノ祭りは狼に供物を捧げ、人間や牛馬などの家畜に危害を加えないように祈願する儀礼であるのがわかる。供物には小豆を入れた握り飯が欠かせず、キチジや鶏卵なども一緒に供えられていた。この小豆飯は狼への供物として各地に伝わるものであり、赤色のものが特に好まれるのは山の神の場合も同じである。また祭祀場は、今でこそ集落近くにある石碑の前になるが、かつては山との境界近くに設けられていた。人々は山の峠や尾根筋に赴き、それより下にある人間の領域に狼が入ってこないように祈願していたのである。

では、その山に狼が生息していた当時、人々はどのように狼と接していたのだろうか。オイノ祭りの背景について、みていくことにしよう。

(2) 暮らしの中の狼——人々の記憶に残る姿

昭和三〇年に大槌町と合併した旧金沢村が、町の中央部から北西部一帯を占めている点についてはすでに述べた。藩政時代には藩営の金山が営まれて人の出入りが多かったようだが、人々の暮らしはけっして楽ではなかったという。穀物は粟や稗を中心とした生活であったために、他県の人々には「粟稗村、逢平村、米無し村」と呼ばれていたと、土地の古老たちは今なお悔しそうに語っている。供物にある小豆飯も、昔は稗や麦に小豆を混ぜて炊いたものだった。それが昭和八年頃に遠野方面からきた人々によって田作りが始まり、寒さに強い陸羽一三二号の植え付けに成功し、県からの助成も受けて、金沢に次第に水稲が広まっていったという。そのような金沢に暮らしてきた人々にとって、狼とはどのような存在だったのだろうか。次に示すのは、人々の記憶の中に残る狼の姿である。

事例5　狼の遠吠え（大槌町金沢・宮口）

親父がおじんさま（お祖父さん）と語っていたのを聞いたが、親父が一二、三歳の頃の夏の夕方、草刈りの帰りに狼が鳴いていた。今の豚小屋のむこう端、沢の先で狼が鳴いていた。遠吠えをしていておっかなかったって。狼は相手を呼ぶ時に鳴く。むこうにオイノア森ってあるけど、あれはオイノの森っていうことで、よく遠吠えが聞こえたっていう。

（話者八九歳男性　筆者聞書き[9]）

東北地方には、狼の名を冠した地名が多くみえる。岩手県に限っても、狼久保は六カ所に、また狼沢などは二〇カ所以上を数える。地図には載らないような小さな沢や森の名が、調査の過程で狼に関係するとわかる場合もあり、金沢地区でもこの他に、「オイノッパナ」や「オイヌ穴」といった地名を確認している。鼻のように突き出た山の頂上で遠吠えする狼の声を耳にした人々は、その地を「オイノッパナ」と名付け、狼の遠吠えの様子を「クボイナキ」と称したのである。

事例6　草刈りと狼（大槌町金沢・宮口）

明治の初年頃の夏、叔母が小宮沢へ母親と草刈りに行ったら、ここから三〇〇メートル先の判官様のあたりで一匹の狼に襲われて。鎌を振って狼がいなくなってから草刈りをしたって。おっかなかったたって。狼は人を飛び越えて小便をかけるともいう。（話者八九歳男性　筆者聞書き[10]）

狼がまだ活動している早朝に出かけるためか、草刈り時に狼と遭遇したという話はよく耳にする。小便をかける伝承は金沢地区にも多く、狼は前から小便をかけるので、「タカッパリ」という笠を被ればこれを防げると伝えている（図4・12）。

事例7　狼の鹿（大槌町金沢・宮口）

白銀の明治三〇年ぐらいの生まれの重太郎さんのお祖母さんがいっていたが、林道と旧道の分かれ道、カラ沢のマグって小さい土手の所で一頭の狼が鹿を捕って食らっていたと。それからハ、お祖母さんの方を見て、

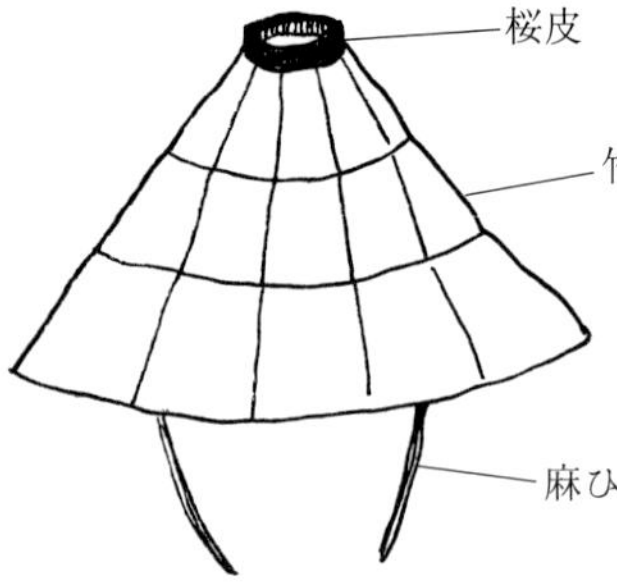

図 4. 12　タカッパリ．前被りにして狼除けにした（金沢・戸沢）

ウーッと唸ったのでおっかなくなってハけた走りで来たと。じいさまか何だかが行ってみたと。そしたらハ、狼は逃げて、食い残しの鹿だったと。それを木の枝さ掛けて置いて来て、後から行ってみればそれもなかったと。

（話者八九歳男性　筆者聞書き[11]）

喰い残しの鹿を木の枝に掛けたのは、後で持ち帰ろうと考えたためだろう。このような狼の喰い残した獲物は各地で「イヌオトシ」などと呼ばれ、山間に住む人々の貴重な蛋白源となっていた。同地区の折合には、狼が鹿を追いかけてきて崖から落すことに因んだ「シカオトシ」の地名も残っているが、これはまた若干意味合いが異なるものだろう。

金沢には、このイヌオトシに類する「タカオトシ」の伝承も伝わっている。タカオトシとは、鷹の食べ残した野兎や雉山鳥のことであり、鳥が騒いで鳴いたり、羽が飛んできたりするためにその所在がわかるといわれている。犬鷲は獲物を持ち去るが、熊鷹や隼は残していくことがあるため、それを人々はありがたく頂戴したのである。狼と同様に鷹の食べ残しにも人々は注意を払い、「イヌ」や「タカ」が「オトシ」ていったものと解釈して彼らから恩恵を受けていたのがわかる。

事例8　狼とオイノ酒（大槌町金沢・折合）

昼間、シゲジロウさんが薪伐りに山へ行った時に狼一頭をみかけた。それがつけてきたのか、夕食後大きな恐ろしいものが現われた。下がすぐ川の大きな木の通りを獣がよく通っていたが、座敷に掛けてある槍を取りに行っている間に犬が暴れ叫び出し、垣根から狼が首を出したところを槍で突き刺した。「狼はものをくわえて死ぬ。鷹はものをつかんで死ぬ」というが、刺された狼は子犬をくわえていた。親犬は大丈夫だったが子犬はやられてしまった。殺した狼はオイノ酒にした。（話者九六歳男性　筆者聞書き）[12]

家近くに獣道があり、そこを通って山から下りてきた狼に犬を襲われたという話である。狼が犬を捕食していたことや、非常時に備えて座敷の壁に槍が掛けてあった様子がわかる。なかでも特に注目されるのは、「狼はものをくわえて死ぬ。鷹はものをつかんで死ぬ」の俚諺である。ともに食物連鎖の頂点にある捕食者であることを、人々は日頃の観察を通して理解していたのだろう。狼と鷹を対比させて認識しているのは、「イヌオトシ」と「タカオトシ」でも同様であった。

殺した狼を用いて作られたオイノ酒とは、狼の肉を切って水と塩で漬け込んだものである。酒は実際に使われてはいないが、薬として利用されたために酒と称したようである。あるいは、古くは塩で発酵させていた可能性もある。古代の肉醤《ししびしお》をも思わせるオイノ酒だが、上澄み液を少し舐めると心臓病に良いといわれ、風邪や怪我の特効薬としても利用されていた[13]。狼は容易に獲れるものではなかったが、鹿を追いかけてきたのを撃ち獲りそれを酒にするなどして、昔は一集落に一軒ぐらいの家がオイノ酒を所持していたという。明治初期の戸沢集落には、狼が出没した際に頼まれる「オイノ突きの人」も存在した。狼や熊を獲る槍の名人だったために、このように呼ばれていたのである。

金沢地区の深渡には、今もこのオイノ酒を大切に保存している家がある[14]（図4・13）。オイノ酒の瓶は、高さが

図 4. 13　オイノ酒．とても塩辛い（金沢・深渡）

二九センチ、直径が二〇センチ（最長部二八センチ）あるもので、そこに狼を一頭丸ごと入れて作ったと伝わっている。約二〇〇年前のことである。今は肉が溶けて黒く濁っているが、四〇年ほど前にはまだ水が澄んでいて、赤い肉がみえたと聞いている。

オイノ酒は家付きの祖母の代以来代々女性が守っており、近隣の人に請われて分けることはあっても、家人が口にすることはあまりなかったようである。まれに遠方からの来訪者を迎える場合もあり、ある時にはイタコに紹介されて尋ねてきた田老の人にオイノ酒を分け与えたところ、心臓病が治ったといって礼に酒や魚が届けられたという。

端午の節句や年末になると、隣の川井村からやってきた魚の行商人が、オイノ酒を伝えるような地炉のある大きな家に小宿を取ることがあったようである。そのような旅人の出入りがあったために、オイノ酒の存在は広く人々に知られるところとなったのだろう。

事例９　戸沢のかいな畑（大槌町金沢・宮口）

夜か、子供をおぶった母親が狼に襲われて、その子供をおぶったまま椎の木に逃げた。ところがそれ、オイノ梯子って、次から次と背中さ乗っていくわけだ。それでこれではだめだというので、その子供をささ投げたと。ところが狼はその子供を喰ってから、母親もかれたと。だば狼に喰われた子供の腕が、どっかそこらにあったと。そういうことでそこの畑をかいな（腕）畑っていう。供養のためのお堂もあったが、今はもうない。

（話者八九歳男性　筆者聞書き[15]）

狼に襲われた親子に因んだ地名由来譚になっている。「オイノ梯子」からは、第1章でみた「鍛冶屋の婆」の昔話も連想されるが、これは単なる話では終わっていない。伝説の舞台となった戸沢集落には、さらに詳しい伝承が残っていた。

事例10　狼に襲われた母子（大槌町金沢・戸沢）

昔の塩街道の坂の方から、子供をおぶったほいど（乞食）がきた。ほいどは秋田、関西や四国方面からよくきた。遠野の来内からもきた。宝暦四年頃はうんと通った。和山や南部の方では警戒していた。餓死者も多かった。

子供をおぶってきて、今は公民館跡地になっている椎の木があった所の下に泊まった。椎の木は一メートル五〇センチくらいの高さで、昔からそこは平らな所だった。

その頃は、狼だの猪だのが待っていた。たぶん夜明け頃だったか。「狼は夜明けを待って山さ引く」っていう。夜明けに引く時にやられてしまった。火を燃してれば狼は寄らなかった。子をおぶって木に上がったが、狼は木に重なって来る。爪を木に掛け、一頭ずつ上に上げて、一番強い親分が一番下になる。とてもいかなくなって、子供を背中から取って投げた。狼はそれさ手をつけねえで、母親が先にやられた。骨ばっかり残っていた。そこに供養の神様が立っていた。

当時は五、六軒しかなかったが、近所の人の先祖がお宮を建てた。満州事変の頃はその木のお宮は新しかった。前柱が鳥居の形になっていて、前に階段があって観音開きの戸が付いていた。奥に大小の丸長い石が二つ置いてあった。二つというのは親子だから。石はこの辺では見ないテラテラした碁石みたいな丸石だった。

(話者七八歳男性　筆者聞書き)[16]

話にある椎の木は、中が空洞になっていたために風で倒れ、切株だけが終戦頃まで残っていたという。供養の宮は昭和二二、三年頃まであり、その後土手にあった大小の石も、いつの間にか行方がわからなくなってしまったようである。それでもその周辺を工事する時には今も細心の注意が払われているといい、狼に襲われて亡くなった親子の「記憶」は、人々の脳裏に依然として残っているのがわかる。

宝暦四年(一七五四)に前の街道を乞食がよく通ったとあったが、当時の状況はどのようになっていたのだろうか。この宝暦四年は、延享二年(一七四五)以来の不作が続いていた九年目に当たる。翌年の宝暦五年(一七五五)からはさらに大凶作になり、盛岡藩の四大飢饉、すなわち元禄・宝暦・天明・天保の中の一つに入るほどの困窮を極めた時であった。食物を求める人々の移動も多くみられただろう。同五年の閉伊郡の餓死者は、当時の人口六万四三〇三人に対して五四二七人にものぼる[17]。狼に襲われたという親子の事件は、そのような状況の中で起きた悲惨な出来事だった可能性がある。

これらの伝承からは、人々に糧を与えてくれる一方で、狼は常に人々の身近なところに存在して生命を脅かすものでもあったのがわかる。このような狼との共存を余儀なくされた人々は、時に槍などの武器で戦いながらも、自分たちの身を守る一つの手段として、狼に供物を捧げて祈願していたと考えられる。「オイノ御祈禱」の言葉は、人畜への危害を少しでも食い止めようとしていた人々の気持ちを表出したものといえよう。そして、大槌町の属していた盛岡藩にはまた、忘れてはならない馬産の歴史があった。

(3) 狼と馬産

野馬の被害と藩の対策

大槌町が近世期に属していた盛岡藩は、良馬生産に特に力を入れていた、古くから南部駒の名声が高い藩である。藩内の馬は「野馬」と「里馬」とに区分され、野馬は藩有馬として管理されていた。南部九牧と呼ばれた大間野牧(田名部)・奥戸野牧(田名部)・有戸野牧(七戸)・木崎野牧(五戸)・又重野牧(五戸)・相内野牧(三戸)・住谷野牧(三戸)・北野牧(野田)・三崎野牧(野田)は藩直営の牧場であり、野馬はこれらの九牧に放牧されていた。九牧の管理には、野馬役所が三戸に設けられ、野馬別当、野守、馬責、馬医などの役職がこれに当たっていた。一方の里馬は民有馬を指し、この里馬にも牛馬改役が牛馬帳簿などの調整に当たっていた。各代官所ごとに牛馬役が配置され、また各村ごとに置かれた馬肝入が牛馬の売買や出産並びに斃死などの手続きを行っており[18]、大槌にも代官所が置かれて、領外への牛馬の出入りが厳しく取り締まられていたのである。それだけ馬は貴重だったわけだが、その馬を襲っていたのが、他ならぬ狼であった。

『盛岡藩雑書』は、正保元年(一六四四)から天保一一年(一八四〇)までの長期にわたる南部盛岡藩家老の執務日誌である[19](以下『雑書』)。そこには放牧中の野馬が狼に襲われたという記録が随所にみられ、ある時期などは、藩内で起きた馬をめぐる狼との戦いの記録のようにさえ思えるほどである。当時の様子を知るために、少しこの『雑書』をひもとくことにしよう。狼害については寛永二一年（一六四四）八月七日の条が初出になる。[20]

七日　晴

一　妙野御野馬青毛四才之駄壱疋、当月三日ノ晩狼喰殺由、今日野田内匠・工藤主膳飛札ニて言上

四日前の八月三日の晩に、一頭の四歳馬が狼に喰い殺されたとある。「野馬」はすなわち藩有馬であり、「駄」は牝馬を指す。一方「駒」の場合には牡馬になる。[21] 寛文一〇年（一六七〇）二月八日には次のような記載がある。[22]

一　北閉伊之内田崎野へ、去年秋御はなし被成候御野馬十疋内、栗毛四歳之母駄、去月四日之晩、狼ニ追乱待株ニ懸り死候由、御野馬別当藤蔵、去月十九日付ニ御馬方川口次郎平方へ申上ル

狼に直接喰い殺されない場合でも、追われた際の負傷が原因で死に至る馬がいたのがわかる。狼に襲われた馬の記録が専らだが、なかには寛文一一年一〇月一〇日の条のような内容のものもある。[23]

十日　青天　　当番弥六郎

一　三戸相内野青駄当歳壱匹、今六日之晩狼ニ被取候、然所父馬動候て右之狼打殺候三戸御馬別当、石井新三郎・竹林五兵衛・滝沢三郎右衛門マテ書付ヲ以申上

狼に襲われた当歳馬の父馬が狼を打殺したとある。狼が獲物を襲う時には、通常は複数で襲撃するため、馬を襲った狼のうちの一頭ということだろう。ここにもあるように、狼に襲われるのは駄馬、すなわち牝馬が圧倒的に多く、その年に生まれた当歳馬や母馬が特に被害を受ける傾向にあった。詳細は表4・1に示した通りである。

このような狼による馬の被害は享保九年（一七二四）まで続き、その数は優に一五〇件を超える。ことに寛文年間の被害は著しく、記載も詳細を極める。藩有馬である野馬の被害をみれば、記録にない里馬の状況についても容易に想像ができよう。狼による被害は馬だけに留まらず、まれに人、特に子供が襲われたという記録もある。元禄四年（一六九一）六月二七日の条を引く(24)。

廿七日　晴酉ノ刻雨　　　九兵衛

一　八戸弥六郎領遠野付馬牛村・駒木村ニて、去十二日より頃日迄夜々狼百性(姓)家へ入、人ヲ喰候由、右両村ニて十三人、同名頼母領東禅寺村・付馬牛村ニて弐人、男女おとな(大人)・わらし(子供)共ニ被喰疵有之由、馬三十壱疋、牛四疋喰殺候旨、弥六郎申上候付、猟師共申付、鉄炮(砲)為討候様ニと上田八十右衛門申渡之

金沢に近い付馬牛村（現遠野市附馬牛町）などで起きた事件である。馬が三一匹に牛が四匹とあり、牛馬の被害は甚大であった。しかしそれ以上に狼に喰われたという人々の数の多さに驚かされる。遠野付馬牛村・駒木村で一三人、東禅寺村・付馬牛村で二人が襲われている。先にみた戸沢の伝承も想起されるが、この記録をみると、狼は人家にまで入ってきていたのがわかる。

表 4.1 『盛岡藩雑書』における狼害および関連事項

年号	西暦	記録日条	地名	内容	巻
寛永 21 年	1644	8 月 7 日	妙野	(晩) 御野馬青毛 4 歳之駄 1 疋狼に喰い殺される	1
寛永 22 年	1645	1 月 6 日		**狼猪討に派遣**(3 人)	1
正保 2 年	1645	1 月 9 日		**狼 1 鉄炮にて討上**	1
正保 2 年	1645	1 月 10 日		**狼 1 討つ**	1
正保 2 年	1645	1 月 13 日	栗谷川	**狼 1 鉄炮にて討つ**	1
正保 2 年	1645	10 月 2 日	住屋野	母駄 1 疋・2 歳駄 2 疋狼に喰われる	1
正保 4 年	1647	12 月 15 日		**御鹿狩(狼 1)**	1
慶安 3 年	1650	6 月 10 日	墨屋野	(夜) 駄馬 1 疋狼に取られる	1
慶安 4 年	1651	3 月 28 日	奥郡(浅水之内水無山)	野火通願(山に狼が多い間. 野馬別当)**→許可**	1
慶安 4 年	1651	9 月 27 日	三戸玉懸山之田場所	**留置獣類 305 頭(狼 4)**	1
明暦 2 年	1656	1 月 10 日	欠之山	**御鹿猟(狼 1)**	2
明暦 4 年	1658	1 月 21 日	黒石野	**狼狩(4 千余)狼 4 打殺**	2
寛文 2 年	1662	6 月 2 日	奥郡	狼人馬を喰害**→狼討の指示**	2
寛文 2 年	1662	6 月 2 日	五戸	小児 2, 3 人狼に喰い殺される・小家で子共を追い廻す**→篭・鎗で突き殺す(赤毛)**	2
寛文 2 年	1662	6 月 3 日	八戸	**男女多数喰い殺した狼切留める(赤白, 水かき)**	2
寛文 3 年	1663	6 月 17 日	住屋野	鹿毛駄 2 歳狼に取られる	2
寛文 3 年	1663	6 月 17 日	相内野	鹿毛母駄 6 歳狼に取られる	2
寛文 3 年	1663	6 月 17 日	木崎	母駄 7 歳 1 疋狼に取られる	2
寛文 7 年	1667	1 月 21 日	久慈北野	(夜) 栗毛星駄当歳/栗毛駄 3 歳狼に取られる	2
寛文 7 年	1667	2 月 6 日	久慈北野	(7 月夜) 明駄 3 歳狼に取られる	2
寛文 7 年	1667	2 月 25 日	野田三崎野	(晩) 青毛之母駄狼に取られる	2
寛文 7 年	1667	4 月 2 日	木崎野(織笠谷地)	(晩) 鹿毛母駄・此子鹿毛駄 2 歳両疋狼に取られる	2
寛文 7 年	1667	4 月 2 日	又重野	(夜) 栗毛母駄狼に取られる	2
寛文 7 年	1667	6 月 12 日	又重野(大久保)	(晩) 鹿毛駄 2 歳・青毛駄当歳狼に取られる	2
寛文 7 年	1667	6 月 12 日	相内野(切山)	(晩) 栗毛母駄 1 疋狼に取られる	2
寛文 7 年	1667	6 月 20 日	相内野(ふかもち)	(晩) 鹿毛駄 2 歳 1 疋狼に取られる	2
寛文 7 年	1667	6 月 24 日	相内野(沼平)	(晩) 青毛 2 歳駄 1 疋狼に取られる	2

寛文7年	1667	9月26日	相内野（沼平）	（晩）黒栗毛母駄狼に取られる	2
寛文7年	1667	9月26日	住屋野（大久保）	（晩）青毛母駄狼に取られる	2
寛文7年	1667	12月13日	相内野	青毛母駄1疋・鹿毛駄2歳狼に取られる	2
寛文7年	1667	12月13日	久慈北野	青毛母駄1疋狼に取られる	2
寛文8年	1668	2月12日	久慈北野（大沢）	鹿毛母駄狼に取られる	2
寛文8年	1668	6月14日	久慈北野	（晩）栗毛駒当歳1疋（狼により）死	2
寛文8年	1668	6月14日	又重野	（晩）青黒毛母駄1疋・鹿毛駄2歳1疋狼に取られる	2
寛文8年	1668	6月14日	又重野	（晩）青黒毛駄2歳1疋狼に取られる	2
寛文8年	1668	6月14日	相内野	（晩）青黒毛駄2歳1疋狼に取られる	2
寛文8年	1668	6月14日	又重野	（晩）栗毛駄母狼に取られる	2
寛文8年	1668	6月14日	野田三崎野	（晩）栗毛駄2歳1疋狼に取られる	2
寛文8年	1668	6月14日	又重野	（晩）青黒毛駄2歳狼に取られる	2
寛文8年	1668	7月16日	相内野（ときの沢）	（晩）鹿毛母駄之子駄当歳・此母子2疋狼に取られる	2
寛文8年	1668	7月16日	相内野（沼平）	（晩）鹿毛糟毛駄2歳狼に取られる	2
寛文8年	1668	7月22日	有戸野（またのき沢）	（晩）栗毛駄2歳狼に取られる	2
寛文8年	1668	7月22日	又重野（伝法寺吉田之間）	栗毛駄3歳狼に取られる	2
寛文8年	1668	7月22日	相内野（切山）	（晩）栗毛駮駄当歳狼に取られる	2
寛文8年	1668	7月22日	住屋野（大谷地）	（晩）鹿毛駄当歳狼に取られる	2
寛文8年	1668	7月22日	相内野（切山）	栗毛母駄狼に取られる	2
寛文8年	1668	7月22日	相内野（赤坂）	鹿毛母駄狼に取られる	2
寛文8年	1668	8月27日	相内野（戸賀之内田野津）	（晩）栗毛母駄狼に取られる	2
寛文8年	1668	8月27日	相内野（釼吉山之内ばしか沢）	（晩）鹿毛母駄狼に取られる	2
寛文8年	1668	8月27日	相内野（釼吉山之内女鹿沢）	（晩）芦駄狼に取られる	2
寛文8年	1668	12月14日	浅岸山	**御鹿狩（大狼2）**	2
寛文8年	1668	12月25日	川目山	**御鹿狩（狼3）**	2
寛文9年	1669	2月6日	久慈北野	（晩）栗毛母駄狼に取られる	2
寛文9年	1669	3月14日	住屋野（沢尻）	（10月晩）かけ駄当歳狼に取られる	2
寛文9年	1669	3月18日	住屋野	（晩）鹿毛母駄1疋狼に取られる	2

寛文9年	1669	3月18日	相内野	(晩) 黒芦毛母駄1疋狼に取られる	2
寛文9年	1669	4月1日	住屋野 (沢尻)	(晩) 白鹿毛母駄狼に取られる	2
寛文9年	1669	4月4日	相内野	(大雨) 鹿毛駮駄当歳狼に取られる	2
寛文9年	1669	4月4日	住屋野	(大雨) 栗毛駄当歳狼に取られる	2
寛文9年	1669	4月14日	住屋野 (沢尻)	(晩) 鹿毛母駄狼に取られる	2
寛文9年	1669	5月2日	住屋野 (足沢)	(晩) 鹿毛母駄狼に取られる	2
寛文9年	1669	5月2日	"野田,三崎野 (はたの)"	(晩) 栗毛駄当歳狼に取られる	2
寛文9年	1669	5月2日	相内野 (ときの沢)	(晩) 鹿毛駄当歳狼に取られる	2
寛文9年	1669	5月2日	相内野 (田野沢)	(晩) 栗毛駮駄当歳狼に取られる	2
寛文9年	1669	5月19日	相内野 (田野沢)	(晩) 栗毛駮駒当歳1疋狼に取られる	2
寛文9年	1669	5月21日	相内野 (浅水山水無)	(晩) 栗毛母駄狼に取られる	2
寛文9年	1669	5月24日	又重野 (壱本松田面)	(晩) 青毛駄2歳狼に取られる	2
寛文9年	1669	5月24日	又重野 (五戸白山)	(晩) 青毛駄当歳狼に取られる	2
寛文9年	1669	5月24日	又重野 (市川谷地)	(晩) 栗毛駄当歳狼に取られる	2
寛文9年	1669	6月1日	相内野	栗毛駮駄当歳狼に取られる	2
寛文9年	1669	6月1日	久慈北野	青毛母駄狼に取られる	2
寛文9年	1669	6月1日	住屋野	栗毛駄当歳狼に取られる	2
寛文9年	1669	6月19日	又重野 (風穴)	(晩) 鹿毛駒当歳狼に取られる	2
寛文9年	1669	6月30日	木崎野 (三沢頭)	(晩) 青毛駄・鹿毛駄当歳狼に取られる	2
寛文9年	1669	6月30日	木崎野 (織笠)	(晩) 鹿毛駄当歳狼に取られる	2
寛文9年	1669	7月5日	相内野 (沼平)	(晩) 鹿毛駄・青毛駄当歳狼に取られる	2
寛文9年	1669	7月5日	相内野 (切山)	(晩) 栗毛駮駄当歳狼に取られる	2
寛文9年	1669	7月14日	木崎野 (洞屋)	(晩) 鹿毛駄当歳狼に取られる	2
寛文9年	1669	8月3日	住屋野 (銭貝森)	(晩) 鹿毛駄2歳狼に取られる	2
寛文9年	1669	9月11日	相内村野	(晩) 鹿毛母駄狼に取られる	2
寛文9年	1669	9月11日	相内村野	(晩) 栗毛母駄狼に取られる	2

寛文 9 年	1669	9 月 11 日	相内村野	（晩）栗毛駁駄 2 歳狼に取られる	2
寛文 9 年	1669	11 月 22 日	久慈北野（内浜野）	（晩）栗毛駄当歳狼に取られる	2
寛文 9 年	1669	12 月 16 日	相内野（苫米地之内菱沢山）	鹿毛駄 3 歳 2 疋狼に取られる	2
寛文 10 年	1670	1 月 20 日	奥郡	鹿毛母駄之子月毛駄 2 歳狼に取られる	2
寛文 10 年	1670	1 月 20 日	奥郡	栗毛母駄之子栗毛駒 2 歳狼に取られる	2
寛文 10 年	1670	1 月 20 日	久慈北野（笹ヶ鼻）	父馬狼に取られる	2
寛文 10 年	1670	2 月 5 日	相内野（釼吉山）	（晩）鹿毛母駄此子白鹿毛駁駒当歳狼に取られる	2
寛文 10 年	1670	2 月 8 日	田崎野	（晩）栗毛 4 歳之母駄狼に追乱待株に懸かり死す	2
寛文 10 年	1670	3 月 4 日	相内野（斗賀山）	（晩）栗毛駁駄当歳狼に取られる	2
寛文 10 年	1670	4 月 21 日	相内野	栗毛駁駄当歳狼に取られる	2
寛文 10 年	1670	4 月 21 日	住屋野	青毛母駄狼に取られる	2
寛文 10 年	1670	4 月 21 日	久慈北野（浜野）	鹿毛駄当歳狼に喰われる	2
寛文 10 年	1670	4 月 21 日	住屋野（夜神山）	鹿毛駄当歳狼に取られる	2
寛文 10 年	1670	5 月 6 日	住屋野（よがみ山）	（晩）鹿毛駄当歳狼に取られる	2
寛文 10 年	1670	5 月 6 日	田鍍野	（夜）芦毛母駄子鹿毛駒之当歳狼に取られる	2
寛文 10 年	1670	5 月 6 日	田鍍野	（夜）栗毛 4 歳之駄狼にかけられる→飼置	2
寛文 10 年	1670	6 月 15 日	住屋野（住屋）	（晩）栗毛母駄・鹿毛駄当歳 2 疋狼に取られる	2
寛文 10 年	1670	7 月 2 日	有戸野	月毛駒当歳・栗毛駒当歳・月毛駒当歳・栗毛糟毛駄当歳・鹿毛駄当歳・鹿毛駄当歳・栗毛星駄当歳・鹿毛駄当歳 18 疋狼に取られる	2
寛文 10 年	1670	7 月 2 日	有戸野（長崎山）	青毛駒 2 歳 1 疋狼に取られる	2
寛文 10 年	1670	7 月 2 日	有戸野（お里）	月毛母駄 1 疋狼に取られる	2
寛文 10 年	1670	7 月 13 日	有戸野（なりと）	（晩）鹿毛糟毛駒 2 歳 1 疋・栗毛糟毛駄 2 歳 1 疋（御神馬）狼に取られる	2
寛文 10 年	1670	8 月 3 日	住屋野（芦野沢）	（晩）栗毛駄当歳狼に喰われる	2
寛文 10 年	1670	8 月 3 日	住屋野（小田之沢）	鹿毛駄当歳狼に喰われる	2
寛文 10 年	1670	8 月 4 日	住屋野（よかくレ山）	（晩）月毛母駄狼に取られる	2
寛文 10 年	1670	9 月 23 日	相内野（浅水山）	（晩）鹿毛母駄狼に取られる	2
寛文 10 年	1670	12 月 16 日	手代森	**御鹿狩（狼 3）**	2

寛文10年	1670	12月18日	米内	**御鹿狩（狼7）**	2
寛文11年	1671	3月18日	相内野（竹子山）	（晩）青毛駄当歳狼に取られる	3
寛文11年	1671	3月18日	久慈北野（沢尻）	（晩）栗毛作駄当歳狼に取られる	3
寛文11年	1671	3月19日	相内野（斗賀内地内）	（晩）栗毛駮駄当歳狼に取られる	3
寛文11年	1671	3月26日	奥部野（大間野）	栗毛駒当歳狼に取られる	3
寛文11年	1671	5月14日	住屋野（足ヶ沢）	（晩）鹿毛母駄狼に取られる	3
寛文11年	1671	5月21日	又重野（牛引沢）	（晩）栗毛・糟毛2歳狼に喰われる	3
寛文11年	1671	6月6日	木崎野（ほゝ里喰）	（晩）青毛駄当歳狼に取られる	3
寛文11年	1671	6月13日	住屋野（佐野内沼頭）	（晩）鹿毛駄当歳狼に取られる	3
寛文11年	1671	6月13日	奥戸野（白砂野）	栗毛駒当歳狼に取られる	3
寛文11年	1671	6月14日	住屋野（夏井沢）	（晩）鹿毛駄当歳狼に取られる	3
寛文11年	1671	6月15日	野田三崎野（長山）	（晩）栗毛駄当歳狼に取られる	3
寛文11年	1671	6月15日	野田三崎野（林崎）	（晩）栗毛駄当歳狼に取られる	3
寛文11年	1671	6月15日	久慈北野（浜野）	（晩）青毛駄当歳狼に取られる	3
寛文11年	1671	6月16日	又重野（風穴）	（晩）栗毛駄当歳狼に取られる	3
寛文11年	1671	6月22日	有戸野（小倉伏）	（晩）栗毛駒当歳狼に取られる	3
寛文11年	1671	6月22日	有戸野（堀）	月毛星駄2歳狼に取られる	3
寛文11年	1671	8月7日	久慈北野	栗毛駄当歳1疋狼に取られる	3
寛文11年	1671	8月7日	木崎野	青毛駄1疋狼に取られる	3
寛文11年	1671	8月7日	有戸野	鹿毛駄2歳1疋狼に取られる	3
寛文11年	1671	8月7日	有戸野	鹿毛駒当歳・栗毛駄当歳両疋狼に取られる	3
寛文11年	1671	8月9日	久慈北野（ほんなみ山）	（晩）川原毛父御馬狼に取られる	3
寛文11年	1671	8月9日	又重野（下田谷地・下市川）	（晩）栗毛駄2歳・鹿糟毛駄2歳・青毛駄2歳・鹿毛母駄〆4疋狼に取られる	3
寛文11年	1671	8月10日	有戸野（小倉伏）	（晩）栗毛駒当歳狼に取られる	3
寛文11年	1671	9月14日	有戸野（小倉伏山）	鹿毛駄当歳狼に取られる	3
寛文11年	1671	9月14日	有戸野（堀）	（晩）栗毛駄当歳狼に取られる	3

寛文 11 年	1671	9 月 26 日	有戸野（浅渡）	（晩）栗毛駒当歳狼に取られる	3
寛文 11 年	1671	9 月 30 日	住屋野（足沢）	（晩）青毛駄当歳 1 疋狼に取られる	3
寛文 11 年	1671	10 月 2 日	住屋野（赤石沢）	（晩）月毛父馬 1 疋狼に取られる	3
寛文 11 年	1671	10 月 10 日	三戸相内野	（晩）青駄当歳 1 匹狼に取られる・父馬狼を打殺す	3
寛文 11 年	1671	11 月 6 日	有戸野（小倉伏）	（晩）鹿糟毛駄当歳狼に取られる	3
寛文 12 年	1672	2 月 5 日	久慈・北野（浜野）	（晩）栗毛母駄 1 疋狼に取られる	3
寛文 12 年	1672	10 月 28 日	三戸	**狼（多）を巻にて討ち殺す指示（書状）三戸・七戸へ**	3
寛文 12 年	1672	12 月 8 日		**狼の捕獲・捕獲者名の申告について（両閉伊郡・鹿角・野田以外は鉄炮無用）**	3
延宝 2 年	1674	2 月 26 日	和賀郡立花・黒岩・湯沢・平沢・宮田・石持・浮田・小原・駒籠・中内・倉沢・田瀬	12 ヶ所に狼多く野放馬の子幷鷹餌犬を取り，家の内迄狼参り迷惑（山根通・境目通）→鉄炮願（百姓共訴状）**→許可**	3
延宝 2 年	1674	7 月 5 日	又重野	（夜）青黒毛母駄狼に取られる	3
延宝 3 年	1675	3 月 12 日	和賀郡立花・黒岩・湯沢・平沢・宮田・石持・浮田・小原・駒籠・中田・倉沢・田瀬	12 ヶ所に狼多く野放馬の子幷鷹餌犬を取り，家の内迄狼参り迷惑（山根通・境目通）→鉄炮願（百姓共訴状）**→許可**	3
延宝 3 年	1675	6 月 11 日	木崎野	御野馬狼に取られる→鉄炮討願**（許可）**	3
延宝 4 年	1676	12 月 23 日		**御鹿狩（狼 1）**	3
延宝 5 年	1677	1 月 22 日	黒川村（道端）	たをれ者大かめくいはぎの模様	4
延宝 7 年	1679	1 月 7 日		**梁川にて狼 1 取り上げる（同心）→御褒美銭 300 文（奨励）**	4
延宝 8 年	1680	閏 8 月 12 日		**材木蔵の方より参る狼を切り留める（同心）**	4
貞享 2 年	1685	6 月 28 日	上鹿妻小幡山	狼多く馬の子御鷹餌犬など捕えられ，夜中の往還の者も迷惑→鉄炮打願**（許可. 1 人指名）**	5
元禄 2 年	1689	6 月 19 日	五戸（切屋内村・上市川村・下市川村・野沢村・扇田村・七崎村）	（13-15 日）狼荒れ家の前で遊ぶ 4-12 歳の子供 11 人を喰う（4 人喰い殺す）．30 余の男	5

				も．→鉄炮討の指示	
元禄2年	1689	7月11日		**猪・鹿・狼耕作などにあたり荒れる時のみ鉄炮打の指示**	5
元禄2年	1689	9月6日	盛岡代官所内（門村川前）	**狼1疋討ち其所に埋置**	5
元禄2年	1689	9月6日	盛岡代官所内（綱取山）	**狼1疋討ち其所に埋置**	5
元禄2年	1689	9月6日	盛岡代官所内（士竜やしき）	**狼1疋討ち其所に埋置**	5
元禄2年	1689	9月6日	盛岡代官所内（薇峠）	**狼1疋討ち其所に埋置**	5
元禄2年	1689	9月6日	盛岡代官所内（竹口）	**狼1疋討ち其所に埋置**	5
元禄2年	1689	9月28日		**生類憐の令（6月より）田畠を荒らす猪・鹿・狼に対する対処法（玉なし鉄炮・日数・頭数・埋置）**	5
元禄2年	1689	11月17日	岩手郡米内村・川目村	**田畠人馬犬などを損す猪・鹿・狼の打止めと埋置の書付（江戸へ）米内村狼1．川目村狼2**	5
元禄2年	1689	12月1日		**稗作人・馬・犬などを損す猪・鹿・狼討ちの期限延長願→許可（江戸）**	5
元禄2年	1689	12月16日	三戸	**鹿打（25日迄）．鹿は皮・油を献上．鹿肉・狼・猪は埋置の指示**	5
元禄3年	1690	1月10日	岩手郡大ヶ生村・滝沢村	**鹿・猪・狼討留書付（江戸へ）大ヶ生村狼1．滝沢村狼1**	5
元禄3年	1690	2月7日	飛田村	**狼1討ち留め埋置**	5
元禄3年	1690	2月7日	綱取山	**狼1討ち留め埋置**	5
元禄3年	1690	9月10日		**猪・鹿・狼荒れ（耕作）鉄炮討・目付派遣（討ち留めた猪・鹿之類．人馬に当たる狼は其所に埋置）**	5
元禄3年	1690	5月18日	沼宮内	猪・狼荒れ田畑・人馬にさわる→鉄炮打願（惣百性共訴状）**→許可**	5
元禄4年	1691	6月27日	遠野付馬牛村・駒木村（東禅寺村・付馬牛村）	（夜々）狼百性家へ入り，13人を喰う（2人）．男女おとな・わらしともに喰われ疵有り．馬31疋・牛4疋喰い殺される**→鉄炮討（猟師）**	5
元禄5年	1692	4月25日	鵜飼村	狼多く荒れ，百姓共預り当歳1疋，鹿毛7歳1疋喰われる**→威鋳討**	6
元禄5年	1692	6月26日	五戸	狼荒れ御野馬へ当たる**→当地の猟師2人雇**	6
元禄5年	1692	6月26日	三戸	狼荒れ御野馬へ当たる→鉄炮討願**（許可．猟師）**	6

元禄5年	1692	10月6日	大間野・奥部野	狼荒れる→鉄炮討願（**威鋳の許可．筒薬**）	6
元禄6年	1693	4月25日	大沢村	狼荒れる→鉄炮討願（百性共訴状）→（**許可．雫石の猟師．玉薬**）	6
元禄7年	1694	6月8日	有戸野	狼多く御野馬へ当たる→**当地の猟師への指示**	6
元禄8年	1695	7月11日	有戸野	狼多く御野馬へ当たる→**鉄炮討の許可と埋置の指示**	6
元禄9年	1696	9月11日	長岡通	（夜）11人が獣に喰われる	6
元禄9年	1696	9月16日	長岡	**狼2疋討ち上る（内1疋赤毛）→御褒美（御米片馬）**	6
元禄10年	1697	6月10日	大瀬川村	（夜）6歳女子狼に取られ行方知れず．（同日夜）母と臥す4歳男子狼に取られるが，追いかけると捨て置き，命は助かる→威鋳願（**猟師2人派遣**）	6
元禄10年	1697	6月24日	白畑村	（暮方）遊び居る5歳の子を狼（2疋）がくわえて行く．追いかけると捨て置き，命は助かる→鉄鋳願（**猟師2人派遣**）	6
元禄11年	1698	4月16日	松林寺村（寺林之内）	狼荒れ，馬を取る→鋳討願（**許可**）	7
元禄11年	1698	7月13日	御明神村（滴石）	（日中）9人の子供狼に喰われる（9歳男子・5歳女子・6歳女子即時死）（4歳男子・7歳男子・11歳男子・5歳男子喰われ深手）（10歳女子歯懸け・9歳男子触る）→討願（**3人派遣**）	7
元禄11年	1698	7月18日	南畑村・安庭村（雫石）	（晩）10人の子供狼に喰われ2人即時死（10歳女子・8歳男子・14歳男子・3歳女子・8歳男子・3歳・8歳男子・3歳男子・8歳男子・4歳女子）	7
元禄11年	1698	7月18日	御明神村	（晩）4人の子供狼に喰われ2人死す（5歳女子・5歳女子・4歳男子・5歳男子）	7
元禄11年	1698	9月24日	（沢内村）	**猟師が打ち留めた狼1を御代官が披露→近所の山根に埋置の指示・御褒美5百文**	7
元禄12年	1699	1月4日	外加賀野鳥谷孫太夫屋敷前	河原で犬を就け廻す狼を追う	7

				と，召使いに掛かる→**突殺した狼披露→河原へ埋置の指示**	
元禄 12 年	1699	8 月 4 日	毛馬内（草木村・鴇村・赤坂村・芦名沢村・風張村）	6 人狼に食い殺される（14 歳男子・5 歳男子・12 歳男子・女子 2 人・12 歳女子）→鉄炮拝借願（**猟師ともに打留の指示）**	7
元禄 13 年	1700	6 月 18 日	相内野	狼荒れ御野馬に当たる→おとし鉄炮→**猟師に指示**	7
元禄 14 年	1701	6 月 16 日	亦重（五戸内）	御野馬へ狼多く障る→**鐄での防止の指示**	7
元禄 14 年	1701	8 月 15 日	有戸野・住谷野	狼荒れ御野馬へ当たる→**狼討留（有戸野 3・住谷野 2）の御褒美（狼 1 に付き金壱歩）**	7
元禄 16 年	1703	7 月 27 日	花輪	狼大分出て荒れる→鐄討願**（許可）**	8
宝永 元年	1704	6 月 3 日	三戸・五戸	御野馬に狼障る→狼討願**（各 1 人指名）**	8
宝永 元年	1704	6 月 5 日	七戸	狼荒れ在家の子共取られる→鉄炮討願**（2 人指名．鐄玉薬）**	8
宝永 元年	1704	6 月 21 日	福岡	狼荒れ百姓の子共へ障り怪我**→ 1 人指名．鐄玉薬**	8
宝永 元年	1704	6 月 21 日	嶽山近所の村（福岡）	狼荒れ子共一両人狼に取られる→鐄願**（許可）**	8
宝永 元年	1704	6 月 23 日	五戸	畑へ向かう娘，狼に食い殺される→**狼討 1 人追加**	8
宝永 2 年	1705	4 月 17 日	花輪	狼荒れ人馬へ障る→猟師への鉄炮討願**（許可）**	8
宝永 2 年	1705	5 月 1 日	木崎野・又重野（五戸）	狼荒れ御野馬へ当たる→鐄炮願**（各 1 人指示）**	8
宝永 2 年	1705	5 月 1 日	住谷野（三戸）	**狼討留への御褒美金壱歩**	8
宝永 2 年	1705	12 月 15 日	五戸・三戸・七戸	狼荒れ御野馬へ障る→鉄炮討願**（鳥討への許可．鉄炮玉薬）**	8
宝永 3 年	1706	2 月 15 日	三崎野（野田）	3 年間の御野馬への狼防止に対する扶持願**（許可）**	8
宝永 3 年	1706	2 月 23 日	百石村（五戸）	**おつそ（罠）にて狼 1 取上げる→御褒美金壱歩**	8
宝永 6 年	1709	6 月 29 日	大迫	狼荒れ猟師共におとし鉄炮討願**（許可）**	9
宝永 6 年	1709	8 月 30 日	下野田村	先年からの御野馬への狼防止に対する扶持願（猟師）**→許可**	9
宝永 7 年	1710	3 月 10 日	沢内	狼荒れる→巻願（百性共）→	9

				5 人派遣	
宝永 7 年	1710	3 月 19 日	沢内	**狼 1 疋討上げる**	9
宝永 8 年	1711	3 月 14 日	手代守（盛岡通）	狼荒れ，馬 3 疋喰い殺し，3 疋手負い馬有り→鉄炮討願（百姓共・肝煎）**→許可（1 人指名）**	10
宝永 8 年	1711	3 月 18 日	有戸（三戸）	**狼の子 1 疋見つけ持参（百姓）→御褒美代三百文**	10
正徳 5 年	1715	6 月 5 日	外・中川目・鱒沢・宇津野村（上田通）	狼荒れ鉄炮討願（百姓）**→許可（2 人指名）**	10
正徳 6 年	1716	2 月 19 日	花巻田瀬・谷内村	猪・狼荒れ猟師鋳雇願（百性共）**→許可**	11
享保 3 年	1718	11 月 27 日	五戸	春より狼荒れ御野馬数疋取る**→狼討の指示**	11
享保 3 年	1718	11 月 29 日	五戸	**狼討の増員 5 人**	11
享保 3 年	1718	12 月 11 日	五戸	**狼討の御褒美金弐百疋**	11
享保 3 年	1718	12 月 14 日	五戸	**狼討の御褒美金弐百疋**	11
享保 3 年	1718	12 月 17 日	五戸	**狼討の御褒美金弐百疋**	11
享保 3 年	1718	12 月 24 日	五戸	**狼討の御褒美金百疋**	11
享保 4 年	1719	1 月 18 日	五戸	**狼討の御褒美金百疋**	11
享保 4 年	1719	2 月 2 日	戸来村（五戸）	**狼 1 討上る（またき）→御褒美金（御役金之内）**	11
享保 4 年	1719	11 月 11 日	五戸	御野馬へ狼荒れる**→狼討の御用人 5 人派遣**	11
享保 4 年	1719	11 月 11 日	五戸	**狼討付 1 人派遣**	11
享保 4 年	1719	11 月 21 日	五戸	**浪人に付狼討御用人 1 人御免**	11
享保 9 年	1724	5 月 4 日		**狼荒れ防留の奨励と御褒美の通達（父狼壱貫弐百文．母狼壱貫五百文．子狼四百文．各 1 疋）**	12
享保 9 年	1724	閏 4 月 17 日	鬼柳通	狼大分に集まり，野放馬 5 疋喰われる（3 疋は手負い）→（一両日の）鉄炮 4，5 丁・玉薬・足軽衆 4，5 人貸願**（許可）**	12
享保 9 年	1724	閏 4 月 17 日	相内野（三戸通）	狼荒れる→威鉄炮願**（許可．薬火縄）**	12

太字部分は，藩の対応内容を示す．

このような『雑書』に記された人の被害件数は二三件にのぼり、その多くは延宝二年以降に、特に元禄四年以降に急激な増加がみられる。これはいったい何を意味しているのだろうか。

先にも記したように、盛岡藩の四大飢饉の初めには元禄の名が挙げられていた。元禄七年頃から不作による飢饉の記録がみえるが[25]、おそらくその数年前からすでに兆候は出ていたのだろう。飢饉では餓死者や疫病による斃死者が出るのを避けられない。狼がそれらの死体を食したことによって、次第に人間を食料と見なすようになっていったと考えるのは、いささか性急すぎるだろうか。隣の弘前藩でも、狼による人身被害の記録が元禄三年から始まり、翌四年に八件もあるのは[26]、奇妙な一致である。不作や凶作による飢饉に伴う餓死者および斃死者の増加と、狼による人身被害数の増加には、何らかの因果関係があるのではないだろうか。

このような狼についての『雑書』での記載は、被害報告の他にもまだあった。「狼狩り」の記録である。狼狩りには、狼を集中的に狩る場合と、藩主が主催する通常の鹿狩り時に偶発的に狼が討たれる場合の両方があった。『雑書』での狼狩りおよび狼討ちに関する記録は九〇件になり、鹿狩り時では八件となる。狼狩りの初出は明暦四年（一六五八）であり、四千人余りの人員が動員された大規模なものであった。度重なる人馬の被害には、藩も傍観しているわけにはいかなかったのである。

また、藩は狼討ちに対する褒美金も積極的に出していた。延宝七年（一六七九）一月七日の初出を次に引く[27]。

一　戸来亦左衛門預御同心重三郎、簗川ニテヲツワヲ切狼一取上候、為御褒美銭三百文被下、重て取上候様ニト申渡これによると、狼一頭を取り上げた褒美に三百文が出され、さらなる狼討ちを奨励しているのがわかる。享保三年（一七一八）一二月一一日にも、同様の記載がある。[28]

一　五戸御与力工藤十左衛門狼討被　仰付候処、情《精》出討上候付為御褒美御金弐百疋被下之、御目付池田伊兵衛より申遣之

工藤十左衛門は、前月に狼討ちの命を受けた五人のうちの一人である。狼の頭数についての記載はないが、金二百疋が褒美金として出されている。何も書かれていないのは、逆に一頭を意味していると理解できるだろう。このような褒美金はその後も同じ五戸で四件出されており、二件が同額に、また二件が金百疋となっている。褒美金はその都度定められていたようだが、享保九年（一七二四）五月四日の条文によって、次のようにさらに細かに規定されることになった。[29]

一　壱貫弐百文　　父狼一疋
一　壱貫五百文　　母狼一疋
一　四百文　　子狼一疋
在々狼荒候付、防留候様ニ被　仰付置候処、取上候付、右之通御褒美向後共ニ被下候間、猶又情《精》出留候様ニと、所々御代官中へ御用人中を以申渡之

よく知られた条文だが、狼の雌雄や発達段階に応じた褒美金が明確になっている。母狼が父狼よりも高くなっているのは、繁殖力を考慮してのことであろう。『雑書』での狼討ちの褒美金の記載はこれが最後になるが、明治八年（一八七五）には岩手県庁から狼討ちの奨励に関わる布達が出され[30]、同一九年（一八八六）にも、産馬事務所が立案提示した「獲狼賞与規則」が認可されている[31]。狼による被害は、まさに狼が絶滅するまで続いていたといえる。金沢地区近隣における狼の最後の捕獲は、明治三〇年頃の遠野市の琴畑であったと聞いている。

このような狼狩りや狼討ちに併行して、狼の毒殺も行われていた。宝暦七年（一七五七）の藩法をみると、沼宮内（現岩手県岩手郡岩手町）には御代官所「狼取」という役職の者がおり、その清八に対して、毒薬の調合や使用方法を人々に伝授する許可が出されている[32]。度重なる狼害に対処してのことのようである。また年号は不明だが、同沼宮内村狼取清十郎が記した「狼取毒薬調合覚」がある[33]。

覚

一　まじん　四匁
一　鉄のせんくつ　三匁
一　そ者《ば》のめ　弐匁
一　本《ほ》うの木阿《あ》い加《か》王《わ》　壱匁
一　大者《ば》ち　五分
右合五味随分こま加《が》尓《に》調合、
狼取候莭《節》ハ、死馬之《の》身ふ加《か》く切

さき、夫江《え》薬種を入、切口見得《え》
不申様仕、御野江《え》指置申候得《え》ハ、
夫を狼見申候と給、早速死
申候、但シ塩類之《の》物ニ而《て》餌加《か》い
仕候而《て》ハ狼給不申候、
右之《の》通書上申候、以上、
十日晦日　　沼宮内村狼取
清十郎㊞

本文書は、野馬への狼害を防ぐために沼宮内村の狼取りに毒の調合法を書かさせたものである。藩法にあった許可に繋がる文書であろう。『岩手の古文書』に従って内容をみると、「まじん」とは、種子に猛毒がある東南アジア産の高木「マチン（馬銭）」のことである。「鉄のせんくつ」はやすりくずを指し、「そばのめ」は蕎麦の芽をすりつぶしたものになる。繋ぎとして使用されていた可能性が考えられる。また「ほうの木あいかわ」は朴の木の皮で、「大ばち」は岩手地方で「蛇の大八」という天南星をいう。まむし草ともいうその塊茎にはやはり毒がある。この他にトリカブトや毒芹などを用いた毒薬も伝わっており、沼宮内村の例のように秘伝の調合法がそれぞれに相伝されていたようである。[34]では、里馬の狼害の方はどうだったのだろうか。

里馬の被害と民俗儀礼

金沢地区では、昭和四〇年代後半に馬から牛へと家畜の転換がみられるが、それまでは専ら馬の飼育が主体になっていた。通常は各家に一、二頭の馬が飼育され、夏期になると集落の馬がまとめて山に放牧されていた。金沢では宮沢に馬の放し場があり、六、七〇頭の馬がそこに放されていたという。この牛馬の「ヤマアゲ」は、その年の草の芽の生え具合に応じて五月の初め頃に行い、「ヤマサゲ」は競りの時期に合わせて一〇月中旬から一一月初旬に行っていた。いわゆる夏山冬里方式の飼育法である。馬の放牧道はウマケードウ（馬街道）といい、牛の方はベコケードウ（牛街道）と呼んでいた。馬は農耕馬や駄馬として働き、牛は乳牛として飼育されていた。明治期になると良馬は軍馬としての適用があり、良馬を産出した際には大金が得られたとも聞いている。

このような馬にまつわる狼の伝承として、次のようなものが挙げられる。

事例11　狼の仕返し（大槌町金沢・宮口）

ある人が馬の放牧に柾内沢に行った時に、狼の仔を見つけた。柾内沢には二〇頭ぐらいの馬がいた。火を焚いて、見つけたその狼の仔を入れた。すると、夜狼に来られて厩を荒らしておっかなくて。火を焚いて一晩中厩の回りを守ったという。恐らく外をガリガリ引っ掻いたのだろう。

（話者九〇歳男性　筆者聞書き[35]）

柾内は金沢を南に下った土地だが、放牧地のあるその柾内沢に狼の巣穴が作られていた。馬が襲われるのを恐れて狼の仔を退治したところ、逆に厩を襲われたという狼の仕返しを語る内容である。この他にも当地方には狼の巣穴に悪戯をして報復を受ける話が伝わっており、狼の執念深さを示す伝承は多い。『遠野物語』第四二話にも同様の話が載っている(36)。大槌町から離れた雫石町にはまた、狼に馬が襲われたという次のような伝承がある。

事例12　オカベの話（岩手県岩手郡雫石町）

狼のことをオカベと言っています。又はオイヌとも呼びます。深山よりは里山や原野に居たようでありました。（中略）明治期になってからも私の村で馬を狼に喰われた話が相当あります。放し馬を狼が襲うと、後脚に喰いついたりして、次第に泥土の深い谷地湿地へ追い込むのだそうです。そして一群集まってその馬を生きながら食べてしまうと言う兇暴性を有し、人々は極度に恐怖していました。（『山村民俗誌——山の生活篇』(37)）

山へ放牧された馬は、狼にとっては恰好の餌食であった。狼からみれば、美味しい獲物が自ら自分の領域に出向いてくれるようなものだろう。しかし、そのような危険を伴いながらも、山への放牧には大きな利点があった。馬は新鮮な食料を十分に得られるとともに、適度な運動によって健康が維持され自然に繁殖していった。人々も飼料の確保に煩わされずにすみ、その間他の農作業に専念できたという。一見矛盾する山への放牧だが、狼の襲撃さえ防げれば、これ以上に良い飼育方法はなかったといえよう。銃の使用を許されなかった人々は、度重なる狼害を藩へ陳情する一方で、オイノ祭りなどの儀礼によって狼を鎮めようとしていたと理解できる。

以上みてきたように、岩手県を中心とした盛岡藩では、江戸時代に人馬への狼害が深刻化し、これに伴って藩では狼討ちの奨励や狼狩り、毒殺などの対策が講じられていた。しかしこのような一連の狼害は、盛岡藩が良馬を産出する土地柄にあり、藩の牧場において積極的に馬産が推進されてきたことと切り離しては考えられない。野馬、里馬にかかわらず、放牧された馬をめぐって人と狼との対立が生じ、これを忌避するための一つの手段として、オイノ祭りが行われるようになったと考えられる。

(4) オイノ祭りと三峰信仰

大槌町に伝わるオイノ祭りとその背後にある人と狼との関わりについて考えてきたが、ここに一つの疑問が残る。そもそもこの儀礼は何を契機に行われるようになったのだろうか。自然発生的なものなのだろうか。

大槌町のオイノ祭りの祭祀場には、多くの場合に三峯山の文字を刻んだ石碑が存在した。安瀬ノ沢の石碑は明治一五年（一八八二）、元村のものが文政一〇年（一八二七）の年紀を持ち、ともに二月一九日の日付けを確認している。表4・2に示した通り、町内に建立された三峯山の石碑は、二つの祠も含めると二五基になる。金沢地区の他にも町内全域にわたって石碑が建立されているのがわかる。このうちもっとも古い年紀を示すものは、元村などにみられる文政一〇年であり、石碑の多くは江戸時代末期の建立になっている。

建立日に「一〇日」もしくは「一九日」が多いのには何か理由があるのだろうか。これは、三峰信仰の総本山である、埼玉県秩父郡大滝村（現秩父市）に鎮座する三峯神社の例祭日に拠るものだろう。三峯神社の御焚上の神事は、毎月一〇日と一九日に行われている。御焚上とは、眷属神すなわちお犬様である狼へ供物を捧げる儀礼であり、一〇日は境内を守護する眷属へ、また一九日は全国へ遣わされた眷属へ向けて行われている。御焚上の祭日が確定したのは明治時代以降であるとも聞いているが[38]、大槌町の石碑の建立日にこの両日が多くみられるのは単なる偶然ではないだろう。盛岡藩の政治や経済などについて記した『内史畧』には、「一　秩父三ツ峯山釣鐘　南部山城守建立と彫付有り」との記載がある[39]。建立の年代は不明だが、当時の盛岡藩と秩父の三峯神社とのつながりを示唆す

表 4.2 大槌町の三峰山石碑

	碑文	建立年紀	西暦	所在地	備考
1	三峰山	安政四丁巳年	1857	金沢旧土坂峠	
2	三峯山大権現	文政十年四月十九日	1827	金沢中山七ッ刈	
3	三峯山	—		金沢中山沢	
4	三峯山	嘉永六年十月吉日	1853	金沢中川原	
5	三峯山	明治八年四月十九日	1875	金沢種戸口の沢	
6	三嶺山	明（治）十五壬年午二月十九日	1882	金沢安瀬ノ沢	
7	三峯山大権現	文政十丁亥年二月十九日	1827	金沢元村	
8	三峰山（祠）	—		金沢新蔵長嶺	
9	三峯山	嘉永八年二月十九日	1855	金沢虫内沢	
10	三峯山（祠）	—		金沢平田坂	
11	三峯山	文政十亥年三月十日	1827	金沢下屋敷	深渡村ヨリ中井村マデ
12	三峯山	嘉永五年二月十九日	1852	馬場野	
13	三峯山	嘉永四亥年五月十九日	1851	姥ヶ沢手前	當村安全
14	三峯山	—		大槌八幡神社	当村御山請（岩鷲山・志和稲荷と併記）
15	三峯山	嘉永七年申寅二月十九日	1854	吉里吉里坂	講中
16	三峰山	明治十一年五月十九日	1878	上長井の奥	
17	三峯山	安政二年三月十九日	1855	長井虫内沢	
18	三峯山	安政四年五月吉日	1857	小槌天馬坂	
19	三□山	—		新山高原石割り桜	（1 字剥離）
20	三峯山	安政四巳年八月吉祥日	1857	小槌種戸川目	當村安全
21	三峯山	文久三年五月十九日	1863	大槌街道芳形	
22	三峯山	文政十三年五月吉日	1830	大槌街道芳形	（馬頭観世音と併記）
23	三峯山	安政四年四月吉日	1857	小槌中村	
24	三峯山	—		中央公民館愛宕山	
25	三峰山	大正八年七月二十一日	1919	大槌伸松の山	

本表は，徳田健治「三峰山の石碑並びに三峰山祠所在地」（佐々木久夫編『オオカミまつり』1996 年）・大槌町教育委員会の石碑調査票および筆者の調査に基づいて作成した．

るものといえる。

また、岩手県内には胆沢郡衣川村（現奥州市）に三峯神社の分社が存在する。秩父の三峯神社によれば、正式な分社はこの衣川の一社に限られる。社伝には、享保元年（一七一六）に分社されたとあり、同社の例祭日は、正月・三月・九月の各一九日になっている。当社が周辺各地の信仰を広く集めてきたことや、大槌町に隣接する他地域にも同様の石碑が存在するのを考えれば、江戸時代末期に当地方で三峰信仰がさかんになり、三峯神社の例祭日に合わせて次々に石碑が立てられていったものと考えられる(40)。

三峰信仰は、一般に講を組織する形で各地に広まっているが、大槌町に講が存在した話はいまだ聞き得ていない。ただ、表4・2のNO．15のように石碑に「講中」の文字がみえるものがあるため、町内に講組織が存在していた可能性はある。これについては、周辺地域や関連寺社のさらなる調査が課題となろう。また、講の他に儀礼を行う契機として考えられるものに、民間宗教者の存在がある。次の事例をみよう。

事例13　狼の話（岩手県二戸郡浄法寺町）

明治十二年頃は、狼が多くて、集団で牛馬を襲い、牛馬に襲いかかり、困っていたと。

石神の大屋の厩に入って、夜中に、七頭の馬を殺したのも、この頃であった。その時期に、湯殿山の行者が来て、

「三峯様を山の峰に祭ると狼の害がなくなる」

と言うて、村人にほんとうに、祀《まじ》らせた。そして、それからだんだんと、狼の害が除かれていった。

明治四十三年、捕れたのが日本の記録で最後の狼だという。

（『浄法寺町昔話集(41)』）

山の峰に三峯様を祀る方法は、大槌町に共通したものである。これをみると、浄法寺町では湯殿山の行者の勧めによって三峯様を祀るようになったと理解できる。湯殿山の行者すなわち羽黒修験も、三峰信仰の担い手になっていたのである。

民間宗教者に関連するものでは、岩手県から少し離れた山形県最上郡戸沢村の伝承もある。語り手の実家は、富山の薬売りや神楽の一座などが泊まることの多い、いわゆる善根宿であり、そのような旅人の中に、山伏のような人物がいたと伝えられている。民間宗教者と狼信仰との関係を示す例として次に掲げる。

事例14　狼の頭骨（山形県最上郡戸沢村）

家に伝わる狼の頭骨は、母親に聞いたら、樵（山伏）が「一晩泊めて下さい」って来て、泊めてあげたら「何もないがこれを取って下さい」って狼の頭骨を置いていった。それを代々祀っていたの。父親がものすごく狼様を大事にしていた。子供の時分、そこにあげてからでないと何も食えなかったの。

箪笥の一番上の引き出しに入っていた。子供も沢山いたから。お婆さんの代の時から狼様の前に供え物が置かれていた。お婆さんがいうのだと、狼様は納豆餅がとっても好きで、納豆餅を作ると狼様にってすぐに持っていったの。誰か亡くなった時には赤飯を炊いて、ちんばの箸を添えた。

父が五三歳で亡くなって弟の代になってから、実家に放火などが続いたので川口（埼玉県）で占ってもらったら、床の間に掛けておいた狼様の位置を移したことや、暮れの大掃除の時に落してひびが入ったことをいわれた。蔵も（弟が）整理し、沢山あった書き物もみんな燃やしちゃったの。それで、そんな所に置いておけないって、自分で祀ろうと思ったけどだめだっていうから、ここ（三峯神社）に納めたの。

（話者八六歳女性　筆者聞書き[42]）

話にある狼の頭骨とは、秩父の三峯神社に納められている狼の頭骨のことである。元禄四年（一六九一）頃のものという。三峯神社東明講の世話人でもある語り手の家族が、昭和四九年に奉納して以来三峯神社の宝物になっている。語り手は旅の男を「樵」とも「山伏」ともいっており、記憶が少し曖昧になっているようだ。しかし狼の頭骨を所持している点から、樵よりもむしろ山伏の可能性の方が高い。「狼様」がどのような効験を持つものなのかは語られていないが、丁重な扱いを受けていることから祀るものとして譲り受けたと理解できる。狼の頭骨は、修験が狐などの憑き物祓いや魔除けに使うことが広く知られている。戸沢村は羽黒三山に近接し、最上川が流れる土地でもある。山伏が道中に立ち寄ったと考えてもそれほど不思議ではない。

このような民間宗教者の活動拠点は大槌町内にも存在した。たとえば安渡に鎮座する二渡神社は、江戸時代から羽黒山とのつながりを有する神社であり[43]、京都の聖護院の流れを汲むと伝える小槌神社[44]には、役行者像や懸け仏などが残されている。大槌街道をはじめ、内陸と海岸部を結ぶ街道は町内を貫いており、町内への民間宗教者の往来は十分に予想できる。現に安瀬ノ沢集落では、大正一五年頃に小国の方から高竿を持つ赤い服を着た法印が、また二戸からは厩祀りの法印がきたと聞いている。

これらを鑑みると、オイノ祭りに代表される狼の民俗儀礼には民間宗教者の関与があり、彼らによって地域に広められていったことが考えられるだろう。

1・2　秋田県仙北市にみる鎮送型と祈願型儀礼

(1)オイノ祭りの型

これまで、大槌町のオイノ祭りとその成立背景を中心に考察を進めてきた。では東北地方の他の地域には、どのような狼の民俗儀礼が展開しているのだろうか。

狼の民俗儀礼に絞って調査を進めた結果、同一地域の重複分も含めて四九の事例を確認した。各内容は表4・3に一覧としてまとめた通りである。これをみると、狼の民俗儀礼はその内容によって二類型に大別できる。一つは狼をムラから追い出す「鎮送型」(A2)であり、もう一つは、供物を供えて人畜の安全を祈願する「祈願型」(B1)になる。先にみたオイノ祭りはこの祈願型に当たる。「祈願型」にはさらに儀礼の時期を狼の出産時に特定した「祈願型」(B2)もある。狼が出産すると、赤飯や小豆飯を供えにいくというものである。

青森県下北郡東通村の尻屋には、犬形に作った餅を川に流す儀礼が伝えられている(NO.1・2・3)。この三例と秋田県鹿角市の一例を鎮送型の一つ(A1)と見なせば、鎮送型は併せて一二例になる。これに対して、祈願型(B1)は三一例ともっとも多く、祈願型(B2)は六例になる。しかしながら、この祈願型(B2)は、関東地方から四国にかけて多くみられるものであり、その詳細については次節で詳しく論じることにする。

鎮送型(A2)の詳細を知るために、葛巻町の事例を次に示そう。

行為	唱えごと	理由および祈禱内容	出典
餅で作った猪の形（2つ）と犬の形（4つ）を板に乗せ祭ってから流す		猪の害を防ぐため（北海道へ追い渡す）	旅と伝説 10-4 1937
ソバの粉で作ったイヌ形や餅を流し，刀や槍（木片）でつつく		畑に出て悪戯するのを防ぐ	民俗採訪 3 1962
犬型の餅を2つ作り，藁苞に入れて流す・氏神参り		（牛の子を取るのを防ぐ）	民俗採訪 3 1962
狼を追う	オイナー・オイナー		新郷村史 1989
木の貝吹きを先頭に，ムギカラと白樺の皮で作った人形（マタギ）とイヌ形を持って行列する．白山では屈強な若者が縄に付けたイヌを引き回し子供たちが木槍で3度突いて送る		オオカミ退散	隠し念仏 1989
終日法螺貝を吹く			紫波郡誌 1926
早朝に法螺貝（桐製）を吹く		山の獣を追う	農家の年中行事 1999
早朝に法螺貝（桐製）を吹く		山の獣を追う	百歳．作山リエさん聞書き集 2007
供物（小豆飯の握り・キチジ／タナゴ・卵・塩・米）			筆者聞書き 2001.2
供物（小豆飯の握り・ドンカ／ドブロク）	（山へ向かって叫ぶ）狼様一握り持って来たから食べてけろー		筆者聞書き 2001.2
供物（小豆飯の握り・卵を入れたワラツトッコ・酒）若者10人弁当			筆者聞書き 2001.2
棚を作り，小豆飯の握り，魚（キチジ）あるいは鶏卵と酒を上げて祈願→（3日後）供物が残っている時は棚から下ろし再び祈願	（このご馳走を食べて馬を襲わないように）	人馬の安全	釜石新報 1997.8.13・筆者聞書き 1998.8
幣束と供物（小豆飯の握り・煮干・塩・茹で卵）	オオガミ様，ご馳走を一杯持ってきたから，ご馳	馬の安全	筆者聞書き 1998.2

表 4.3　東北地方の狼の民俗儀礼

	タイプ	伝承地	名称	儀礼名	祭日	場所
1	A1	青森県下北郡東通村尻屋	おいの（狼）	おいのながし		川
2	A1	青森県下北郡東通村尻屋	オイヌ	オイヌ流し	3月3日	川
3	A1	青森県下北郡東通村尻屋	おいぬ様・犬	犬祭り（おいぬ様の日）	2月1日	
4	A2	青森県三戸郡新郷村	狼・オイノ	オイノボイ（狼追い）	1月16日	
5	A2（B1の名）	岩手県岩手郡葛巻町	オイヌ・オイヌさま（オオカミ）	オイヌマツリ	馬の放牧前	上のムラはずれから下のムラはずれ（白山）まで
6	A2	岩手県紫波郡	狼	狼追ひ	小正月（1月15日）	
7	A2	岩手県紫波郡紫波町	オイヌ	オイヌぼい	小正月（1月15日）	山に向かって
8	A2	岩手県紫波郡紫波町	オイヌ	オイヌぼい	小正月（1月15日）	
9	B1	岩手県上閉伊郡大槌町金沢中山戸沢	オイノ・オオカミ	オイノ祭り	（旧）2月19日	沢の三峰山大権現の石碑
10	B1	岩手県上閉伊郡大槌町金沢中山	オイノ・オオカミ	オイノ祭り	（旧）2月19日	
11	B1	岩手県上閉伊郡大槌町金沢中川原	オイノ・オオカミ様	オイノ祭り	（旧）2月19・6月19日	千切山の峰（山の天辺）の石碑
12	B1	岩手県上閉伊郡大槌町金沢折合	オオカミ	オオカミ祭り（オイノ祭り）	（旧）2月19日・5月19日	沢道・尾根の一番高い所（定位置）
13	B1	岩手県上閉伊郡大槌町金沢安瀬ノ沢	オイノ・オオカミ・オオガ	オイノ祭り	（旧）2月19日→（新）2月19日	集落のはずれの三峰山の石碑

を供え祈願	走ば食べて馬や人は食べないで下さい．（オイノがくぼえったぞう，さあ逃げろー）		
（夜）供物（小豆飯の握り・キチジ）→（朝）供物（小豆飯の握り・鶏卵・塩・米・煮干）オイノゴキトウ（2人）			筆者聞書き 2000.2
（早朝）供物（小豆飯の握り・生卵・煮干・ドク／ドブロク）子供と大人2人	狼がきた，早く逃げろー		筆者聞書き 2001.2
小形の餅をそっと置いてくる（後ろを振り向かずに帰る）			遠野町史 1953
前日夕方までに牧場から家畜を下げ，ウルイの葉にのせたオシトネ（7つ）を置く（後ろを振り向かずに帰る）		馬の安全（二郷大明神へ祈願）	遠野市史1 1974
餅を供え呪文を唱える	オオカミサマ，オオカミサマ，オラエノウマニ，カガンネデケロヨ	（二郷大明神へ祈願）	注釈遠野物語 1997
貝（桐製）を吹立てる			歳時習俗語彙 1939
供物（握り飯・煮干を入れたワラットコ）／（握り飯・小餅）を供え祈願（後ろを振り向かない）			岩手の小正月行事調査報告書 1984
シトギを供える	山の神と狼さまに上げ申す		住田町史6民俗編 1994
モチを1つつけた松をあげる（後ろを振り向かずに帰る）		作物が荒らされないように	岩手の小正月行事調査報告書 1984
シトギを供える（山仕事を休む）	山の神と狼さまに上げ申す		大船渡市史4 1980
そば粉を茹でて作った手の平大の狼10個を，少し流した（井戸に入れた）後に食す・家の神に神酒		狼の災厄除け	狼が遺したもの 2006
（若者）手に棒を持ち大声で叫びながら（狼犬			旅と伝説9-11 1936

			ミ			
14	B1	岩手県上閉伊郡大槌町金沢元村	オイノ・オオカミ	オイノ祭り	（旧）2月18日夜－19日 →（新）2月19日に近い日曜日	山の分岐点の祠→集落はずれの三峰山の石碑
15	B1	岩手県上閉伊郡大槌町金沢丹野	オイノ・オオカミ	オイノ祭り	（旧）2月19日	山にある山の神の石像（小さい石）鳥居
16	B1	岩手県遠野市	狼・おおいぬ		1月14日	裏手の堤などの上
17	B1	岩手県遠野市小友町鷹鳥屋	オオカミ	オオカミの食い初めの日	（旧）5月5日	家の裏山の麓
18	B1	岩手県遠野市小友町鷹鳥屋	狼（おいぬ）		小正月	山裾の二郷の山神碑
19	A2	岩手県和賀地方	オイヌ	オイヌ追（ボヒ）	正月15日	
20	B1	岩手県江刺市（現奥州市）	オオカミ	オオカミまつり	（旧）12月30日（夕）／1月14日	山の神・道路の辻・供養碑
21	B1	岩手県気仙郡住田町	狼さま	初山の神	1月12日	山の登り口・祠
22	B1	岩手県気仙郡三陸町（現大船渡市）	オオカミ	オオカミの年取り（動物の年越し）	（旧）2月1日	山の神・畑
23	B1	岩手県大船渡市	狼さま	山の神さま	1月12日	山の神
24	A1	秋田県鹿角市上芦名沢	オエノ	オエノ祭り（オエノ流し）	春	飲料水を引く堰・井戸
25	A2	秋田県仙北郡西木村西明寺（現仙北	オイヌ・オイノ	狼犬追ひ	正月16日（朝）	上から下へ

を）追う 狼犬を（追う）			秋田のマタギ聞書 1969
供物（神酒・赤飯）			秋田のマタギ聞書 1969
供物（酒・野菜・ヤマメなどをのせた藁のコモ）を供え祈願		馬の安全	筆者聞書き 2000.7
親睦会			筆者聞書き 2000.7
供物（お賽銭・塩・米・生魚／川魚）を供え祈願	馬を守ってけれ	馬の安全	筆者聞書き 2000.7
供物（酒・赤飯）			旅と伝説 15-10 1942
供物（握り飯等）を穴の中に置く		家畜（馬・犬・鶏）や子供などの安全	真室川町史 1969
供物（握り飯）を持参	（文久年間頃から狼がすむ）		山形県伝説集 1960
（夕方）供物（飯と小魚をのせたサン俵バシ）を雪の上へ			羽前小国郷の伝承 1980
供物（神酒・赤飯・生鰊）を供え祈願→祭後野山へ牛馬の放牧開始		1年の安全（牛馬・人・田畑）	羽前小国郷の伝承 1980
供物（赤飯）を供え祈願		狼霊の鎮魂・馬の安泰	最上町史下 1985
供物（赤飯・魚）を供え礼拝			羽前小国郷の伝承 1980
供物（神酒・塩鮭など）・山奥に向かって大声で叫ぶ・酒宴後急いで駆け下りる	狼さま，狼さま		生活の歓 志津川町誌 2 1989
供物（苞に入れた「片手握り」の飯・塩鮭・煮干など）一対に結ぶ			生活の歓 志津川町誌 2 1989

		市)				
26	A2	秋田県仙北郡西木村西明寺(現仙北市)	オイノ	オイノボイ	1月16日(朝)	上から下へ
27	B1	秋田県仙北郡西木村上檜木内戸沢(現仙北市)	狼・オイノ		春4月	オイノ森
28	B1	秋田県仙北郡西木村上檜木内(現仙北市)	オイノ・オオカミ	オイノ祭り	(新)5月末(田植え後)・(旧)10月頃	石宮(三峰神/サンポウシンの祠)
29	(B1)	秋田県仙北郡西木村上檜木内(現仙北市)	オイノ	ヤサラオイノ祭り	(新)5月	
30	B1	秋田県仙北郡西木村上檜木内(現仙北市)	オイノ・オオカミ	オイノ祭り	7月17日	オイノ神社(祠)
31	B1	秋田県仙北郡田沢村(現仙北市)	狼・狼犬(オイノ)	狼犬祭	4月8日(明治34, 5年頃まで	黒森山下腹の台
32	B2	山形県最上郡真室川町	狼・狼様	狼さまのお坊子なし見舞	狼の出産時(文久年間頃から)	山の神神社の北の狼穴
33	B2	山形県最上郡鮭川村	狼(おいの)・狼様	狼様の御坊子なし見舞	出産時	山の神神社の北の狼穴
34	B1	山形県最上郡最上町	狼(おいぬ)・オイノ様	狼の年取り	正月14日	屋根や村はずれ
35	B1	山形県最上郡最上町	狼・オイノ様	オイノ祭	春	オイノ祭場
36	B1	山形県最上郡最上町	おいのさま	おいの祭り	4月(田植え前)・5月(放牧前)・6月(朝草刈前)	放牧地・採草地への登り口・その道筋(自然石・三峰山・三峰神社の石碑)時に放牧先の沢奥のほら穴
37	B2	山形県最上郡最上町	狼・オイノ	オイノの赤坊産(おぼこなし)見舞い・オイノマツリ	春(出産後の異様な叫び声)	奥山の狼穴
38	B1	宮城県本吉郡志津川町入谷(現南三陸町)	狼		1月12日	三峯山山頂(山の神)
39	B1	宮城県本吉郡志津川町入谷・押舘(現南三陸町)	狼		1月14日夜	河原(子供)

供物（油揚げなど）			生活の歓　志津川町誌 2 1989
供物（藁苞に入れた赤飯）			花山村史　1978（大衡村誌　1983）
供物（藁苞に入れた赤飯）		オイヌは山の神の使い	日本の民俗宮城　1974（大衡村誌　1983）
供物（藁苞に入れた赤飯）			小野田町誌　1974（大衡村誌　1983）
供物（神酒・赤飯・おにしめ）		狼退散・馬や農作物の安全	色麻町史　1979
供物（赤飯）を供え連呼	オイヌドン，オイヌドーン	馬や人間を襲った・明治35，6年頃まで家近くにきた	宮城県史15（博物）1956
供物（赤飯）を供え連呼	オオカメどん，オオカメどん，おぼだてにきてくんつぇー		宮城県史20（民俗 2）1960
供物（赤飯）			宮城県史21（民俗 3）1973
供物（赤飯の握り飯）を供えた後，叫んで沢谷に落す	狼どんおぼたてにきした	声で狼が集っても害する事はなかった	泉市誌下　1986
供物（赤飯の握り飯 2 個を入れた藁の苞）各 2 本		馬の被害を防ぐ	西郷地方の民俗　1970

40	B1	宮城県本吉郡志津川町入谷・桜庭沢（現南三陸町）	狼		1月14日	山の中腹の岩上
41	B1	宮城県栗原郡花山村（現栗原市）	狼	狼まつり	2月2日（6月・9月19日）	オオカミ石
42	B1	宮城県加美郡宮崎町（現加美町）	オイヌ・オオカミ	オイヌ祭り	春先の放牧後・春秋	オオカミ石
43	B1	宮城県加美郡小野田町（現加美町）	オイヌ・オオカミ	オイノ祭り・オイヌ祭り	春秋	オイノマツリの森（峯）・オオカミ石
44	B1	宮城県加美郡色麻町	オオカミ	オイノマツリ	春の水田耕耘の休日	三峯山の碑
45	B1（B2？）	宮城県宮城郡泉村根白石・実沢（現仙台市泉区根白石実沢）	オイヌ・オオカミ・ヤマイヌ		（旧）4月8日	オイヌ石
46	B2	宮城県仙台市泉区根白石	オイヌ・オオカメどん・狼	オオカメどん	4月8日	三峰山のオイヌ石
47	B2	宮城県仙台市泉町実沢	狼（オイヌ）	狼のオボダテ（白石家と狼報恩譚）	（旧）4月8日	狼石（三峰山の碑・供養碑）峠と集落の分岐点
48	B2	宮城県泉市実沢戸平（現仙台市）	狼（おいぬ）	おぼたて（長沢家と狼報恩譚）	旧4月1日	戸平山の沢谷（三峯山の石塔）
49	B1	福島県西白河郡西郷村追原	狼（おいぬ）様・山犬様	追猪祭（オイノ祭りか）	4月種子蒔（苗代）の終わった翌日	鎮守様・狼の出そうな所（三叉路）

事例1　オイヌマツリ（岩手県岩手郡葛巻町）

馬の放牧前に行なうオオカミ退散の共同祈願行事。土谷春治翁（明治三十二年四月八日生）や丸山初太郎氏（明治二十七年十月十五日生）しか聞き伝える者はいなくなったが、古く各地で行なわれたという。ムギカラと白樺の皮で、人形（マタギ）とイヌの形を作り、元木の上のムラはずれのアマ沢から、木の貝吹きを先頭に下のムラはずれの元木白山まで行列をした。途中、家々でダンゴをつないで人形にかけたり、そのダンゴをねらう子供達でにぎわった。白山では屈強な若者が縄につけたイヌをひっぱりまわし、子供達が木槍で三度突いて送った。（『隠し念仏』[45]）

木の貝を吹きながら、人形（マタギ）やイヌ形を引いてムラの外れから外れまで練り歩き、最後は木槍でイヌ形を三度突いて送るという内容である。儀礼名は「オイヌマツリ」になっているが、内容をみれば鎮送型であるのがわかる。ここにあるイヌは、猟犬ではなく狼ということになるだろう。引かれる順序は不明だが、マタギは狼を追いやるものの象徴になっていると考えられる。このように、自分たちの領域から除外したいものをムラ外れまで送っていく民俗儀礼は、鳥追いや虫送りに等しいものであり、予祝や呪的な要素を含んだ儀礼といえる。同県紫波郡にはまた、次のような鎮送型があった。

事例2　小正月の年取り（岩手県紫波郡紫波町）

一五日の早朝には「オイヌぼい」（オオカミ追い）と言って、どこの家でも「ほらのげぇー」（法螺貝）を吹き、山のけだものを追った。ほらのげぇーは木製で、桐の木をくり抜いて作製したもので、どの家でも一つか二つあったそうだ。

明治初期頃まではオイヌ（オオカミ）が山に住んでおり、星山地区では舘神さん（舘神神社）の後の「沼田林」にいたそうだ。

沼田林のオイヌは、夕方になると山より下り北上川へ行き、川に入り魚を取って食べていたということだ（後略）。

（『百歳。作山リエさん聞書き集』[46]）


紫波町でも木製の法螺貝を使っていた。桐の木をくり抜いて作った「ほらのげぇー」は各家に常備されており、この小正月の時と火事の時にのみ使用が許されたという[47]。同紫波郡（NO. 6）や秋田県仙北郡（NO. 25）のオイヌ追いの祭日は、一月一五日前後の小正月になっており[48]、鳥追いと同じ小正月の行事として行われることが多かったのがわかる。現在確認できる事例数は少ないが、このような鎮送型は狼が生息していた時代に広く行われていた可能性が考えられる。また同タイプは、兵庫県から鳥取県にかけてみられる「狐狩り」の行事に内容が近似しているため[49]、相互の関連も予想されるところである。

図4・14に示した各類型の分布状況をみると、鎮送型は主に東北北部にあり、祈願型（B1）は東北中部以南に、「祈願型」（B2）は山形以南にそれぞれ分布しているのがわかる。祈願型（B2）は、前述の通り関東地方から四国に広くみられるため、それらの地域への連繋を示す分布状況といえる。では、鎮送型（A2）と祈願型（B1）との関係はどのように理解したらよいだろうか。これには、両タイプが一つの村に併存していた秋田県仙北郡西木村（現仙北市）の例で考えてみたい。西木村の二事例を次に引く。

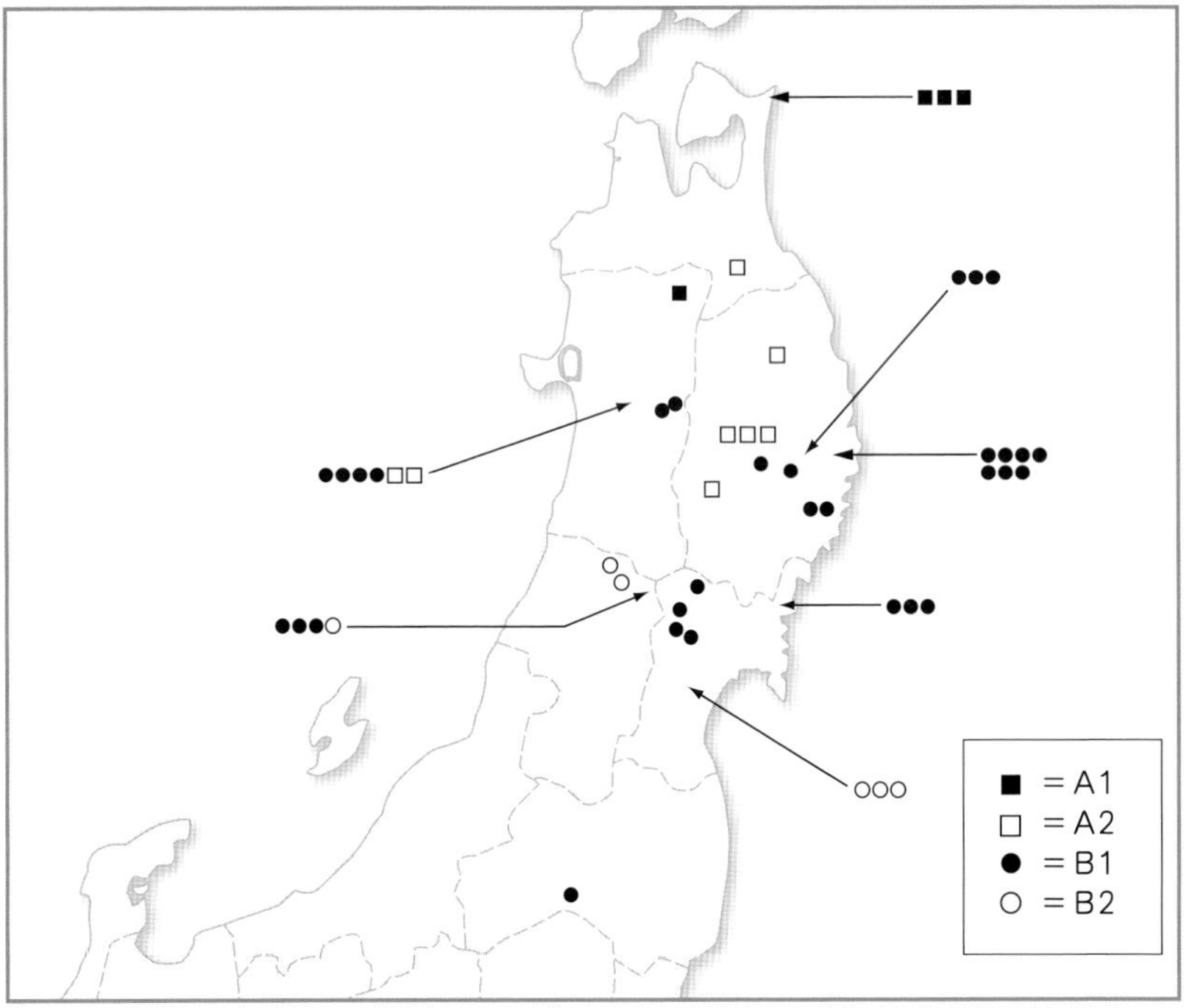

図 4. 14　狼の民俗儀礼分布図（東北地方）

事例3　狼犬追い（秋田県仙北郡西明寺村堀ノ内）

オイノボイの行事は、正月十六日の朝に上から下へ若勢が総出でやった。明治頃までやったもんだ。

（『秋田マタギ聞書』[50]）

事例4　行事（秋田県仙北郡西明寺村字石川原）

舊正月には、鳥追ひ、蟲追ひ、土龍追ひ等いろ〳〵と田畑に害をなすものを追ふ行事があつたのであるが、西明寺村字石川原では明治の終頃まで正月十六日の朝「狼犬追ひ」といふことをやつた。

方法は、手に〳〵棒片などを持つて村の若者達が總出して、大聲で叫び乍ら上《かみ》から下《しも》へ追ふのであつた。

（『旅と伝説』第一〇七号[51]）

西明寺村堀ノ内および石川原は、昭和三一年に檜木内と合併して西木村になり、平成一七年には田沢湖町などと合併して現在の仙北市になっている。短い聞書きのため詳細については不明だが、これらの事例からは、「狼犬追い」が正月一六日の朝に行われる、若者たちが棒片などを持って叫びながら狼を追う行事であったのがわかる。これを長く伝えてきたのは潟野集落であり、潟野の鳥追いでは草螺が使われていたことから、(52)オイノボイでも法螺よりも柔らかい音を出す草螺が吹かれていたと推測できる。明治時代に途絶えてしまっているため、実地調査では、鎮送型（A2）に当たるこのオイノボイについての伝承は何も得られていない。

一方、同村に伝わる祈願型（B1）は、五月と七月の春秋二回、祠を参拝して川魚や神酒を捧げ、馬の安全を祈願するというものであった（NO．27・28・29・30）。大槌町と同様にこれを「オイノ祭り」と呼び、祭りを始めた契機について次のように伝えている。

(2) 祭りの始まり

事例5　オイノ祭りの由来（秋田県仙北郡西木村上檜木内）

狼沢の所は三百町歩ぐらいある牧場だった。牧場にしておいたところが、たまたま狼が出てきて、実際に見たんだか見ねえんだか知らねえけども、まあ棲んでるんだから狼だべってことで、狼が出ると。それをなんとか予防するために、神社の立っているとこの桜が植えてあるとこ、牧場の中に杉の丸太を伐ってきて、だいたい三メートルぐらいの高さの木を丸く円形に立てて、木をいっぺ立てて、立てたもんだよ。それを二重にやったわけよ。内の方には女の馬を追うと。集めておいたと。外のぐるりさは、ガンジョ（雄馬）を追いなったわけです。ガンジョは守る、内に入りたがってガンジョが回るわけな、せば、その音で狼があんまり来なくなったと。自然に狼が来なくなったと。そういう通説があって、それが事実だってことだったす。だんだんそうやっておいたば、それで音を立てましょうと、狼のお祭りをしましょというわけで、小さなお堂っこ立てて。それがどういう意味でああいう風に神様を作ったもんだか、狼二つこう両方さ座ってられるのがおったけども。人が一人立ってな。どうして狼二つと人作ったかそんなのは私はわからねえけども、聞かなかったけども、そうしてあれは作ったと。今までの話があったったす。だいたいそれだ。そういう話だった。

あの山は深い山で、あすこから小波内という、すぐそこな、ずっと小波の方に、深い、相当狼がいるようなそういう雰囲気の山だったす。そういう馬の話で、だいたいおらすが聞いたのはそれだけです。

（話者六八歳男性　筆者聞書き(53)）

オイノ祭りの由来は、やはり牧場での馬の被害を防ぐことにあった。音を立てるというのはむしろオイノボイの方を連想させるが、いずれにしても馬の生態を巧みに利用して狼を遠ざけ、さらに神仏の加護を願って祠と神像を立てたと理解できる。祠が建てられているのは、かつて三百町歩の規模を有した牧場近くにある沢であり、狼がよく出没したためにオイヌ沢と呼ばれている所である。この祭りに神主として呼ばれて行った経験のある男性は、また次のように語っている。

事例6　狼と三峰神（秋田県仙北郡西木村上檜木内）

馬産当時、藩というかな。馬を納めていた時があったな。牧場で。それを狼達に馬を取られてしまって困っていたところ、三峰《サンポウ》という神様が来て。その神様を祀ったわけだ。それをお祭りするために、毎年お祭りする

図 4. 15　三峰神の神像．両脇に狼が控える（仙北市西木町上檜木内）

図 4. 16　祠の背後に広がるオイノ森

けれど、二回くらい神主として行った。春先だもんだから、桜の木を植えているので花見もする。三峰様は、観音様に近い神だな。馬を守るな。ところが観音様と違うのは、女の神様なのな。たいしたしっかりした女の女神様。大市姫神というのが三峰といっている。牧場を守る神様で。野辺だと焼かれてしまうんで、祠の中に、石の祠の中に。しっかりしたおなごで。両脇に狼様がついているのな。御神体の両脇にな。

（話者八八歳男性　筆者聞書き）[54]

ここで特に注目したいのは、「三峰という神様が来た」という所である。「来た」というのはそれを伝える人物とともにやってきたということだろうか。「さんぽう」と呼ばれるその神は、観音様でも馬頭観音に近い神で、馬を守るものと認識されているのがわかる。大市姫神は、大市比売神とも神大市比売とも記される大山津見神の女《むすめ》であり、市場の主宰神として人々の信仰を集めている。[55] しかしこの場合は大山津見神を父に持つことからも、山の神の属性を有する神と見なしてよいだろう。山の神とその両脇に狼が控える姿は、東北地方の神札や掛軸の図にもよくみられるものであった。また、「三峰という神様」が三峰信仰に関係するのはほぼ間違いないだろう。地元ではこの祠を「狼犬祠」と呼び、藩への御納馬を狼から守るために狼の神である三峰神の像が立てられたと伝えている。[56] つまり三峰様は、狼を統べる神として祀られていたのである。

このように事例6からは、三峰信仰の影響によって祈願型（B1）の儀礼が行われるようになった様子が理解できる。山の神や三峰信仰との関連を示す事物は、他の地域に確認された同タイプの儀礼の祭祀場でもみられた。三峰神の到来によって祈願型（B1）の儀礼が行われるようになった西木村では、調査時にも毎年有志の間でこれが行われていた。しかしその一方で、オイノボイのような鎮送型の儀礼は次第に消滅し、明治時代にはすべてが途絶える運命にあった。これらのことから、秋田における鎮送型はもとからあった古いタイプの儀礼であり、祈願型（B1）は、鎮送型よりも後から行われるようになった新しいタイプの儀礼であると理解できる。そして西木村のこれらの事例は、人々が行ってきた狼の民俗儀礼にみられる、鎮送型と祈願型（B1）の変遷過程を象徴するものとして位置付けられるであろう。儀礼に込められた人々の思いは同じでも、その形は時代とともに変化していたのである。

2 狼の産見舞い——群馬県吾妻郡六合村の十二様信仰をめぐって

(1) 狼の産見舞いの研究史

狼は、土地によっては山犬とも呼ばれ、山近くに住む人々には意外にも身近な動物であった。第3章でも少し触れた明治八年の『動物訓蒙』（初編哺乳類）には、狼は山犬の項目で紹介されており、多色刷りの図像とともに、次のような説明が施されている[57]。

諸國ノ山中ニ棲ミ、小獣ヲ捉リ食フ。形ハ犬ニ似テ頗ル大ナリ。性貧食強暴ナリト雖モ、其性怯ナルガ故ニ、人家ニ近クコト少シ。然レ共、冬春ノ頃積雪ニ逢ヒ食ニ乏シキ時ハ、村里ニ出テ人馬ヲ害スルコトアリ。又此獣村里ニ近キ山林ニテ児ヲ産スル時ハ、村民皆食餌ヲ與ヘテ之ヲ敬ス。是其食ニ飽カシメテ人ヲ害セザラシム

ルノ主意ニ出ルナラン。（句読点は筆者）

この内容からは、山犬、すなわち狼が人家に近付くのはまれであるが、積雪によって食の乏しい時には人馬に害を与えることがあること、また、狼が村里に近い山林で出産した際に村人が食事を与えて敬うのは、その害を防ぐためだろうと考えられていたことがわかる。このような人々の行為は、狼の「産見舞い」や「おぼやしない」などと呼ばれ、狼に対する民俗儀礼の一つに数えられてきた。前節でみた祈願型（B２）である。

この狼の産見舞いに関わる先行研究には、柳田國男が「狼史雑話」の中で述べたものがある。[58] すなわち、秋の末に狼に赤飯を持参したり、狼の害が急に激しくなった時に、狼の巣を荒らした者がいるのではないかと安産の祝宴を催すのは、ともに山の神信仰に基づくものであり、狼が産育期に食物を求めて里を荒らしにくる経験によるものだろうと述べた仮説である。また、松山義雄が伊那地方の事例をもとに、明治期まで「ひと七夜」や「お七夜祝い」などが行われていたのは、人畜への狼害緩和対策だったと指摘したものもある。[59]

両者に共通するのは、狼の産見舞いが狼害を防ぐ目的にあったという考えである。確かに、そのような意図もあったであろう。しかし、狼害対策に人間の出産祝いと同じ方法を採ったその真意は、どのように理解したらよいのだろうか。単に出産期に狼の害が増すことだけに起因するのだろうか。また、赤飯を山へ持参し安産の祝宴を催す人々の行為を山の神信仰によるものとしながら、同時に里を荒らしにくるという狼の生態にその由来を求める点に矛盾はないのか。そしてまた、「狼の産見舞い」と山の神との関わりについては、どう考えるべきなのだろうか。

これまでに、「狼の産見舞い」の儀礼についてのまとまった報告はなく、また具体的な考察もなされてはいない。そこで本節では、群馬県の六合村（現中之条町）に伝わる民俗儀礼と伝承を探ることによって、狼の産見舞いの真意について考えることにしたい。

(2) 六合村の伝承

群馬県吾妻郡旧六合村(以下六合村)は、長野県と新潟県の境に位置した村であり、東は中之条町と吾妻町に、南は長野原町、また南西は草津町に隣接している。鈴木牧之が『秋山記行』に「深山の奥」と書き著した六合村の入山は、昭和三六年まで旧暦で行事を行っていた、六合村の中でも特に古い民俗が残るといわれる地域である。明治期に当地方を旅した大槻文彦の『復軒旅日記』には、当時の入山の様子が次のように記されている。

此の入山村は上野國の西北の端、信濃に界し、南北十里東西六七里なる大村なれど全村皆深山幽谷にして、北は信州より直に越後に連り、彼の異風に名高き越後の秋山の里も此の村の北なる野反《のぞり》の地より北に流るる川の両岸にあるなり。當村も常には他の人の入らぬ處にて異風多し。一村百七十戸八百餘人小名八箇處に分れ、多きは四十戸より、小きは十戸位。皆谷間の僅ばかりなるなだれの地に畠などを作り、處々に集り住めり。白砂川此の山脈の谷々より發して南に流れ、村内の衆水を併せて草津川に合ふ。全村の山皆肥えて樹木多く材木に伐出して下駄の甲など多く出す。地高寒にして固より山谷あるのみ田畠無ければ獵を業とす。熊鹿猪狼あり。羚羊《かもしか》兎猴多し。去年の雪中に一洞穴より熊三疋獲て價百圓程に賣れたりなどいへり。風俗の古撲奇異なるは、村中に夜具持てる者は數ふる許にて家々の席毎に爐ありて、固より薪に乏しからぬ地なれば、夜は衣《きぬ》着たるまま終夜背をあぶりて臥す。又一家内に親子夫婦兄弟各稼ぎて產を異にし、今尙陰曆を用ゐ、盆暮五節日には親子夫婦の間進物など互に贈り交すと云。異なりといふべし。

(「上毛温泉遊記」[60])

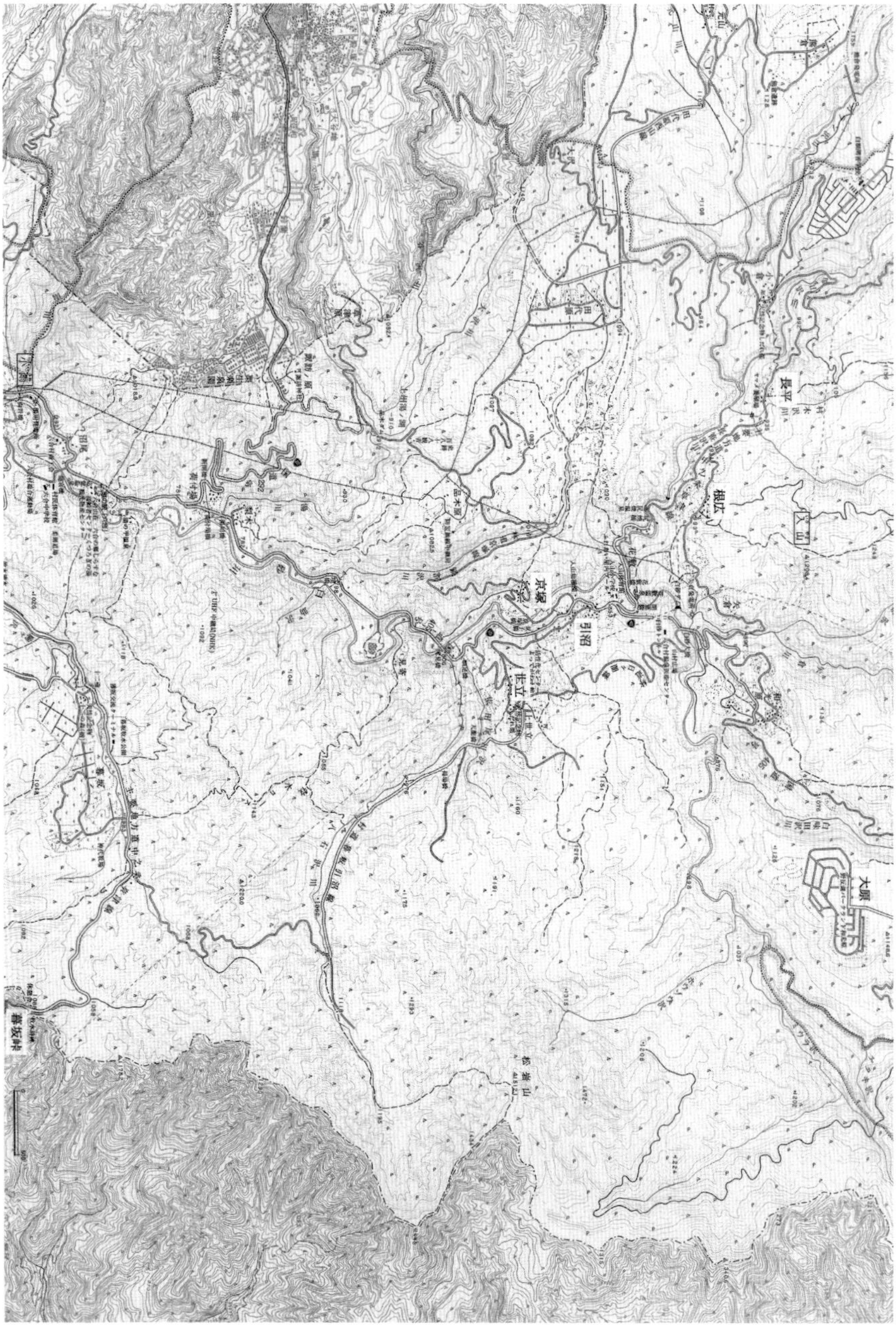

図 4.17　群馬県吾妻郡六合村入山（現中之条町）

図 4. 18　六合村入山

明治期の入山と人々の様子が、これによって知られよう。樹木が多く繁り山が肥えているのはまた、野獣がそこに多く生息していることをも意味していた。「熊鹿猪狼あり。羚羊兎猴多し。」とある。

この入山地区に属している引沼は、六合村の中で唯一現在も狼の産見舞いが行われている集落である。この引沼の様子と、これに類する儀礼を行っていた他の集落について、併せてみていくことにしよう。

引沼では、狼の産見舞いを「おぼやしない」や「おぼやしねぇ」と呼び、蕗の葉が適当な大きさになる旧暦の五月頃にこれを行っている。入山に住む人々の主な生業は、たとえば明治一〇年の村誌の物産に「薇粉（百五十貫目）薇縄（拾駄）木履（百駄）柄杓（三百駄）杓子（五十駄）」[61]とあるように、木工業がその中心にあった。山での木工や炭焼きを専らとする人々にとって、この旧の五月は農作業が一段落してちょうど山籠りを始める時期に当たっていた。そしてこの頃はまた、狼が子育てをする時でもあったと伝えられている。引沼の事例をみよう。

事例1　おぼやしない（おぼやしねぇ）（六合村入山・引沼）

旧暦五月に行われていたが、現在は蕗の葉の大きさをみて六月の週

図 4. 19　蕗の群生（入山・引沼）

末に行っている。参加者はお頭と集落民で、参拝にはお頭が代表して供物（神酒・小豆飯・みがき鰊二本・豆腐）を供えに行く。神酒以外の供物は、蕗の葉を二枚重ねた上に載せる。昔は小豆飯だけだったのが、今はおかずも少し作るようになっている。二五年ぐらい前までは、小豆飯の米は湯呑み一杯分を、また小豆はおちょこ一杯分を各家から持ち寄っていた。

昔は奥の大原まで行き、採草地が隣接する和光原との境界に立つ十二さんの祠（石宮）に供えていたと聞いている。片道でも一時間はかかるので、お頭の代わりに小頭が行くこともあったという。昔はよく子供が山犬にさらわれたので、山犬（神様）にお供えをして子供を守ったのだろう。
（話者四六歳男性　筆者聞書き[62]）

祭祀場は、六合村と中之条、長野原、山との境目に当たる四辻にあり、辻には嘉永七年寅（一八五四）七月五日の年紀や、「南ム阿弥陀仏」の名号が刻まれた石碑も立っている。石碑には「右はさわたり、左は山」とも記されていることから、かつては道標の役目も担っていたのがわかる。祭祀場にはまた春祈禱に使われた数年来の古い祈禱札が残され、他集落へと続く道にも疫病除けの注連縄が張られている。

図 4.20　「おぼやしない」の朝（入山・引沼）

図 4.21　祭祀場へ向かうお頭（入山・引沼）

かつてお頭の家で行われていた儀礼後の直会は、昭和三〇年代に公民館ができたのを機に、それ以後は集落の公民館で行われるようになっている。お頭は毎年一人、小頭は集落内の六組（双子・新屋・中組・下出・打越・清水）から各一人出ており、お頭が順番に持ち回りになるのに対して、小頭の方は各組それぞれの方法によって選出されている。また、お頭は永く採草地を所有する三六軒から出ていたが、居住者の増加に伴って、一九九八年頃からは四八軒の全戸で当たるようになったという。村内での人の出入りは割合に多かったようである。調査時のお頭の先祖も狼の頻出に耐えかねて、明治時代以前に引沼の他地域から移住してきたと聞いている。六合村は山深い土地にあるため、狼の出没する頻度も高かったのだろう。狼との遭遇を人々がどのように伝えているのか、儀礼の背景についてまずはみておくことにしよう。

(3) 暮らしの中の狼――人々の記憶に残る姿

事例2　連れ去られた子供①（六合村入山・世立）

図 4. 22　「おぼやしない」の供物（入山・引沼）

図 4. 23　供物と春祈禱の札（入山・引沼）

図 4. 24　子供が狼にさらわれたと伝わる地（入山・世立）

狼と山犬は同じだと親が話した覚えがある。昔子供が襲われた話を聞いた。この辺にはうんと山に棲んでいて。

すぐそこのお墓のある所に、一軒家の家があったんですよ。その家は引越してなくなったけど。

その家で子供が泣いて聞かないので、外（庭）に出したら泣き止んで。声がしないから外へ出てみたら、山犬さんがくわえて行ったたって。

（話者七七歳男性　筆者聞書き）[63]

泣き止まない子供を外へ出したところ、狼に連れていかれてしまったという話である。世立では、子供が夜泣きをしたり悪事を働くと、「泣きゃあ庭に出すぞ」と親によくいわれたと聞いている。夜は狼がくるというので、余程のことがない限り、皆すぐに泣き止んだものだという。

事例にある一軒家のあった所は、現在観音堂の立つ墓地になっており、人通りの少ない今も寂し気な所である（図４・24）。

事例３　連れ去られた子供②（六合村入山・京塚）

今は墓地になっているあそこに、三軒家があったんだよ。それが子供がおしっこに出たら、便所が外だから、狼がくわえて山へ行ってしまった。狼に喰われちまったんだ。人間の子供を。それで怖くてもうそこにはいられないって下へ引越したんだ。さいじろうという人たち。世立の村へ。

（話者九二歳男性　筆者聞書き）(64)

こちらも子供が襲われたという話である。夜間のことなのだろう。便所に行こうとして外に出たところを狼に連れ去られてしまい、家族は恐怖心から移住を余儀なくされたとある。戸外へ出た子供が狼にさらわれたと語る話は、県内をはじめ各地にあるが、狼の出没に悩まされて住まいを移したという語りには信憑性がある。引沼のお頭の先祖もそうであったように、入山ではよく耳にする話の一つである。

事例4　籠と子供（六合村入山・引沼）

おれのお祖父さんの時代にはまだいた。この上に、部落の人が薪だのしょってきて休む所があって。休憩する所があって。そこの所に狼がいて。

狼っていうのは山犬さんっていったもんだ、この土地の人は。早くいえば十二山の神のお使いもんだ。十二山の神。狼っていうのは人間を襲わなかった。大人は襲わなくって、子供はやられるんで。それでこの辺の人は、お祖父さんに聞いたんだが、子供は籠に入れて、畑の桑の木の上に上げておいて、農作業したもんだ。な、それはお祖父さんからよく聞いた。

それで山仕事に行く時に、狼がいるっちゅうと、「山犬さんごめんなすって」って手刀を切って、狼の前を通るっていうと、その日は安全に過ごせたっていうことをお祖父さんに聞いたもんだな。

（話者七九歳男性　筆者聞書き）(65)

農作業の間に子供が襲われることもあったのだろう。子供を籠に入れて桑の木の上に上げておいたという伝承である。籠は高さが七〇センチほどの、太目の竹で編んだ「いずみかご」と呼ばれるもので、通常もこれに布団や衣類と一緒に赤子を入れていたものである。籠を縛り付ける木は、桑の木に限らず楢、栗、ミズブサなど、枝の張り具合が適当な、家近くにあるものが選ばれていた。そこに梯子を掛け、地面から四、五メートルの、狼には届かない位置に籠を縛り付けたのである。

また、山仕事への途次で狼と出逢った場合には、挨拶をしながら手刀を切る習慣があったのがわかる。丁重な扱いをしているのは、狼が「十二山の神のお使いもん」と考えられていたためであり、これによって一日の安全が期待されたわけである。

事例5　世立八滝の馬捨て場（六合村入山・世立）

昔は皆馬を飼っていたんだけど。今の耕耘機のかわりに馬飼っていたんだけど。その馬が病気や事故で亡くなると、すぐそこの滝の上、ヤツ尾根って尾根があるんだけど。その尾根へ馬を持って行っちゃ捨てるんだそうですよ。そうすると夜狼が来ちゃ毎晩遠吠えをするとかって。馬を食べにきて。えらい昔じゃないかな。馬の骨が今も出ますから。

物心つくようになってから馬のお墓へ捨てるようになったから。人間の墓地とは違う。馬のお墓はこれをずっと登って行った所にある。石碑もねえし、何にもねえけど規則があるから。馬頭観世音は事故のあった所に立てた。死んだ馬の肉は食べなかった。

（話者七七歳男性　筆者聞書き）(66)

図 4. 25　世立八滝（入山・世立）

狼の遠吠えは、静かな夜に響きわたったのだろう。当地では、狼が遠吠えしたら明かりを消して早く寝たという話も聞いている。

馬捨て場の死馬は狼の恰好の食料だったようであり、捨て馬のあった時には、狼が遠吠えによって仲間を呼び寄せていた様子がうかがえる（図4・25）。狼が馬捨て場に集まっていたというこのような伝承は、他の地域にも数多く残されている[67]。

事例6　道心（六合村入山・京塚）

うちのお祖母さんなんか、沢渡へ馬二頭引いて、めんぱ杓子付けてって暮らしを立てていただから。沢渡までは馬車が来ていたから。渋川まで持って行って。

その時、お祖母さんが暮坂の所まで来たら、暮坂の谷を登って来ると、昔は道心ていた。乞食がいて、狼が乞食を喰い落として、谷で食べているのを見てきたが、怖かったっていってたが。うちのお祖母さん、おとらっていうお祖母さん。

昔は乞食が多かったから。ここらも一時は毎日のように来たんだから、乞食が。私の子供の頃は。川の向こうに道心岩ってあるんだから。あそこで、マッチなんかどうしたんだか、マッチで火燃して、ちょっとばか何か貰った物を煮て食った跡があるんだから。昔あったんだから。今はもうこんな所には乞食は入っちゃあ来ない。

沢渡に荷物を降ろして、帰りに三時頃になるが、あそこへくりゃ。暮坂峠の坂を歩いている時に、狼が乞食を喰い落として、くわえ落として、ギャーギャーいうのを見たっちゅうんだから。それで怖いから来たっていうことをいっとったよ。あそこにはいるわけだよ。山があって、そんな乞食喰うだら。

昔はあれが本道だから。草津へもみんなあそこを通って来たんだから。歩いて、お客さんが。草津へはみんなあの道を通ったんだから。

（話者九二歳男性　筆者聞書き）(68)

語り手の祖母に当たるおとらさんが目撃したという話である。おとらさんは明治二〇年代に婿を取って結婚されているので、おそらく明治年間の出来事であろう。凄惨な話である。

馬にめんぱ杓子を積んで通った沢渡への道は、沢渡草津道と呼ばれる草津温泉へ続く道とも繋がっており、当地で「道心」と呼ぶ乞食もここを多く通ったようである。道心は、昭和三〇年代頃までは身近な存在だったといい、世立では、体を引きずりながら歩く姿をみた話も聞いている。埋葬された死体を狼が運び去る伝承は各地にあるが、この場合は生きた人間である。乞食が狼に襲われたというのは、前節の岩手県の伝承や、寛文年間の京都の記録にもあった。(69)狼に襲われたのは、このように子供や乞食のような弱者であったと伝えられているのがわかる。

事例7　最後の狼（六合村入山・引沼）

この辺はな、昔は便所っていうものは外にあったもの。不浄なものであるっちゅうんで、家の中には便所を作らなかったの。必ず家から離れた家で、そこんとこにあったの。外へ行って用を足したもんだよ。

そのためにお祖母さんが出てきたら、狼がその便所のとこにいて。「山犬さん、ごめんなすって」っていって、そして用を足したっていう話聞いてる。これがこの入山の狼の末期だったんじゃねえの。この二〇年ぐらい前にジステンパーっていうのが流行って。この辺の犬がなあ、全部死んじゃったんだよ。二〇年程前にな。それと同じだと思うよ、狼の末期っていうのは。それが苦しくて、民家まで来て便所の庭にいたと。この話を聞いたのが最後なの。明治の末期まではいたんじゃねえかな。

（話者七九歳男性　筆者聞書き）(70)

明治の末葉に目撃された狼の話である。便所近くにいた狼に手刀を切って挨拶し、難なく用を足したと伝えられているのは、語り手の祖母のことであった。手刀については、事例4でもみた通りである。犬に流行したジステンパーに感染した狼が、弱って民家の庭にまできたのだろうと語られている。そしてこれが狼について耳にした最後であったというのである。

事例8　送り狼（六合村入山・根広）

私のお祖母さんの頃なんかはまだいて。ある度胸のいいクラっていうお婆さんが、一人で、あの人は度胸がいいから。人と一緒になんか行動したがらなくて。遅く、それこそ夜遅くイワスゲなんかしょって来たら、山犬さん、山犬狼だね、が後ついて来て。それで家の近所に来て、「やあどうもありがとうございました。家の近所に来ましたから、どうぞお帰りになって下さい」っていうと、それから後はしなかったって。後をついて来る音はしなかったって。

十二さんていうと、一番あらたかな神さんに感じるわけだね。山犬さんは、十二さんのお使い犬だっていうことになってるし。

（話者八一歳男性　筆者聞書き）[71]

秣にするためのイワスゲや葛の葉を山に採りに行った帰途、狼につけられたという送り狼の話である。度胸がいいといわれているだけあって、クラ婆さんが狼を恐れている様子はない。むしろ、十二さんのお使い犬であると考えて丁重に接していたのがわかる。草刈りの話をもう一つみよう。

事例9　十二結び（六合村入山・世立）

昔は、朝早く馬の草刈りに行くと山犬さんがよくいるから、しょいこの十二結び目を引っ張って行くと山犬さんが逃げて行くって。縄の最後の結び目を「十二結び」っていったんですよ。山の神さんの十二さんの主だとかって。垂らしてズーズー引張っていきゃあ、狼が逃げて行く。狼っていうのは襲ったらしいからね、人間を。

（話者七七歳男性　筆者聞書き）[72]

早朝の草刈り時に肩に担ぐ背負子の縄を引いて行くと、狼はこれを恐れて逃げ去ったとある。人馬の後ろに何かを引いて歩けば狼が遠ざかるという伝承は、第2章でもみた通りである。人馬とともに動く縄を体の一部とみて狼は恐れるのだろう。この場合は縄の最後の結び目を十二結びと呼び、山の神である十二様に関連させているのがわかる。

(4) 狼と十二様信仰

聞書きの中に時折出てきた「十二さん」というのは、山の神の別称である。十二さん、すなわち十二様は、群馬県では北部にみられる呼称であり、鏑川を境にした南部には山の神と呼ぶ地域が広がっている(図4・26)。六合村はこの北部の方に位置している。

十二様は、十二人の子供を持つ神、あるいは十二人の子供を育てた神ともいわれ、安産や子育ての神としての信仰が篤いことで知られている。(73) この点は特に留意しておきたい。十二様を祀る十二講についてはまた、次のように聞いている。

事例10　十二講(山の神さん)(六合村入山・長平)

十二講の時には、山犬さんにもお供えをして祀った。炭が焼き上がって、毎月一二日に行った。炭焼き小屋は笹小屋や芽の小屋だが、脇のところ、鍋の蓋にご飯をのせて、小屋の一番高い所にお供えした。ご飯は麦か稗の飯を供えた。小屋の主の茶碗で酒を上げ、それを下ろして乾杯して祝った。小屋には三、四人。祖父の代には一四、五人ぐらいいた。

十二さんは姿はない。山犬さんは十二さんを守っている門番。

(話者七三歳男性　筆者聞書き(74))

山の炭焼き小屋に滞在している時には、毎月一二日に十二講を行っていた様子がわかる。この日は木を伐る仕事は休み、人々は他の仕事をしたり、仲間との直会で互いの近況報告をしていたのである。

図 4. 26　山の神の呼称分布図（群馬県).『群馬県史資料編 26　民俗』2　民俗地図 2-8（群馬県，1982 年）より

木の棒や笹芽を材にして作った小屋には、小さな棒を並べた棚が設えてあり、その一番上に鍋の蓋に盛ったご飯が供えられた。この時、「十二さん、よろしくお願いします」と唱え、「山犬さん」にも供え祀ったと聞いている。

この十二講で掛ける十二様の掛軸は、毎年初絵売りから購入して、一年後の小正月のどんどん焼きの時に燃やされていた。大晦日の晩に一二時を回って年が改まると、「初絵売りですよ。買って下さい」と戸を叩いて初絵売りがやってきたという。十二様と二匹の山犬が描かれていた掛軸は、現存する他の初絵をみる限り、軸装のない簡易なものと考えられる。

事例11　十二さん（入山地区）

十二さんは女の神さんだという。家内が大ぜいで、子どもが12人もいたといい、何でもあげるものは山盛りいっぱいあげるものだといわれた。

山の小屋の棚には、コッパでも根っ子でもいいからこれに「十二山神」と書いたものをのせ、毎朝の飯の前に飯鍋のふたの上にのせて供えた。

（『六合村の手工業』[75]）

山小屋の棚には、木片や木の根などに記した「十二山神」を祀り、飯鍋の蓋に供物を盛って供えたのが常だったようである。そしてこの供え方は、事例10でみた十二講の時の方法と同じであった。十二様は子供が一二人いる女神であるという、各地に伝わる名前の由来が、入山にも伝わっていたのがわかる。

事例12　十二さんの祭り（六合村入山・根広）

十二さんの祭りは、こっちの方では小豆飯を煮て、十二さんにあげて。毎年四月二四日にやっていたが、今は道路愛護の日に一緒にやっている。十二さんていうのは山の神さんだから。高い山のあたりに祀るのが普通のようだけど。

このあたりはね、野反の弁天山の山伝いに十二さんがあるんですよ。あれは根広のだって聞いてるんだけどね。長平の方から登ってもそちらへ出るし、小倉の方から登ってもそちらへ出るし。それでもっと近くに十二さんを祀るべきじゃねえかって。白根山にいい所があるので、そこに十二さんを。それは明治になってからだな。明治三二年。

（話者八一歳男性　筆者聞書き）(76)

根広では、小豆飯を供える十二さんの祭りが四月二四日に行われていたという。古くは野反方面の山中に祀られている祠へ供えに行っていたのが、明治三二年にもう少し近くの山へ、そして現在では集落の近くに祀られる祠へというように、祭日も祭祀場も時代によって変化しているのがわかる。

事例13　おぼやしない（六合村入山・引沼）

十二山の神さんは一二人の子供があった。これに大変であろうから、春、旧暦五月八日にそれを養うためにみんなして小豆ご飯を炊いて、十二山の神様に上げるっていって。この辺でもそれを炊いて、松岩山っていうのがあるんだが、松岩山の所に祠ができてる。よく石のお宮を持っていったもんだ。この奥にな。そこへ上げて、十二さんに上げて、そうして山の安全を願ったもんだ。

（話者七九歳男性　筆者聞書き）(77)

事例1と同じ引沼の伝承である。古くは旧暦五月八日に松岩山の祠に参り、十二様に小豆飯を供えて、山での安全を祈願していた人々の様子が理解できる。そしてこちらでは、十二山の神さんには子供が一二人あって大変だろうから小豆飯を捧げたと伝えていた。つまり、「おぼやしない」の目的は十二山の神さんとその子供を養うためであったということになる。

事例14　おぼやさん（六合村入山・長平）

ここから五〇〇メートルぐらいの所に大きな石がある。岩屋になっていて、雨が降っても一〇人ぐらい寝られるように、岩がかぶさってね。エノックボ（犬くぼ）という地名で、桑畑がある。山犬がこの岩屋の所で子育てをした。南向きで、部落でも一番日当りのいい所。岩があって風が来ない。ひだまりがあるので、暖かいので山犬がそこで子育てをしたって。ひいお祖母さんあたりは山犬が子育てをしたのを見たって。

山犬は山の神の使いと年寄りから聞いている。子供がいっぱいいて、親が子供に乳を飲ませるには、まだ山の獣《けだもの》が獲れないので、親が痩せ衰えている。ご飯を炊いて乳が出るように（小豆飯を）やった。山犬の神さんだからやった。

子供達と一緒にお祝いしてやろうということで、大東亜戦争まで組頭と子供たちとで行っていた。旧暦五月の、蕗の葉の大きさがご飯が載せられるくらいになった時で、前日に集落の組頭から子供たちに知らせがあった。供物は神酒と蕗の葉に載せた小豆飯で、各家から米一合と湯呑み一杯分の小豆が出された。小豆は組頭が前日にある程度煮ておいた。

朝八時半から九時に出掛けた。組長さんが大きな石を転がして岩のお膳をこしらえて、蕗の葉を採って小豆

図 4. 27　エノックボの大岩（入山・長平）

図 4. 28　狼が子育てをしたという岩屋（入山・長平）

飯を供えて。小豆飯は子供達の人数に分けて、組長さんは一旦あげた酒を飲んだ。子供達は小豆飯を食べて色々な昔語りを聞いたりして。近くに川があるので川遊びをしたりして、だいたい午前中に引き上げた。

（話者七三歳男性　筆者聞書き）[78]

エノックボの地名は、狼が岩屋で子育てをしたことに由来するようである。現在は岩の周囲に樹々が生い茂っているが、当時は集落の中でも一番日当りの良い南向きの、風のない所だったという。話者の曾祖母は、狼がエノックボで子育てをしている様子をみたとも伝えている。

長平の「おぼやさん」には、まだ山の獣が獲れないために出産した親が痩せ衰えているのを養ってやる、また祝ってやるといった意味合いがあった。これはまた、十二山の神には一二人の子供があってたいへんだろうという事例13にあった「おぼやしない」と重なってくる。山の神に近い存在と見なされていたために、人々は狼に対して「おぼやさん」を行っていたということだろうか。

事例15　山犬の産見舞い（六合村入山・根広）

山犬さんが、春子供を産んで育てるらしいがね。山犬さんの子供ができたらしいから行って、赤飯なんか炊いて持って行って。どっか岩穴みたいな所を巣にしてるとこあるでしょ。そこへ行って、「おめでとうございます。是非見せて下さい」っていうと、子供をゾロゾロ連れ出してきて見せたとかって。誰がどうしたっていうんでなく、そういう話があるって、お祖母さんなんかに聞いたことがある。

子供は一二頭とかなんとかっていうんじゃねえんですか。だからまだこれから子供を産む女の人は、十二さんに供えた物は食べちゃいかんて。食べてはいけないって。初め食い初めって、他の人が食い初めすれば、まあ食べてもいいんだけど。それを食うと、一二人子供を産むって。遠慮したって。

（話者八一歳男性　筆者聞書き）(79)

狼の産見舞いに赤飯を持参して祝福するのは、長平の「おぼやさん」と同じであった。ただし根広の場合には、実際にあった出来事ではなく、単に伝え聞いた話として伝承されている。ここで特に注目されるのは、狼の仔が一二頭いた、という点である。一二は、十二様の子供の数と同数であり、十二様の名称にも繋がるものである。また、若い女性が十二様の供物を食い初めすると、子供を一二人産むことになるといってこれを禁じてもいる。

このように、十二様とその使いといわれる狼は、人々の意識の中で絡み合い、また時に重なり合っているような印象を受ける。これはどういうことだろうか。

事例16　キド巾の十二山祭り（六合村入山・京塚）

キド巾の十二山てあるんだ。それを、ここから五キロ程の所にある、旧五月八日にお祭りするわけだね、それを。昔は狼がいたから。ここに。

田代から二キロ、山の半分ぐらいが崩れている所があるんだよ。崩れて、崩れ残しが屋根のようになってできてるんだよね。土地が。その下にちょうど狼が子供を産むような穴があるんだ。そこで子供を増やすわけなんだね。被害をくれるので、なんとかして殺したいっていうんで。その頃は銃、鉄砲っていうもんがないから。狼は小豆が嫌いだなんていったね。それで炊き込みご飯をして、小豆を供えてくれりゃあ、大人しくなっていいって。狼には毒らしいね。穴の反対側の明るい所には、石の祠が立ててある。
十二さんは狼だからね。十二さんていえば山の神さんだから。それが狼がだいたい祀ってあるわけなんだが。
（話者九二歳男性　筆者聞書き）(80)

ここにきて、「十二さんは狼」そのものだと語られていた。これまでみてきたように、狼は十二様の使い、あるいは門番といわれることが多かったが、本来はこの伝承のように、十二様自身と考えられていたのではなかったか。そのように理解すれば、産見舞いと狼との結び付きについても得心がいく。山の神の出産だからこそ、人々は祝宴を催したと考えられるからである。また京塚の場合、十二様に小豆飯を供える理由は、狼が嫌うためだと伝えられていた。小豆は、狼の力を弱めるものだと考えられていたのである。

小豆飯は、狼や山の神への供物として広範にわたってみられるものであり、狼の好物と伝える土地も多い。このような忌み嫌うものと好物として喜ばれるものとには、伝承の過程でどちらにも自由に変化する性質があるようである。(81) 一つのものに対して好悪両面が説かれているのは、狼と小便の伝承にも共通するものであり、小豆や塩がともに持つと考えられている祓い清める力にも関わるものと予想される。

(5)入山と三峰信仰

六合村のある群馬県は、長野県や埼玉県と並んで三峰信仰のさかんな土地である。三峰とは、埼玉県の大滝村（現秩父市）に鎮座する三峯神社のことであり、同社で眷属神の狼に赤飯を捧げる御焚上の神事が行われていることは、すでに述べた通りである。そしてこの六合村にも、三峰信仰の痕跡や、それにまつわる伝承を若干ながら確認している。では、御焚上の神事と狼の「おぼやしない」との間に何か繋がりはあるのだろうか。三峰信仰に関わる伝承を具体的にみることにしよう。

事例17　三峯さん（六合村）

三峯さんはこちらからも参拝したが、やはりどういう人か鼻の下の建立にやって来て、山犬の痩せた絵のある札を各戸において行った。（『六合村の民俗』[82]）

仔細については不明だが、狼の姿が描かれた「三峯さん」の護符を配りにくる人がいたようである。初絵売りの場合と同様に、他所からきてこのような札類を売り歩いた人物がいたと理解してよいだろう。

事例18　三峯信仰（六合村入山・京塚）

以前は三峯さんをかりてきて、十五日ごとにおたきあげをした。このときは、米を滝でといてからにて、台の上へのせて、それにおかしらつき（いわし）二本をそえてした。

これは部落の若い衆が中心になってした。岩山の頂上にほくらをつくっておいて、そこへしんぜた。

三峯さまは毎月とまりこみでかりに行った。お犬さまをかりてきた。これは、厄難除けとも、作神様ともいった。（『六合村の民俗』[83]）

京塚では、毎月泊まり込みで三峯神社にお犬様を借りに行ったと伝えている。また、一五日ごとに行われた御焚上には米が用いられていたようだが、小豆については特に触れられていない。御焚上に用意された供物は、岩山の頂上にある祠に供えられ、借り受けたお犬様は、厄難除けや作神として信仰されていたのがわかる。

三峰信仰はまた、入山に程近い生須地区にも伝わっていた。

事例19　三峯神社（六合村生須）

三峯さんは山の上の岩の所にほら穴をつくりそこに石でお宮をつくって祀ってある。五月五日にお祭りをし、ひら北祭りという。区長さんが小豆がゆをつくり村中の人に配る。区長さんはこの日までに秩父の三峯神社より一戸あたりお札を三枚宛とりよせて配る。この札は「火災」「盗難」「狸穴」除けのお札である。

（『六合村誌』[84]）

「ひら北祭り」の「ひら北」とは土地の通称であり、実際に祀っているのは「三峯さん」になる。祭祀している土地が地区の北側に当たり、周辺がひら（傾斜地）であるための呼称のようである。五月五日の祭日には小豆粥が振る舞われ、区長が取り寄せた三峯神社の護符には、火災や盗難、狸穴除けのご利益が期待されていたのがわかる。次の二つの事例も併せてみよう。こちらも「ひら北祭り」について述べたものである。

事例20　五月（六合村生須）

生須では辰の口という地名の山にひらきたさんをまつる。この日村中が集まる。区長があずきがゆを山でつくる。子供達が集まつ《ママ》ってふきの葉の上に盛ってもらって食う。これを食うと丈夫になるという。ひらきたさんは山の頂上の岩のほら穴にまつっている。村中で山道をほら穴まで清掃しそのあと公民館でお祭りをし三峰神社のお札をかざり、各家に五枚ずつ分ける。各家ではそれを土蔵や入口にはる。

（『六合村誌』[85]）

事例21　オボタテ（六合村生須・入山）

オボタテは生須の場合五月五日、世立は旧五月五日で両者とも大神宮様の庭に子供を集め世話人がアズキ飯をたき、トチの葉またふきの葉にのせ分けてくれそれを食べると病気にならないという。

（『六合村誌』[86]）

事例20では、山上に祀っている「ひらきたさん」に供物を捧げ、山道の清掃後に行う公民館での直会時に、三峯神社の護符を各家に配ったとある。祭神は「三峯さん」であるが、これを「三峯さんの祭り」とは呼んでいない。世話人が炊いた小豆飯や小豆粥を蕗の葉に載せて子供たちに分け与えるのは、「おぼやしない」や「おぼやさん」などと同じ儀礼内容であった。事例21ではこれを「オボタテ」と呼び、この小豆飯や粥を食べると子供が「病気にならない」とも伝えている。つまり、生須地区の場合には「三峯さん」が関わってはいるが、儀礼内容は「おぼやしない」と同じであり、土地に伝わる信仰に三峰信仰が混入しているような印象を受ける[87]。

このように三峰信仰の形跡が所々に認められる六合村だが、伝承をみる限りでは三峰信仰と「おぼやしない」との関わりについては判然としない。先述の通り、三峰信仰はお犬様と密接に結び付いたものであり、お犬様はまた、狼でもあった。しかし、六合村で三峰信仰と狼とが関わる伝承を耳にすることはなく、むしろ狼は十二様との関係の中で説かれている。では、三峰信仰についてはどのように理解したらよいだろうか。

この疑問を解く鍵は、意外な所に隠されていた。それは、聞書きの中で浮上してきた旅職人の存在である。六合村の中でもことに入山は、めんぱや杓子などを作る木地屋の多い土地であったが、この木地屋たちが良材を求めて秩父へもよく出かけていたというのである。秩父には栃やハンノキなどの大木がたくさんあるからと、木地屋の元締めに誘われては、二〇人ぐらいが集団で出たという。このような出稼ぎは、遅くとも江戸時代末期には行われていたという。特に次男や三男が出ることが多かったようであり、その折に知り合った女性が秩父から入山へ嫁いだり、入山から出た男性が秩父へ居を構えた場合もあったと聞く。三峰信仰との関わりがみられた京塚や、三峰講があったという引沼には、今現在でも秩父から嫁いできたという人が幾人かいる。そのような人々の移動に伴って、秩父の信仰が入山へ伝えられたと考えても不思議ではない。入山の三峰信仰の背景には、このような秩父の人々との交流の歴史があったと考えられる。

狼へ小豆飯を供える入山の産見舞いの儀礼は、直接三峰信仰に端を発するものではなかったと理解できよう。三峰信仰は確かに存在したが、おそらくそれは秩父に根を持つ人々の影響によるものであり、「おぼやしない」の起源とは関係のないところにあった。事例にみた通り、「三峯さん」は火難や狸穴除けの神、また作神として信仰されており、作神を除けば直接山の神と結び付くものではない。

三峯神社で行われている御焚上の神事も、元来は狼の出産時に赤飯を炊いて供える地元の人々の信仰に基づいたものであった(88)。六合村の「おぼやしない」もまた、それに通底する土地に根差した十二様の信仰に関わる儀礼であったと考えられる。

(6) 産見舞いの真意

これまでみてきた通り、「おぼやしない」は十二様を祀る儀礼であり、十二様はまた狼であるというところまで了解できた。では、儀礼の本来の目的は何だったのだろうか。柳田や松山のいうように、狼害除けにあったのだろうか。今少し、「おぼやしない」に関連する伝承をみることにしよう。

事例22　山の神のお祭り（六合村入山）

6月8日ころ、山の神のお祭りをし、オボタテノメシをつくった。米と小豆を、村中の一戸一戸から出し合いで集め、オカシラサンが若者頭に手伝わせて煮た。石宮の前に山から切った木を三角にたてて鍋をつるし、切ってきたモシキを燃して煮る。米と小豆を一緒に煮るから、どうしても小豆が固かったが、煮えると集まっている子どもたちに分けてくれた。十二様に上げてきてから分けるが、1人1人、大きいホウの葉を持って行くと、みどりの葉の上に熱い赤いごはんをのせてくれる。この味はいまでも忘れられない味である。ごはんをもらえるのは子どもだけで、大人はどこかに集まって飲んだのだろうが記憶がたしかでない。

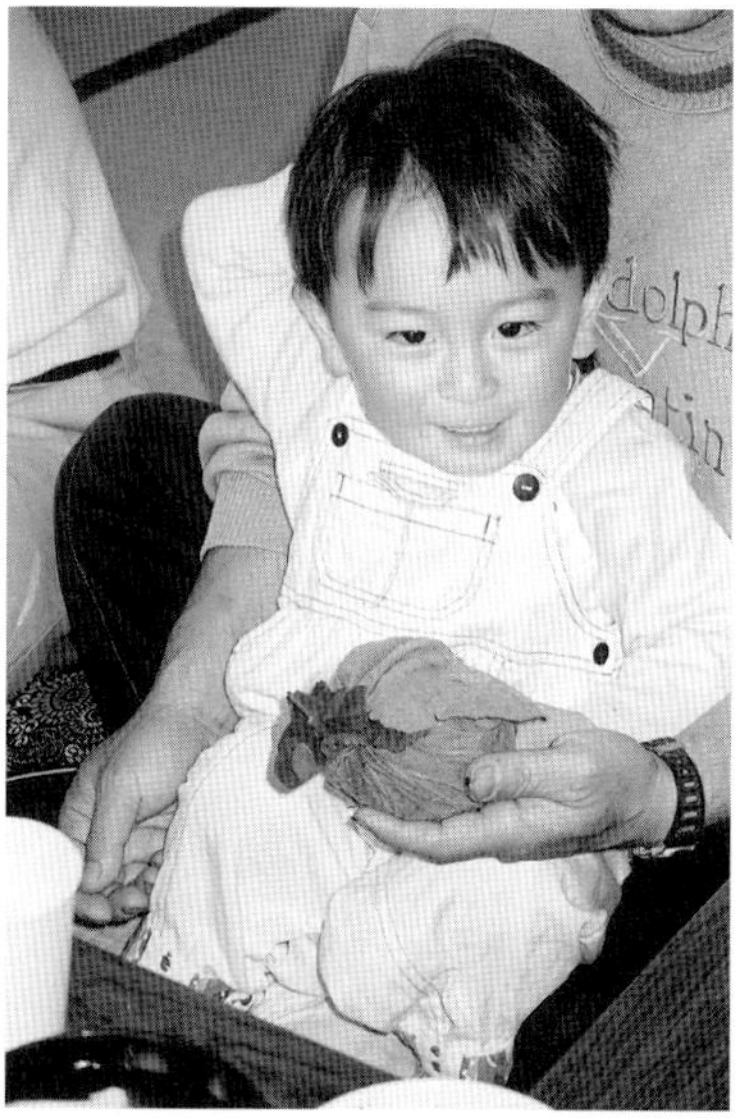

図4.29　直会で小豆飯をもらう子供（入山・引沼）

オカシラサンというのは、昔から順番帳があり、それがめぐってきた人がなり1人、区長とは関係なく、村中が交代でなる。若者頭は、成人式がすんだくらいから40才くらいまでの若い衆の中で選挙してきめ、3人いて、再選されることもある。

オカシラサンや若者頭も現在も続いているが、オボタテノメシは、山の神のところから神社の前におりてきてやるようになり、戦前になくなってしまった。
山の神は、部落の上の方の採草地の中に石宮がある。（『六合村の手工業』[89]）

祭祀場は集落上方にある石宮から神社前へ移ったとあり、本来の十二様の石宮が採草地にあったのがわかる。入山のどの集落についての伝承かは不明だが、山の神の祭りにはオボタテノメシが作られていたようである。十二様に捧げた後に子供たちにも振る舞われたこのオボタテノメシは、子供だけが口にできるのものであった。

事例23　オボダテ（六合村入山・世立）

旧五月五日、世立部落で大神宮様に子どもを集めてオカシラ（世話人）がアズキ飯をトチの葉にのせて分けてくれたもので、病気にならないという。（『六合村の民俗』[90]）

世立では、大神宮の境内でオボダテが行われていたようである。こちらでも、小豆飯は栃の葉に載せて子供たちに与えられている。皿代わりに使われる蕗や朴、また栃などの若葉は、それぞれに季節の彩りを祭りに添えてきたのだろう。オボダテの小豆飯を食すと「病気にならない」とは、事例21にもあった。

事例24（六合村入山）

十二さまのお使ひはヤマイヌであるが、つひ先頃までヤマイヌが山で産をしたと云つて、赤飯を持つて見舞に行つたといふ。これをヤマイヌサンのアカダキともオボヤシナヒとも呼んでゐた。今でも産見の見舞にゆくことをアカダキにゆくと云つてゐる。又、オボタテと云つて、産見が出來ると赤飯を焚いてヤマイヌの穴へ供へにゆく風もあつた。

現在では五月八日に、清淨なトチで赤飯をたき，鰊二本赤飯に添へて山へ持つて行つて、ヤマイヌサンとオトーコサンに供へて、子供が丈夫に育つやうに祈つてくるこれをオボヤシナヒと称んでゐる。

昔はヤマイヌが里の近くに來て棲みつくと、住民は早速赤飯を作つてその穴の前に供へに行つたといふ。

（『民間伝承』第一四巻第二号）(91)


これは、どういうことだろうか。人々が狼に供物を捧げたのには、二種あったとある。一つは「ヤマイヌサンのアカダキ」や「オボヤシナヒ」であり、狼の出産に際して人々が産見舞いを行ったという儀礼である。これについては、これまでみてきた一連の事例と同じと考えてよいだろう。しかしもう一つの「オボタテ」は、産見舞いの後に赤飯を炊いて狼の穴へ供えに行ったとあるように、人間の子供の誕生にまつわる儀礼と理解できる。つまり、人間の子供の誕生時にも、人々は狼に赤飯を供えていたのである。

「ヤマイヌサンのアカダキ」や「オボヤシナヒ」を行っていた理由についての説明はないが、狼が里近くにすみついた時にも赤飯を供えていることを考えると、狼の出産に敬意を表しているとも理解できる。しかし、一方の「オボタテ」はどうであろうか。

表4・4は、六合村に伝わる産見舞いに関連する儀礼をまとめたものである。事例数が少ないため、年代の異なる同一地域の重複分を含めたものになる。儀礼名をみると、「オボタテ」は他に四例あり、その儀礼の目的は「病気にならない」（NO．9・16）や「丈夫になる」（NO．15）とあり、子供の健康を祈念したものであるのがわか

構成員	供物	目的	出典
	赤飯→赤飯・鰊2本（頭付きの魚）	子供が丈夫に育つように（ヤマイヌは十二様のお使い）	民間伝承 14-2 1950 (NO. 24)
	赤飯		民間伝承 14-2 1950 (NO. 24)
	頭付きの魚2本		上毛文化 3-7 1938 (NO. 25)
	赤飯		上毛文化 3-7 1938 (NO. 25)
	赤飯（俵の端）か米（折敷）	（山犬は十二様の乗り馬）	六合村の民俗 1963
お頭・集落民	小豆飯・鰊2本・豆腐（蕗の葉）	子供を守る	筆者聞書き 2001. 6 (NO. 1)
	小豆飯（十二山の神の12人の子供に）	養う・山の安全	筆者聞書き 2007. 11 (NO. 13)
オカシラサン・若者頭・子供	オボタテノメシ（米・小豆／朴の葉）		六合村の手工業 1974 (NO. 22)
オカシラ・子供	アズキ飯（栃の葉）	病気にならない	六合村の民俗 1963 (NO.23)
集落民	小豆飯		筆者聞書き 2007. 11 (NO. 12)
（世話人）・子供	アズキ飯（蕗の葉）	養う	六合村誌 1963
組頭・子供たち	小豆飯（蕗の葉）	養う（乳が出るように）	筆者聞書き 2001. 6 (NO. 14)
区長・集落民	小豆飯	大人しくする（狼は小豆が嫌い）	筆者聞書き 2007. 11 (NO. 16)
区長・村人	小豆がゆ・札（三峰神社）		六合村誌 1963 (NO. 19)
区長・子供	小豆がゆ（蕗の葉）・札（三峯）	丈夫になる	六合村誌 1963 (NO. 20)
世話人・子供	アズキ飯（栃か蕗の葉）	病気にならない	六合村誌 1963 (NO. 21)
村の女性が準備（危年の人など）	大豆を入れた餅米（蕗の葉へのせ村中へ）	元来は山犬が子を生んだ時に祝福した	六合村の民俗 1963

表 4.4　狼の産見舞いと類似儀礼（六合村）

	伝承地	儀礼名	祭日	祭祀場
1	入山	ヤマイヌサンのアカダキ・オボヤシナヒ	ヤマイヌの出産→5月8日	山（ヤマイヌさん・オトーコさん）
2	入山	オボタテ	産見の後	山犬の穴
3	入山・引沼		5月8日	大原（狐さん・狼さん）
4	入山・引沼	おぼ立	赤ん坊が生まれた時	山犬の穴
5	入山・引沼		5月頃	山の石宮
6	入山・引沼	おぼやしない（おぼやしねえ）	旧5月（現6月）	大原の十二さんの石宮（採草地）（現四辻・山犬神様）
7	入山・引沼	おぼやしない	旧5月8日	松岩山の祠（石宮）
8	入山	山の神のお祭り	6月8日頃（戦前まで）	十二様の石宮前（採草地）・神社前
9	入山・世立	オボダテ	旧5月5日	大神宮様
10	入山・根広	十二さんの祭り	旧4月24日（現 道路愛護デイ）	石宮（弁天山→白根山→集落付近）
11	入山・長平	オボアシナイ（オボヤシナイ）	旧4月8日	岩穴の前
12	入山・長平	おぼやさん	旧5月（戦前まで）	エノックボの岩屋（山犬の巣穴）
13	入山・京塚	十二山祭り	旧5月8日	祠（狼の巣穴）
14	生須	ひら北祭り	5月5日	山上の石宮（三峯さん）
15	生須	おぼたて		山上の石宮（ひらきたさん）
16	生須	オボタテ	5月5日	大神宮様の庭
17	小雨	オボダテ	4月12日	十二様

る。事例24の場合も、これと同様の考えによるものだったのではないだろうか。

二つの儀礼が後に統合されたという五月八日の「オボヤシナヒ」でも、「子供が丈夫に育つように祈」るとあった。つまり、儀礼の主眼は生まれてきた子供の成長祈願にあり、人々は、狼に対して子供の成長を祈念していたのである。狼を十二様と見なしていたからこその儀礼といえるだろう。「オボダテ」の小豆飯を食すと病気にならない、あるいは丈夫になると伝えていたのは、この信仰に起因するものと考えられる。

表にもあるように、儀礼は五月八日前後に行われる場合が多くみられた。旧暦五月頃の六合村は、新緑に彩られる、狼の子育ての時期でもあった。さらにまた、古い昭和三年の資料には次のように記されている。

事例25（六合村入山・引沼）

土地の古老山本彦十郎氏の談に、赤ん坊が生れると「おぼ立」と称し、赤飯を焚きこれを山犬の穴へ進ぜるといふ。又五月八日には頭付の魚を二本わざわざ大原といふ遠い原まで持つてゆき「狐さんと狼さん」に進ぜるさうである。（『上毛文化』第三巻第七号[92]）

この文脈から考えれば、やはり人間の赤ん坊が生まれた時にも狼に赤飯を供えていたと理解できる。そしてこれを「おぼ立」と称したのである。また、五月八日には頭付の魚を大原まで持っていき、「狐さんと狼さん」に捧げているのがわかる。ここにある大原は、事例1にあった引沼の採草地がある所であり、和光原との境には十二様の祠が立てられていた。「狐さん」は事例24の「オトーコサン」に対応するものであり、狼と狐が互いに重なり合う民俗の様相が、ここにも顕れてきている。

これらの古い伝承が示すように、人々は子供を守護する産育神として狼をみていたと考えられる。狼は、「十二様の使い」や「十二様の門番」などといわれていたが、本来は狼が十二様自身であり、産育神でもあったのである。事例14のエノックボの伝承のように、人々は狼の巣穴や子育ての様子を時に目にすることがあったのだろう。自分たちの生命を脅かしかねない狼が、多くの仔をもうけ、また慈しむその姿に、人々は安産や豊穣のイメージを抱いたのではなかったか。もしそう考えることが許されるのなら、狼の産育神としての原点はここにあったといえるだろう。狼は、危険な出産の守り神として、また子供の成長を守護する神として見なされるようになっていったのではないだろうか。このような狼への信仰は、やがて山の神の豊穣性と結び付き、また現代の犬の安産信仰[93]にも発展していったと考えられる。狼は、山に生きている「犬」でもあった。

このように、六合村の狼の産見舞いには、産育神としての狼の信仰がその基底にあったと理解できる。

(7) 狼の産見舞いと十二様信仰

六合村では「おぼやしない」と呼ばれていた狼の産見舞いだが、他の地域ではどのように伝承されているのだろうか。筆者の管見に入ったものでは、山形県最上郡を北限に、徳島県那賀郡までの五三例を確認している。図4・30にその分布図を示した。東北地方の事例については前節で触れたため、ここでは関東以南の事例のみを示す。表4・5の通りである。表4・5には、表4・4と重複する六合村の七例は省略し、長平の一例のみを引いている。

この表から読み取れることの一つは、ほぼ全域に共通して小豆飯や赤飯[94]が供物に用意されていることである。産見舞いの赤飯と、山の神への供物としての赤い飯との重なり合いである。また、山梨県の「山犬のおぼこみ」や、長野県の「お七夜の祝い」というように、地域によって儀礼名にも特徴がみられる。それぞれの土地で親しまれて

人物	人間の行為	理由	出典
	小豆飯をあげる		続狩猟伝承研究　1971
大人・子供	(旧4月8日) 小豆飯 (フキの葉) を供える	山犬の子を養ってやる	六合村の民俗　1963
	オボタテの赤飯を炊いて巣に持参	十二様のお使いといって大事にした	消え残る山村の風俗と暮し　1959
	赤飯 (重箱) を巣近くへ・呼び掛け→きれいな重箱を返す	悪戯を防ぐ	長野原町の昔ばなし　1997
女衆他	こわ飯や御馳走を持参*	十二様のお使い	倉淵村の民俗　1976
	赤飯を持参		消え残る山村の風俗と暮し　1959
各家庭	赤飯 (重箱) を持参→ (翌朝) 家に空の重箱	荒らされないように	日本私学教育研究所調査資料　145　1989
	赤飯 (赤い飯台) を供える	繁殖期に付近の村々を荒らすのを鎮めるため	高麗郷土史　1955
杣人	赤飯を持参・三峰神社に報告	狼は三峰山の眷族	ものがたり奥武蔵　1982
先住者の先祖	赤飯を持参	おめでたい→ (数日後) 雉を返礼	武蔵の昔話　1979
神主	アカメシ (小豆飯・二尺四方の箱) を声の聞こえた場所へ (冷酒をかけることも)・参拝	空の箱にお雛様を入れると虫がつかない	三峰神社誌民俗篇2　1972
	赤飯 (重箱) を持参→ (晩) 兎や雉を重箱に入れて返す		土俗と伝説1-3　1918
名主・村人	切り火でふかした赤飯 (新桟俵) を巣の入口へ (青竹と注連縄)・決め事	悪事を防ぐ	郷土研究2-1　口碑伝説集　1935
部落の長・村人	赤飯と魚類を持参	山犬を鎮めるため・山犬 (山の神) を恐れた	郷土研究2-1　口碑伝説集　1935
近所の村人	塩を添えた赤飯を持参	機嫌を損ねないため．塩はお犬様の好物	秋山の民話　1978
	団子を持参		西桂町文化財シリーズ12　西桂町の民話　1986
狩人	赤飯 (おこわ)・魚 (重箱)	1匹もらうため*	甲州昔話集　1975
村人	赤飯 (おこわ) (重箱) を持参	山を荒らされたりおどかされるのを防ぐ	甲斐傳説集　1953
	団子や餅 (重箱) を穴の入口へ→ (晩) 重箱を返す	山の神様・狼のお陰で区内に悪人が入らなかった	北安曇郡郷土誌稿1　口碑伝説篇1　1930
	赤飯 (重箱) を持参・呼びかけ→空箱	悪戯を防ぐ	北安曇郡郷土誌稿1　口碑伝説篇1　1930
下條家・下僕	赤飯を持参 (下僕)*	言い伝えの通りに	北安曇郡郷土誌稿1　口碑伝説篇1　1930
里人	産屋の飯を鍋のまま持参		北安曇郡郷土誌稿7　口碑伝説篇3　1937
	切り火で炊いたご飯を供える・呼びかけ	村への出没を防ぐ	北安曇郡郷土誌稿7　口碑伝説篇3　1937

表 4.5　狼の産見舞いと類似儀礼（関東以南）

	伝承地	名称	儀礼名	場所	出来事
1	栃木県上都賀郡粟野町（現鹿沼市）	山犬・三峯様のお使		洞穴の入口	出産
2	群馬県吾妻郡六合村入山・長平（現中之条町）	山犬	オボヤシナイ	川向こうの岩穴	子育て
3	群馬県吾妻郡高山村	山犬	オボタテ	向う山のヒラ（傾斜地）の巣	出産（鳴き声ですぐにわかる）
4	群馬県吾妻郡長野原町	山犬	山犬のおぼたて	巣	出産
5	群馬県群馬郡倉淵村（現高崎市）	山犬様		榛名山奥の巣	子育て
6	群馬県藤岡市	山犬			出産
7	埼玉県比企郡玉川村（現ときがわ町）	狼		ヨシガヤツ	出産
8	埼玉県高麗地方（現入間郡）	狼・お犬様		山（梅ヶ沢）	出産
9	埼玉県入間郡越生町	狼	産養・産見舞	幕岩（尾根上）	（出産）岩上に塵一つない時
10	埼玉県大里郡江南村（現熊谷市）	おおかめ		おおかめくぼ	出産
11	埼玉県秩父郡大滝村（現秩父市）	御眷属様			出産・遠吠え
12	神奈川県津久井郡内郷村（現相模原市）	狼		穴	出産
13	山梨県北巨摩郡	山犬	山犬のおぼこ見	巣	出産
14	山梨県北巨摩郡	山犬	おぼこみ	石の沢山ある所	出産後食漁りに里へ近付く
15	山梨県南都留郡秋山村（現上野原市）	お犬様		みじく沢	出産
16	山梨県南都留郡西桂町	狼・山犬・お犬様		天神峠	出産
17	山梨県南都留郡忍野村	山犬（どの）		山奥の大岩の下	出産（3 匹）
18	山梨県西八代郡上九一色村（現甲府市）	山犬	山犬のボコミ（坊子見）	大石の下	出産
19	長野県北安曇郡中土村（現小谷村）	狼	産やしね	獅子ヶ平の洞・犬の屋（へや）	出産
20	長野県北安曇郡北城村（現白馬村）	山犬	お七夜	尾花山	（出産）
21	長野県北安曇郡美麻村（現大町市）	狼	産やしね	花戸の岩穴の巣（下條氏の持地）	出産
22	長野県北安曇郡美麻村（現大町市）	狼		うぶや沢の狼の巣	
23	長野県北安曇郡八坂村（現大町市）	山犬		じご窪の犬の巣	子育て・山犬が鳴く

庄屋・村人	小豆飯・田作り（俵ばあせ）を巣の口へ→なくなるまでやり直す	馬が怯える時	北安曇郡郷土誌稿7　口碑伝説篇3　1937
下男・村人	赤飯（わらんだ）を供え酒宴を開く	悪事を防ぐ	北安曇郡郷土誌稿2　口碑伝説篇2　1930
村の若い男衆	赤飯・御馳走（白木の盆）を持参	荒れなくなる	北安曇郡郷土誌稿7　口碑伝説篇3　1937
荻原の人	赤飯（重箱）を持参→（翌朝）山鳥を入れた重箱	恐ろしさのため七夜を約束	北安曇郡郷土誌稿7　口碑伝説篇3　1937
篤志の人	（約100年前）赤飯を供える		佐久口碑伝説集南佐久篇　1939（1978）
村中の人	こわ飯（サンダラバアサ）を持参		佐久口碑伝説集南佐久篇　1939（1978）
婆・子供	赤飯（米びつ）を持参→（夜）投げ出した子を入れた米びつ	言い伝え	佐久口碑伝説集南佐久篇　1939（1978）
名主・村人（当番）	赤飯で見舞う		佐久口碑伝説集南佐久篇　1939（1978）
丁寧な人	（約50年前まで）赤飯を持参		佐久口碑伝説集南佐久篇　1939（1978）
村人	こわ飯（重箱）を持参・呼び掛け→笹の葉の入った空箱	去ってほしい	佐久口碑伝説集南佐久篇　1939（1978）
小田井村（人）	赤飯（重箱）を持参→雉を入れた重箱	里を荒らさないように→以後荒らさない	郷土2-1・2・3　1932
	沢山塩をかけた赤飯		伊那37-1　1989
庄屋・村人	7日目に赤飯を狼の巣へ持参	放っておけない	狩りの語部――伊那の山峡より　1977
猟師（喜内さ）	赤飯を持参→仔犬を1匹もらう*		伊那31-1　1983
村の総代	赤飯・煮しめ（羽織袴を着用）	暴れるのを防ぐ	雪の夜に語りつぐ　1986
伊藤家の先祖	赤飯を持参	いたわる	引佐町史下　1993
村人	おはぎ（重箱）を持参→重箱を返却・送り		東栄稿No.38（日本昔話通観13　1980）
（ある人）隣近所と相談	赤飯（塩／重箱）	山の犬は赤飯が好き	設楽13　1935
女達	赤飯で見舞う		猪・鹿・狸　1926
長七（きつい人）*	赤飯・馳走		民話の手帖創刊号　1978
	赤飯を供える	狼が荒れると久米町のオーカメサマ（神）を迎えた	美作の民俗　1963
	強飯を供える		美作の民俗　1963
	小豆飯を持参	子を乞うと1匹置いてあるという	阿波木頭民俗誌　1958

24	長野県北安曇郡八坂村（現大町市）	山犬	山犬の七夜の祝	三原の盗人厩（土窟）	馬を脅す
25	長野県北安曇郡社村（現大町市）	山犬	七夜の祝ひ	山犬の巣（丹生子の山）	下男が巣を荒らす→馬などに危害
26	長野県北安曇郡広津村（現池田町）	狼		袖山の狼の巣	荒れる
27	長野県北安曇郡七貴村（現池田町）	山犬	（七夜のお祝ひ）	松林の山犬の穴	出産
28	長野県南佐久郡下県（現佐久市）	山犬		日向の上の山犬の巣	出産
29	長野県南佐久郡田口（現佐久市）	山犬	山犬の産見舞い	笹の坊の山犬の巣（岩穴）	（毎夏）出産・特別の鳴き声（村近く）
30	長野県南佐久郡小海町	狼		馬洗ぶちの上	出産
31	長野県南佐久郡小海町	山犬		信濃田の馬入らずの山犬の巣	（出産）
32	長野県南佐久郡南牧村	山犬		山犬の産部屋	（出産）
33	長野県南佐久郡川上村	山犬	お祝い	大深山の白窪	出産
34	長野県諏訪郡湊村小田井（現岡谷市）	山犬		大石の下に巣（山犬石）	出産
35	長野県上伊那地方	狼	お七夜のお祝い	自分の持山	出産
36	長野県伊那谷戸台（現伊那市）	狼	ひと七夜・お七夜祝い	ボケの藪陰・狼の巣（高い尾根筋）	"出産（毎夜6,7時頃鳴く）"
37	長野県飯田市	狼・山犬		山	出産（毎年）
38	新潟県長岡市	オオカミ	オオカミのお産みまい	オオカミの出そうな所	出産（十五夜の頃）
39	静岡県引佐郡引佐町（現浜松市）	山犬			出産と子育て（痩せた山犬）
40	愛知県北設楽郡東栄町	狼			出産
41	愛知県北設楽郡設楽町	山の犬	産見舞	二重宛岩の間	出産
42	愛知県有海（現新城市）	山犬		大窪の谷	出産
43	岐阜県恵那郡福岡町（現中津川市）	狼	見舞い	とくべ穴（岩の洞穴）	出産
44	岡山県真庭郡美甘村（現真庭市）	狼・オーカメ	産祝い	オーカメサマの宮	（出産）
45	岡山県真庭郡美甘村（現真庭市）	狼・オーカメ			子育て
46	徳島県那賀郡木頭村（現那賀町）	山犬さん			出産

＊印は余話があることを示す.

図 4. 30　狼の産見舞い分布図（関東以南）

きた産育習俗に関わる名称であろう。

狼に対して産見舞いを行う理由には、狼に荒らされないようにするためというものと、山の神、あるいは十二様の使いである狼を大事にするというものの二つに分かれる傾向がある。前者には、狼の害を少しでも緩和しようとする人々の心意がうかがえ、狼を山の神と畏れたからこそ、人々はその威力を鎮めようとしていたともいえるだろう。またその一方で、六合村の事例に顕著であったように、山の神である狼は産育神として見なされ、生まれてきた子供の無事の成長が祈願されていた。各地の事例ではそれほど明確には顕れていないが、驚いた拍子に投げ出してしまった子供を、狼が米櫃に入れて返しにきた（NO．30）という伝承は、これに関連している可能性がある。狼の産見舞いには、今は希薄化してしまった狼に寄せる産育神としての山の神信仰があったと考えて間違いはないだろう。

では、これらの地域の山の神信仰と、十二様の信仰圏とは、どのような関係にあるのだろうか。本儀礼の分布域は、山形県最上郡真室川町から徳島県那賀郡までの地域であり、長野県・群馬県・山梨県に特に多い傾向にあった。十二様の信仰圏は、群馬県から新潟県、長野県、佐渡島にかけて広がり、またこれに類する十二山の神が岩手と秋田の両県に、十二明神は三重県に若干認められることがわかっている。(95) そしてこれらの十二様信仰圏と本儀礼の伝承地を併せみると、互いに重なり合う部分が多いことに気付く。

山の神を産育神として信仰するのは、何も十二様に限ったことではない。しかし、山の神信仰の中でも特に十二様は産育神としての信仰が篤い神であった。「狼の産見舞い」の儀礼は、そのような十二様信仰圏において、永く、また大切に行われてきたものと考えられる。

(1) たとえば斎藤典男『武州御嶽山史の研究』(文献出版、一九九三年)や、長沢利明・金井塚正道「岩根神社の大口真神信仰――埼玉県秩父郡長瀞町井戸」・大島建彦「岩蔵のオイヌサマ――東京都青梅市小木曾五丁目」(『西郊民俗』第一九三号　西郊民俗談話会、二〇〇五年所載)などがある。
(2) 柳田國男『遠野物語』(『柳田國男全集』第四巻　筑摩書房、一九八九年)三九頁。
(3) 一九九八年二月一八・一九日調査。一九九七年頃から金沢小学校の低学年の児童が、学校行事の一環として祭りに参加するようになっている。このため、祈願の後にはオイノ祭りについての説明があり、その場で児童に小豆飯の握りや菓子などが配られている。なお、祭日はその後二月一九日に近い日曜日に移行している(二〇〇八年現在)。
(4) 『馬とくらし』(遠野市立博物館、一九九〇年)二四頁。
(5) 二〇〇〇年二月一八日調査。
(6) キチジはフサカサゴ科キチジ亜科の魚であり、宮古ではメイセン・キンキンと呼ばれている。一九八四年の大浦での水揚高は一六七トンであり、九月から翌六月までが主な漁期になる。(『大浦民俗調査記録集――大浦の信仰岩手県山田町大浦Ⅱ』)(山田町教育委員会、一九八七年)八頁。
(7) 一九九九年七月二四日調査。

(8) 一九九八年八月二五日調査。なお、本事例では同話者からの聞書きに基づいて書かれた佐々木久夫「『オオカミ祭り』との出合い⑦」(『釜石新報』一九九七年八月一三日版)も参考にしている。
(9) 一九九八年二月一八日調査。
(10) 一九九八年二月一八日調査。
(11) 一九九八年二月一八日調査。
(12) 一九九八年八月二五日調査。
(13) オイノ酒の瓶は長い間縁側の下に置いてあったが、造作が続いて環境が変化したため、「人の歩く所に置くものだ」という祖母の言に従って風呂場の下に移したという。この「オイノ酒の瓶は人の歩く所に置くものだ」という俚諺は、他地区で最近までオイノ酒を保存していた家にも伝わっている。「千人の股をくぐれば効き目がある」といって、街道でも特に人の往来が多い所に瓶をしばらく埋め置いたという。人の力を付与することで威力を増すという、何か呪術的な意味合いがあったものと考えられる。
(14) 金沢地区に伝わる民間薬には、この他に猿の胎児を乾燥させて焼酎に漬けた猿のアラシゴ、また熊の胆やアオシシ(羚羊)の角などがある。
(15) 一九九八年二月一八日調査。
(16) 一九九八年八月二六日調査。
(17) 大槌町史編纂委員会編『大槌町史』下巻(岩手県大槌町役場、一九八四年)一〇八七頁。
(18) 前掲書註(4)八頁および、森嘉兵衛「南部の馬」(岩井宏實編『民俗――馬の文化史』(馬の文化叢書第六巻 馬事文化財団、一九九五年所収)五八頁。
(19) 全一八九冊からなる。盛岡市教育委員会・盛岡市中央公民館編『盛岡藩雑書』全一二巻 熊谷印刷出版部、一九八六~一九九八年。
(20) 同書第一巻、四一頁。
(21) 一般に「駄馬」は輸送用の馬を意味するが、盛岡藩では牝馬を「駄」、牡馬を「駒」と呼んで区別していたため、慣例に従って理解する方が妥当だろう。両者の記載については、青森県史編さん近世部会編『青森県史 資料編近世4』(青森県、二〇〇三年)を参照されたい。
(22) 前掲書註(19)第二巻、八七六頁。
(23) 前掲書註(19)第三巻、七〇頁。
(24) 前掲書註(19)第五巻、九一三頁。

(25)前掲書註(17)一〇八一頁。
(26)村上一馬「弘前藩における狼と熊による被害――『弘前藩庁御国日記』から」(東北芸術工科大学東北文化研究センター編『東アジアのなかの日本文化に関する総合的な研究　研究成果報告書』同センター、二〇〇七年所載)一二一・一二三頁。
(27)前掲書註(19)第四巻、二六二頁。
(28)前掲書註(19)第一一巻、五九三頁。
(29)前掲書註(19)第一二巻、八八七頁。
(30)岩手県博物館編『北の馬文化』(岩手県文化振興事業団博物館、二〇〇〇年)八四頁。
(31)『岩手県史』第九巻(岩手県、一九六四年)七九八頁。
(32)藩法研究会編『藩法集』九　上巻(創文社、一九七〇年)二二五・二二六頁。
(33)岩手県立博物館編『岩手の古文書』(岩手県文化振興事業団、一九八九年)一五〇・一五一頁。「覚」には、塩類を毒薬に用いるべきではないとある。
(34)同書、一五一頁。
(35)一九九八年八月二七日調査。
(36)柳田　前掲註(2)三一頁。
(37)田中喜多美『山村民俗誌――山の生活篇』(一誠社、一九三三年)三一七頁。引用は池田弥三郎他編『日本民俗誌大系』第九巻(角川書店、一九七四年)に拠る。
(38)一九九五年八月一〇日三峯神社にて調査。
(39)岩手県立図書館編『岩手史叢四　内史畧(四)』(岩手県文化財愛護協会、一九七四年)一一二頁。『内史畧』は全四四巻から成り、元文年間から天保年間にかけての盛岡藩の政治経済などが記されている。著者横川良助は、安永三年(一七七四)に南部藩志の平格の家に生まれた南部藩最大の史家といわれる人物である。他に『飢饉考』や『見聞雑記』などの著書も残されている。なお引用箇所は、横川が『内史畧』に写した『南旧秘事記』の部分に該当する。『南旧秘事記』は三冊の写本が現存するが、著者および成立年代については不明の雑書である。
(40)大槌町周辺の三峰山の石碑については、金ヶ崎町(二二基)、遠野市(一六基)、釜石市(一二基)、宮守村(一〇基)、西根町(六基)、和賀町・江釣子村(各五基)、衣川村・室根村(各四基)、盛岡市(一基)とある(佐々木久夫編著『オオカミまつり』私家版、一九九六年、五三頁)。
(41)岩手県調査会採話・野村純一責編『浄法寺町昔話集』(荻野書房、一九八二年)一三八頁。なお、浄法寺町は平成一七年度の合併によって、現在は二戸市になっている。

(42)一九九八年八月一〇日調査。話者が東京在住のため、聞取り調査は埼玉県秩父郡大滝村(現秩父市)の三峯神社にて行った。
(43)前掲書註(17)一二四四頁。
(44)一九九九年二月一八日調査。
(45)門屋光昭『隠し念仏』(民俗宗教シリーズ 東京堂出版、一九八九年)二四九頁。
(46)長澤聖浩『百歳。作山リエさん聞書き集』(私家版、二〇〇七年)二〇頁。
(47)長沢聖浩『農家の年中行事――紫波町彦部地区長沢家における民俗的年中行事の考察』(私家版、一九九九年)一二頁。同書によると、直径が約一五センチ、長さが約四〇センチの桐の木を乾燥させ、口元にする方を直径約五センチに削ってメガホンのような形にしたものが木製の法螺貝になる。穴開けは、熱い火箸や炭で木を焼きながら行い、木が薄くなればなるほど音がよく響くものができたという。
(48)東北以外では、新潟県春日村(現上越市)で行われていた「狼追い」が旧正月一六日となっている(渡辺慶一『新潟縣頸城方言集』国書刊行会、一九七五年 二六頁)。
(49)「狐狩り」とは、狐に象徴される害獣を村外へ追い出し、福を招く小正月前後に行う行事である(井之口章次「狐施行のこと」『日本民俗学』第八八号 日本民俗学会、一九七三年所載)など。
(50)武藤鉄城『秋田マタギ聞書』(慶友社、一九六九年)七〇頁。引用は増補版(一九九四年)に拠る。
(51)武藤鉄城「狼犬の話」(萩原正徳編『旅と伝説』第九年一一月号(一〇七号)三元社、一九三六年所蔵)一五頁。
(52)西木村教育委員会社会教育係編『西木村の年中行事』上(文化財シリーズ第七集 西木村教育委員会、一九八六年)二五頁。
(53)二〇〇〇年七月一一日調査。
(54)二〇〇〇年七月一〇日調査。
(55)『日本神名辞典』(神社新報社、一九九五年)九二頁。
(56)西木村郷土史編纂会編『西木村郷土史資料 檜木内篇』上巻(一九五九年)三五六頁。
(57)田中芳男選『動物訓蒙』(初編哺乳類)(博物館蔵版、一八七五年)。
(58)柳田國男「狼史雑話」(『日本犬』第一巻第二号 昭和七年(一九三二)九月および同書第二巻二号 昭和八年(一九三三)日本犬保存会に初出。後に『孤猿随筆』に収録され、創元社から昭和十四年(一九三九)に刊行される)『柳田國男全集』第一〇巻(筑摩書房、一九九八年)三六二頁。
(59)松山義雄『狩りの語部――伊那の山峡より』(法政大学出版局、一九七七年)一八九頁。

(60) 大槻文彦「上毛温泉遊記」(『復軒旅日記』冨山房、一九三八年)一七頁。本書は、大槻が明治一二年八月に当地方を訪れた際の日記である。
(61) 六合村誌編集委員会編『六合村誌』(六合村役場、一九七三年)二二頁。引用は本書に収載された明治一〇年の『村誌』に拠る。『村誌』は、明治九年頃に行政の基礎資料として全国一斉に提出が求められた町村誌であり、入山は「上野国吾妻郡入山村」として記されている。
(62) 二〇〇一年六月三日調査。筆者が調査に訪れた二〇〇一年は、同日の日曜日に「おぼやしない」が行われた。
(63) 二〇〇一年六月二日調査。
(64) 二〇〇七年一一月四日調査。
(65) 二〇〇七年一一月四日調査。
(66) 二〇〇一年六月二日調査。
(67) たとえば松山　前掲註(59)一七〇・一七一頁などが挙げられる。
(68) 二〇〇七年一一月四日調査。
(69) 藤村正員『蘭室草』亨保四年(一七一九)奥書(大阪府立中之島図書館蔵)のうち、寛文四年(甲辰一六六四)に次の記載がある。なお引用は、白嵜顕成『蘭室藤村正員年譜考』(思文閣出版、二〇〇三年)一四頁に拠る。
「予十四五歳にて京にありし時一とせの冬狼といふ獣食物に餓て、ある夜東山より出て下立売辺を堀川に来て、乞食の寝て居たりをくひ殺し、それより下立売西洞院の辻まて来て乞児を逐廻せしに、漸にけのかれて命はたすかりしか、あはらのあたりはくはれてありきしを見侍りき、めつらしき事とてそありける。」(後略)
(70) 二〇〇七年一一月四日調査。
(71) 二〇〇七年一一月三日調査。
(72) 二〇〇一年六月二日調査。
(73) 堀田吉雄『山の神信仰の研究　増補改訂版』(光書房、一九八〇年)五八頁。
(74) 二〇〇一年六月三日調査。
(75) 群馬県立博物館編『六合村の手工業』(群馬県立博物館研究報告第九集　同館、一九七四年)五二頁。
(76) 二〇〇七年一一月三日調査。
(77) 二〇〇七年一一月四日調査。
(78) 二〇〇一年六月三日調査。

(79) 二〇〇七年一一月三日調査。
(80) 二〇〇七年一一月四日調査。
(81) 堀田　前掲註（73）五九頁。
(82) 群馬県教育委員会編『六合村の民俗』（群馬県民俗調査報告書第四集　同委員会、一九六三年）五六頁。
(83) 同書、一四五頁。
(84) 前掲書註（61）一〇二一頁。
(85) 前掲書註（61）九一八頁。
(86) 前掲書註（61）八九四頁。
(87) 生須は一八軒からなる集落である（二〇〇八年現在）。生須の場合は木地屋とは関係がないが、草津温泉へ繋がる沢渡草津道の途次にあり、かつては集落に二軒の茶屋があった。また農業の傍ら温泉へ向かう旅客の荷物運びに従事する人々もおり、外部からの人の出入りが多い土地柄にあった。それゆえに、他の信仰が入りやすかったとも理解できる。
(88) 石倉重継『三峯山誌』（闡勝閣書房、一九〇六年）一六・一七頁。
(89) 前掲書註（75）五三頁。
(90) 前掲書註（82）一一二頁。
(91) 武田静澄「十二様その他――群馬県吾妻郡六合村入山部落」（堀一郎編『民間伝承』第一四巻第二号　日本民俗学会、一九五〇年所載）二一六・二一七頁。
(92) 萩原進「入山土俗考」（上毛文化会編『上毛文化』第三巻第七号　同会、一九三八年所載）九・一〇頁。
(93) 新谷尚紀『神々の原像　祭祀の小宇宙』（歴史文化ライブラリー92　吉川弘文館、二〇〇〇年）一八二・一八三頁。新谷は、人身御供譚にみられる娘と犬の関係性から、安産祈願の犬と狼および山犬との関連を指摘している。
(94) 小豆飯と赤飯は、厳密には材料が粳米と餅米とに異なるものだが、六合村の例でも小豆飯を赤飯と呼んでいるように、名称からの判別は容易ではない。産見舞いの儀礼が行われている土地の多くが山にある点を考えれば、粳米を炊いた赤飯とみるのが妥当であろう。稲作に適さない山村では、粳米も貴重品だったのである。
(95) ネリー・ナウマン『山の神』（野村伸一・檜枝陽一郎訳、言叢社、一九九四年）二六三頁。

補章　狼の民俗学に添えて

本章は、近年の研究成果についてまとめたものである。内容としては、第1章の2「虎から狼へ」、また第4章の1「東北地方における狼の民俗儀礼」に関わるものになる。

1　「種の藤助」考――田の神信仰と祝言職

鳥取県を中心とした日本海側に多く伝わる伝説の一つに、「種の藤助」がある。昔話「狐女房」の一類型と見なされ、関敬吾の『日本昔話大成』では本格昔話の「異類女房」に分類されている(1)。本話については、筆者もこれに関連する「鍛冶屋の婆」の考察の中で、モティーフ分析を試みたことがあった。その後、伝説が実際に語られている鳥取県での調査をもとに考察を進めた結果、以下のことが明らかになった。順にみていこう。

(1)下種の藤助譚

はじめに、伝説の舞台の旧下種村に当たる、北栄町で聞き得た藤助譚の一部を示す。前半は昔話の「山伏と狐」

を思わせる内容である。山道で杉下の法印が何者かに化かされ、樹上に逃れたところを馬乗りになった狼に襲われる様子が、次のように語られている。

事例　種の藤助（鳥取県東伯郡北栄町下種）

（前略）法印さんは、それ以上登ったら木が折れ下がるところまで登っちゃった。これはえらいことになった。そしたら一番上に乗っとった狼が、下降りて、

「もうこれ以上おらんがかえ、狼の仲間は」

「ええ、これでじぇんぶ（全部）だじぇ」

「待てよ、種の藤助のとこに嫁に行っとる藤助狼呼んでこい」

それから一匹が藤助の家に来て、寝とったらしいんだけども、呼び起こしてこいって、こういう状態だから来てほしいと。大谷の一本松まで行って、藤助狼が一番上に乗って、下になればよかったのに、一番上に乗ってその法印の足を、やっと届くところですからな、足をぐっと握っただって。

法印さんは、えらいことになったと。まあ法印さんの七つ道具みたいなものにしてる、腰にしとる斧ですな。それで切りつけた。そしたらちゃりんという音がしたかと思ったら、馬乗り、馬乗りになっとった狼の櫓というか、積み上げておったものが崩れて、それと同時に今まで暗かったあれが、ぱーっと夜が明けた。

で、狼は逃げちゃうし、法印さんはこりゃ逃げようわいと思って、戻ってくる道々、「藤助狼っていったな」てなことを思い出して、こりゃ藤助に言って聞かせたろと思って戻ってきたら、ちょうど夜が明けて田植えの最中ですけん、準備に出掛けとる。普通だったら藤助より早く起きてがんじょする嫁だったに、その日に限っ

て起きてこん。何だらかいと思っとうたら、やがて起きてきて。起きてきた姿を見たら、頭に包帯を巻いとったんですわ。何だいって聞いたら、ゆうべ手水に行って板踏み外して、ちょっと打ち所が悪くて頭が痛うてかなわんけん、仕事も休ましてもらいたい、てなことを言ったらしかったですな。

まあ、それも仕方ない。ならば休めって出掛けとったところが、法印さんが尋ねてきて、

「おい藤助、お前の嫁は狼だあぞ」って言ってらした。

「そんなことはあらへんわいな。ちゃんと夜中もあれだったし、ちゃんとがんじょするし、そんなことあらへん」って押し問答しとる間に、自分の身元を知られたという感じで、大きな尻尾を引きずってとも聞きましたけどな。山に帰っちゃったと。法印さんもそのうち去《い》んじゃうし。困ったのは藤助ですな。田植えの一番忙しい時に人手が半分になっちゃうんですからな。

どうしようと思っとったら、どっからということなしに、

「藤助さん、心配しなるでねえけ、田植えの準備だけはして、苗もちゃんとさばいといたら、わしが仲間を集めて夜が明けないうちに植えとえたるけえ」そう言い残して山へ行っちゃった。

藤助は、そう言ったんだけえ、苗をさばいて準備しとった。夜になったら

「種の藤助の家《え》の稲は、穂にゃ出ずずいばらみ」って言って何十匹とおって田植えしてこいた。明け方になるまでにはちゃんと田植えをして帰って行った。そういう風にして田植えは凄いだんですけどな。

秋になって、ちょうど今時分ですな。人の家の稲は穂が出て穂が絡みかけてる。藤助の家のに限って穂が出てこん。いわゆる「ずいばらみ」っていうやつですわな。穂がさやの中に納まったまま上に出てこん。冷害なんかに遭うと、そういう稲になったんですがな。ま、そういう稲で出てこん。

瀬戸の大庄屋の管轄だったんですな。ここは。収穫高を見て年貢を決めるのに回ってきて、ずーっと人の家の田んぼの状態なんかを見るけども。藤助の家《うち》の稲はない。

「こら穂が出とらんに、年貢米って言っても困るのう」てなことから、年貢米は免除しようという話になったらしいですわ。でまあ、秋が進んでくるに従って、人の家は稲を刈ったりはぜ掛けにして乾燥させよったんですけど。どうしたもんかと思ったら、また狼の声が聞こえて、

「藤助さん、稲ちゃんと刈ってこいて、あの、時分になったら脱穀しなれ」と、まそういうこと言ってまた山に帰っちゃったんだって。

穂のないのでもこけって言ったって、どうもならんがと思ったけど、脱穀機に入れてこいたところが、穂のない稲から籾がぞろぞろー出てきた。ほいて大庄屋は年貢米こらえたろっていうことになるし、分限者になっただってや、という話ですわ。

（話者七一歳男性　筆者聞書き）(2)

下種は、八橋《やばせ》（東伯町）と倉吉を結ぶ八橋往来に接した集落である。八橋往来は、伯耆街道と並んで当地方では江戸時代の主要道となっており、多くの人や物資が行き交う土地だった。それに伴って、話も多く運ばれていたと考えられる。

語り手は、幼少時から半坂出身の母親に「種の藤助」を聞かされて育ち、祖母からも聞く機会があったという。身近な地名も出てくるため、親しみ深い伝説だったようである。主人公の藤助は、地元では実在した人物と認識され、その一族が眠る墓地には藤助の墓と伝わるものもある。墓石には「孤巖楅峌信士」と刻まれ、明和七年（一七七〇）の年紀もみえる。(3) 今は竹が生い茂る藤助屋敷跡の一画には語り手の家が建ち、そこから昔は「藤助田」と呼

ばれていた田を見下ろすこともできたようだ。町内には、藤助の親族も在住している。話にあった「がんじょする」とは、「よく働く」という土地の言葉であった。地元で「藤助みたい」といえば「働き者」を意味し、「藤助のずいばらみだ」といった表現は、よいものが出ない時に使われている。藤助譚が人々の暮らしの中に深く浸透している様子がわかる。

本話の類話は、他に新潟県柏崎市から高知県幡多郡までの二二例を確認している。これによく似た昔話の「狐女房」田植え型や豊作型を各地に求めれば、類話数はさらに増えることになる。(4) 詳細は省くが、鳥取県下では専ら「種の藤助」に関わる伝承であるのに対して、伝承地が離れるに従って、人名や結末は異なった様相を呈している。田植え唄についても、鳥取の場合には稲は種の藤助のところのものである点が特に強調されている。

(2) 大山信仰と田の神信仰

本話の類話には、翁と神社について語るものもある。ひげの生えた翁が現われ、種の一番の高所を尋ねたので、藤助が案内する。翁はその地を気に入って「ここに住まいをしよう」と語るが、藤助が爺の忘れた扇を取りに行っている間に姿が消えている。藤助達はその言動から翁を神と考え、そこに祠を建てて祀った。それが神社の始まりだという内容である。(5)

下種に祀られている「大宮神社」は、確かに集落の中でもっとも高い位置にある。最盛期には氏子が六〇戸にもなった大宮神社は、土地の人々に「おおかみさん」と呼ばれて親しまれている。「おおかみさん」は「狼さん」と考えられる。大宮神社のご神体は、狼の姿をしているからである。(6)

かつて大宮神社の杜は大変に大きく、また椎や銀杏の大木があったことから、近海の漁師が帰港の際にはその巨木を目印にしていたと伝えられている。(7) 神社は海岸から少し離れた内陸にあるが、それ程に大きくまた目立つ存在だったということだろう。神社の近くには、湧水もあったときいている。

上種、下種、茶屋条、岩坪の四集落の氏神として祀られてきた当社には、古いものでは宝暦六年（一七五六）の年紀を持つ棟札がある。(8) 祭神には大己貴命・別雷命・瓊瓊杵命・素盞嗚命・猿田彦命・菅原道真の六神が祀られ、下種周辺の人々の心の拠り所となってきたのがわかる。

神社や祭神との関わりを説く類話は、少数ながら他にもあり、例えば大国主命が、使い姫の狼を藤助の嫁にしたと語られる。大国主命は大己貴命の別称であり、大宮神社の祭神であった。また東伯町の類話では、狼は白い神であり、後に大山へ去っていったとある。伯耆大山は、大己貴命が鎮座する山として古くから信仰を集めてきた山である。大山寺と共に発展を遂げてきた、大山に鎮座する大神山神社の祭神もまた、大己貴命であった。この藤助譚は、大山信仰に関わる伝承なのではないだろうか。

下種の地形をみれば、南西には船上山、またその後方には大山が聳立している。大山北麓の地域では、大山の大神山神社も船上山の船上神社も、共に狼にまつわる信仰を有する社として知られている。(9) 大山寺とこの船上神社とは本末関係にあり、(10) 大山は角磐山の山号を持つ、山陰地方ではもっとも大きな修験の山であった。(11) 下種のある北栄町でも、大神山神社（大山さん）や船上神社（狼さん）から分霊を勧請して、悪病退散と治癒を祈願している。(12) 大山北麓地帯では、これに加えて稲の虫や西瓜盗人の駆除・退散を祈念しており、(13) 両社は田畑の守護と豊穣を加護する神としても信仰されてきたのがわかる。

そもそも大山信仰を辿っていけば、そこには狼との深遠な関係を見出すことになる。応永五年（一三九八）に制作された『大山寺縁起』の詞書は、弘安年間（一二七八〜八八）の頃まで遡るものと考えられている。(14) 原本が焼失した現在では、鎌倉時代の筆致を持つという大山寺洞明院所蔵の写本によって内容を確認することになるが、そこには狼が大山を守る山神である旨が記されている[15]。

周知の通り、山の神には季節によって田の神に変じるといった伝承がある。春になると山の神は里に降りて田の神となり、稲の生育を司り、秋の取り入れが終わると山に帰り、山の神になるというものである。東伯郡を始めとした鳥取県においても、山の神は山の恵みをもたらし、田畑の豊穣を祈願する神として崇められている[16]。すなわち、山の神である狼と田畑の豊穣を司る神との間に、縹渺とした連関性が見出されることとなる。

田の神と狼とは聞き慣れない組み合わせのようだが、両者の関係は例えば山形県の置賜地方の民俗にもみることができる。オタナサマ、あるいはオトーカサマと呼ばれる神々である。これらの神は、田の神が家の中に入って祀られるようになったものと考えられており、置賜地方の他にも宮城・福島の一部にまで信仰圏が広がっている[17]。そのオタナサマやオトーカサマが、置賜地方では狼を祀ったものだと伝承されているのである。

このような狼と田の神との繋がりを考えれば、古くは「種の藤助」が田の神信仰に関わる伝承であったという推測も成り立つだろう。稲との結び付きが強く説かれる動物は狐であるが、この狐と狼の民俗との間に相関性があることは、他の民俗儀礼などでも確認されるものであった。京都の伏見稲荷大社の狐についても、その前身は狼だという指摘がある[18]。

これらを鑑みると、稲の豊穣と狼との関わりは、時代的にはかなり遡るものと考えられる。「狐女房」の田植え型が、「狐女房」の他類型よりも古い伝承だという指摘は、これを裏付けるものであろう[19]。

(3) 藤助と稲の種子

狼が稲の豊穣をもたらす神と考えられていたならば、なぜ狼は藤助と結び付いたのだろうか。「狩りの名人」とも「正直者の小作人」とも伝えられる藤助だが、その多くは伝承の中で「百姓」と見なされているようである。しかし、藤助が単なる百姓であったとは理解し難い。なぜなら、藤助の「藤」は祝言職《ほかいびと》を連想させる名前だからである。祝言職には、後に烏滸《をこ》や笑いの伝承を管掌するようになったという、藤何某を呼称する人々の存在が想定されているが、[20]藤助はこの「藤」を名告る語り部もしくは巫祝の一団に関わりのある人物だったのではなかったか。藤助一族の墓地に立つ一一基の墓石が、すべて藤助の墓だという不可思議な伝えもある。[21]大宮神社からさらに上った上種や、少し離れた岩坪には狼塚の地名も残されている。[22]

藤助が祝言職に縁を持つ者であったと考えれば、伝承にあった扇や呪言を思わせる田植え唄への理解も容易になる。祝言職による稲の豊穣のための予祝儀礼の呪歌である。ここにきて、藤助譚は神である狼とその仲立ちをする藤助、そして特別の「稲の種子」についての伝承であったという理解が可能になってくる。

藤助譚では、藤助の家の稲である点が強調されていることは前述したが、藤助の稲は「ずいばらみ」である点に特徴があり、一見不作のようにみえて実は豊作だという特殊なものであった。伝承にもあったように、年貢から逃れることのできる民衆のための特別の種子だったのである。稲の豊穣を祈りながら、実はその実りが民衆のためのものになるように唱える呪歌は、烏滸や笑いの伝承に連なっていく祝言職を彷彿とさせるものである。

このように、鳥取県を中心に語られている「種の藤助」は、狼との間の特別の種子の継承についての語りごとが、その端緒にはあったものと考えられる。

2 岩手の狼伝承

(1) 鎮送型儀礼と人々の暮らし

東北地方の「木の貝」や「木製の法螺貝」は、第4章の狼の民俗儀礼にみられたものだが、岩手県紫波郡紫波町の調査によって、さらに詳しい情報を得ることができた。

この木製の法螺貝を紫波町では「ホラノゲエ」と呼び、各家に常備するものだった（図1）。ホラノゲエは桐材の内部を炭で焼いて穴を作り、一定の音を出しやすくしたものである。これを吹くのが許されたのは、火事や百姓一揆、また小正月の一月一五日に限られていた。集落の非常を知らせる道具だったと理解できる。

ホラノゲエは空気の澄んでいる早朝に吹くとよく音が響き、小正月の祭りの日には、町内の大巻と赤石集落の子供達が、北上川を挟んで競い合うように吹き合ったともいわれている[23]。行事後のひとときは、子供達にとってまたとない遊びと学びの時間だったのだろう。

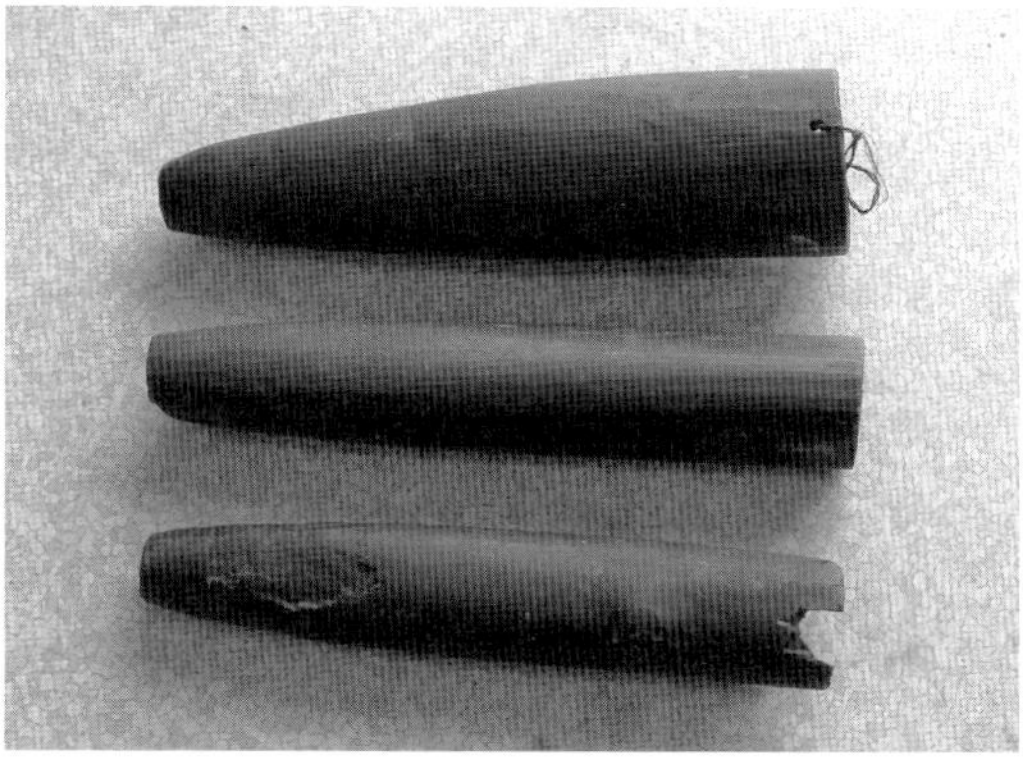

図1　ホラノゲエ（紫波町赤沢郷土資料館蔵）. 長さ約 40 cm. 直径 6–10 cm.

同県和賀郡沢内村（現西和賀町）は、紫波町から南西方向の、秋田との県境に位置する町だが、この地でも同様の行事がかつて行われていた。

図2　船久保地区の槍（赤沢郷土資料館蔵）．手前全長 211.8 cm（刃先 23 cm）．

「オイヌ追い」である。小正月の旧一月一五日に、風の神祭りと共に行われていたオイヌ追いは、簡単なお膳に料理を用意し、「オイヌ様、山に静かに暮らしてください。自分たちが山に入っても、里に暮らす者に害をしないでください」と願って、ホラノボーを山に向かってホーホーと吹き鳴らすものだった[24]。沢内村には江戸時代に狼狩りを行ったという二つの記録もあり[25]、狼の多くいた所だったのがわかる。料理の詳細は不明だが、昭和二五、六年あたりまで行われていたようだ。第4章でみた民俗儀礼の鎮送型（Ａ２）に当たる儀礼である。沢内村は、岩手県と秋田県の事例のほぼ中間地点にある。

なお、ホラノボーも桐の木を炭火で焼いたものであり、西和賀町の碧祥寺博物館に展示されているのは、紫波町のホラノゲエと変わらぬ姿であった。

紫波町にはまた、狼に関わる道具が数種伝わっている。槍である。図2に示したのは、町内の赤沢でもっとも山奥に位置する、船久保集落に残されていた狩猟用の槍である。このような槍は、赤沢では不断常居（居間）の鴨居に掛けられていたという。大槌町で語られていた、狼や熊に使われた槍に類するものである。

また一つは、夜道を山歩きする人々が身に付けていた才鎌《せがま》がある。人々はこれを護身用に所持し、狼除けにオガラ（麻の茎）を束ねて作った松明を、下向きに振りながら歩いたとも伝えられている[26]。

そして、墓に埋葬された死者の屍も、狼から守る必要があった。紫波町の大巻に鎮座する養竜山高金寺は、永正二年（一五〇五）に創建されたと伝わる曹洞宗の寺院だが、この墓地の新墓には狼除けの鎌が立てられていた。図3のように簡単には倒れないように固定された鎌は、死者を守る魔除けの習俗として、今に続いてきたのがわかる。

(2) 記録されたイヌオトシ

狼の残していった鹿や猪は、「イヌオトシ」などと呼ばれて人々の食料になっていたが（第2章、第4章）、実は、伝承の他にもこれを伝えているものがあった。『盛岡藩雑書』である。本書は、盛岡藩の代々の家老が記録したものであり、正保三年（一六四六）一二月四日の条に次のような記述がある。(27)

図3　新墓に立てられた狼除けの鎌．固定するため木の枝と縄とで結び付けられている．

一　船越与五郎下人米内奥山ニて狼喰鹿壱つ見付、船越与兵衛を以今日上ル、即時御肴奉行ニ長嶺七右衛門・科沢孫《ママ》十郎ニ渡ス

米内奥山で船越与五郎という人物がみつけた、狼が食べた鹿についての一文である。船越与兵衛がこれを持参し、御肴奉行に渡したとある。おそらく鹿は御肴奉行にて料理されたのだろう。米内は、現在の盛岡市に当たる。また、明暦二年（一六五六）九月一八日にも次のような記述がある。(28)

一　本三戸沖田面村福助と申者狼喰之鹿一、川へ追被込なかれ候を見付候由ニて、三戸御城代大菅生長左衛門竹林五兵衛　右之鹿次飛脚ニて状添上ル

狼に川へ追い込まれて流れていた鹿を、福助という人物がみつけたとある。三戸御城代大菅生長左衛門と竹林五兵衛の両人が次飛脚によって書状を添えて上げている。沖田面村は、今の青森県三戸郡南部町になる。

このような、「狼喰」に関連した記述は他にも七例を確認しており、全部で九例を数える。表に示した通り、獲物は全て鹿になる。当時藩内に多く生息し田畠に害を与えていた猪も、狼の獲物であったと考えられるが、この中にはない。鹿肉の方が美味であり、毛皮の効用が大きいためだろう。藩主に献上すべき動物として鹿が特に人々の注意を集めていたと理解できる。また、献上される季節が秋から冬となっているのは、発見しやすい時期であり、この頃は肉の寄生虫が少なく脂がのっていることや、毛皮の質がよいためと考えられる。

表の1から6をみよう。3を除けば「狼喰」の発見を藩に報告し、渡したという内容である。3は狼が追い出した鹿を犬が喰い殺したというものであり、献上はされずに披露のみであった。これはつまり、鹿は鹿でも「狼が倒した」という点が重視されていたことになる。珍しさに加えて、狼の鹿を藩主が食すことで、権威が誇示されていたということだろうか。

また、これらに対して7から9の内容はいささか異なっている。藩への報告は同様であるが、その後の対応が異なる。藩からは発見したその場に鹿を埋め置くよう指示が出されている。なぜだろうか。

表　狼喰関連（『盛岡藩雑書』）

	年号	西暦	記録日条	地名	人物	出来事	巻
1	正保3年	1646	12月4日	米内奥山	下人（舟越与五郎）	狼喰鹿1つみつけ，舟越与兵衛御肴奉行に渡す	1
2	明暦2年	1656	9月18日	沖田面村	福助	狼喰之鹿1つ川へ追い込まれ流れるのをみつけ，三戸御城代次飛脚にて状添上る	2
3	万治元年	1658	11月7日	米内山		狼が追出した鹿1つ，広福寺の犬喰殺す→披露	2
4	万治元年	1658	12月26日	上内山		狼喰女鹿1つみつけ，御歩行上る	2
5	寛文10年	1670	9月26日	川目村	惣右衛門	狼喰の鹿1頭みつける→御代官手代持参→御料理の間へ上る	2
6	延宝4年	1676	9月12日	大鹿村（浅岸村）	稲守之者	女鹿1疋狼に喰われるのを取上げる→御代官手代持参	3
7	元禄3年	1690	10月16日	中太田村（飯岡）	八卦（久右衛門）	田堰に狼に喰殺された鹿1疋→御代官披露→其所に埋置く指示	5
8	元禄3年	1690	10月20日	門村	留奉行	簗留へ狼が追込んだ鹿死亡→其所に埋置く指示	5
9	元禄3年	1690	12月13日	館石村	御百姓（小五郎）	狼に喰殺された手負鹿→御代官披露→其所に埋置く指示	5

7の記録された年は元禄三年（一六九〇）である。実はこの五年前に当たる貞享二年（一六八五）には、幕府から生類憐みの令に関連する法令が出されている。『盛岡藩雑書』によれば、幕府老中より生類憐みの令が明確な形で藩に下されたのは、貞享四年（一六八七）の四月になる。[29]そこには、鳥類や畜類を傷つけたり病馬を捨てたりしないように、また、捨子があった場合には近隣の者などが養うようにと、生き物に対しての取るべき態度が示されている。その後もしばしばこの法令に関する書状が藩に届けられ、田畠を荒らす猪・鹿・狼も、荒れている時にのみ鉄砲を使用してよい旨が記されている。

元禄二年（一六八九）九月二八日には、猪・鹿・狼が田畠を荒らして困る場合にも、まずは何かで脅し、それでも恐れないようなら玉無し鉄砲で脅すよう指示が出され、鉄砲使用への取締りが次第に強化されてくる。そしてやむを得ず打った獣はやはりその場に埋め置き、すぐに報告して指示を受けるようにとの次のような記述がみえる。(30)

一　打申候獣ハ最前ニ被　仰出候通、其所ニ埋置、早速此方ヘ注進仕差図可請事

（以下略）

一文からは、生類憐みの令の発令後、藩が息絶えた獣の処分に特に慎重になっている様子が窺え、「狼喰」もこの例外ではなかったことがわかる。表にみえた「狼喰」の処遇の変化は、この生類憐みの令の影響によるものとみて間違いはないだろう。

また同年一二月一六日には、討ち取った鹿は、皮と油のみを献上し、肉については他の獣と同様にその場に埋め置くように指示が出されている。(31)殺生の規制だけではなく、肉食そのものが避けられていたことを示すものといえる。生類憐みの令の背後にある肉食否定の思想を窺わせる内容である。(32)そして元禄期は、これがもっとも顕著になった時代でもあった。(33)

翻って狼の立場になれば、獲物を奪われるという点では同じことだろう。しかし、人間側の事情によって「狼喰」への対処法が変わっていたというわけだ。いや、嗅覚の鋭い狼である。埋められただけなら、また掘り返して獲物を食べていた可能性もある。

その後も続く法令によって、「狼喰」は獣を殺めたという誤解を招くものとして忌避されていったようだ。元禄四年以降、「狼喰」の記述は『盛岡藩雑書』から消えていく。(34)

貞享二年頃から始まった生類憐みの令は、このように「狼喰」を巡る南部盛岡藩の人と狼との関係にも少なからぬ影響を与えていたのである。自然からの恩恵としてあった「狼喰」のイヌオトシは、殿様へ献上すべき物としての任を解かれたことで、案外密かに人々の胃袋に納まるという、本来の形に戻っていったとも考えられる。

(1) 関敬吾『日本昔話大成』第二巻(角川書店、一九七八年)では、本話は一一六B「狐女房・一人女房型」に分類されている。
(2) 二〇〇六年七月二日・二〇〇七年九月二日調査。
(3) 藤助の菩提寺は、亀谷にある知足院(曹洞宗)である。過去帳は焼失して現存しないが、藤助の戒名は一山了休信士であり、天保初年頃に他界したという説もある。
(4) 例えば狐女房譚のこれらの型を『日本昔話通観』全三一巻(稲田浩二・小沢俊夫責編　同朋舎出版、一九七七〜一九九八)で参照すると、二七例を数える。このうち主人公に名前があるのは三例であり、多くの場合は単に男と語られている。昔話の主人公として一般化しているのがわかる。なお、中村ともこ「昔話『狐女房』とは何か――口承が受容するものとしないものの一考察」(昔話研究土曜会編『土曜会昔話論集　昔話の成立と展開』二　私家版、二〇〇〇年所収)では、「狐女房――田植え型」は「種の藤助」三話を含めた三六例の報告がある。
(5) 鳥取民話研究会編『因伯昔ばなし』第一五集　私家版、一九九〇年。なお、本書に収められている本話は、一九八三年に大阪外国語大学口承文芸研究会がまとめた報告書『世界口承文芸研究』第四号に基づいたものである。
(6) 氏子総代によれば、台風で本殿が被災して夜間にご神体を移動させた際、その姿は三、四〇センチの大きさの狼の木像であったという。なお、その時には四本の竹と白い布で囲いをしての遷御であった(二〇〇六年七月二日調査)。
(7) 市下典重他『大宮神社沿革史』(私家版、二〇〇二年)四頁。
(8) 同書、三頁。
(9) 大栄町誌編さん委員会編『大栄町誌』(大栄町役場、一九八〇年)一五九〇頁。
(10) 坂田友宏編『大山北麓の民俗』(米子工業高等専門学校大山北麓民俗総合調査団、一九八七年)一五三頁。
(11) 五来重『修験道霊山の歴史と信仰』(五来重著作集第六巻　法藏館、二〇〇八年)二九一頁。
(12) 前掲註(9)に同じ。
(13) 坂田　前掲註(10)、一五四〜一五六頁。

（14）五来　前掲註（11）、一二九〇頁。

（15）洞明院所蔵本第一一話には、猟師の前に現われた金色の狼が、「我已ニ三生ノ行人トシテ、此山ヲ守ル山神ナレリ」と述べる旨が記されている（近藤喜博・宮地崇邦編『中世神仏説話続々』古典文庫第二九三冊　古典文庫、一九七一年に拠る）。

（16）鳥取県立博物館編『鳥取県の祭り・行事――鳥取県祭り・行事調査報告書』（鳥取県立博物館資料刊行会、二〇〇六年）一二一・一五四頁。

（17）郷田（坪井）洋文「家の神の重層性」（『日本民俗学』第三巻第三号　日本民俗学会、一九五六年）および同「家の神去来信仰」（『日本民俗学』第四巻第四号　日本民俗学会、一九五七年）。オタナサマやオトーカサマが狼を祀ったものだという伝承は、『置賜の民俗』第二号（一九六七年）などにもある。

（18）山下伊豆母「伏見稲荷大社」（谷川健一編『日本の神々――神社と聖地』第五巻　白水社、一九八六年所収）一八七頁。

（19）中村　前掲註（4）一二六頁。

（20）乗岡憲正『古代伝承文学の研究』（桜楓社、一九六八年）八八〜一〇三頁。なお、祝言職は「ほかい」と読まれることもある。

（21）鷲見貞雄・片柳庸史『鳥取の伝説』第四七巻（角川書店、一九八〇年）九二頁。本書には、墓石には手を触れてはならないという古老の話も紹介されている。

（22）上種の狼塚と呼ばれる一帯では大小複数の古墳が発見されており、六世紀中葉から後半頃の帆立貝式前方後円墳と見なされている（大栄町教育委員会編『上種西古墳群発掘調査報告』大栄町文化財調査報告書第一三集　私家版、一九八四年）。なお、古墳と地名との関係は明らかになっていない。また、当地方では多数の古墳群の報告もある。

（23）二〇一〇年八月五日調査。

（24）二〇一〇年八月四日調査。

（25）沢内史談会編『沢内年代記（総集編）』沢内村教育委員会、一〇〇〇年）一六二・一六四頁。

（26）二〇一〇年八月五日調査。

（27）盛岡市教育委員会・盛岡市中央公民館編『盛岡藩雑書』第一巻（熊谷印刷出版部、一九八六年）一九二頁。『盛岡藩雑書』は、正保元年（一六四四）から天保一一年（一八四〇年）にわたる、一九七年分を盛岡藩の代々の家老が記録したものである。

（28）同書第二巻（一九八七年）五三頁。

（29）同書第五巻（一九九一年）四八九・四九〇頁。この他、貞享二年には捹馬の禁止の通達があり、これを少し遡る寛文年間にも、藩では鳥類を殺生した者への取締りなどがあった。

（30）同書六七三頁。同様の記述は、その後も『盛岡藩雑書』に散見される。

（31）同書七〇六頁。
（32）塚本学『江戸時代人と動物』（日本エディタースクール出版部、一九九五年）七六頁。同書には、生類憐みの令の下でも猟師として認定された者だけは野鳥獣の死体利用が許されており、動物利用が全面的に否定されていたわけではなかったとの指摘もある。
（33）原田信男『歴史のなかの米と肉――食物と天皇・差別』（平凡社、一九九三年）二五九頁。
（34）元禄四年は、藩内で人が狼に襲われたという記録が増え始める時期に当たり、天候不順や飢饉などの影響で、自然界のバランスに変化が起きていた可能性も考えられる。

初出一覧

「種の藤助」考――田の神信仰と祝言職（谷口貢・鈴木明子編『民俗文化の探求』岩田書院、二〇一〇年）
岩手の狼伝承考――紫波町と遠野市を中心に（『一般教育論集』第四七号　愛知大学一般教育研究室、二〇一四年）
コラム　狼の落とし物――伝承と記録のはざまに（BIOSTORY vol.17　誠文堂新光社、二〇一二）

あとがき

吉野郡の十津川村は、奈良県の最南端にある山村である。その地で椎茸作りに携わっていた人物が、帰宅の途次に出逢った狼について次のように伝えている。

晩方家へ帰る途中、オカマワリ（オカを急角度でまわる）の所で出会い頭にぶつかった。一声ウォーッと大声で唸って藪へ跳び込んで行った。

（『林宏十津川郷採訪録　民俗』二、一九九三）

狼とぶつかったこの人物も驚いたであろうが、狼の方の驚きも、相当なものであったことだろう。同じ吉野郡にある東吉野村で、最後の狼が確認された一九〇五年よりも、二〇年ほど前のことである。

このような狼との出逢いや接触が、人々の日常の営みの中で、ごく自然なこととして繰り返されていた時代が確かにあった。それはたとえば「山近く」や「山深いところで」と、ある程度は場所が限定されるかもしれない。しかし、この日本にもそのような時が、確かにあったのである。

野生獣による農植林被害の深刻化に伴って、近年、狼の再導入案も浮上してきている。直接的にはその是非を問う立場にはない私だが、人間と狼とがどのように交渉し、ともに歩んできたのかを、学術的な視点から書き留めておかなければいけないと考えたのである。そして、この人間と狼との関係が、日本人の動物や自然への関わり方の一端を、私たちの前に映し出してくれるのではないかと考えたのである。

昔話や伝説の中に語られている狼に興味を抱き、それらを拾い集めることから始まった私の研究は、いつしか口承文芸の世界から外へと歩み出さなければいけなくなっていった。人々が口伝えに伝えてきたそれらの語りを求めて各地を巡り歩く旅の中で、狼に関わるさまざまな民俗にも触れることになったからである。昔語りの中にだけ生きていると考えていた狼は、人々の生活や信仰の中にもしっかりと根を張り生き続けていた。そして、人間と狼との関係を知るためには、出会った人たちが教えてくれた幾つもの「狼」に対峙しなければならないと、次第に考えるようになっていったのである。新しい領域に臨むたびに新たな学びが必要となり、その道のりは楽しくも苦難に満ちたものだった。それでも、一つの課題がまた次の新しい発見を導いてくれるという喜びもあった。

本書は、二〇〇三年九月に國學院大学大学院文学研究科に提出し、受理された博士学位申請論文（『人獣交渉史の研究』）をもとに、それを大きく書き改めたものである。主査であり、指導教授であった野村純一先生には、長きにわたって根気強くご指導をいただいた。牛の歩みのような私の研究をあたたかく見守り、絶え間なく刺激を与え続けてくださった。本書が口承文芸学から国文学、また民俗学までの広がりを持つことができたのは、野村先生の学問の幅の広さによるものと思っている。心から御礼申し上げたい。そして先生のご冥福をお祈りする。野村先生のご生前に本書をお届けできていたら、どんなに喜んでくださっただろう。

一九九一年からの三年間にわたって、スウェーデンで民間伝承学を学び、また彼の地の狼に関わる伝承を調査・研究する機会に恵まれたのは幸運であった。狼がすぐそばに生息している土地で暮らす人々の感覚や心情を肌身に感じ、野生の狼の足跡にも直に触れることができた。ストックホルム大学の研究者との交流や、外から日本を眺める時間を持ったことによって、視野が広がり、日本の民俗の世界を少しは客観視できるようになったのではないかと感じている。そしてこの三年間はまた、日本人としての自分を強く意識させられた時でもあった。

国立歴史民俗博物館に特別共同利用研究員および外来研究員として通っていた間には、同館の共同研究会にも参加させていただく機会を得た。「アジア地域における環境とその民族的プラクシス」（研究代表・篠原徹先生）、「環境利用システムの多様性と生活世界」（研究代表・安室知先生）、「神仏信仰に関する通史的研究」（研究代表・三浦正幸先生）である。研究会では、民俗学はもちろんのこと、歴史学や人類学、社会学、哲学、文化財学など各分野で活躍する研究者に接し、またその研究に学ぶことができたのは得難い経験であった。そして、同館での指導教官であり、学部生時代に民俗学の面白さを繙いてくださった新谷尚紀先生には、これまで長年にわたってご指導をいただいてきた。回り道ばかりしている私を、遠くから、また時に近くから見守り、常にエールを送って励ましてくださった。研究の道へ初めに導いてくださったのは新谷先生である。深く、感謝申し上げたい。

大学院時代にお世話になった倉石忠彦先生、小川直之先生をはじめ、これまでたくさんの方から学恩をいただいてきた。大学院で大林太良先生から直接お教えいただいたのも、また幸運であった。伊藤慎吾氏、北村優子氏の友情にも感謝する。お世話になったすべての方のお名前を記し得ないのは心苦しい限りだが、ここに改めて御礼の気持ちを申し上げたい。

それにしても、これまでに話を聞かせていただいた人の数は、いったい何人になるだろう。不思議な偶然の出会いもあった。時には家に泊まり込んで調査をさせていただいたこともあった。そのような聞き取り調査の中でいつも感じるのは、地に足を付けて人生を歩んでいる人の言葉が持つ「深み」である。生まれ育った土地で懸命にその時々を生きてこられたのだろう。静かに流れる時間の中で紡ぎ出されるそのような人の言葉に、幾たびはっとさせられただろうか。狼の民俗との出逢いはまた、人との出会いでもあった。本当に多くの方のお世話になった。

また本書には、私自身の聞書きも収めているが、各地の伝承を記録した書物からの引用も多くある。百年余り前に私たちの前から姿を消した狼の伝承は、研究者はもとより、在野の方たちの地道な営為によって作り出された民俗誌の中にたくさん書き残されている。貴重なそれらの資料から受けた恩恵も忘れてはならないだろう。

本書は、財団法人鈴渓学術財団の二〇〇四年度「研究助成」による研究成果の一部であり、二〇〇七年度「刊行助成」を受けて刊行するものである。同財団をはじめ、本書に図版掲載のご協力をいただいた関係各位に御礼申し上げる。また、逸翁美術館、永青文庫、金閣寺（白浜町）、杭全神社、国立公文書館、国立国会図書館、千葉市美術館、天理大学附属天理図書館、東京国立博物館、名古屋市蓬左文庫、西尾市岩瀬文庫、盛岡市中央公民館には、貴重資料の閲覧の機会もお許しいただいた。記して感謝の意を表したい。

最後になったが、本書の刊行に際して、東京大学出版会編集部の光明義文氏には大変お世話になった。初めて出版の話をいただいた時にお腹にいた娘は、この春からもう小学生になる。長い時間がかかってしまった。本書の刊行には、光明氏の強い忍耐力と熱意が欠かせぬものであった。心から感謝したい。そして、調査や研究のための時間を作り出すのに快く協力してくれた家族、いつも遠くから応援してくれる母、今は亡き父に、本書とともに御礼の言葉を贈りたいと思う。

二〇〇九年一月

岡崎にて

菱川晶子

増補版　あとがき

オイノ祭りが行われているのは、岩手県の大槌町だった。大槌町は、東日本大震災で甚大な被害を被った町である。役場のある町の中心部は津波にのまれ、その後発生した火災の被害も重なって、多くの人の命が失われている。調査で幾度も訪れた町の姿は変わり果て、人々は散り散りになった。釜石も含め、訪ねる度に少しずつ復興へと動いてはいたが、中心部のかさ上げ工事がようやく終わったのは、昨秋である。七年の歳月は、すでにあまりにも多くの変化をもたらしていた。

オイノ祭りが行われている集落は、山間部のために直接の被害は受けなかったが、町の多くの人が心に傷を負ったのは、想像に難くない。何ができるわけでもないが、少しでも気持ちに寄り添いたいとの思いから、町の昔を知る一人の嫗の語りについて、報告を続けてきた。調査で町を訪れる度に、いつも語りを聞かせていただいていた人である。その嫗は、津波によって今も行方不明のままである。

紀伊半島を調査していた時に、偶然同宿した家族の若い娘さんは、足が少し不自由なようだった。翌日再び熊野古道で出会い、一家が阪神淡路大震災の被災者であることを知った。震災が起きてからかなりの時間が経っていたが、その傷はずっと続いていくのだということを、改めて感じた。そして、当たり前のように思われる私たちの日々の暮らしは、無常なのだということも。

この度、一〇の出版社による共同プロジェクト、〈書物復権〉によって『狼の民俗学』の増補版が刊行されることになった。出版状況の厳しい中、このようなプロジェクトによって再び本書をお届けできることになり、感謝の念に堪えない。これも、東京大学出版会編集部の光明義文氏のご尽力があってのことである。心から、御礼申し上げたい。

前書の刊行後、多くの方からご意見や感想を寄せていただいた。その言葉の数々は、私の糧となり、また今も研究の支えになっている。中でも、野本寛一先生、平山和彦先生、新谷尚紀先生、そして小長谷有紀先生のご教示と激励には、いつも前を向く力を頂戴している。印南敏秀先生にはまた、研究と指導の場も与えていただいた。皆様に、心から感謝申し上げたい。

学生に動物の民俗や食文化についての授業をしていく中で、いかに日本が周辺諸国からの影響を強く受けてきたのかを、改めて考えるようになった。狼も、決して例外ではない。狼の信仰には、渡来人との関わりが考えられるからである。狼をめぐる人獣交渉史の研究は、まだ終わっていない。研究を続けられることに感謝しながら、これからも私の生涯のテーマとして、追究していきたいと思っている。

二〇一八年三月

菱川晶子

初出一覧

序　章　人と獣の交渉史（博士学位申請論文『人獣交渉史の研究』二〇〇四年）

第1章　虎と狼——二つの民俗の位相

1　室町物語「熊野の本地」の動物諸相

1・1　動物の描写と語りの変遷（「『熊野の本地』に現れた動物——その描写と変遷について」野村純一編『伝承文学研究の方法』岩田書院、二〇〇五年）

1・2　転化する動物——「熊野の本地」以前・以後（「虎から狼へ——『熊野の本地』以前・以後」『昔話——研究と資料』第三三号　日本昔話学会、二〇〇五年）

2　虎から狼へ——「鍛冶屋の婆」の変遷（「『鍛冶屋の婆』考」『國學院大学大学院紀要——文学研究科』第三〇輯　國學院大学大学院、一九九九年、「『鍛冶屋の婆』——変遷から辿る狼観」『一般教育論集』第三〇号　愛知大学一般教育研究室、二〇〇六年）

3　虎の民俗、狼の民俗（博士学位申請論文『人獣交渉史の研究』二〇〇四年）

第2章　民間説話の中の狼

1　狼報恩譚——人々の解釈と話のゆくえ（「『狼報恩譚』——解釈と発展」『一般教育論集』第二三号　愛知大学一般教育研究室、二〇〇七年）

2　「送り狼」——口伝される生活の知恵（「オオカミの民俗——『送り狼』をめぐって」『動物考古学』第一〇号　動物考古学研究会、一九九八年）

3　塩を求める狼——伝承と俗信から（「人獣交渉史——狼と塩」『口承文藝研究』第二〇号　日本口承文藝學會、一九九七年）

4　「狼の眉毛」——授けられる福（「『狼の眉毛』——授けられる富」『一般教育論集』第三四号　愛知大学一般教育研究室、二〇〇八年）

第3章　狼の表象史

1　名称から辿る狼観（「オオカミ——名称についての一考察」『伝承文化研究』第二号　國學院大学伝承文化学会、二〇〇三年）

2　狼表現の系譜（「図像化された動物　オオカミの表象と形態認識」『国立歴史民俗博物館研究報告』第一〇五集　国立歴史民俗博物館、二〇〇三年）

第4章　狼と民俗信仰

1　東北地方における狼の民俗儀礼（「東北地方における狼の民俗儀礼　岩手県上閉伊郡大槌町の『オイノ祭り』を中心に」『国立歴史民俗博物館研究報告』第一三六集　国立歴史民俗博物館、二〇〇七年）

2　狼の産見舞い——群馬県吾妻郡六合村の十二様信仰をめぐって（「狼の産見舞い——群馬県六合村の十二様信仰をめぐって」『一般教育論集』第三五号　愛知大学一般教育研究室、二〇〇八年）

各章と既発表論文との対応関係は右記の通りだが、本書はその後の研究によって大幅に加筆修正を行ったものである。

文献一覧

表に示した文献を基本として収録した。各分類は便宜上設定したものであり、絶対的なものではない。

地誌・民俗誌類

京都府与謝郡宮津町役場編　一九二五『丹後宮津志』（一九八五　臨川書店復刻版）
岩手県教育会紫波郡部会編　一九二六『紫波郡誌』岩手県教育会紫波郡部会（一九七四　名著出版復刻版）
伊具郡教育会編　一九二六『伊具郡誌』伊具郡教育会
島根県教育会編　一九二七『島根県口碑伝説集』島根県教育会（一九七九　歴史図書社復刻版）
群馬県吾妻教育会編　一九二九『群馬県吾妻郡誌』群馬県吾妻教育会
川合勇太郎　一九三〇『津軽むがしこ集』東奥日報社
信濃教育会北安曇部会編　一九三〇『北安曇郡郷土誌稿一　口碑伝説篇』一　郷土研究社
信濃教育会北安曇部会編　一九三〇『北安曇郡郷土誌稿二　口碑伝説篇』二　郷土研究社
奈良県童話連盟・高田十郎編　一九三三『大和の伝説』（大和叢書）大和史跡研究会
北佐久教育会編　一九三四『北佐久郡口碑伝説集』信濃毎日新聞社（佐久教育会歴史委員会編　一九七八『佐久口碑伝説集　北佐久篇』佐久教育会）
伊那民俗研究会　一九三四『昔ばなし』（伊那民俗叢書二）信濃郷土出版社
北巨摩郡教育会郷土研究部編　一九三五『口碑伝説集』（郷土研究二‐一）北巨摩郡教育会郷土研究部
信濃教育会北安曇部会編　一九三七『北安曇郡郷土誌稿七　口碑伝説篇』三　郷土研究社
南佐久教育会編　一九三九『南佐久郡口碑伝説集』信濃毎日新聞社（佐久教育会歴史委員会編　一九七八『佐久口碑伝説集　南佐久篇』佐久教育会）
宮本常一編著　一九四二『吉野西奥民俗採訪録』（日本常民文化研究所ノート二〇）日本常民文化研究所
遠野郷土研究会編　一九五三『遠野町史』遠野町役場
赤城根村誌編纂委員会編　一九五四『わが赤城根村』群馬県利根郡赤城根村役場
中道等　一九五五『十和田村史』下　青森県上北郡十和田村役場

登米郡米川村誌編纂委員会編　一九五五『登米郡米川村誌』宮城県登米郡米川村役場
中裕・津田隆造・田中智・小森陽太郎編　一九五五『郷土』一　郷十民話研究会
加藤喜代次郎・新井清寿編　一九五五『高麗郷土史』高麗郷土史研究会
宮城県史編纂委員会編　一九五六『宮城県史一五　博物』宮城県史刊行会
横野村誌篇纂委員会編　一九五六『群馬県勢多郡横野村誌』横野村誌篇纂委員会
高畠高等学校文芸班　一九五七『高畠町伝説集』高畠町伝説集刊行会
奈良県童話連盟・高田十郎編　一九五九『大和の伝説　増補版』（大和叢書）大和史跡研究会
三好町誌編集委員会編　一九五九『三好町誌』三好町誌編集委員会
宮城県史編纂委員会編　一九六〇『宮城県史二〇　民俗』二　宮城県史刊行会
岡山民俗学会編　一九六〇『二川の民俗』岡山民俗学会
和歌森太郎編　一九六一『宇和地帯の民俗』吉川弘文館
勝沼町誌刊行委員会篇　一九六二『勝沼町誌』勝沼町役場
和歌森太郎編　一九六二『西石見の民俗』吉川弘文館
和歌森太郎編　一九六三『美作の民俗』吉川弘文館
六合村誌編集委員会編　一九六三『六合村誌』六合村役場
群馬県教育委員会編　一九六三『六合村の民俗』（群馬県民俗調査報告書四）群馬県教育委員会
福島県編　一九六四『福島県史二三　各論編九　民俗』一　福島県
群馬県教育委員会事務局編　一九六六『勢多郡東村の民俗』（群馬県民俗調査報告書八）群馬県教育委員会事務局
群馬県教育委員会事務局編　一九六五『下久保ダム水没地の民俗』（群馬県民俗調査報告書七）群馬県教育委員会事務局
波多放彩　一九六六『福栄村史』福栄村史編集委員会
愛媛県教育委員会編　一九六六『別子山・新宮民俗資料調査報告書』愛媛県教育委員会
九学会連合下北調査委員会編　一九六七『下北　自然・文化・社会』平凡社
群馬県教育委員会事務局編　一九六七『松井田の民俗――坂本・入山地区』（群馬県民俗調査報告書九）群馬県教育委員会事務局
神奈川県教育庁指導部　一九六七『神奈川県昔話集』一（神奈川県民俗シリーズ四）神奈川県教育委員会
若林清　一九六七『民話百選』富山町郷土文化研究会
西牟婁郡公民館連絡協議会編　一九六七『民話集』西牟婁郡公民館連絡協議会

文化財保護委員会編　一九六八『木地師の習俗』一（無形の民俗資料　記録八）平凡社
三朝町編　一九六八『続三朝町誌　ふるさと物語』三朝町
真室川町史編集委員会編　一九六九『真室川町史』真室川町
茨城民俗学会編　一九六九『県北海岸地区民俗資料緊急調査報告書』（昭和四三年度）茨城県教育委員会
福岡町史編纂委員会編　一九六九『福岡町史』福岡町役場
大友義則編　一九六九『新庄最上地方伝説集』新庄市役所商工課
三重県教育委員会編　一九六九『度会・多気山村習俗調査報告書』（三重県文化財調査報告書一〇）三重県教育委員会
串本町民話伝説委員会編　一九六九『串本町民話伝説集』串本町公民館
大槌の民話編纂委員会編　一九七〇『大槌の民話』岩手県大槌町役場
福島県教育委員会編　一九七〇『西郷地方の民俗』福島県教育委員会
群馬県教育委員会編　一九七〇『桐生市梅田町の民俗』（群馬県民俗調査報告書一一）群馬県教育委員会
広島県教育委員会編　一九七〇『広島県の民話と伝説』（広島県文化財調査報告八）広島県教育委員会
波多放彩　一九七〇『阿東町誌』山口県阿武郡阿東町役場
岡山民俗学会編　一九七〇『小豆島の民俗』岡山民俗学会（大島暁雄他編『日本民俗調査報告書集成　四国の民俗　香川県編』一九九七　三一書房）
三重県教育委員会編　一九七一『牟婁地区山村習俗調査報告書』（三重県文化財調査報告書一三）三重県教育委員会
笹喜四郎　一九七二『かつろく風土記』新庄市教育委員会
三峰神社誌編纂室編　一九七二『三峰神社誌民俗篇』二　三峰神社社務所
京都府立総合資料館編　一九七二『丹後伊根の昔話』京都府
宮城県史編纂委員会編　一九七三『宮城県史二一　民俗』三　宮城県史刊行会
文化庁文化財保護部編　一九七三『狩猟習俗』一（無形の民俗資料　記録一八）国土地理協会
箱山貴太郎　一九七三『上田市付近の伝承』（長村郷土資料）上田小県資料刊行会
長谷村文化財専門委員会編　一九七三『伊那谷長谷村の民俗』長谷村文化財専門委員会
小布施町郷土史の会編　一九七三『小布施百話』小布施町郷土史の会（倉石忠彦他編『日本民俗誌集成』九　一九九六　三一書房）
天竜村教育委員会編　一九七三『南信濃天竜村　大河内の民俗』信濃路
徳山村史編集委員会編　一九七三『徳山村史』岐阜県揖斐郡徳山村役場

福井市教育委員会編　一九七三『福井むかしばなし』福井市教育委員会
黒住清　一九七三『（増補）大島伝説集』笠岡市立図書館
香川県民俗学会・前山地区民俗誌編集委員会編　一九七三『ダムに沈む　香川県長尾町前山地区民俗誌』長尾町文化財保護協会（大島暁雄他編『日本民俗調査報告書集成　四国の民俗　香川県編』一九九七　三一書房）
遠野市史編修委員会編　一九七四『遠野市史』一　遠野市
小野田町史編纂委員会編　一九七四『小野田町史』小野田町
竹内利美　一九七四『日本の民俗　宮城』第一法規出版
神奈川県立博物館編　一九七四『県央部の民俗二——伊勢原地区』（神奈川民俗調査報告七）神奈川県立博物館
群馬県立博物館編　一九七四『六合村の手工業』（群馬県立博物館研究報告九）群馬県立博物館
川上村教育委員会編　一九七四（一九八六）『昭和四九年度調査　川上村内民俗学術調査報告書——白川渡地区』川上村教育委員会
高松町史編纂委員会編　一九七四『石川県高松町史』石川県河北郡高松町
山形村教育委員会編　一九七五『山形村昔話集むかしばなし』山形村教育委員会
福島県相馬郡小高町教育委員会編　一九七五『小高町史』小高町
市浦村史編纂委員会編　一九七五『市浦村史資料編』上　市浦村史編纂委員会
池田弥三郎他編『日本民俗誌大系』六　一九七五　角川書店
美山町史編纂委員会編　一九七五『美山町史通史篇』美山町
菅沼晃一郎　一九七五『近江の民俗』民俗文化研究会
十和田市史編纂委員会編　一九七六『十和田市史』上　十和田市
群馬県教育委員会編　一九七六『倉淵村の民俗』（群馬県民俗調査報告書一八）群馬県教育委員会
伊藤良編　一九七六『郷土むかしばなし』（郷土館叢書一）尾鷲市郷土館友の会
水沢謙一編　一九七六『村の子ども』（栖吉民俗誌一）栖吉郷土誌刊行会
下田村立鹿峠中学校編　一九七六『越後下田郷昔話集』下田村中央公民館
舞鶴市立丸山小学校創立百周年記念事業実行委員会・記念誌編集委員会編　一九七六『わが郷土』舞鶴市立丸山小学校創立百周年記念事業実行委員会
石川県立郷土資料館編　一九七六『能登志賀町の昔話・伝説集』（志賀町史紀要（三））志賀町史編さん委員会
遠野市史編修委員会編　一九七七『遠野市史』四　遠野市

群馬県教育委員会編　一九七七『大間々町の民俗』（群馬県民俗調査報告書一九）群馬県教育委員会
稲武町教育委員会編　一九七七『稲武の伝説』稲武町教育委員会
能登島青少年ふるさと運動実行委員会編　一九七七『能登島の民話』二　能登島町教育委員会
日高町誌編集委員会編　一九七七『日高町誌』下　日高町
池田町昔話・伝説資料集編集委員会編　一九七七『阿波池田の昔話と伝説――資料集』池田町ふるさとづくり運動推進協議会・池田町教育委員会
高知県編　一九七七『高知県史民俗資料編』高知県
松野仁　一九七七『佐喜浜郷土史』佐喜浜郷土史編集委員会
朴沢謙一郎編　一九七七『一関の民話』（郷土の文化シリーズ六）一関市教育研究所
花山村史編纂委員会編　一九七八『花山村史』宮城県栗原郡花山村
秋山村の民話を採集する会編　一九七八『秋山の民話』秋山村教育委員会
長野県史刊行会民俗編編纂委員会編　一九七八『長野県諏訪郡原村　払沢民俗誌稿』長野県史刊行会民俗編編纂委員会
大江町教育委員会編　一九七八『大江のむかしばなし』大江町教育委員会
色麻町史編纂委員会編　一九七九『色麻町史』宮城県加美郡色麻町
群馬県教育委員会編　一九七九『高山村の民俗』（群馬県民俗調査報告書二一）群馬県教育委員会
長門市史編集委員会編　一九七九『長門市史　民俗編』長門市
小谷村教育委員会編　一九七九『小谷民俗誌』小谷村教育委員会
高松市歴史民俗協会編　一九七九『高松市の文化財四　菅沢の民俗』高松市文化財保護協会（大島暁雄他編『日本民俗調査報告書集成　四国の民俗　香川県編』一九九七　三一書房）
大船渡市史編集委員会編　一九八〇『大船渡市史』四　大船渡市
福島市史編纂委員会編　一九八〇『福島市史』別巻四（福島の民俗二）福島市教育委員会
三珠町誌編纂委員会編　一九八〇『三珠町誌』三珠町役場
新津市図書館編　一九八〇『三枚の札――新津市むかしばなし集』新津市
群馬県史編さん委員会編　一九八〇『群馬県史資料編二七　民俗』三　群馬県
藤井駿監修・落合町史編纂委員会編　一九八〇『落合町史　民俗編』落合町
西浅井町教育委員会編　一九八〇『西浅井のむかし話』（ふるさと近江伝承文化叢書）西浅井町教育委員会

宮城県教育会編　一九八一『郷土の伝承』セイトウ社
長野県史刊行会民俗編編纂委員会編　一九八一『県境を越えて』（県外調査報告書二）長野県史刊行会
松阪市史篇さん委員会篇　一九八一『松阪市史十　史料篇　民俗』蒼人社
御坊市史編さん委員会編　一九八一『御坊市史二　通史編』二　御坊市
東栄町文化財審議会　一九八二『東栄の民話』東栄町教育委員会
栄村誌編さん委員会編　一九八二『栄村誌　民俗・文化資料篇』栄町長・栄村誌編さん委員長佐藤元彦
熊野市教育委員会・大谷大学民俗学研究会編　一九八二『紀伊熊野市の民俗』（総合民俗調査報告書一四）熊野市教育委員会
福知山市人材銀行民話昔語り部編　一九八二『福知山の民話昔ばなし』福知山市立中央公民館
京都女子大学説話研究会他編　一九八二『金山町の昔話』金山町教育委員会
京都府立総合資料館編　一九八二『山城和束の昔話』京都府立総合資料館
水沢謙一　一九八三『あったてんがな――見附の昔話』見附市教育委員会
大迫町史編纂委員会編　一九八三『大迫町史　民俗資料編』大迫町
大塚徳郎監修・大衡村誌編纂委員会編　一九八三『大衡村誌』大衡村
古河市史編さん委員会編　一九八三『古河市史　民俗編』古河市
山古志村史編集委員会編　一九八三『山古志村史　民俗』山古志村役場
岡山県史編纂委員会編　一九八三『岡山県史一五　民俗』一　山陽新聞社
岡山県史編纂委員会編　一九八三『岡山県史一六　民俗』二　山陽新聞社
岩手県教育委員会文化課編　一九八四『岩手の小正月行事報告書』岩手県教育委員会文化課
白沢村文化財調査委員会編　一九八四『白沢の文化財』八　白沢村教育委員会
梁川町史編纂委員会編　一九八四『梁川町史一二　口伝え民俗編』二　梁川町
群馬県史編さん委員会編　一九八四『群馬県史資料編二五　民俗』一　群馬県
渋川市誌編さん委員会編　一九八四『渋川市誌四　民俗編』渋川市
神奈川県立博物館編　一九八四『足柄の民俗一――中井町・大井町』（神奈川民俗調査報告一一）神奈川県立博物館
三重県立名張高等学校郷土研究部　一九八四『続なばりの昔話』三重県立名張高等学校同窓会
吉永町史刊行委員会編　一九八四『吉永町史　民俗編』吉永町
和歌山市市長公室市民文化の課編　一九八四『和歌山市の民話資料集』下　和歌山市市長公室市民文化の課

高梁市教育委員会編　一九八四『高梁の伝説と民話』高梁市教育委員会
香川町文化財保存会歴史民俗調査部編　一九八四『ひとの一生と昔話』（香川町の民俗二）香川町文化財保存会
遠藤公男　一九八五『すばらしい風土　山田の自然探訪ふるさとの動物』岩手県山田町
最上町編　一九八五『最上町史』下　最上町
奥多摩町誌編纂委員会編　一九八五『奥多摩町誌　民俗編』奥多摩町
胆沢町編　一九八五『胆沢町史八　民俗編』一　胆沢町史刊行会
長野県史刊行会民俗編編纂委員会編　一九八五『長野県下伊那郡天龍村坂部民俗誌稿』長野県史刊行会
十津川村教育委員会編　一九八五『十津川郷の昔話』第一法規出版
中津芳太郎編著　一九八五『日高地方の民話』御坊文化財研究会
総社市編さん委員会編　一九八五『総社市史民俗編』総社市
佐々久監修・泉市誌編纂委員会編　一九八六『泉市誌』下　宮城県泉市
二本松市編　一九八六『二本松市史』八　二本松市
川上村誌刊行会編　一九八六『川上村誌　民俗編』川上村教育委員会
西桂町教育委員会編　一九八六『西桂町の民話』（西桂町文化財シリーズ一二）西桂町教育委員会
柏崎市史編さん委員会編　一九八六『柏崎市史資料集　民俗篇』柏崎市史編さん室
佐田町・佐田町教育委員会編　一九八六『佐田町の民話と民謡』佐田町・佐田町教育委員会
龍神村誌編さん委員会編　一九八七『龍神村誌』下　龍神村
滝根町史編さん委員会編　一九八八『滝根町史』三　滝根町
川内村史編纂委員会編　一九八八『川内村史三　民俗篇』川内村
中川根のむかし話編集委員会編　一九八八『中川根のむかし話』中川根町教育委員会
京都府立山城郷土資料館編　一九八八『山村のくらし』二（南山城山村民俗文化財調査報告書）京都府立山城郷土資料館
志津川町誌編さん室編　一九八九『生活の歓　志津川町誌』二　志津川町
新郷村史編纂委員会編　一九八九『新郷村史』新郷村
伊勢崎市編　一九八九『伊勢崎市史　民俗編』ぎょうせい
富士吉田市史編さん室編　一九八九『上吉田の民俗』富士吉田市
静岡県教育委員会文化課県史編さん室編　一九八九『草木の民俗――磐田郡水窪町』（静岡県史民俗調査報告書九）静岡県

静岡県編　一九八九『静岡県史資料編二三　民俗』一　静岡県
十津川村教育委員会編　一九八九『十津川郷の昔話』二　第一法規出版
東通村教育委員会編　一九九〇『奥州南部小郡田名部目名村不動院』東通村教育委員会
米沢市史編さん委員会編・武田正校閲　一九九〇『米沢市史　民俗編』米沢市
桃生町史編纂委員会編　一九九〇『桃生町史三　自然民俗編』桃生町
毛呂山町教育委員会編　一九九〇『毛呂山民俗誌』一　毛呂山町教育委員会
岡節三編　一九九〇『みやづの昔話――北部編』宮津市教育委員会
北本市教育委員会編　一九九一『北本のむかしばなし』北本市
静岡県編　一九九一『静岡県史資料編二五　民俗』三　静岡県
大谷女子大学説話文学研究会編　一九九一『佐渡・佐和田町昔話集――新潟県佐渡郡佐和田町』（昭和六三年度・平成元年度調査報告書）新潟県佐渡郡佐和田町教育委員会
大宮町文化財保護審議会監修　一九九一『おおみやの民話』大宮町教育委員会
阿仁町史編纂委員会編　一九九二『阿仁町史』阿仁町
金野静一監修・陸前高田市史編集委員会編　一九九二『陸前高田市史六　民俗編』下　陸前高田市
小山町史編さん専門委員会編　一九九二『小山町史四　近現代資料編』一　小山町
越生町教育委員会・共立女子大学日本民話研究会編　一九九二『おごせの昔話と伝説』越生町教育委員会・共立女子大学日本民話研究会
野村みつる　一九九二『山ふところの民俗誌』秦野市
静岡県教育委員会編　一九九二『井出の民俗――沼津市』（静岡県史民俗調査報告書一六）静岡市
東吉野村教育委員会編　一九九二『東吉野の民話』東吉野村教育委員会
林宏　一九九二『林宏十津川郷採訪録　民俗』一　十津川村教育委員会
建部町編　一九九二『建部町史　民俗編』建部町
蔵王町史編さん委員会編　一九九三『蔵王町史　民俗生活編』宮城県刈田郡蔵王町
静岡県編　一九九三『静岡県史資料編二五　民俗』二　静岡県
引佐町編　一九九三『引佐町史』下　引佐町
大佐町教育委員会・大佐町文化財専門委員会編　一九九三『ふるさとの昔話と伝説』（大佐町文化財シリーズ四）大佐町教育委員会・

大佐町文化財専門委員会
林宏　一九九三『林宏十津川郷採訪録　民俗』二　十津川村教育委員会
兵庫県教育委員会　一九九三『山陰道』（歴史の道調査報告書三）兵庫県教育委員会
妙高村史編さん委員会編　一九九四『妙高村史』妙高村
胆沢町編　一九九四『胆沢町史一一　民俗編』四　胆沢町史刊行会
金野静一監修・住田町史編纂委員会編　一九九四『住田町史六　民俗編』住田町
林宏　一九九四『林宏十津川郷採訪録　民俗』三　十津川村教育委員会
勝央町教育委員会編　一九九四『孫たちにのこす昔話　勝央町につたわる昔話』一（平成六年号）勝央町教育委員会
立石憲利・片山薫編　一九九四『やなはらの民話――岡山県柵原町の採訪記録』柵原町教育委員会（手帖舎）
山梨県史編さん専門委員会民俗部会編　一九九五『福士の民俗――南巨摩郡富沢町』（山梨県史民俗調査報告書二）山梨県
四街道市教育委員会編　一九九五『四街道市の民俗散歩――亀崎』四街道市教育委員会
越路町史編集委員会民俗部会編　一九九五『ムジナととっつぁ――高橋ハナ昔話集』（越路町史双書一）越路町
林宏　一九九五『林宏十津川郷採訪録　民俗』四　十津川村教育委員会
富士吉田市史編さん委員会編　一九九六『富士吉田市史　民俗編』二　富士吉田市
中津村史編纂委員会編　一九九六『中津村史　通史編』中津村
やまぞえ双書編集委員会・山添村教育委員会編　一九九六『村の語りべ』（やまぞえ双書二）山添村
村田昌三　一九九六『奈良坂町史』私家版
林宏　一九九六『林宏十津川郷採訪録　民俗』五　十津川村教育委員会
東通村史編集委員会・東通村史編纂委員会編　一九九七『東通村史　民俗・民俗芸能編』東通村
新里村教育委員会編　一九九七『にいさとの昔ばなし』新里村教育委員会
八ツ場ダム地域文化財調査会昔話部編　一九九七『長野原町の昔ばなし』（八ツ場ダム　ダム湖予定地及び関連地域昔ばなし調査報告書）長野原町
美山村史編纂委員会編　一九九七『美山村史　通史編』下　美山村
沼田市史編さん委員会編　一九九八『沼田市史　民俗編』沼田市
青森県環境生活部県史編さん室編　一九九九『馬淵川流域の民俗』（青森県史叢書平成一〇年度）青森県
小泊村史編纂委員会編　一九九九『小泊村史　資料編』小泊村

吉見郷土史研究会編　一九九九『吉見の昔ばなし　総集編』吉見町立図書館
小野田町史編纂委員会編　二〇〇三『新刊小野田町史』小野田町
苫田ダム水没地域民俗調査団編　二〇〇四『奥津町の民話』奥津町・苫田ダム水没地域民俗調査委員会

叢書・単行本

石井研堂編　一九一一『日本全国国民童話』同文館（山田野理夫編　一九七四　宝物館出版復刻版）
田中增藏篇　一九一二『圓山四條派畫集』聚精堂
藤沢衛彦　一九一七『日本伝説叢書　信濃の巻』日本伝説叢書刊行会
森彦太郎編　一九二四『南紀土俗資料』私家版（一九七四　名著出版復刻版）
寺石正路　一九二五『土佐風俗と伝説』（炉辺叢書）郷土研究社
外山暦郎　一九二六『越後三條南郷談』（炉辺叢書）郷土研究社
早川孝太郎　一九二六『猪・鹿・狸』（郷土研究社第二叢書四）郷土研究社
佐々木喜善　一九二七『老媼夜譚』（郷土研究社第二叢書五）郷土研究社
近藤喜一　一九二八『信達民譚集』（炉辺叢書）郷土研究社
寺石正路　一九二八『土佐郷土民俗譚』日新館
土橋力　一九三〇『甲斐昔話集』郷土研究社
後藤江村　一九三一『伊豆伝説集』郷土研究社
澤田四郎作編　一九三一『大和昔譚』私家版
文野白駒　一九三二『加無波良夜譚』玄久社
田中喜多美　一九三三『山村民俗誌――山の生活篇』一誠社（池田弥三郎他編『日本民俗誌体系』九　一九七四　角川書店）
小山眞夫編　一九三三『小県郡民譚集』（諸国叢書二）郷土研究社
岩崎清美　一九三三『伊那の伝説』山村書院（一九七九　歴史図書社復刻版）
静岡県立女子師範学校内郷土史研究会代表森田勝篇　一九三四『静岡県伝説昔話集』長倉書店
久保清・橋浦泰雄　一九三四『五島民俗圖誌』一誠社
横山重・藤原弘編著　一九三六『説経節正本』一　大岡山書店
土橋里木　一九三六『續甲斐昔話集』郷土研究社

浅田芳朗　一九三六『隠岐島の昔話と方言』郷土文化社
柳田國男編　一九三九『歳時習俗語彙』民間伝承の会
澤田四郎作編　一九三九『續飛驒採訪日誌』（五倍子雑筆八）私家版
山田貢　一九四二『あったとさ』私家版
横山重　一九四三『室町時代小説集』昭南書房
柳田國男篇　一九四三『阿波祖谷山昔話集』（全国昔話記録）三省堂
柳田國男篇　一九四三『南蒲原郡昔話集』（全国昔話記録）三省堂
柳田國男篇　一九四三『直入郡昔話集』（全国昔話記録）三省堂
柳田國男篇　一九四四『讃岐佐柳志々島昔話集』（全国昔話記録）三省堂
雑賀貞次郎　一九五一『牟婁口碑集』（炉辺叢書一）紀州政経新聞社
土橋里木　一九五三『甲斐傳說集』（甲斐民俗叢書二）山梨民俗の会
雑賀貞次郎　一九五四『南紀民俗控え帖』（炉辺叢書三）紀州政経新聞社
関敬吾　一九五五『日本昔話集成二　本格昔話』三　角川書店
武田明（民俗学研究所編）　一九五五『祖谷山民俗誌』（民俗選書）古今書院
小池直太郎　一九五六『夜啼石の話　信濃民俗誌』筑摩書房
笹澤魯羊　一九五七『宇曾利百話』下北郷土会
水沢謙一　一九五七『とんと昔があったけど――越後の昔話』（日本の昔話一）未来社
近畿民俗学会編　一九五八『阿波木頭民俗誌』凌霄文庫刊行会
市古貞次校注　一九五八『御伽草子』（日本古典文学大系三八）岩波書店
山田野理夫編　一九五九『宮城の民話』（日本の民話一四）未来社
都丸十九一　一九五九『消え残る山村の風俗と暮し――群馬の山村民俗』高城書店出版部
山形県立山形東高等学校編　一九六〇『山形県伝説集――総合編』高橋書店
高橋在久　一九六〇『房総の民話』（日本の民話一六）未来社
宮本常一　一九六〇『忘れられた日本人』未来社
和歌森太郎編　一九六一『宇和地帯の民俗』吉川弘文館
横山重編著　一九六一『神道物語集』古典文庫

横山重編　一九六二『室町時代物語集』一　井上書房
岡山県民話の会編　一九六四『なんと昔があったげな』上（岡山県昔話資料集）　私家版
石村春荘　一九六四『松江むかし話』私家版
武田明編　一九六五『候えばくばく　讃岐・塩飽の昔話』（日本の昔話一一）　未来社
清水兵三　一九六五『出雲民話民謡集』第一書房
水沢謙一　一九六六『おばばの昔話』野島出版
新潟県立村松高等学校社会クラブ　一九六八『五泉の民話』中村書店
ひろしま・みんぞくの会編　一九六八『広島県民俗資料集二　口承文芸一昔話』小川晩成堂
横山重　一九六八『説経正本集』三　角川書店
千葉徳爾　一九六九『狩猟伝承研究』風間書房
武藤鉄城　一九六九『秋田マタギ聞書』慶友社（一九九四増補版）
水沢謙一　一九六九『赤い聞耳ずきん』野島出版
稲田浩二・福田晃編著　一九七〇『大山北麓の昔話』（昔話研究資料叢書四）三弥井書店
武田正編　一九七〇『海老名ちゃう昔話集　牛方と山姥』海老名正二
千葉徳爾　一九七一『続狩猟伝承研究』風間書房
青森県児童文学研究会編　一九七一『青森県昔話集成』上　私家版
和田寛　一九七一『紀州おばけ話』私家版
門多正志　一九七一『宇和町民話集』私家版
土屋北彦　一九七一『大分県の民話』三　大分県の民話刊行会
臼田甚五郎監修・佐々木徳夫編　一九七二『夢買長者——宮城の昔話』桜楓社
臼田甚五郎監修・石川純一郎編　一九七二『河童火やろう』桜楓社
柾谷明編　一九七二『赤城根の昔話と民俗』私家版
鶴尾能子編　一九七二『茨城の昔話』（昔話研究資料叢書七）三弥井書店
韮塚一三郎　一九七二『埼玉県伝説集成　下　信仰編』北辰図書出版
都留市老人クラブ連合会編　一九七二『都留の民話　続編』私家版
小山直嗣　一九七二『続越佐の伝説』野島出版

宮本常一・宮田登編　一九七三『早川孝太郎全集』三　未来社
武田正編　一九七三『羽前の昔話』（日本の昔話四）日本放送出版協会
真鍋真理子編　一九七三『越後黒姫の昔話』（昔話研究資料叢書一一）三弥井書店
笠井典子編　一九七三『近江の昔話』（日本の昔話六）日本放送出版協会
和田良誉編　一九七三『伊予の昔話』（日本の昔話五）日本放送出版協会
山下欣一・有馬英子編　一九七三『久永ナオマツ媼の昔話　奄美大島』（日本の昔話三）日本放送出版協会
高木敏雄（山田野理夫編）　一九七三『日本伝説集』宝文館出版
稲田浩二・立石憲利編　一九七三『奥備中の昔話』（昔話研究資料叢書八）三弥井書店
宮本常一・宮田登編　一九七四『早川孝太郎全集』四　未来社
趙子庸　一九七四『虎の美術』大日本絵画巧芸美術
臼田甚五郎監修・山本明編　一九七四『鬼の子小綱――福島の昔話』桜楓社
佐藤義則編　一九七四『羽前小国昔話集』（全国昔話資料集成一）岩崎美術社
佐久間惇一編　一九七四『北蒲原昔話集』（全国昔話資料集成二）岩崎美術社
御手洗清　一九七四『続遠州伝説集』遠州出版社
向山雅重　一九七四『山村小記』慶友社
立石憲利・前田東雄編　一九七四『美作の昔話』（日本の昔話九）日本放送出版協会
稲田浩二・立石憲利編　一九七四『中国山地の昔話――賀島飛佐媼伝承四百余話』三省堂
遠野民話同好会編　一九七五『遠野の昔話』（日本の昔話一〇）日本放送出版協会
佐々木徳夫編　一九七五『永浦誠喜翁の昔話　宮城』（日本の昔話一一）日本放送出版協会
相葉伸編　一九七五『群馬の民間信仰』（みやま文庫五六）みやま文庫
土橋里木編　一九七五『甲州昔話集』（全国昔話資料集成一六）岩崎美術社
岩瀬博編著　一九七五『瞽女の語る昔話』（昔話研究資料叢書別巻三）三弥井書店
村岡浅夫編　一九七五『芸備昔話集』（全国昔話資料集成一四）岩崎美術社
柴口成浩・仙田実・山内靖子編　一九七五『東瀬戸内の昔話』（日本の昔話一二）日本放送出版協会
京都女子大学説話文学研究会編　一九七五『紀伊半島の昔話』（日本の昔話一三）日本放送出版協会
森納・森敏秋編　一九七五『夜見村誌その二　弓浜における夜見村の風俗』私家版

山田てる子・岸信正義　一九七五『むかしがたり』日本写真出版
阿部通良・後藤貞夫・鈴木清美編　一九七五『大分昔話集』（全国昔話資料集成一七）岩崎美術社
横山重・松本隆信編　一九七六『室町時代物語大成』四　角川書店
平野直　一九七六『岩手の伝説』津軽書房
野村純一・野村敬子編　一九七六『雀の仇討――萩野才兵衛昔話集　増補改訂版』東北出版企画
稲田浩二　一九七六『京・大和・近江の昔』（日本民話）講談社
福田晃・宮岡薫・宮岡洋子編　一九七六『伯耆の昔話』（日本の昔話一五）日本放送出版協会
稲田和子　一九七六『鳥取の民話』（日本の民話六一）未来社
谷原博信　一九七六『高松地方昔話集　母から子への民話』ふるさと研究会
小松茂美編　一九七七『日本絵巻大成』八　中央公論社
千葉徳爾　一九七七『狩猟伝承研究後篇』風間書房
稲田浩二・小沢俊夫編　一九七七～一九九三『日本昔話通観』全二七巻　同朋舎出版
今村泰子編　一九七七『羽後の昔話』（日本の昔話二〇）日本放送出版協会
韮塚一三郎　一九七七『埼玉県伝説集成』別巻　北辰図書出版
松山義雄　一九七七『狩りの語部――伊那の山峡より』法政大学出版局
浅川欽一　一九七七『秋山物語』スタジオ・ゆにーく
稲田浩二編　一九七七『美濃の昔話』（日本の昔話一六）日本放送出版協会
笠井典子編　一九七七『浪速の昔話』（日本の昔話一七）日本放送出版協会
和歌山県小学校教育研究会国語部会編著　一九七七『和歌山のむかし話』日本標準
桂井和雄編　一九七七『土佐昔話集』（全国昔話資料集成二三）岩崎美術社
浜名志松・三原幸久・三宅忠明編　一九七七『肥後の昔話』（日本の昔話一九）日本放送出版協会
加藤瑞子・佐々木徳夫　一九七八『日本の民話二　東北』一　ぎょうせい
ふじかおる編著　一九七八『上総の民話』土筆書房
井田安雄編　一九七八『群馬の民話』（みやま文庫六八）みやま文庫
浅川欽一　一九七八『信濃の昔話』三　スタジオ・ゆにーく
土橋寛監修・広川勝美編　一九七八『民話――山峡の炉辺』（民間伝承集成一）創世記

岡節三・細見正三郎編　一九七八『丹後の昔話』（日本の昔話二一）日本放送出版協会
小堀修一・谷本尚史編　一九七八『下野の昔話』（日本の昔話二二）日本放送出版協会
安藤精一編　一九七八『和歌山の研究五　方言・民俗篇』清文堂出版
西尾繁　一九七八『とんとん昔があったげな』たたら書房
渡辺光正編　一九七八『鳥取市内伝説集　東部編』私家版
柴口成浩・仙田実・山内靖子編　一九七八『西瀬戸内の昔話』（日本の昔話二三）日本放送出版協会
宮本正興・山中耕作編　一九七八『対馬の昔話』（日本の昔話二四）日本放送出版協会
武田正　一九七九『置賜の伝説』（山形の伝説一）東北出版企画
太田雄治　一九七九『消えゆく山人の記録　マタギ（全）』翠楊社
谷本尚史・柾谷明・丸山久子　一九七九『日本の民話』四　ぎょうせい
池上真理子編　一九七九『武蔵の昔話』（日本の昔話二八）日本放送出版協会
鈴木㮚編　一九七九『伊豆昔話集』（全国昔話資料集成三〇）岩崎美術社
加能昔話研究会編　一九七九『加賀の昔話』（日本の昔話二六）日本放送出版協会
酒井董美編　一九七九『石見の昔話』（日本の昔話二七）日本放送出版協会
広島県師範学校編　一九七九『芸備の昔話』歴史図書社
武田明・谷原博信編　一九七九『東讃岐昔話集』（全国昔話資料集成三一）岩崎美術社
坂本正夫編　一九七九『土佐の昔話』（日本の昔話二五）日本放送出版協会
佐藤義則　一九八〇『ききみみ・小国郷のわらべうた』荻野書房
佐藤義則　一九八〇『羽前小国郷の伝承』（民俗民芸叢書八三）岩崎美術社
岩瀬博・太田東雄・箱山貴太郎編　一九八〇『信濃の昔話』（日本の昔話二九）日本放送出版協会
下野敏見編著　一九八〇『種子島の昔話』一（昔話研究資料叢書一七）三弥井書店
奈良絵本国際研究会議監修　一九八一『在外奈良絵本』角川書店
原色浮世絵大百科事典編集委員会編　一九八一『原色浮世絵大百科事典』四　大修館書店
小島瓔禮　一九八一『武相昔話集』（全国昔話資料集成三五）岩崎美術社
中嶋清一編著　一九八一『富津市の民話と民謡』大和美術印刷出版部

坂下弁蔵　一九八一『消えた村栃生谷』私家版
野村純一責編　一九八二『浄法寺町昔話集』荻野書房
三原良吉編　一九八二『郷土史仙臺耳ぶくろ』宝文堂出版販売
神山弘　一九八二『ものがたり奥武蔵』岳書房
伊吹山麓口承文芸学術調査団編　一九八三『伊吹町の民話』（伊吹山麓口承文芸資料一）伊吹山麓口承文芸学術調査団（和泉書院）
亀井イト・細見正三郎　一九八三『イトさんの昔ばなし』私家版
萩原龍夫　一九八三『巫女と仏教史——熊野比丘尼の使命と展開』吉川弘文館
桂井和雄　一九八三『土佐の海風』（桂井和雄土佐民俗選集三）高知新聞社
上野益三　一九八四『博物学史論集』八坂書房
下中弘編　一九八四『彩色　江戸博物学集成』平凡社
宮本常一　一九八四『忘れられた日本人』岩波書店
野本寛一　一九八四『焼畑民俗文化論』雄山閣出版
佐々木徳夫　一九八四『嘘吉と泥吉——瀬川銀蔵翁の昔話』ひかり書房
庄治英夫編著　一九八四『ふるさとのむかし話』宍道町
伊那民俗研究会　一九八五『伊那の昔ばなし』郷土出版社
上野益三　一九八六『日本博物学史　補訂』平凡社
高島春雄　一九八六『動物物語』八坂書房
千葉徳爾　一九八六『狩猟伝承研究総括篇』風間書房
今坂柳二　一九八六『さやまの民話——いろりばたの昔ばなし』狭山市農業共同組合
児玉郡・本庄市小中学校社会教育研究会編　一九八六『児玉郡・本庄市のむかしばなし』坂本書店
中村ともこ編　一九八六『雪の夜に語りつぐ』福音館書店
松田壽男　一九八七『松田壽男著作集』三　六興出版
上野益三　一九八七『日本動物学史』八坂書房
小松茂美編　一九八七『餓鬼草紙　地獄草紙　病草紙　九相詩絵巻』（日本の絵巻七）中央公論社
佐々木喜善　一九八七『佐々木喜善全集』二　遠野市立博物館
樋口淳・高橋八十六編著　一九八七『越後松代の民話』（語りによる日本の民話五）国土社

高津美保子編著　一九八七『檜原の民話』（語りによる日本の民話六）国土社
山国の生活誌編集委員会編　一九八八『山国の生活誌二　山国の生業』（向山雅重著作集）新葉社
佐久間惇一編　一九八八『波多野ヨスミ女昔話集』波多野ヨスミ女昔話集刊行会
NTT糸魚川電報電話局編　一九八八『糸魚川・西頸城の民話』二　NTT糸魚川電報電話局
浜口一夫編著　一九八八『南佐渡の民話』（語りによる日本の民話八）国土社
静岡県民俗芸能研究会編　一九八八『静岡県海の民俗誌――黒潮文化論』静岡新聞社
馬場秋星　一九八九『近江東浅井郡の昔話』イメーディアシバタ
松本隆信　一九八九『中世庶民文学――物語り草子のゆくへ』汲古書院
太田雄治　一九八九『マタギ』八幡書店
門屋光昭　一九八九『隠し念仏』（民俗宗教シリーズ）東京堂出版
足立正　一九八九『舞鶴の民話』二　舞鶴文芸
立石憲利編著　一九八九『正志と長の民話』手帖舎
千葉徳爾　一九九〇『狩猟伝承研究補遺篇』風間書房
足立正　一九九〇『まいづるの民話』三　舞鶴文芸
足立正　一九九一『まいづるの民話』四　舞鶴文芸
高橋勝利　一九九二『南方熊楠「芳賀郡土俗研究」』日本図書刊行会
佐藤敏彦編著　一九九二『全国虎舞考　虎・とら・トラ資料集成』釜石市地域活性化プロジェクト推進本部
萩坂昇　一九九三『川崎の民話と伝説』多摩川新聞社
土橋里木　一九九三『山村夜譚』近代文藝社
常光徹　一九九三『土佐の世間話　今朝道爺異聞』（シリーズ・日本の世間話四）青弓社
松谷みよ子　一九九四『狼・山犬　猫』（現代民話考一〇）立風書房
稲垣幸子編　一九九四『十津川むかし語り』四海書房
大塚正伊　一九九五『安達の伝説と昔話』歴史春秋出版
宇江敏勝　一九九五『樹木と生きる――山人の民俗誌』新宿書房
九州大学国語学国文学研究室編　一九九六『松濤文庫本熊野の本地』勉誠社
辛基秀・仲尾宏責編　一九九六『大系朝鮮通信使』二　明石書店

都丸十九一　一九九六『山の神のはなし』煥乎堂
稲田浩二・鵜野祐介編著　一九九六『鳥取関金町の民話と唄・遊び』手帖舎
酒井董美　一九九六『山陰の民話』渡部総合プリント
千葉徳爾　一九九七『狩猟伝承研究再考篇』風間書房
森俊　一九九七『猟の記憶』桂書房
遠野常民大学編著　一九九七『注釈遠野物語』筑摩書房
汪玢玲　一九九八『中国虎文化研究』東北師範大学出版社
白瀬矗　一九九八『私の南極探検記』日本図書センター
松谷みよ子編著　一九九八『福岡県筑後ん昔ばなし』松谷みよ子民話研究室
和歌山県立博物館編　一九九九『熊野権現縁起絵巻（和歌山県立博物館蔵）』勉誠出版
野本寛一　二〇〇〇『庶民列伝——民俗の心をもとめて』白水社
佐々木徳夫　二〇〇三『狼の眉毛　陸前・陸中の昔ばなし』本の森
工藤利栄　二〇〇六『狼が遺したもの——北東北の民俗を中心に』北方新社
長澤聖浩　二〇〇七『百歳。作山リエさん聞書き集』私家版

雑誌・図録類

郷土研究編輯所編　一九一三『郷土研究』第一巻第七号　郷土研究社
郷土研究編輯所編　一九一三『郷土研究』第一巻第九号　郷土研究社
郷土研究編輯所編　一九一三『郷土研究』第一巻第一〇号　郷土研究社
郷土研究編輯所編　一九一六『郷土研究』第三巻第一一号　郷土研究社
中島軍平編　一九一八『土俗と伝説』第一巻第三号　文武堂（一九七九　名著出版復刻版）
郷土趣味社編　一九二〇『郷土趣味』第二二号　郷土趣味社
民族と歴史編輯所編　一九二二『民族と歴史』第七巻第五号　日本学術普及会
萩原正徳編　一九二九『旅と伝説』第二年八月号　三元社
萩原正徳編　一九三一『旅と伝説』第四年三月号　三元社
萩原正徳編　一九三一『旅と伝説』第四年七月号　三元社

郷土研究編輯所編　一九三一『郷土研究』第五巻第一号　郷土研究社
郷土研究編輯所編　一九三一『郷土研究』第五巻第七号　郷土研究社
民俗学会編　一九三二『民俗学』第四巻第一〇号　民俗学会
池上隆祐編　一九三二『郷土』第二巻第一・二・三合併号　郷土発行社
永江土岐次編　一九三五『設楽』第一三巻昭和一〇年四月号　設楽民俗研究会（一九七四　愛知県郷土資料刊行会復刻版）
小林存編　一九三六『高志路』第一八号　高志社
萩原正徳編　一九三六『旅と伝説』第九年一一月号　三元社
近畿民俗学会編　一九三六『近畿民俗』第一巻第二号　近畿民俗刊行会
鳥取郷土会編　一九三六『因伯民談』第一巻第四号　鳥取郷土会（一九七七　鳥取民俗学会復刻版）
萩原正徳編　一九三七『旅と伝説』第一〇年四月号　三元社
民間伝承の会編　一九三七『昔話研究』第二巻第九号　民間伝承の会
上毛文化会編　一九三八『上毛文化』第三巻第七号　上毛文化会
岡茂雄編　一九三八『ドルメン』第一一号　岡書院
萩原正徳編　一九三八『旅と伝説』第一一年一〇月号　三元社
萩原正徳編　一九三九『旅と伝説』第一二年六月号　三元社
武田明編　一九三九『讃岐民俗』第二号　讃岐民俗研究会
長岡博男編　一九四〇『金沢民俗談話會報』金沢民俗談話會（加能民俗の会編『加能民俗』一九八三　国書刊行会復刻版）
新潟県民俗学会編　一九四一『高志路』第七巻第三号（七五号）新潟県民俗学会
萩原政徳編　一九四二『旅と伝説』第一五年一〇号　三元社
日本民族学会編　一九四二『民族学研究』第七巻第四号　日本民族学会
民間伝承の会編　一九四三『民間伝承』第九巻第一号　民間伝承の会
林栄編　一九四三『伊那』第一八二号　伊那郷土史学会
民間伝承の会編　一九四八『民間伝承』第一二巻第八・九合併号　民間伝承の会
民間伝承の会編　一九五〇『民間伝承』第一四巻第二号　民間伝承の会
日本歴史学会編　一九五二『日本歴史』第四五号　実教出版
山梨民俗の会編　一九五五『民俗手帖』第二号　山梨民俗の会

ひでばち民俗談話会編　一九五六『ひでばち』第一号　ひでばち民俗談話会
相模民俗学会編　一九五六『民俗』第一九号　相模民俗学会
山村民俗の会編　一九五六『あしなか』第五〇輯　山村民俗の会
西郊民俗談話会編　一九五七『西郊民俗』第四号　西郊民俗談話会
山梨民俗の会編　一九五七『甲斐』第六号　山梨民俗の会
ひでばち民俗談話会編　一九五七『ひでばち』第五号　ひでばち民俗談話会
ひでばち民俗談話会編　一九五七『ひでばち』第六号　ひでばち民俗談話会
西郊民俗談話会編　一九五八『西郊民俗』第七号　西郊民俗談話会
西郊民俗談話会編　一九五九『西郊民俗』第八号　西郊民俗談話会
伊那史学会編　一九五九『伊那』第三七七号　伊那史学会
相模民俗学会編　一九六〇『民俗』第四二号　相模民俗学会
民話の会編　一九六〇『民話』第二四号　未来社
山村民俗の会編　一九六二『あしなか』第八〇輯　山村民俗の会
吉野史談会編　一九六四『吉野風土記』第二一集　吉野史談会
土佐民俗学会編　一九六四『土佐民俗』第八・九号　土佐民俗学会
近畿民俗学会編　一九六五『近畿民俗』第三六号　近畿民俗学会
伝承文学研究会編　一九六六『伝承文学資料集（第一輯限定）』三弥井書店
土佐民俗学会編　一九六八『土佐民俗』第一四・一五合併号　土佐民俗学会
近畿民俗学会編　一九七〇『近畿民俗』第五一号　近畿民俗学会
埼玉民俗の会編　一九七一『埼玉民俗』創刊号　埼玉民俗の会
昔話懇話会編　一九七四『昔話――研究と資料』第三号　三弥井書店
高知県北川村教育委員会編　一九七四「広報きたがわ」第一五二号　高知県北川村教育委員会
季刊『民話』編集委員会編　一九七四『季刊民話』第一号　民話と文学の会
季刊『民話』編集委員会編　一九七五『季刊民話』第二号　民話と文学の会
民話と文学の会編　一九七六『季刊民話』第五号　民話と文学の会
近畿民俗学会編　一九七六『近畿民俗』第六六・六七・六八合併号（共同調査報告特集号）近畿民俗学会

加原耕作編　一九七六『岡山民俗』第一一七号　岡山民俗学会
埼玉民俗の会編　一九七七『埼玉民俗』第七号　埼玉民俗の会
近畿民俗学会編　一九七七『近畿民俗』第七一号　近畿民俗学会
鳥取郷土会編　一九七七『因伯民談』第一巻第四号　鳥取民俗学会
民話の研究会編　一九七八『民話の手帖』創刊号　民話の研究会
民話と文学の会編　一九八〇『民話と文学』第七号　民話と文学の会
諏訪郷土文化研究会編　一九八二『オール諏訪』一一号　諏訪郷土文化研究会
秋田大学教育学部研修委員会編　一九八二『秋田大学教育学部研究紀要人文科学・社会科学』第三二集　秋田大学教育学部
常民文化研究会編　一九八三『常民文化研究』第七号　常民文化研究会
伊那史学会編　一九八三『伊那』第三一巻一号（六五六号）伊那史学会
四国民俗学会編　一九八三『四国民俗』第一〇号　四国民俗学会
伊那史学会編　一九八四『伊那』第三二巻第一号（六六八号）伊那史学会
香川民俗学会編　一九八四『香川の民俗』第四一号　香川民俗学会
埼玉県立博物館編　一九八四『浮世絵』埼玉県立博物館
秋田忠俊編　一九八五『伊予の民俗』第三七号　伊予民俗の会
近畿民俗学会編　一九八五『近畿民俗』第一〇一・一〇二・一〇三合併号　近畿民俗学会
京都大学文学部美学美術史学研究室　一九八五『研究紀要』第六号　京都大学文学部美学美術史学研究室
民話と文学の会編　一九八六『民話と文学』第一七号　民話と文学の会
紀南文化財研究会編　一九八七『くちくまの』第七一号　紀南文化財研究会
国立歴史民俗博物館編　一九八七『館蔵歴史資料展Ｖ　中・近世の絵画』歴史民俗博物館振興会
昔話研究懇話会編　一九八七『昔話――研究と資料』第一五号　三弥井書店
小林茂編　一九八九『甲斐路』第六七号　山梨郷土研究会
伊那史学会編　一九八九『伊那』第三七巻第一号　伊那史学会
日本私学教育研究所編　一九八九『日本私学教育研究所　調査資料』第一四五号　日本私学教育研究所
伊那史学会編　一九九一『伊那』第三九巻第一号　伊那史学会
山陰民俗学会編　一九九一『山陰民俗』第五六号　山陰民俗学会

加能民俗の会編　一九九二『加能民俗研究』第二三号　加能民俗の会
日本昔話学会編　一九九二『昔話——研究と資料』第二〇号　三弥井書店
大東文化大学紀要編集委員会編　一九九二『大東文化大学紀要』第三〇号　大東文化大学
谷川健一他編　一九九五『東アジアの虎文化』（自然と文化五〇）　日本ナショナルトラスト
小山市立博物館編　一九九五『お守り——暮らしにいきづく信仰の形』小山市立博物館
香川民俗学会編　一九九六『香川の民俗』第五九号　香川民俗学会
国立歴史民俗博物館編　一九九七『動物とのつきあい——食用から愛玩まで』国立歴史民俗博物館振興会
和歌山市立博物館編　一九九八『和歌山市立博物館研究紀要』第一三号　和歌山市教育委員会
サントリー美術館編　一九九八『動物表現の系譜』サントリー美術館
山村民俗の会編　一九九八『あしなか』第二五〇輯　山村民俗の会
大阪市立美術館編　一九九九『役行者と修験道の世界』毎日新聞社
和歌山県立博物館編　一九九九『熊野　和歌山県立博物館収蔵品選集』（「特別展熊野って何だろ?」開催記念）和歌山県立博物館
永田生慈他監修・杉本隆一編　一九九九『ポーランド　クラクフ国立博物館浮世絵名品展』　クラクフ国立博物館浮世絵名品展実行委員会

稿本

京都府中郡五箇村尋常高等小学校編　一九三六『郷土誌』私家版
森脇太一編　一九五四『那賀郡昔話一　都治昔話と伝説』私家版
森脇太一編　一九五五『那賀郡昔話二　渡津の昔話・伝説・民話』私家版
森脇太一編　一九五五『那賀郡昔話三　安城村の昔話と伝説』私家版
森脇太一編　一九五五『那賀郡昔話四　松川・国分・都野津・雪城の昔話と民話』私家版
森脇太一編　一九五五『長谷村の昔話と民話』私家版
國學院大学民俗学研究会編　一九五五『民俗採訪』（昭和三〇年度）私家版
國學院大学民俗学研究会編　一九五六『民俗採訪』（昭和三一年度）私家版
國學院大学民俗学研究会編　一九五九『民俗採訪』二　私家版（一九七四　臨川書店複製版）
國學院大学民俗学研究会編　一九六二『民俗採訪』三　私家版（一九七四　臨川書店複製版）

國學院大学民俗学研究会編　一九六三『民俗採訪』四　私家版（一九七四　臨川書店複製版）
國學院大学民俗文学研究会編　一九六五『傳承文藝』三　私家版
中京大学郷土研究会編　一九六七『美濃郷土文化調査報告書　揖斐徳山編・日坂編』私家版
ノートルダム清心女子大学編　一九六七『新見・阿哲地方のむかしばなし集』私家版
東洋大学民俗研究会編　一九六八『福井旧上池田村の民俗』私家版
森脇太一編　一九六八『佐々木茂さんにきいたむかし話』私家版
武田正　一九六九「田の中の田三郎」私家版
東洋大学民俗研究会編　一九七〇『余呉村の民俗――滋賀県伊香郡余呉村』（昭和四四年度夏期調査報告書）私家版
京都女子大学説話研究会編　一九七〇『兵庫県美方郡　美方・村岡昔話集』私家版
立石憲利編　一九七〇『一宮さんのほらふき会はなし集』岡山民話の会
立石憲利編　一九七〇『小豆島の昔話』私家版
丹後民話研究会編　一九七一『丹後の民話』一　私家版
奥丹後地方史研究会編　一九七二『丹後の民話』二　私家版
大谷女子大学説話文学研究会編　一九七二『京都府竹野郡弥栄町　弥栄町昔話集』（昭和四五年度採訪報告）私家版
京都女子大学説話文学研究会編　一九七二『島根県飯石郡吉田村・三刀屋町昔話集』私家版
立命館大学古代文学研究会編　一九七二『かみさいのむかしばなし』私家版
中京大学郷土研究会編　一九七二『中京民俗』九　私家版
國學院大学民俗文学研究会編　一九七三『傳承文藝』一〇　私家版
國學院大学民俗学研究会編　一九七三『民俗採訪』私家版
千葉県立千葉高校民俗学研究会編　一九七三『千葉高民俗』二　私家版
奥丹後地方史研究会・丹後の民話編集委員会編　一九七三『丹後の伝説　ふるさとのはなし』奥丹後地方史研究会
大谷女子大学説話文学研究会編　一九七三『徳島県海部郡海南町浅川・川東昔話集』（昭和四六年度調査報告）私家版
立命館大学説話文学研究会編　一九七三『徳島県海部郡海南町川上昔話集』私家版
中京大学郷土研究会編　一九七四『中京民俗』一一　私家版
立命館大学古代文学研究会編　一九七四『兵庫県朝来郡和田山町糸井の昔話』私家版
島根大学昔話研究会編　一九七四『石見大田昔話集』私家版

島根女子短期大学昔話研究会編　一九七四『島根県邑智郡大和村昔話集稿』一　私家版
森脇太一編　一九七四『桜江町長谷地区昔話集』私家版
森脇太一編　一九七四『井澤の昔話集』私家版
大谷大学民俗学研究会編　一九七四『土佐本山町の民俗』（総合民俗調査報告書六）私家版
大谷女子大学説話文学研究会編　一九七五『新潟県東頸城郡牧村　続牧村昔話集』（昭和四八年度採訪報告）私家版
昭和五〇年度花巻市老人大学院学芸学部編　一九七五『むかしっこ　花巻の民話と伝説』一　花巻市公民館
胆沢町公民館寿学級編集部　一九七五『胆沢の民話』胆沢町公民館
江刺市老人クラブ連合会　一九七五『昔ッコばなし』一　私家版
島根大学昔話研究会編　一九七五『島根県邑智郡大和村昔話集稿』二　私家版
昭和五一年度花巻市老人大学院学芸学部編　一九七六『むかしっこ　花巻の民話と伝説』二　花巻市公民館
東洋大学民俗研究会編　一九七六『西川の民俗』（昭和五〇年度調査報告）私家版
島根大学昔話研究会編　一九七六『島根県美濃郡匹見町昔話集』私家版
北九州大学民俗研究会編　一九七六『柳谷の民俗』（昭和五一年度調査報告書）私家版
昭和五二年度花巻市老人大学院学芸学部編　一九七七『むかしっこ　花巻の民話と伝説』三　花巻市公民館
國學院大学説話研究会編　一九七七『芸北地方昔話集』私家版
大谷女子大学説話文学研究会編　一九七七『大朝町昔話集』私家版
中京大学郷土研究会編　一九七七『中京民俗』一四（昭和五一年度調査報告）私家版
森脇太一編　一九七七『浜田の民話と史話』一　私家版
森脇太一編　一九七七『那賀郡弥栄村長安本郷　佐々山義雄メモ　伝説・民話』私家版
島根大学昔話研究会編　一九七七『隠岐　西ノ島町・海士町昔話集』私家版
國學院大学王朝文学研究会　一九七八『ふいると・わあく』一　私家版
岡節三他編　一九七八『西吉野村の昔話』私家版
都留文科大学民俗学研究会　一九七九『山梨県北都留郡上野原町棡原　井戸の民俗』（民俗調査報告六）私家版
関西大学二部民俗学研究会　一九七九『大河原民俗調査報告書』私家版
東洋大学民俗研究会編　一九七九『和良の民俗　岐阜県郡上郡和良村』（昭和五三年度調査報告）私家版
中京大学郷土研究会編　一九七九『山岡町乃民俗（中京民俗一六）』（昭和五三年度調査報告）私家版

飯野頼治編著　一九八〇『高校生が聞いた秩父今昔ばなし』私家版
日本口承文芸協会　一九八〇『信州小川村の昔話』私家版
大谷女子大学説話文学研究会　一九八〇『長野県南佐久郡小海町・八千穂村昔話集』下（昭和五三年度採訪報告）私家版
岡節三編　一九八〇『十津川村の昔話――奈良県吉野郡十津川村』私家版
亀岡英治編　一九八〇『田並夜話』私家版
岡節三他編　一九八一『下北山村の昔話――奈良県吉野郡下北山村』私家版
東洋大学民俗研究会編　一九八一『南部川の民俗』（昭和五五年度調査報告）私家版
和歌山県民話の会編　一九八一『熊野本宮の民話』（きのくに民話叢書一）私家版
和歌山県民話の会編　一九八二『紀ノ川の民話　伊都編』（きのくに民話叢書二）私家版
岡山市立幡多小学校ＰＴＡ読書クラブ編　一九八二『奈義・幡多の昔話』岡山市立幡多小学校ＰＴＡ読書クラブ・就実女子大学民話研究会
大槌町民話研究会編　一九八三『ふるさと大槌』四　私家版
國學院大学説話研究会編　一九八三『奈良県吉野郡昔話集』私家版
立命館大学説話文学研究会編　一九八三『高知・西土佐村昔話集』私家版
東洋大学民俗研究会編　一九八四『右左口の民俗　山梨県東八代郡中道町右左口地区』（昭和五八年度調査報告）私家版
関西外国語大学・関西外国語短期大学民俗学研究会編　一九八四『鳥取県東伯郡三朝町の昔話』私家版
東京女子大学文理学部史学科編　一九八五『紀北四郷の民俗――和歌山県伊都郡かつらぎ町平・大久保』私家版
和歌山県民話の会編　一九八五『高野・花園の民話』（きのくに民話叢書四）私家版
國學院大学説話研究会編　一九八五『滋賀県湖北昔話集』私家版
島根大学昔話研究会編　一九八五『島根県邑智郡石見町民話集』一　私家版
島根大学昔話研究会編　一九八六『島根県邑智郡石見町民話集』二　私家版
和歌山県民話の会編　一九八七『紀州龍神の民話』（きのくに民話叢書五）私家版
坂田友宏編　一九八七『大山北麓の民俗』米子工業高等専門学校大山北麓民俗総合調査団
島根大学昔話研究会編　一九八七『島根県八束郡玉湯町民話集』私家版
榎本直樹編　一九八九『埼玉県大里郡大里村口承文芸調査資料』私家版
和歌山県民話の会編　一九九〇『大辺路――日置川・すさみの民話』（きのくに民話叢書六）私家版

國學院大学説話研究会編　一九九一『石川郡のざっと昔話――福島県石川郡昔話集』私家版
中央大学民俗研究会編　一九九三『常民』二九　私家版
國學院大学民俗文学研究会編　一九九五『傳承文藝』一九　私家版
日本女子大学口承文芸研究会　一九九七『市川大門町の口伝え』私家版
長沢聖浩　一九九九『農家の年中行事――紫波町彦部地区長沢家における民俗的年中行事の考察』私家版
國學院大学民俗文学研究会　一九九九『新潟県東頸城郡松代町採訪報告』（第三〇回民族文化講演会資料）
うるしの里づくり協議会くらしづくり部会口碑・歴史グループ編　二〇〇四『河和田の昔ばなし』中　うるしの里づくり協議会

索　引

カ　行

サ　行

タ　行

ナ　行

ハ　行

マ　行

ヤ　行

ラ・ワ行

著者略歴
東京都生まれ.
2004 年　國學院大学大学院文学研究科日本文学専攻博士課程後期修了，博士（文学）号取得.
国立歴史民俗博物館外来研究員を経て，
現　在　愛知大学非常勤講師・愛知大学綜合郷土研究所研究員.
専　門　民俗学・口承文芸学.

主要論文
「温泉発見伝説と動物――岐阜県平湯温泉と猿」（『愛知大学綜合郷土研究所紀要』第 63 輯　愛知大学綜合郷土研究所，2018 年）
「温泉発見伝説と動物――長野県上田市鹿教湯温泉の場合」（『愛知大学綜合郷土研究所紀要』第 60 輯　愛知大学綜合郷土研究所，2015 年）
「東北地方における狼の民俗儀礼　岩手県上閉伊郡大槌町の『オイノ祭り』を中心に」（『国立歴史民俗博物館研究報告』第 136 集　国立歴史民俗博物館，2007 年）など.

狼の民俗学　人獣交渉史の研究　[増補版]

2009 年 3 月 25 日　初　版第 1 刷
2018 年 5 月 10 日　増補版第 1 刷

[検印廃止]

著　者　菱川晶子《ひしかわあきこ》

発行所　一般財団法人　東京大学出版会
代表者　吉見俊哉
153-0041 東京都目黒区駒場 4-5-29
電話 03-6407-1069　Fax 03-6407-1991
振替 00160-6-59964

印刷所　株式会社精興社
製本所　誠製本株式会社

ISBN 978-4-13-050302-0　Printed in Japan

一ノ瀬正樹・正木春彦 編　東大ハチ公物語 上野博士とハチ、そして人と犬のつながり　四六　一八〇〇円

菊水健史ほか著　日本の犬 人とともに生きる　A5　四二〇〇円

安藤元一著　ニホンカワウソ 絶滅に学ぶ保全生物学　A5　四四〇〇円

山﨑晃司著　ツキノワグマ すぐそこにいる野生動物　四六　三六〇〇円

青木人志著　日本の動物法［第2版］　四六　三四〇〇円

今橋理子著　江戸の動物画 近世美術と文化の考古学　A5　六〇〇〇円

伊沢紘生・松岡史朗著　自然がほほえむとき　A5　三二〇〇円

盛口満著　自然を楽しむ 見る・描く・伝える　四六　二七〇〇円

ここに表示された価格は本体価格です．御購入の際には消費税が加算されますので御了承下さい．